W0197942

Knaur.

Über den Autor:

Nach einem ziemlich lustlosen Lehramtsstudium mit den Fächern Deutsch und Religion beschloss Clemens Beöthy, lieber Singles glücklich als Schüler unglücklich zu machen. Zu diesem Zweck legte er 1996 die Psychotherapeuten-Prüfung ab. Seit nunmehr weit über einem Jahrzehnt berät der Experte für »Entsingelung« in Einzel- sowie Gruppensitzungen Partnersuchende und veranstaltet für sie regelmäßig größere Events. Daneben begleitet er Paare, die sich bei ihm oder über ihn kennenlernen, auf ihren ersten Schritten in die Zweisamkeit, gegebenenfalls auch darüber hinaus. Bei seiner täglichen Arbeit fand der Autor heraus, dass das Geheimnis einer glücklichen Beziehung ganz simpel ist: Nur auf den passenden Vornamen kommt es an.

Clemens Beöthy

SCHNACKSEL NIE MIT EINEM AXEL

DAS LIEBESLEXIKON DER VORNAMEN

Knaur Taschenbuch Verlag

Besuchen Sie uns im Internet:
www.knaur.de

Originalausgabe Februar 2012
Copyright © 2012 by Knaur Taschenbuch.
Ein Unternehmen der Droemerschen Verlagsanstalt
Th. Knaur Nachf. GmbH & Co. KG, München
Alle Rechte vorbehalten. Das Werk darf – auch teilweise –
nur mit Genehmigung des Verlags wiedergegeben werden.
Redaktion: Bettina Huber
Umschlaggestaltung: ZERO Werbeagentur, München
Umschlagabbildung: FinePic®, München
Satz: Adobe InDesign im Verlag
Druck und Bindung: CPI – Clausen & Bosse, Leck
Printed in Germany
ISBN 978-3-426-78495-2

2 4 5 3 1

Inhalt

Frauen

Männer

EINLEITUNG

Nachdem ich den Tötungsaufruf der Selbsthilfegruppe »Lonely Udos« gegen mich nach Erscheinen des Buches »Heirate niemals einen Udo« gerade noch überlebt habe, schaffe ich mir nun gleich neue »Freunde«, indem ich zum »Schnackselboykott« gegen den Axel rate. Dahinter verbirgt sich allerdings ein geschickter Schachzug, indem ich das Interesse von den offensichtlich zu allem bereiten Udos auf die hoffentlich weniger militanten Axels lenke, was mir eine Amnestie Ersterer einbringen dürfte. Außerdem bekommt diesmal auch der Clemens sein Fett weg, so dass mir niemand mehr Feigheit oder Ungerechtigkeit vorwerfen kann.

Im Gegensatz zum »Udo« weist der »Axel« zwei wesentliche Änderungen auf. Erstens enthält er dem vielfachen Leser/innenwunsch entsprechend mehr Namen, nämlich 100. Und zweitens habe ich auch Namen gemeinsam unter einem »Dach« versammelt, die sich zwar in mehr als einem Buchstaben unterscheiden, wie Yvonne und Yvette, aber von ihrer Dynamik her so sehr ähnlich sind, dass mir das legitim erschien. Um den Umfang des Buches nicht zu sprengen, mussten die einzelnen Namen »leider« ein wenig gestrafft werden.

Mit dem Brustton der Überzeugung bleibe ich indes – trotz teilweise heftiger Kritik – bei meiner These, dass der Vorname unser Balz-, Beziehungs- und Sexualverhalten prägt, folglich eine Melanie in spezifischer Weise anders liebt als eine Vanessa, Sarah oder Franziska.

Sehr gefreut habe ich mich über das große Leser/innen- und Medieninteresse an Teil I der Namenstypologie sowie die unzähligen Ermunterungen, meine onomastischen Forschungen fortzuführen, häufig garniert mit wertvollen Anregungen zu einzelnen Namen. Nicht selten haben sie Eingang gefunden in den »Axel«. Dafür möchte ich den Betreffenden noch einmal ganz offiziell meinen herzlichen Dank aussprechen.

Für diejenigen Leser/innen, deren Name ein wenig schlechter wegkommt, möge es vielleicht wieder ein Trost sein, dass sie womöglich die berühmte Ausnahme von der Regel sind.

Ich wünsche Ihnen einige vergnügliche Stunden mit dem »Axel«, ebenso wie ein heiteres Darüberstehen.

Clemens Beöthy

Alexandra/Alexa

Basics: Der Platz an der Sonne

In einer Defensivhaltung, wie ihr Name impliziert, der aus dem Griechischen übersetzt »Verteidigerin« bedeutet, befindet sich die Alexandra kaum je. Im Gegenteil, verkörpert sie eine der offensivsten Vertreterinnen der holden Weiblichkeit. Zum einen geht sie so forsch auf ihre Mitmenschen zu, dass die sich von ihrer starken Präsenz fast schon in die Enge getrieben fühlen, und zum anderen hat sie sich in Konfliktsituationen dem Motto verschrieben »Angriff ist die beste Verteidigung«. Um die zentrale Position zu erreichen, die sie gerne besetzt, scheut sie nicht davor zurück, neben ihrem Ehrgeiz und rhetorischen Geschick auch das Kampfschwert einzusetzen. Beruflich macht sie aufgrund ihres Einsatzwillens, gepaart mit Eloquenz, häufig Karriere als Managerin, streitbare Anwältin oder Journalistin. Auf den Theaterbühnen dieser Welt reüssiert sie vor allem durch ihre gestisch-mimische Expressivität. Die Schlammschlachten in der Politik widerstreben indes ihrem Gefühl von Sitte, Anstand und Ehre, weshalb sie fast nie ihren Hut für irgendwelche Mandate in den Ring wirft.

Im zwischenmenschlichen Bereich stößt die Alexandra nicht selten an ihre Grenzen. Regelmäßig treibt sie ihr Umfeld bei Diskussionen an den Rand eines Nervenzusammenbruchs, indem sie stur wie ein Maulesel ihren Standpunkt verteidigt, selbst wenn er jenseits aller Vernunft liegt. Dazu gesellt sich eine Überdrehtheit, die sie bisweilen ein wenig vom Boden der Tatsachen abheben lässt und anderen über Gebühr Nachsicht abverlangt. Weil die Alexandra aber andererseits eine große Leuchtkraft ausstrahlt, umgibt sie stets ein Hofstaat von Bewunderern.

In ihrer Freizeit betätigen sich die Namensträgerinnen häufig karitativ. Die Schauspielerin Alexandra Kamp unterstützt sowohl Amnesty International als auch die Tierschutzorganisation Peta.

Optik und Outfit: Schmucklose Zierden

Für den Schmuck, die das Model Alessandra Pocher designt, finden sich vermutlich die wenigsten Abnehmerinnen unter ihren Namensschwestern, hegen die doch kaum je eine starke Affinität zu Geschmeide, sondern verzieren sich viel lieber mit verspielten Accessoires. Allenfalls noch ein dezenter Ohrring vermag sie in ein Juweliergeschäft zu locken.

Zur optischen Grundausstattung der Alexandra gehört ein hübsches, ausdrucksstarkes Gesicht neben annähernd makellosen Beinen und Brüsten, während die Hüften mitunter einen winzigen Hauch zu breit geraten sind. Damit bringt sie aber regelmäßig vermehrungswillige Männchen in Wallung. Von der Haarfarbe her deckt sie relativ gleichmäßig das gesamte Spektrum von Hellblond bis Pechschwarz ab. Mit ihren durchschnittlich 168 Höhenzentimetern ist die Alexandra für eine Frau weder zu kurz noch zu lang geraten.

Verführung und Sex: Fleischliche Lust

Sähe die Alexandra nicht so gut aus, müssten sich ihre Eltern ernsthafte Sorgen machen, sie niemals unter die Haube zu bekommen. Häufig entledigt sie sich nämlich der Prinzen, die um ihre Gunst buhlen, kurzerhand wieder, indem sie sie so lange einer peinlichen Befragung unterzieht, bis ihre Pferdefüße offenbar werden. Damit ist das Casting regelmäßig beendet, lieben die Namensträgerinnen doch niemals obwohl, sondern immer nur weil. Ein Kandidat kann ihr Herz im Prinzip nur erobern, wenn er ihnen im wahrsten Sinne des Wortes den (kritischen) Verstand raubt.

Da es vieler Königssöhne bedarf, bis sie einen als würdig erachtet, ihm auf sein Schloss zu folgen, befindet sich die Alexandra ständig auf der Suche nach niveauvollen Möglichkeiten der Kontaktanbahnung. Nicht selten meldet sie sich bei einer Edel-Partnervermittlung im Netz an oder wird Mitglied eines klassischen Heiratsinstitutes. Für ihr gutes Geld verlangt sie aber auch gute Leistung, sonst macht sie den professionellen Kupplern die Hölle heiß. Dasselbe gilt für Single-Reisen, unter deren Teilnehmern sie mindestens schon Verwandte ersten Grades des europäischen Hochadels erwartet.

Die hohen Ansprüche der Alexandra machen gewöhnlich nicht vor der Schlafzimmertür halt. Männer, die an sexuellen Funktionsstörungen wie Ejaculatio praecox oder Impotentia coeundi leiden, sollten tunlichst einen weiten Bogen um sie machen, braucht sie doch regelmäßig ihren Höhepunkt. Zwar gibt es auch andere Möglichkeiten, sie ins Nirwana der Lust zu führen, doch möchte sie keinesfalls auf eine ausgiebige genitale Penetration verzichten. Zu sehr liebt sie das warme, pulsierende Stück Fleisch zwischen ihren Beinen. Im Gegenzug »bietet« die Alexandra atemberaubende Lingerie sowie perfekte orale und manuelle Verwöhnkünste. Last but not least erweist sie sich horizontal als perfekte Einpeitscherin.

PARTNERSCHAFT: SOCIETY LADY

Da die Alexandra das Bad in der Menge liebt, um sich zu zeigen, besucht sie an der Seite ihres Partner gerne gesellige Veranstaltungen wie das Münchener Oktoberfest, die Kieler Woche oder als Reitsportinteressierte den Chio in Aachen. Wenn die andere Seite etwa aufgrund von Unpässlichkeit ein Couch-Wochenende einlegen möchte, müssen ihre Freundinnen für einen lustigen Mädelsabend herhalten. Im Gegensatz zur Sonja enden ihre »Alleingänge« aber fast nie im Bett eines anderen Kerls. Vom Fremdgehen hält die Alexandra einerseits ihre Kontrolliertheit und andererseits ihre Gewissenhaftigkeit ab. Absolute Treue erwartet sie allerdings auch von ihrem Göttergatten. Einen Seitensprung würde sie ihm bei jeder Gelegenheit wieder aufs Brot schmieren, so dass ein unbefangener Umgang miteinander kaum noch möglich wäre.

Auf das Wohl ihrer Kinder achtet die Alexandra mit Argusaugen, nicht zuletzt, indem sie sie gegen innere und äußere Bedrohungen beschützt wie eine Löwin. Gleichzeitig ermuntert sie den Nachwuchs zu diversen sportlichen und kulturellen Aktivitäten, allerdings spielt dabei meist ein gerüttelt Maß Eigennutz eine Rolle, kommt sie doch in der Rolle der »Driving mum« selbst viel unter die Leute. In die Erziehung, die ein wenig an Inkonsequenz krankt, lassen sich die Namensträgerinnen fatalerweise nur ungern hineinreden. Dabei werden sie wieder einmal Opfer ihrer Rechthaberei und Sturheit. Leider überschreitet die Alexandra ihrerseits aber häufig die eigenen Kompetenzbereiche. Mitunter treibt sie ihren Angetrauten durch unqualifizierte Bemerkungen über seine handwerklichen Verrichtungen zur Weißglut oder versucht, ihm sogar Handlungsanweisungen zu geben, obwohl sie von Tuten und Blasen keine Ahnung hat – zumindest außerhalb des Bettes.

Trennung: If you fall I will catch you

Nach der Trennung zeigt die Alexandra überraschend viel Einsicht, was ihre Anteile am Scheitern der Beziehung betrifft. Allerdings streut sie sich niemals alleine Asche aufs Haupt, sondern schanzt ihrem Ex stets eine Teilschuld zu. Ihre relativ differenzierte Betrachtungsweise bedeutet indes leider nicht, dass die rechtlichen Angelegenheiten rund um die Scheidung immer vernünftig mit ihr zu regeln sind. Im Gegenteil, hält sie den Verkehr bisweilen erheblich auf, indem sie sich an einzelnen Punkten festbeißt.

Egal wie konfliktiv das Ende der Zweisamkeit auch verlaufen sein mag, begegnet die Alexandra dem Vater ihrer Kinder immer noch mit einem grundsätzlichen Wohlwollen. Wenn es hart auf hart kommt und er an den Rand des Abgrunds gerät, ist sie die Letzte, die ihm die notwendige Unterstützung verwährt. Zur Not steht sie sogar finanziell für ihn gerade.

Pflegetipps:

Musts:
* Mützen und Tuniken, dezenter Humor, Wiesenblumen

No-Gos:
* Plumpe Anmacher, Ratten als Haustiere, Spießer

Ideale Namenspartner:

Den Wunsch, im Scheinwerferlicht zu stehen, erfüllen der Alexandra die stark narzisstisch angehauchten Renés, Carstens und Axels. Auf endlose Diskussionen, zur Not sogar über die Frage, ob Vornamen etwas über das Liebesleben verraten, lässt sich neben dem Lukas der Manuel mit ihr ein. Genügend Know-how und Potenz, sie im Bett restlos zu befriedigen, besitzt das Dreigestirn Johannes/Philipp/Ingo. Einen Stall voller Kinder werden der Alexandra gleichermaßen die zeugungsfreudigen Tobiasse sowie Patricks verschaffen. Ihre Reitbegeisterung auch außerhalb des Bettes teilt der Jens.

Angela / Angelika / Angelina

Basics: No Angels

Von einem Engel, wie die Übersetzung ihres Namens aus dem Lateinischen lautet, ist die Angela weit entfernt. Um charakterlich in die Nähe der Himmelsboten gerückt zu werden, neigt sie viel zu sehr zu Lästerei und Illoyalität. Mitmenschen, die ihr ein Geheimnis anvertrauen, können sicher sein, dass es trotz gegenteiligem Bekunden ihrerseits schnell zum Ortsgespräch avanciert. Natürlich schwört sie danach Stein und Bein, kein Sterbenswörtchen gesagt zu haben, und schiebt den Verrat eiskalt anderen in die Schuhe. Oft zeugt ihr Verhalten auch weder von besonders viel Stil noch von Feingefühl.

Zwar lässt sich nicht jede Namensträgerin gleich zwischen zwei Toiletten auf einen Quickie ein, wie das russisch-afrikanische Model Angela mit der deutschen Tennislegende Boris Becker, doch verschafft das Setting dieser kurzen sexuellen Begegnung einen gewissen Einblick in ihre Welt.

Dabei beginnt alles sehr hoffnungsvoll: In der Wiege der kleinen Angela liegen einige Talente als »Mitgift« fürs Leben, die sie trefflich in gute Schulnoten umzusetzen vermag. Irgendwann aber, meist in der späten Pubertät, kommt der Punkt, an dem ihre geistige Entwicklung zu stagnieren beginnt und leider gewöhnlich nie mehr wirklich Fahrt aufnimmt. Beruflich landet sie, obwohl bisweilen noch mit Abitur »am Revers«, in relativ wenig anspruchsvollen Dienstleistungs-, Pflegehilfe- oder Verwaltungsjobs.

In jungen Jahren macht die Angela gerne Discos und Volksfeste unsicher, während sie als Middleagerin gerne ihre Freundinnen zum Kaffeeklatsch einlädt, der in ihrem Falle buchstäblich zu verstehen ist. Jedenfalls braucht sie ständig Input aus ihrer Umwelt, und sei es nur, indem ständig das Radio oder Fernsehen bei ihr läuft. Für den Blick in die Zukunft lässt sie sich regelmäßig die Karten legen.

Optik und Outfit: Rolltreppe abwärts

Die derzeitige Bundeskanzlerin Angela Merkel stellt nicht nur von ihrem Karriereweg, der steil nach oben zeigt, sondern auch vom Wandel ihres Äußeren her eine Ausnahme unter den Namensträgerinnen dar. Während sich nämlich die Mehrheitsfraktion diesbezüglich eher zum Nachteil entwickelt, hat sie unverkennbar einen Schritt in die positive Richtung gemacht. Das Hauptproblem der typischen Angela besteht darin, dass sie einen ziemlich ungesunden Lebenswandel mit Nikotinabusus, Schlafmangel und einer relativ »süßen Ernährung« pflegt. Wegen ihrer Grundausstattung ist sie gewiss nicht benachteiligt, stechen doch meist aus einem hübschen, femininen Gesicht rassige braune oder grüne Augen hervor. Figürlich stellen oft ihre wohlproportionierten Beine einen echten Eyecatcher dar, die aber mitunter schon im jüngeren Alter ein wenig zu Cellulite neigen. Ihren Kopf trägt die Angela bei durchschnittlich 1,69 m Körpergröße recht hoch.

Verführung und Sex: Köpfe an der Wand

Der Partner stellt für die Angela häufig eine Jagdtrophäe dar, die sie gerne in einer Konkurrenzsituation mit ihren Geschlechtsgenossinnen »erlegt«. Bisweilen bricht sie sogar ohne große Skrupel in eine Ehe ein, weil hier die Rivalin nicht erst lange ausgemacht werden muss. Fast will es so scheinen, als messe sich der Marktwert eines Mannes für die Namensträgerinnen nur daran, wie viele Frauen ihn begehrenswert finden. Um den Sieg gegen ihre Nebenbuhlerinnen zu erringen, schreckt die Angela auch oft nicht davor zurück, sie schlechtzumachen oder zu verleumden. Liegt sie emotional im Rückstand, sprich, das Objekt ihrer Begierde ist bereits dabei, sich anderweitig zu verlieben, versucht sie, auf die Überholspur zu gelangen, indem sie aggressiv ihren Sex-Appeal und ihre Verführungskünste einsetzt.

Hinsichtlich der Jagdreviere kann die Angela ihr Motto »Viel Feind, viel Ehr« optimal in Single-Clubs umsetzen, da hier fast immer ein Überhang an Evastöchtern vorherrscht, was gleichermaßen für die Gesprächszirkel der Lonelyhearts gilt. Allerdings sind ihr hier die Themen oft zu tiefsinnig und zu psychologisch. In der Disco sticht sie als echte Disco-Queen die Mitbewerberinnen durch ihren heißen Tanzstil aus.

Ob sich Boris Beckers schnelle Nummer mit Angela Ermakova, der ihn schlussendlich einige Millionen kosten wird, wenigstens gelohnt hat, ist mehr als fraglich. Meist erweist sich die Angela nämlich, egal ob vertikal auf der Treppe eines Restaurants oder horizontal im heimischen Schlafzimmer, intim als ziemlicher Problemfall. Ständig hat sie irgendetwas am Vollzug ihres Lovers auszusetzen, was sie ihm auch unmissverständlich zu verstehen gibt. Die Angelika tickt hier allerdings diametral entgegengesetzt, lässt sie es doch horizontal ziemlich krachen. Oft unersättlich, lässt sie sich so ziemlich auf jede Spielart der Lust ein; handfeste Ferkeleien inklusive.

Partnerschaft: Der dressierte Mann

Die Angela macht sich teilweise auch deshalb recht gerne an verheiratete Kerle heran, weil sie glaubt, ihre Vorgängerin hätte sie schon domestiziert, was ja nicht selten tatsächlich zutrifft. Geht ihr indessen ein »Wildfang« ins Netz, übernimmt sie die Dressur eben selbst, indem sie ihm Gehorsam lehrt. Beim Thema Unterwerfung des Partners unterscheiden sich die Angela einerseits und die Angelika/Angelina andererseits aber insofern in der Methode, als Erstere ihn eher subtil in seine subdominante Rolle drängt, während Letztere dabei eher mit der Brechstange vorgehen. Das Ergebnis ist jedenfalls immer das gleiche: ein Pantoffelheld, wie er im Buche steht. Treten die Namensträgerinnen neben ihrer fast schon bemitleidenswerten Gatten in der Öffentlichkeit auf, wird Außenstehenden sofort klar, wer hier die sprichwörtlichen Hosen anhat. Meist nämlich führen sie das Wort, und die andere Seite bietet lediglich die Staffage für ihre Vorstellung.

Zu Hause geht es der Angela weniger darum, sich in Gestalt ihres Angetrauten einen Diener heranzuziehen, als vielmehr ihn von allen wichtigen Entscheidungen fernzuhalten. Wie viele Kinder geboren werden, ob die Familie ein Haus kauft und sich gesetzlich oder privat krankenversichert, liegt allein in ihrem Ermessen. Die Arbeiten im trauten Heim verrichtet die Angela lieber selbst, weil sie dadurch einen Grund bekommt, ihre vermeintliche Überlastung zu beklagen. Zudem ist sie ähnlich wie im Bett fast nie mit dem zufrieden, was der Herzbube fabriziert. Und nicht zuletzt gerät er aufgrund seiner »erlernten Hilflosigkeit« in eine gewisse Abhängigkeit, was mitunter völlig ihrem Kalkül entspricht. Die Erziehung der gemeinsamen Sprösslinge erklärt die Angela regelmäßig zur »Chefsache«.

Trennung: Baby Jane

Nach der Trennung bekommt die Angela oft mehr, als ihr zusteht. Das liegt zum einen daran, dass sie ihren Verflossenen noch gut im Griff hat, und zum anderen weiß sie Geheimnisse über ihn, mit deren Verrat sie winkt, wenn er aufmuckt. Selbst der gegnerische Anwalt rät seinem Mandanten angesichts der Lage bisweilen zu weitgehenden Kompromissen.

Da zumindest am Ende sicher nicht mehr Liebe das Band war, welches die Angela mit ihrem Mann zusammenhielt, fällt sie durch das Zerbrechen der Zweisamkeit emotional kaum je in ein sonderlich tiefes Loch. Schon im »Trauerjahr« unternimmt sie häufig wieder die ersten Beziehungsversuche, die meist »nur« daran scheitern, dass sie noch zu sehr in die Regelung der Scheidungsfolgesachen involviert ist. Bricht bei der Angelika der sexuelle Notstand aus, wird nicht selten der Ex wieder als Zwischenhäppchen aus der Schublade gekramt.

Pflegetipps:

Musts:
* Aschenbecher, Stiefellecken, Tratsch und Klatsch

No-Gos:
* Arrogante Schnösel, Naivität, Bildungsfanatiker

Ideale Namenspartner:

An den Axels und den Renés fasziniert die Angela der unbedingte Wille zur Macht, obwohl sie sich ihnen niemals unterwerfen wird. Das Duo Björn/Benjamin überlässt ihr recht gerne die Entscheidungshoheit im Alltag. Kaum Grund, ihre sexuellen Leistungen zu bemäkeln, liefern den Angelas sowohl der Bernd als auch der Ingo, während der Niklas und der Ronny bereit sind, den Angelikas auf ihren bizarren Wegen der Lust zu folgen. Den starken Wunsch der Namensträgerinnen nach Geselligkeit teilt neben dem Carsten der Maik. Einen idealen »Lästerbruder« finden sie häufig im Thorsten.

ANITA/ANIKA

BASICS: ANGEL HEART

Der Name Anita, ebenso wie Anika eine Variante von Anna, stammt aus dem Hebräischen und bedeutet »die Begnadete«. Wenn die Anita vom lieben Gott mit einer besonderen Gabe bedacht wurde, dann ist es ihr reines Herz. Meist kann sie nämlich sprichwörtlich keiner Fliege etwas zuleide tun, während sie ihren Mitmenschen fast jeden Tort verzeiht. Durch ihre stete Versöhnungsbereitschaft schadet sie sich fast schon selbst, weil sie so die Verbindung zu den Schurken in ihrem Umfeld nie vollständig löst. Ein konsequentes »Nein« bringt sie einfach nicht übers Herz; stattdessen gibt sie Übeltätern immer wieder eine letzte Chance. Um gemocht zu werden und ihr enormes Harmoniebedürfnis zu befriedigen, versucht es die Anita, allen recht zu machen. Ihr Gefall-Schema ist häufig Produkt einer Kindheit, in der sie nur auf Wohlwollen der Eltern hoffen konnte, indem sie sich den gegebenen Verhältnissen bedingungslos anpasste, bei gleichzeitigem Schuften für die Familie bis zur Erschöpfung.

Aufgrund ihrer Liebe zu allen Geschöpfen der Erde landet die Anita oft in hegenden und pflegenden Berufen. So findet sie ihre Erfüllung ebenso als Erzieherin oder Krankenschwester wie als Tierärztin oder Zierpflanzengärtnerin. Ihre Akkuratesse prädestiniert sie hingegen für Bürojobs. Nicht selten macht sie für ihren selbständigen Partner die Buchhaltung. Jedenfalls ist sie, wo immer sie ihren Dienst tut, die gute Seele des Hauses.

In ihren Mußestunden laden die Namensträgerinnen oft Freundinnen zwecks gemütlichen Plausches zu sich nach Hause ein, besuchen aber auch gerne gesellige Veranstaltungen. Die Frau, die Costa Cordalis laut seines Liedtextes irgendwo allein in Mexiko gefunden haben will, hieß gewiss nicht wirklich Anita.

Optik und Outfit: Low tension

Die typische Anita ähnelt auffällig der »La Dolce Vita«-Protagonistin Anita Ekberg in jungen Jahren: Sie weist voluminöse blonde Haare, eine große Oberweite und lange Beine auf. Allerdings verfügt sie meist nur über eine recht geringe Körperspannung, die sich zum Beispiel in einem laschen Händedruck manifestiert, während ihre mitunter minimal gebückte Haltung sichtbares Zeichen ihrer devoten Grundeinstellung ist. Das engelsgleiche Gemüt der Anita verraten oft schon die milden Züge ihres Antlitzes. Bezüglich ihres Längenwachstums finden die Namensträgerinnen nur selten die Mitte. Entweder »scheitern« sie noch knapp an den 1,60 m oder sie »überspringen« sogar die 1,70 mit Glanz und Gloria.

Dass ausgerechnet ein Wäschelabel nach der Anita benannt wurde, kommt nicht von ungefähr, legt sie doch allergrößten Wert auf ihr textiles Darunter.

Verführung und Sex: Verbotene Liebe

Bis die Anita ihren späteren Bräutigam kennenlernt, muss sie oft über sieben Brücken gehen und sieben dunkle Jahre überstehen. Da sie leidenschaftlich gerne tanzt, sind ihre bevorzugten Jagdreviere Tanzlokale, die sich natürlich gerne in Kurorten oder ihrer Umgebung ansiedeln. Obwohl dort in Gestalt der meist verheirateten Erholungsuchenden bittere Enttäuschungen auf der Tagesordnung stehen, verliert sie fast nie den Glauben daran, dass sie eines Tages der Prinz »zum Tango um Mitternacht« bittet. Vielleicht würde sie ihren Traum schon früher begraben, schaute sie der Realität offen ins Gesicht und versuchte nicht zwanghaft, auch noch Verständnis für das Verhalten der offensichtlichen »Betthüpfer« aufzubringen. Die Nummer mit der schrecklichen Ehefrau, die ihren Mann im Falle einer Scheidung in den Ruin treibt, oder die Geschichte von der schrecklichen Kindheit ziehen bei ihr immer. Die Sehnsucht nach der großen Liebe sowie ihr Glaube an das Gute im Menschen verführt die Anita bisweilen zu fahrlässigem Leichtsinn, so dass sie mitunter Opfer eines Heiratsschwindlers wird. Auch nimmt sie nicht selten ein Risiko für Leib und Leben in Kauf, indem sie einer neuen Bekanntschaft gleich beim ersten Date die Haustür öffnet.

Eine der größten Freuden der Anita besteht darin, ihren Partner im Bett glücklich zu machen. Schon die ersten Anzeichen einer beginnenden Unzufriedenheit auf der anderen Seite nimmt sie zum Anlass, ihr intimes Repertoire zu erweitern. Dafür besucht sie etwa einen Striptease-Kurs oder durchforstet die Sexualratgeber-Literatur nach neuen Stellungen und Praktiken des Beischlafs. Champions-League-Niveau erreicht die Anita in der Disziplin Streicheln. Ihre zärtlichen Berührungen lassen das starke Geschlecht regelmäßig unter ihren Händen dahinschmelzen. Der einschmeichelnde Klang ihrer Stimme tut sein Übriges dazu.

Partnerschaft: Undank ist der Welten Lohn

Die Zweisamkeit mit der Anita bedeutet das Paradies auf Erden, verwöhnt sie doch ihren Partner nach allen Regeln der Kunst und liest ihm jeden Wunsch von den Augen ab. Fast will es so scheinen, als sei sie ein Relikt aus grauer Vorzeit, in der die einzige Aufgabe der Frau darin bestand, die Bedürfnisse der übrigen Familienmitglieder zu erfüllen. »Bemitleiden« sie ihre Freundinnen wegen ihrer »Frondienste«, reagiert sie mit völligem Unverständnis, weil sie in ihrer Rolle keinerlei Grund zur Klage sieht. Im Gegenteil, stellt für sie der Beruf der Hausfrau und Mutter gemeinhin eine Berufung dar.

Gedankt bekommt die Anita ihre Mühen indes nicht. Gemäß dem Sprichwort »Wenn es dem Esel zu wohl wird, geht er aufs Eis tanzen«, sucht ihr Angetrauter die Herausforderung bei Evastöchtern, die ihm sowohl im Bett als auch im Alltag mehr Widerstand entgegensetzen als seine stets willfährige Gattin. Sind schon Kinder im Spiel, schaut die Anita geflissentlich weg, um ihnen nicht den Vater zu nehmen. Anstatt wie die Manuela Rache zu üben, verrichtet sie brav weiter ihre Arbeit und hofft darauf, dass die andere Seite irgendwann schon wieder zur »Vernunft« kommen wird. Kommt er auch, aber immer nur so lange, bis die nächste Affäre winkt.

Die Chance auf den Absprung ergibt sich für die Namensträgerinnen meist erst, wenn sie sich etwa im Rahmen einer Reha-Maßnahme in einen anderen Mann verliebt. Fatalerweise startet ihr Macho-Gatte, sobald er Wind davon bekommt, eine Rückeroberungsoffensive, weil er weder seine »Putze« verlieren möchte noch sein Ego zulassen kann, dass ihm ein Rivale die Frau ausspannt. Manche Anitas fallen dann in ihrer Gutgläubigkeit wieder auf seine leeren Versprechungen herein und schießen ihr mögliches Liebesglück dafür wieder in den Wind.

Trennung: Die Beziehung nach der Beziehung

Das zweisame Trauerspiel der Anita findet meist keinen Abschluss in der Trennung von ihrem Mann, weil danach häufig ein On-off-Spielchen folgt. Das endgültige, unwiderrufliche, hundertprozentige Beziehungs-Aus erfolgt gewöhnlich erst, wenn ihr Verflossener wieder eine feste Bindung eingeht. Aber selbst dann benutzt er sie häufig noch als Kummerkasten, weil seine neue Flamme nicht so spurt, wie er es bei ihr gewohnt war.

Finanziell macht die Anita ihrem Ex weitreichende Zugeständnisse, damit er keinen Rosenkrieg entfacht, dem sie aufgrund ihrer Konfliktscheu nur schwer standhalten könnte.

Bisweilen verzichtet sie um des lieben Friedens willen sogar auf den Kindesunterhalt und übernimmt gegebenenfalls die gesamten ehelichen Schulden. Angesichts ihrer schafstrotteligen Gutmütigkeit verzweifelt regelmäßig selbst ihr juristischer Beistand.

Pflegetipps:

Musts:

* Liebesromanzen, Walking in the rain, Goldschmuck

No-Gos:

* Emotionale Erpressung, Flegel, Zahnfriedhöfe

Ideale Namenspartner:

Die Liebe zu allen göttlichen Geschöpfen der Anita teilt das Dreigestirn Patrick / Tim / Philipp, welches ihr gewöhnlich auch die Treue bis in den Tod hält. Gerne verwöhnen von den Namensträgerinnen lassen sich die Paschas Axel und Clemens, während der Bernd neben dem Carsten in ihnen die idealen Frauen zum Repräsentieren findet. Ein wundervolles Tanzgespann wird die Anita regelmäßig mit dem Heiko bilden. Das späte Liebesglück winkt ihr nach all den Irrungen und Wirrungen der Jugendzeit in Gestalt des Moritz, des Ingo sowie des Sebastian.

Anja

Basics: With arms wide open

Von allen Varianten der Anna ist die Anja fraglos die toleranteste und weltoffenste. Ähnlich dem Johannes bei den Männern hat sie sich dem Motto »Leben und leben lassen« verschrieben. Wenn sie sich über Fehlverhalten ihrer Mitmenschen echauffiert, dann eher auf eine launige Art, über die selbst die Betroffenen noch lachen können. Der Sinn für Humor stellt übrigens neben der Großzügigkeit ein charakterliches Grundmerkmal dar. Um Miesepeter, die zum Lachen in den Keller gehen, macht sie einen weiten Bogen.

Bis zum vierten Lebensjahrzehnt, manchmal sogar noch ein wenig darüber hinaus, gereicht der Anja regelmäßig ihre Gutmütigkeit zum Verhängnis, indem sie auf Nimmerwiedersehen Geld verleiht oder sich sogar für andere in Schulden stürzt.

Zwar wird sie danach aus Schaden klug, doch bleibt ihr Erbsenzählerei in finanzieller Hinsicht weiterhin fremd. Bei Geschenken etwa spielt nicht primär der Preis eine Rolle, sondern die Freude, die sie ihren Lieben damit machen kann.

Beruflich erweist sich die Anja als durchaus ambitioniert, ohne aber von Ehrgeiz zerfressen zu sein. Das A und O bedeutet für sie, dass sie mit den Früchten ihrer Arbeit zufrieden ist. Meist hegt sie nämlich viel höhere Erwartungen an sich selbst als andere an sie. Wegen ihrer Offenheit und Einfühlsamkeit in Kundenwünsche dürften etwa 30 Prozent aller Namensträgerinnen (erfolgreich) im Verkauf arbeiten, während etwa einen ebenso hohen Anteil die Akkuratesse in Verwaltungsberufe treibt. Die restlichen 20 Prozent verteilen sich kunterbunt auf alle anderen Sparten.

Wie fast alle Anna-Abkömmlinge liest auch die Anja leidenschaftlich gerne fast alles, was der Büchermarkt hergibt – allerdings mit dem Schwerpunkt Romane, Ratgeber und spirituelle Literatur. Daneben feiert sie gerne ausgelassen, besucht kulturelle Veranstaltungen und schafft eigenhändig Kultur, indem sie malt, singt oder schauspielert.

Optik und Outfit: Männerträume

Der Name Anja stellt fast schon eine Garantie für gutes Aussehen dar. Gewöhnlich weisen seine Trägerinnen ein hübsches, feminines und nicht selten auch sinnliches Antlitz auf, wie die einstmalige »zärtliche Cousine« Anja Kruse. Kleine Mankos, mitunter findet sich ein leicht überdimensioniertes Riechorgan, erhöhen ihren Reiz eher noch, anstatt ihn zu vermindern. Der typische Haarschopf ist brünett und leicht gelockt. Weit in den Himmel ragt die Anja nur selten, da sie kaum je die 1,70 m merklich überschreitet. Dafür hat sie aber verhältnismäßig lange Beine. Über eine zu geringe Oberweite kann sie sich ebenfalls nicht beschweren, höchstens über die »süßen« Fettpölsterchen, die damit einhergehen.

Der Kleidungsstil der Anja geht in Richtung klassisch-leger. Dazu legt sie stets ein edles Duftwässerchen auf.

Verführung und Sex: Leckermäulchen – Schleckermäulchen

Da die Anja selbst schon eine recht toughe Persönlichkeit verkörpert, hält sie bei der Partnersuche regelmäßig Ausschau nach dem Alphatierchen, zu dem sie aufschauen kann.

Darunter wird sie einen Mann kaum je dauerhaft an ihrer Seite akzeptieren, ohne ihn seine Inferiorität deutlich spüren zu lassen.

Natürlich wachsen Leader nicht auf Bäumen, so dass sie häufig in die schwachen Fänge von Pseudo-Leitwölfen gerät, denen sie sich aber alsbald wieder entwindet. Um weiteren Enttäuschungen aus dem Weg zu gehen, schwärmt sie mitunter für unerreichbare Partner wie glücklich verheiratete Familienväter oder Vertreter des öffentlichen Lebens. Bei ihrem Warten auf Godot zeigt sie oft eine ungeheure Beharrlichkeit und »verliert« Jahre ihres Lebens. Kommt der Prinz dann doch noch angeritten, holt sie all ihre Flirtkünste aus der Zauberkiste hervor. Anjas Lieblinge beim Balztanz sind der verführerische Augenaufschlag sowie das becircende Lächeln, während sie ihre weiblichen Reize nur eher spärlich einsetzt. Den Eindruck, ein »leichtes Mädchen« zu sein, möchte sie nämlich tunlichst vermeiden. Dafür ist die Anja beim Geschlechtsverkehr mit ihrem Partner ein Schwergewicht, vereinigt sie doch in sich wilde Leidenschaft und Phantasie. Ihre »kindliche« Neugierde treibt sie ständig zu neuen Ufern der Lust. Lover, die glauben, immer nur das Standardprogramm herunterspulen zu müssen, verweist sie schnell des Liebesspiels. Horizontale Highlights der Namensträgerinnen stellen ihre beherzte Handarbeit sowie ihre im wahrsten Sinne des Wortes atemberaubende Kusstechnik dar. Mit ihrer Zunge vollbringt sie auch leckend wahre Wundertaten, wobei öfter süße Sachen wie Schokocreme, Sahne oder Eis zum Einsatz kommen.

Partnerschaft: All you can wish

Für die holde Männlichkeit ist die Anja insofern ein doppelter Glücksfall, als sie sowohl viel in ihre Beziehungen investiert als auch ihrem Herzbuben die lange Leine gibt. Die Alleingänge der anderen Seite sollten aber keinesfalls solche Ausmaße annehmen, dass sie das Gefühl befällt, mit einem »verheirateten Junggesellen« »zufällig« (gelegentlich) Tisch und Bett zu teilen. Jede Form von Beliebigkeit geht ihr nämlich gewaltig gegen den Strich.

Zu den »Morgengaben« der Anja in die Zweisamkeit gehören regelmäßig hundertprozentige Loyalität und das »Motivations-Gen«, das heißt, sie führt ihren Göttergatten durch Ermunterung sowie tatkräftige Unterstützung zu beruflichen Höchstleistungen. Mitunter an ihre Grenzen stößt sie hingegen, wenn sie wieder einmal mit dem Kopf durch die Wand will. Hat sie erst einen Plan gefasst, weicht sie meist keinen Zentimeter von seiner Verwirklichung ab, selbst wenn es sich dabei um ein ausgemachtes Hirngespinst handelt. Zur Ehrenrettung der Namensträgerinnen muss aber betont werden, dass die meisten ihrer Ideen Hand und Fuß haben.

Beim Thema Familiengründung gibt es drei Typen unter den Anjas. Die ersten sind »fruchtbare Mehrerinnen« und setzen mindestens ein Pärchen Sprösslinge in die Welt. Die zweiten werden höchstens noch einmal Mutter oder bleiben kinderlos, weil sie den Mann, mit dem überhaupt an Nachwuchs zu denken wäre, erst zu spät kennenlernen, während sich die dritte Fraktion bewusst gegen die »Arterhaltung« entscheidet. Aber selbst deren Herz steht meist sofort lichterloh in Flammen, wenn der Klapperstorch ungeplant mit einem süßen kleinen Fratz im Schlepptau an der Tür klopft. Denn gewöhnlich führen nicht mangelnde Kinderliebe, sondern gesundheitliche Bedenken wegen bereits fortgeschrittenen Alters zu der Entscheidung, auf eine Schwangerschaft zu verzichten.

TRENNUNG: DER ZERBROCHENE KRUG

Weigert sich Anjas Gemahl über längere Zeit hinweg, an der Weiterentwicklung der Partnerschaft mitzuarbeiten, oder bringt ihr Gleichgültigkeit entgegen, packt sie irgendwann die heilige Wut und stellt ihm die Koffer vor die Tür. Dann helfen auch alle Versprechungen der Gegenseite nichts mehr, ihr in Zukunft den Himmel auf Erden bereiten zu wollen. Die Anja braucht lange, bis sie sich zu einer Trennung durchringt, aber hat sie die Entscheidung dazu erst einmal getroffen, gibt es auch gewöhnlich kein Zurück mehr.

Auf Provokationen sollte ihr Ex nach dem Liebes-Aus dringend verzichten, sonst können die Namensträgerinnen ausgesprochen giftig reagieren. Davon abgesehen, lassen sich Vereinbarungen rund um die Scheidung oder die gemeinsamen Kinder meist einvernehmlich mit ihnen treffen. Finanziell reizt die Anja ihre Möglichkeiten – gebremst durch ihren Stolz – oft nicht vollständig aus.

Pflegetipps:

Musts:
* Phantasie, absolute Verlässlichkeit, Wohlgeruch

No-Gos:
* Schlechte Manieren, Adiletten-Jünger, Weicheier

Ideale Namenspartner:

Sehr weit im Job voran bringt die Anja den Jörg, den Oliver sowie den Bernd. Ihre verbindliche Beziehungsvorstellung, ohne den anderen merklich einzuengen, teilt das Duo Tobias/Nils, während sie den Johannes oft für ihre »multiplen Ideenschübe« zu begeistern vermag. Horizontal phänomenal wird es mit den verspielten Marcs und Andrés. Männliche Kraft im Bett lassen sich die Namensträgerinnen bisweilen gerne vom Boris demonstrieren. Ihren Seelenpartner auf der Humorschiene findet die Anja regelmäßig im leicht bis mittelschwer ironischen Clemens.

Anke

Basics: Suspicious minds

Der Name Anke stellt eine niederdeutsche Variante von Anna dar, mit der sie allerdings bezüglich ihrer Dynamik nicht allzu viel gemeinsam hat. Ein Hauptunterschied der beiden Frauen besteht darin, dass die Anke im Gegensatz zur recht unkomplizierten Anna hochgradig schwierig ist. Meist stehen sich die Namensträgerinnen durch ihr verqueres Denken selbst im Weg, so dass sie selbst für banale Entscheidungen ewig lange brauchen. Manchmal machen sie lieber gar nichts, als irgendetwas verkehrt zu machen. Fehler können sie sich nämlich aufgrund ihres perfektionistischen Anspruchs nur schwerlich verzeihen. In Verhaltenstherapien, die sie häufig infolge ihrer gewissen Zwanghaftigkeit absolvieren, lautet regelmäßig ihr erster Lernauftrag, »Fünfe auch mal gerade sein zu lassen«.

Die Interaktion der Anke mit anderen Menschen überschattet nicht selten Argwohn, der seine Ursache in frühkindlichen Verletzungen hat. Bis sie sich ihrer Umwelt wirklich öffnet, sondiert sie meist ausgiebig, ob die Voraussetzungen dafür gegeben sind. Einen Geheimnisverrat kann sie weder verzeihen noch vergessen.

Beruflich sind für die Anke Tätigkeiten günstig, an deren Ende klare Ergebnisse stehen, weil sie ansonsten stets unzufrieden nach Hause geht. Die Komödiantin Anke Engelke zum Beispiel schläft vermutlich gut, wenn wieder eine Folge ihrer Serie »Ladykracher« im Kasten ist, während ihre Normalo-Namensschwestern sich als Architektinnen oder Designerinnen an fertigen Entwürfen erfreuen können.

In ihren Mußestunden frönt die Anke gerne der Muse, indem sie töpfert, bildhauert, malt oder bastelt. Nicht selten verschönert sie mit ihren kleinen Kunstwerken hernach das Haus. Ansonsten liebt sie Kultur- und Landschaftsreisen, die aber nicht unbedingt immer auf fremde Kontinente führen müssen. Sport treibt die Anke eher nur mäßig.

Optik und Outfit: Aphrodites Töchter

Die Pein, die sich die Anke meist selbst schafft, ist ihr gelegentlich schon in Form eines leicht gequälten oder zumindest angespannten Gesichtsausdrucks anzusehen. Anke Engelke etwa wird ihr Migränelächeln wohl trotz aller Comedy zeitlebens nicht mehr loswerden. Trotzdem gehören die Namensträgerinnen fraglos zu den attraktivsten Vertreterinnen der holden Weiblichkeit, weisen sie doch von Kopf bis Fuß kaum je nennenswerte Makel auf. Besonders zu punkten vermögen sie aufgrund ihrer schönen Augen sowie ihres wohlgeformten Körpers, der an einem Festtag der Götter entstanden sein muss. Zum Laufsteg-Model fehlen ihnen meist nur ein paar Zentimeter, da sie die dafür notwendige Standard-Mindestgröße von 1,75 m fast nie erreichen.

Kleidungsmäßig fühlt sich die Anke sowohl im kurzen Schwarzen als auch in der legeren Jeans »heimisch«.

Verführung und Sex: Good days bad days

Ein Manko der Ankes bei der Suche nach Mr. Right besteht darin, dass sie oft ihren eigenen Gefühlen nicht trauen und die Verantwortung dafür anderen überlassen. Daher geraten nicht wenige von ihnen in die Klauen von dubiosen Heiratsvermittlungen, weil sie an die Professionalität der Mitarbeiter glauben. Dass die einzige Professionalität der gewerblichen Kuppler gewöhnlich darin besteht, die Kunden/innen abzuzocken, wird ihnen oft erst nach Vertragsabschluss bewusst, indem sie, wenn überhaupt, Partnervorschläge erhalten, die unter aller Kanone sind.

Auf freier Wildbahn trägt die Anke fast immer ein Pokerface, so dass potenzielle Herzbuben vor einer Balzattacke nie genau einschätzen können, ob ihre Sterne eher günstig oder ungünstig stehen. Selbst während der verbalen Fühlungnahme mit interessanten Kandidaten sendet sie noch viel zu wenige ermunternde Signale wie ein Lächeln oder Komplimente in Richtung der vermeintlich sich vergeblich abmühenden anderen Seite. Von außen betrachtet, erinnert das Szenario häufig ein wenig an ein nüchternes Verkaufsgespräch. Öffnet die Anke dem Sieger ihres Prinzen-Castings schlussendlich die Schlafzimmertür, kann der oft sein Glück gar nicht fassen und fühlt sich wie die Jungfrau, die zum Kinde gekommen ist.

Intim zeigt die Anke zwei Gesichter. Das eine nutzt Sex zum Abbau ihrer inneren Spannungen und lässt sie zur Höchstform auflaufen, während das andere sie in Gestalt von Tabus und inneren Blockaden ausbremst. Je nachdem, welches gerade die Oberhand hat, kann Mann mit ihr im Bett den Fick oder den Flop des Jahrhunderts erleben. Ein intimes Bonbon der Anke stellt ihre unglaubliche Feinfühligkeit für die körperlichen Bedürfnisse des starken Geschlechts dar. So gelingt ihr etwa das Kunststück, ihren Lover allein kraft ihrer Hände auf den Gipfel der Lust zu liebkosen.

Partnerschaft: Der falsche Film

Die Anke lebt signifikant häufig in Ehen, in denen die Bilanz von Geben und Nehmen unausgewogen ist, und fast immer spielt sie den Part, der mehr Investitionsbereitschaft zeigt. Anders aber als zum Beispiel die Anita leidet sie meist darunter, ständig zu kurz zu kommen, und stößt die andere Seite mit der Nase auf ihre Versäumnisse. Indem sie ihre »Änderungswünsche« recht konfrontativ äußert, zwingt sie ihren Herzbuben oft in eine Abwehrhaltung, die jegliches Entgegenkommen verhindert. Bisweilen bildet er um sich herum einen regelrechten Schutzwall gegen die gefühlten Attacken seiner

Frau. Ihre Drohungen, sich zu trennen, falls er weiterhin in seiner Lethargie verharrt, prallen dann von ihm ab wie ein Gummiball von der Betonwand. Tatsächlich unternimmt die Anke auch einige Trennungsversuche, kehrt jedoch »reumütig« wieder in die Arme ihres Gemahls zurück, weil sie Partnerlosigkeit emotional stark belastet. Hat sie die Wahl zwischen der Pest einer unglücklichen Beziehung und der Cholera des Alleinseins, entscheidet sie sich regelmäßig für die Pest.

Nachwuchs setzt die Anke fast immer in die Welt, obwohl ihr schon früh bewusst wird, dass sie bei seiner Hege und Pflege kaum je mit der Unterstützung ihres Göttergatten rechnen darf. Anstatt sie im Haushalt zu entlasten, schafft er ihr eher noch zusätzliche Arbeit, so dass sie manchmal das Gefühl befällt, in ihm ein weiteres Kind am Bein zu haben. Kommt er vom Sport nach Hause, wirft er seine nassgeschwitzten Klamotten einfach irgendwo in die Ecke und fläzt sich in Erwartung kulinarischer Versorgung gemütlich auf die Couch. Schreien die Sprösslinge bereits nach Essen, stimmt er gerne in ihren »lustigen« Chor mit ein. Durch die Familiengründung wird die Anke oft endgültig in die Rolle einer reinen Bedürfniserfüllungsanstalt für Mann und Kinder gedrängt.

Trennung: Desperate hunt

Verlässt ihr Mann die Anke wegen einer anderen Frau und es besteht keine Chance mehr auf ein Beziehungs-Comeback, verfällt die Anke zunächst in eine Bindungspanik, um die Lücke, die er hinterlässt, wieder zu schließen. Das ist genau die Zeit größter Gefahr, auf eine Partnervermittlung hereinzufallen. Wie auch immer, merken die Namensträgerinnen schon nach den ersten Dates, dass sie noch nicht bereit sind, sich auf eine neue Partnerschaft einzulassen, und stellen ihre Suche nach einem »Ersatzmann« ein. Vielleicht zum Schutz vor weiteren Verletzungen wird die Anke mit der Zeit immer wählerischer. Bisweilen gerät sie so sehr in ein Traumprinzen-schema, dass schlussendlich kein Kandidat mehr ihren Vorstellun-gen entsprechen kann. Da sie das Alleinsein andererseits geradezu hasst, nimmt sie regelmäßig die Hilfe eines professionellen Single-Coachs in Anspruch.

PFLEGETIPPS:

Musts:
* Streitkultur, Autogenes Training, kreatives Kochen

No-Gos:
* Lange Wartezeiten, intrigierende Ex-Frauen, Hobby-Landwirte

IDEALE NAMENSPARTNER:

Viel Verständnis für die liebenswerten Neuröschen der Anke wird das verständnisvolle Dreigestirn Daniel/Manuel/Mario aufbringen. Ihrem Wunsch nach einer ausgewogenen Beziehung werden die investitionsbereiten Dirks, Hennings und Patricks entsprechen. Mit den intimen »Wechselbädern der Gefühle« seitens der Namens-trägerinnen werden sich sowohl der Clemens als auch der Björn trefflich arrangieren. Am Jens sowie am Tobias liebt die Anke den »Überraschungsmoment«, während ihr der Ingo dank seines unbän-digen Humors zumindest stets ein Schmunzeln entlockt.

Annette/Anette

Basics: Let's come together

Die Annette hat in Gestalt ihres Namens den eindeutigen Auftrag mitbekommen, nett zu sein, dem sie auch weitgehend gerecht wird. Allein in ihrer Kindheit und Jugend neigt sie noch zu einer gewissen Sprödigkeit, die sich aber später vollkommen verliert. Als Erwachsene leidet sie oft an der klassischen Frauenkrankheit, nicht »nein« sagen zu können, weil sie wegen ihres Harmoniebedürfnisses niemanden vor den Kopf stoßen möchte. Ihre Hilfsbereitschaft wächst sich aber fast nie zu einem verzehrenden Mutter-Teresa-Komplex wie bei der Katja/Katharina aus; dafür verfügt sie über einen zu ausgeprägten Selbsterhaltungstrieb. Dauerhaft nur zu geben ohne jegliche Gegenleistung liegt ihr beileibe nicht in den Genen. Zumindest sollte sich die andere Seite regelmäßig durch kleine Gesten gefällig zeigen.

Allzu tiefschürfenden geistigen Fragen gehen die Namensträgerinnen eher aus dem Weg, obwohl sie beruflich oft in recht anspruchsvollen Berufen arbeiten. Typische Sparten sind das Lehramt sowie das gehobene Verwaltungswesen. Ihr Sinn für Ästhetik prädestiniert sie außerdem zu Modeberaterinnen, Stylistinnen oder Dekorateurinnen. Unter ihren Kollegen/innen genießen sie regelmäßig große Beliebtheit, da sie viel Lebensfreude verbreiten. Wenn sie einmal durchhängen, machen sie aber auch keinen Hehl daraus, sondern lassen es ihr Umfeld wissen. Eine Schauspielerin ist ohnehin kaum je an ihnen vorübergegangen. Große Miminnen der Kragenweite einer Annette Bening gehören daher zu den Einzigen ihrer »Art«.

Ein absolutes Muss im Freizeitverhalten der Annette stellt Wellness jedweder Couleur dar, die sie gewöhnlich an der Seite einer ihrer zahlreichen Freundinnen betreibt. Fast ebenso gerne besucht sie als

Zoon politikon in Reinkultur gesellige Veranstaltungen oder veranstaltet Tupper-Abende.

Optik und Outfit: Forever young

Da die Annette unnötigerweise häufig mit ihrem Aussehen hadert, ist sie recht »anfällig« für kosmetische Veränderungen an Gesicht und Körper. Nicht selten wird sie sogar aufgrund ihrer Eitelkeit zur »Mehrfachtäterin«. Naturgegeben weisen die Namensträgerinnen häufig eine ebenso wohlgeformte wie üppige Oberweite auf, ohne dafür mit merklichem Übergewicht zahlen zu müssen. Allerdings dürfen sie Sport und bewusste Ernährung nicht schleifen lassen, sonst laufen sie Gefahr, gewichtsmäßig leicht aus den Fugen zu geraten. Ein Lied davon singen kann die Schauspielerin Annette Frier, deren 1,66 m auch knapp den Durchschnitt des Längenwuchses markieren. Weitere optische Spezifika der Annette stellen ihr hübsches, feminines Antlitz sowie ihre »Unverwüstlichkeit« dar. Das heißt, sie bleibt äußerlich oft bis ins hohe Alter frisch wie eine gerade erblühte Rose.

Verführung und Sex: I want you to want me

In der Liebe weiß die Annette ganz genau, was sie will und wen sie will. Hat sie es auf einen Burschen abgesehen, gibt es für ihn fast kein Entkommen mehr. Um den zukünftigen Herzbuben zur Strecke zu bringen, setzt sie so klare Flirtsignale, dass selbst der größte Blindfisch sie noch erkennen muss. Vom vielsagenden Lächeln über die geschickte Darbietung ihrer weiblichen Reize bis hin zum moderaten Schlafzimmerblick ist ihr fast jedes erfolgversprechende »Lockmittel« recht. Ins Auge fallen der Annette fast immer nur Kandidaten, die über ihr Outfit einen guten sozialen Status vermuten lassen.

Mit Losern und Hungerleidern geht sie indes allenfalls bei sexuellem Notstand eine Affäre ein, die sie wieder beendet, sobald ein lukrativerer Kandidat am Horizont erscheint. Wie auch immer, öffnet sie recht zügig ihre Schlafzimmertür, weil sie erstens gut auf ein allzu ausgedehntes verbales »Vorgeplänkel« verzichten kann und zweitens intim ziemlich neugierig ist. Last, but not least stellt das Bett für sie die ultimative Möglichkeit dar, die andere Seite dauerhaft an sich zu binden, sofern sie das möchte. Meist bietet sie nämlich ein breites Repertoire an horizontalen Lustbarkeiten, welches kein Mann mehr missen möchte, nachdem er es erst einmal genossen hat. Das Wort »Tabu« kennt die Annette gewöhnlich nur als Gesellschaftsspiel, nicht aber im Zusammenhang mit fleischlicher Lust. Nach Art einer Liebesdienerin erfüllt sie selbst die bizarrsten Wünsche ihres Lovers und empfindet fast immer noch höchsten Genuss dabei. Zwecks Erweiterung ihres Horizonts besucht sie regelmäßig Tantra-Seminare, betrachtet sich den einen oder anderen gutgemachten Pornofilm und besucht Erotik-Shops. Nicht selten unterhält sie geradezu eine Privatsammlung an Sexspielzeugen.

PARTNERSCHAFT: EIN WUNDER DER ANPASSUNG

Eine der bemerkenswertesten Eigenschaften der Annette in der Zweisamkeit stellt fraglos ihre Flexibilität dar. Fast jedem Typ Mann vermag sie sich anzupassen, solange er ein gewisses gesellschaftliches Ansehen genießt und über ausreichende finanzielle Ressourcen verfügt, ihre kleinen Luxuswünsche zu erfüllen. Dem Macho tanzt sie trefflich nach der Pfeife, während sie den Softie aufbaut, wenn Selbstzweifel an ihm nagen. Und beim Socho tut sie eben beides abwechselnd. Auch bezüglich der gemeinsamen Lebensgestaltung zeigt sie ein hohes Maß an Geschmeidigkeit. Möchte ihr Partner auswandern, wandert sie mit aus; eröffnet er ein Geschäft, besucht sie Buchhaltungskurse, um ihm einen Teil des Schriftkrams abzunehmen. Allerdings würde sie sich nie zu etwas verleiten lassen, was ihr völlig gegen den Strich geht, wie ein betrügerischer Konkurs oder der Besuch von Swinger-Clubs.

Ihre Kinder versorgt die Annette sowohl emotional als auch materiell gut, ohne zur Überbehütung zu neigen. Gerne parkt sie die Sprösslinge gelegentlich bei ihren Eltern, um shoppen zu gehen oder der Wellness zu frönen. Von ihrem Mann erwartet sie bezüglich der Nachwuchspflege kaum je großartige Unterstützung, damit er in Ruhe an seiner Karriere basteln kann. Den Haushalt führt sie ordentlich, aber nicht pingelig, weil wahrlich noch andere wichtige Dinge auf ihrer Prioritätenliste stehen.

Frischen Wind in die Beziehung bringen die Namensträgerinnen regelmäßig, indem sie Treffen mit gemeinsamen Freunden initiieren und darüber hinaus ständig neue Kontakte knüpfen.

Zu den loyalsten Frauen gehört die Annette leider nicht. Sieht sie das Partnerschaftsschiff sinken, rettet sie sich schnell in ein Rettungsboot und rudert davon. Bisweilen sind auch die Übergänge von einer Liebe zur nächsten verdächtig fließend.

TRENNUNG: SCHOCKSTARRE

Wird die Annette von ihrem Mann verlassen, verfällt sie zunächst in eine Art Lähmungszustand, so dass sie den gemeinsamen Nachwuchs häufig nur noch mit Mühe und Not versorgen kann. Nicht selten müssen sogar in den ersten Tagen bis Wochen ihre Eltern komplett für sie einspringen und die Enkelkinder bei sich aufnehmen. Wirklich ins Leben zurück finden die Namensträgerinnen häufig erst nach mehreren Monaten durch intensive psychologische Betreuung, teilweise auch stationär.

Die Scheidung artet nur dann zum Kleinkrieg aus, wenn der Ex glaubt, er könnte Schlitten mit der prinzipiell gutmütigen Annette fahren, indem er willkürlich Unterhaltszahlungen kürzt oder unregelmäßig leistet. Auf eine verlässliche finanzielle Versorgung legt sie nämlich großen Wert, da sie mitunter an handfesten Verarmungsängsten leidet.

Pflegetipps:

Musts:

* Gehobene Wohnkultur, Lingerie, italienische Küche

No-Gos:

* Beziehungsflüchter, Bummler, Bremsstreifen

Ideale Namenspartner:

Die gewisse Siegermentalität, auf die die Annette steht, weisen der Kai, der Maximilian sowie der René auf. An Letzterem gefällt ihr ebenso wie beim André auch der Sinn für eine ausgewählte Garderobe. Im Schlafzimmer entlockt das »magische Dreieck« Bernd/Lars/Philipp den Namensträgerinnen regelmäßig Schreie der Lust. Häufig in der Öffentlichkeit Flagge zeigen wird die Annette an der Seite des Carsten und des Johannes, während der Heiko eher den sicheren Hafen in schwierigen Zeiten für sie darstellt. Trefflich wieder zum Lachen bringt sie dann der Jens.

Antje

Basics: Barfuss

Der Name Antje stellt eine altfriesische oder niederländische Verkleinerungsform von »Anna« dar und bedeutet »die Begnadete«.
Die Sonne lacht den Namensträgerinnen aber allenfalls wegen ihrer
Klugheit und ihres beruflichen Erfolges. Zwischenmenschlich stehen sie sich dagegen oft selbst im Weg, indem sie jegliche Interaktion
verkomplizieren. Besonders ihre fehlende Klarheit, die bisweilen in
eine handfeste Ambivalenz ausartet, macht den Umgang mit ihnen
wahrlich nicht einfach. Interessanterweise arbeiten die Antjes häufig
in Jobs, in denen diese Wankelmütigkeit im Denken, Fühlen und
Handeln unter Flexibilität verbucht wird. Als Verlegerinnen müssen
sie zum Beispiel regelmäßig Entscheidungen für ein Buchprojekt
aus wirtschaftlichen Gründen zurücknehmen, während in der Politik Parteidisziplin Wetterwendischkeit notwendig macht. Leider
gesellt sich zu ihrer Zwiespältigkeit meist auch noch eine gewisse
Überempfindlichkeit, so dass sie sich schon bei kleineren Verletzungen eingeschnappt in ihre Schmollecke zurückzieht. Dort verharrt
sie dann nicht selten stundenlang, bis sie der Wunsch nach Gesellschaft zurück ins Wolfsrudel treibt.
In ihren Mußestunden pflegt die Antje gerne ihre Neurosen auf
Selbsterfahrungswochenenden und spirituellen Workshops. Zum
Lachen geht sie nicht in den Keller, sondern ins Kabarett. Dagegen vergeht es ihr, wenn sie sich sportlich betätigen soll, bedeutet doch
für sie intensive Leibesertüchtigung gewöhnlich eine Tour der Leiden. Die Antje ist die einzige Frau des Universums, die schon nach
100 Meter Jogging eine gigantische Blase im Schuh aufzuweisen vermag. Vermutlich ein Grund der ehemaligen Weltklasseschwimmerin
Antje Buschschulte, sich auf eine Barfuß-Disziplin zu kaprizieren.

Optik und Outfit:
Zwischen Holland und Hamburg

Ein Schelm, der optisch mit der Antje das gleichnamige Walross, ehemaliges Maskottchen des NDR, verbindet. Zwar reicht sie diesbezüglich gewiss nicht an die adrette Käse-Ikone Frau Antje aus Holland heran, doch verbietet sich andererseits der Vergleich mit der tumben Dickhäuterdame.

Figürlich lassen sich bei der Antje zwei Typen unterscheiden; die kleine Kompakt- und die Normalversion, die nur unwesentlich über der weiblichen Durchschnittsgröße (etwa 1,67 m) und unwesentlich unter dem weiblichen Durchschnittsgewicht (etwa 70 kg) in Deutschland liegt. Ein besonderes Charisma weisen die Namensträgerinnen nur selten auf. Mitunter wirken sie sogar fast ein wenig tranfunzelig, was aber kaum je ihrem Aktivitätsstatus entspricht.

Ihrer Mediokrität wird die Antje leider auch nicht durch eine außergewöhnliche Aufmachung Herr oder besser gesagt Frau, kleidet sie sich doch meist Öko oder funktional.

Verführung und Sex: Trau, schau, wem

Im Gegensatz zu den meisten ihrer Single-Leidensgenossen kennt die Antje genau ihren Marktwert. Das erhöht ihre Aussichten auf die Liebe für ein ganzes Leben immens, da sie weder nach dem unerreichbaren Traumprinzen schielt noch auf Kerle abzielt, deren Niveau ihr noch nicht einmal bis zu den Kniekehlen reicht. Nach dem Motto »Drum prüfe, wer sich ewig bindet« unterzieht sie potenzielle Herzbuben allerdings einer ausführlichen Prüfung, so dass »Blitzkrieger« bei ihr völlig ins Leere laufen. Die günstigsten Jagdreviere, um die Kandidaten näher ins Visier zu nehmen, stellen natürlich der Freundeskreis sowie der Arbeitsplatz, unter den institutionalisierten Vehikeln der Kontaktanbahnung Single-Tanzkurse, -Clubs und

-Reisen dar. Wiederholung mal Zeit lautet die Erfolgsformel für die Namensträgerinnen auf der Piazza der einsamen Herzen.

Ihre Paarungsbereitschaft signalisiert die Antje regelmäßig durch stark erweiterte Pupillen, als hätte sie sich gerade Atropin getropft. Das hat für ihre Verehrer meist eine derart aphrodisierende Wirkung, dass sie vor ihr einen Balztanz aufführen wie der Auerhahn um seine Hennen.

Beim Geschlechtsakt muss sich der Lover der Antje indes deutlich von dem Hühnervogel unterscheiden, gibt sie sich doch keinesfalls nur mit einem kurzen Sprung zur Begattung zufrieden. Ein Quickie lässt sie fast immer unbefriedigt zurück, da sie verhältnismäßig lange braucht, bis sie den Gipfel der Lust erklommen hat. Ungeheuer in Fahrt bringen sie leidenschaftliche Küsse, bei der ihre Zunge weite, manchmal zu weite Wege geht, und eine ausgiebige manuelle Stimulation ihrer Klitoris. Ansonsten erwartet sie im Bett keine Heldentaten von ihrem Gespielen, da sie selbst auch kaum je das Rad intimer Vergnügungen neu erfinden wird.

Partnerschaft: Sleepless nights

Zum Schloss Sanssouci (sans souci: sorgenfrei) wird das Heim der Antje kaum je, weil sie ständig irgendwelche Ängste und Sorgen umtreiben, die sie auch auf die übrigen Familienmitglieder überträgt.

Hier bereitet ihr die möglicherweise drohende Arbeitslosigkeit ihres Göttergatten unzählige schlaflose Nächte, dort macht sie sich und die Welt wegen einer harmlosen Erkältung ihrer Sprösslinge verrückt. Häufig gehen die größtenteils irrationalen Horrorszenarien in ihrem Kopf auf frühe Verlustsituationen zurück. Abgesehen von der Ansteckung ihrer Lieben mit dem Keim der Furcht, nervt sie sie auch gehörig, indem sie regelmäßig den Teufel an die Wand malt, und gerät so in eine Art Außenseiterposition. Tritt der Worst Case tatsächlich einmal ein, kommen die größten partnerschaftlichen Stärken der Antje zum Tragen, nämlich ihre Loyalität und ihre Fürsorglichkeit. Niemals würde sie das Schiff verlassen, wenn es in schwieriges Fahrwasser gerät, sondern sie stellt sich stets der Herausforderung.

Ihren Haushalt hält die Antje in Ordnung, ohne viel Hilfe von ihrem Partner zu erwarten, allerdings kaum je steril. Staubkörner sind für sie eben nur Staubkörner und keine Weltkatastrophen. In kleinen Dingen neigt sie zum Glück nicht auch noch zum Dramatisieren. Um als Putzfee zu fungieren, fehlt ihr zudem die Zeit, engagiert sie sich doch neben ihrem Pflichtprogramm häufig kulturell und / oder karitativ, wobei sie aber nur ungern Vereinen beitritt. Vereinsmeierei ist ihr sogar oft ein rechter Greuel. Ein Mann, der glaubt, mehr Zeit bei der freiwilligen Feuerwehr als zu Hause verbringen zu müssen, wird alsbald einen Brand in der eigenen Hütte entfachen. Der entwickelt sich gemeinhin zum Inferno, sobald Untreue ins Spiel kommt.

TRENNUNG: RACHE IST SÜSS

Äußerst ungenehm, um nicht zu sagen zur rasenden Furie kann die Antje werden, wenn ihr zukünftiger Ex noch versucht, sie für dumm zu verkaufen, obwohl schon eindeutig bewiesen ist, dass er sie jahrelang belogen und betrogen hat. Oft holt sie zum Gegenschlag aus, indem sie ihn bei Dritten diskreditiert oder in der Öffentlichkeit kompromittiert. Zwar begibt sie sich dadurch niveaumäßig zurück ins Neandertal, aber es bringt ihren Kessel wieder auf Normaldruck. Finanziell bleibt der Verflossene indes meist relativ ungeschoren, weil der Antje ihr Stolz verbietet, diesbezügliche Forderungen an ihn zu stellen. Nicht selten startet sie den Neuanfang praktisch mit null, nur um nicht abhängig von ihm zu sein.

Ihre Kinder instrumentalisieren die Namensträgerinnen als verantwortungsvolle Mütter kaum je gegen ihren Vater, egal wie tief ihre Verletzungen und Wut auch sitzen mögen.

Musts:

* Schnittblumensträuße, Obsttorte, Liebesgedichte

No-Gos:

* Brüllaffen, High-Heels, Dschungel-Trekking

IDEALE NAMENSPARTNER:

Viel Geduld für die kleinen Neurosen der Antje bringen die Gemütsmenschen Björn, Ingo und Daniel auf. Keine außergewöhnlichen Verrenkungen im Bett erwartet das Duo Fabian/Mario von ihr, während sie hier die Fingerfertigkeit des Marc/k-Typus zu schätzen weiß. Die spirituelle Ader der Namensträgerinnen teilen neben den Erics am ehesten noch die Jans. Wenig Grund zur Aufregung durch Abwertung hat die Antje beim Frauenversteher Manuel, mit dem sie auch intellektuell auf Augenhöhe liegt. Als Vater ihrer Kinder eignet sich gewöhnlich der Tobias hervorragend.

Astrid

Basics: Die private Frau

Hinter dem Namen Astrid verbirgt sich fast immer ein kluger Kopf. Meist zeigen seine Trägerinnen großes Interesse an gesellschaftlichen und politischen Fragen. Manche von ihnen treten zudem kreativ-künstlerisch in Erscheinung, wie einst die Kinderbuchautorin Astrid Lindgren. Das Licht der Öffentlichkeit suchen sie kaum je aus narzisstischen Gründen, sondern weil sie eine Botschaft an die Menschheit haben, die ihnen am Herzen liegt. Ihr öffentliches Wirken bleibt aber gewöhnlich zeitlich beschränkt. Nur zu gerne ziehen sie sich danach wieder in ihr Privatleben zurück, das ihnen heilig ist. Gäbe es keine Ungerechtigkeit auf der Welt, würde man vermutlich nichts sehen von ihnen, außer vielleicht ihre schöpferischen Ergüsse. Im zwischenmenschlichen Umgang sucht die Astrid trotz ihrer grundsätzlichen Konfliktfähigkeit eher den Ausgleich. Streiten um des Streitens willen empfindet sie als kolossale Energievergeudung und kämpfen bis zum letzten Blutstropfen würde sie allenfalls für ihre Familie. In Bagatellkonflikten beherzigt sie regelmäßig das Prinzip »Der Klügere gibt nach«. Ihre Freundinnen mögen die Astrid, weil sie trotz ihrer hohen Intelligenz und dialektischen Fähigkeiten nie die Oberlehrerin heraushängen lässt. Im Gegenteil, kommt sie gemeinhin sogar mit den einfachsten Menschen blendend zurecht. Oft steckt dahinter neben ihrer humanistischen Einstellung auch eine gewisse Restreligiosität beziehungsweise karmisches Denken.
Beruflich sind die Namensträgerinnen gewöhnlich in klassischen Frauenberufen etwa als Ernährungsberaterinnen oder Rechtsanwalts- und Notariatsgehilfinnen tätig. Wenn nicht professionell, so beschäftigen sie sich zumindest in ihrer Freizeit mit Alternativmedi-

zin. Daneben verschönern sie jenseits des Arbeitsalltags gerne ihr Nest und lesen so ziemlich alles, was ihnen unter die Nase kommt.

Optik und Outfit: Graue Masse statt Rasse

Als die Astrid vor die Wahl gestellt wurde Geist oder Körper, hat sie sich eindeutig für den Geist entschieden. Über Mittelmaß kommt sie nämlich optisch nur selten merklich hinaus. Regelmäßig weist sie den einen oder anderen Schönheitsfehler auf, wie ein leicht überdimensioniertes Riechorgan oder ein insgesamt etwas zu markantes Gesicht, das ihr Abzüge in der femininen Note einbrockt. Fast schon mädchenhafte Typen wie die Kontraste-Moderatorin Astrid Frohloff stehen unter den Namensträgerinnen ziemlich allein auf weiter Flur. Figürlich reicht das Spektrum von drahtig bis leicht mollig; während die gängigen Haar- und Augenfarben unter ihnen bunt gemischt sind. Das mittlere Längenwachstum liegt bei recht »erdnahen« 1,63 m.

Der Kleidungsstil der Büro-Astrids ist meist konservativ; dagegen trägt die »Ernährungsberater-Fraktion« eher Öko.

Verführung und Sex: Hemmungen und Beklemmungen

Die Astrid beginnt sich gewöhnlich schon früh für das andere Geschlecht zu interessieren, hält ihr »Tor« aber meist noch bis kurz vor dem Abitur weitgehend »sauber«, weil sie ihre recht strenge moralische Erziehung vom Beischlaf abhält. Häufig schleicht sie nolens volens um das »Lotterbett« herum wie die Katze um den heißen Brei, wagt jedoch schlussendlich nicht den Sprung hinein. Probleme, das starke Geschlecht in ihren Bann zu ziehen, hat sie indes kaum je, was in erster Linie daran liegt, dass sie außerordentlich starke sexuelle Impulse in ihre Umwelt aussendet. Zudem zeigt sie sich meist recht offen für verbale männliche Annäherungsversuche. Ihr kommunikativer Beitrag zum Balztanz besteht vorrangig in einer ausgiebigen Fragerunde an das Gegenüber, schließlich möchte sie als vorsichtiger, ja bisweilen misstrauischer Mensch alles über ihren potenziellen Herzbuben wissen, um nicht hernach eine böse Überraschung zu erleben.

Medial setzt die Astrid auf unmittelbare Methoden der Kontaktanbahnung wie Running Dinner oder Single-Reisen, kann sie doch hier die Kandidaten gleich live abchecken. In freier Wildbahn bevorzugt sie Locations, die ihr viel Zeit zum Beschnuppern versprechen.

Apropos Beschnuppern: Dass ihr Partner mit seiner Nase die Witterung ihres Intimbereichs aufnimmt, wird die Astrid ebenso wenig zulassen wie Besuche seiner Zunge in ihrer Vagina. Allenfalls seine Hand wird sie zur Not noch zwischen ihren Beinen dulden. Ansonsten bietet ihre Yoni fast nur seinem Lingam regelmäßig Heimstatt. An ausgefalleneren Sexualpraktiken hindern die Astrid meist die Blockaden in ihrem Kopf. Gelingt es ihr ausnahmsweise, sie zu überwinden, kann sie im Bett zum Vamp werden und beim Geschlechtsverkehr vor Lust die ganze Nachbarschaft zusammenschreien.

PARTNERSCHAFT: LIEBE LIEBER UNGEFÄHRLICH

Ebenso wenig wie die Astrid anderweitig auf große Affekte Wert legt, erwartet sie auch in der Zweisamkeit keine »Legenden der Leidenschaft«. Meist gibt sie sich schon damit zufrieden, wenn sie und ihr Angetrauter einander herzlich zugewandt sind. Meist folgt sie damit ein Stück weit ihren Eltern nach, die mehr oder weniger eine Vernunftehe führen beziehungsweise geführt haben. Gerne nehmen sich die Namensträgerinnen eines braven Muttersöhnchens an, das ihnen einerseits sexuell nicht allzu gefährlich werden kann und andererseits über ein gesichertes Einkommen verfügt. Nicht selten heiraten sie gleich einen Staatsdiener von seinem Schreibtisch weg.

Das (allzu) geordnete zweisame Leben der Astrid findet folgerichtig seine Fortsetzung in der Familiengründung. Gewöhnlich setzt sie zwei Sprösslinge in die Welt, die wie sie selbst dereinst nach relativ engen moralischen Maßstäben zur Wohlanständigkeit erzogen werden. Großes Augenmerk legt sie auch auf die intellektuell-musische Förderung des Nachwuchses, indem sie ihn relativ früh ein Instrument lernen lässt und / oder zu außerschulischen Sprachkursen anmeldet. Ihre Erziehung geht aber fast nie in Richtung Dressur. Dafür ist sie wiederum viel zu mild.

Bei der Hausarbeit erwartet die Astrid nicht viel Hilfe von ihrem Mann, da für sie Kinder, Küche, Kirche keine lästige Pflicht, sondern eine Passion darstellen. Seine Aufgabe besteht lediglich darin, Waschmaschine und Co. in einem technisch einwandfreien Zustand zu erhalten. Hat er zwei linke Hände, sollte er wenigstens die »Verhandlungen« mit den zuständigen Handwerkern führen. Aber selbst das übernimmt die Astrid zur Not noch, solange ihr Göttergatte nur die Familie finanziell zuverlässig versorgt. Einen völlig nutzlosen Parasiten wird sie indes nur schwerlich lange dulden.

Trennung: Unter Ausschluss der Öffentlichkeit

Da bei der Astrid nicht selten religiöse Aspekte im Spiel sind und nach ihrem Empfinden einer Scheidung noch immer der Makel von Schuld oder Sünde anhaftet, versucht sie, sie möglichst ohne Aufsehen über die Bühne zu bringen. Jedenfalls wird sie nichts tun, die potenziell schlafenden Hunde des Zorns auf Seiten ihres Noch-Gatten zu wecken. Das bedeutet konkret, dass sie weder überzogene finanzielle Forderungen jenseits des ihr zustehenden Unterhalts an ihn stellt noch ihn mit allzu heftigen Vorwürfen konfrontiert.

Emotional muss die Astrid nach der Trennung all ihre Disziplin in die Waagschale werfen, damit sie vor allem für die Kinder einigermaßen funktioniert. Am liebsten würde sie sich nämlich unter der Bettdecke verkriechen und ihren Tränen freien Lauf lassen. Bis ihre äußere Darstellung und inneres Empfinden wieder übereinstimmen, vergehen oft Monate.

PFLEGETIPPS:

Musts:
* Bequemes Schuhwerk, Frühjahrsputz, Bescheidenheit

No-Gos:
* Dirty Talk, tropische Hitze, Motorradfahren

IDEALE NAMENSPARTNER:

Ihr relativ konventionelles Beziehungsmodell Heiraten/Hausbau/Kinderkriegen kann die Astrid an der Seite des Sebastian sowie des Henning verwirklichen. Das Trio Sven/Jörg/Tim schafft die materiellen Voraussetzungen dafür, dass sie nie am Hungertuch nagen muss. Den Schlüssel zum Lustzentrum der Namensträgerinnen finden regelmäßig die raffinierten Liebhaber Johannes und Ingo. Sowohl der Dominik als auch der Clemens kämpfen mit der Astrid gegen die Ungerechtigkeiten dieser Welt an, während der Erik vor allem ihr Faible für Alternativmedizin teilt.

BEATE

BASICS: LÄSTERSCHWESTER MIT HERZ

Die Beate ist vordergründig ein sehr umgänglicher und harmonie-
bedürftiger Typ, kann aber auch recht unangenehm werden, wenn
ihr etwas gegen den Strich geht. Ihrem Unmut über bestimmte Zeitgenossen macht sie weniger in Form von offener Konfrontation als
vielmehr durch Lästerattacken Luft, so dass die Betroffenen zum
Teil zeitlebens nie erfahren, was sie wirklich über sie denkt. Ihr
Schweigen ihnen gegenüber stellt dann nicht das Schweigen der
(Unschulds-)Lämmer, sondern das der kleinen Teufelinnen dar.
Ernsthafte Gefahr geht jedoch kaum je von den Namensträgerinnen
aus, neigen sie doch nur äußerst selten zu Intriganz. Bei privaten
oder beruflichen Ränkespielen nehmen sie gewöhnlich allenfalls die
Position einer Beobachterin ein. Mehr verbietet ihnen ihr prinzipiell
gutes Herz.

Im Job braucht die Beate ähnlich wie die Heike menschlichen Kontakt, sonst fühlt sie sich todunglücklich. Gerne arbeitet sie als Kun-
denberaterin auf einer Bank, in Pflegeberufen oder im sozialpädago-
gischen Bereich. Eine fast schon unheimliche Häufung findet sich in
Kindertagesstätten, die sie mitunter sogar leitet. Führungspositionen
werden ihr aber meist mehr angetragen, als dass sie danach strebt,
hält sich ihr Ehrgeiz doch sehr in Grenzen. Ihr Lebensmotto lautet
»Lieber den Spatz in der Hand als die Taube auf dem Dach«.

Freizeitmäßig unternimmt die Beate mal dies und mal das, ohne eine
richtige Passion zu haben. Jedenfalls steht hier auch wieder der gesellige Aspekt im Vordergrund, da sie nur schlecht allein sein kann.
Relative Konstanten stellen das Tanzen, gepflegte Kneipenbummel
sowie Wellness dar. Ist sie alleine, dudelt ständig das Radio oder
Fernsehen, um sich wenigstens die Illusion von Gesellschaft zu ver-

schaffen. Nicht selten beschäftigt sich die Beate auch in ihren Mußestunden mit spirituellen Themen.

Optik und Outfit: Makelhaft schön

Wes Geistes Kind die Beate ist, manifestiert sich oft schon ein Stück
weit in ihrer Optik. So strahlt die kleinere Fraktion der ausgesprochen liebenswerten Namensträgerinnen gewöhnlich Arglosigkeit
aus, während den Lästerschwestern ihre gewisse Verschlagenheit
meist ins Gesicht geschrieben steht. Letztere haben aufgrund ihrer
mangelnden Aufrichtigkeit bisweilen auch Schwierigkeiten, ihrem
Gegenüber länger in die Augen zu schauen, und ihre Mimik wirkt
erheblich härter. Insgesamt zeigt sich die äußere Erscheinung der
Beate nicht ganz frei von kleinen Schönheitsfehlern. Typisch sind
»proportionale« Probleme, Zahnfehlstellungen sowie das eine oder
andere Fettpölsterchen. Regelmäßig verleihen ihr aber gerade die
Mankos eine interessante Note.
Von der Aufmachung her präsentiert sich die Beate nicht selten
etwas zu schlicht, könnte also erheblich mehr aus sich machen.

Verführung und Sex: An invitation to love

Aufgrund ihres attraktiven Gesamteindrucks und unaufdringlichen
Charmes umschwirren die Beate auf ihren Zügen um die Häuser
regelmäßig mehrere Verehrer. Allerdings poussiert sie nicht besonders gerne in der Öffentlichkeit, sondern sucht hierfür die »intime«
Zweierkonstellation. Oft lädt sie einen netten Arbeits- oder Vereins-
kollegen zu sich nach Hause ein, um ihn näher kennenzulernen,
nutzt dabei aber keinen Vorwand, wie viele ihrer Geschlechtsgenossinnen. Der Herzbube in spe weiß also von vornherein, dass er
gemeint ist und nicht der kaputte Computer. Auf eine lukullische

Einstimmung auf den Balztanz darf er indes kaum je hoffen, da die Mehrheit der Namensträgerinnen eher ein distanziertes Verhältnis zu Backofen und Kochherd pflegt. Im Flirtgespräch gibt sich die Beate meist ausgesprochen zugänglich. Keinesfalls möchte sie ihren »Fang« durch übertriebene Sprödigkeit in die Flucht schlagen. Gerne darf der Besuch potenzieller Herzbuben auch schon im Austausch von Körperflüssigkeiten enden, treibt sie doch gewöhnlich ihre überbordende Libido zu zügigem Handeln an. Dass das Gegenüber sie im Nachhinein für eine Schlampe halten könnte, interessiert ihr hormonüberflutetes Gehirn in diesem Moment absolut null, und wenn er nach der heißen Liebesnacht »kalte Füße« bekommt, geht für sie die Welt auch nicht gleich unter. Hauptsache, sie hat ihren Spaß gehabt. Intim stellt die Beate ein absolutes Überraschungspaket dar, würde doch von ihrem »diskreten« Verhalten im Alltag kaum ein Mann auf ihre extreme Lüsternheit schließen. Die Redensart »Stille Wasser sind tief« könnte geradezu für sie gemacht sein. Ihr erotisches Tagebuch umfasst bisweilen Einträge im mittleren zweistelligen Bereich, und durch ihre zahlreichen Sexualkontakte verfügt sie über ein horizontales Repertoire, das so manche Professionelle vor Neid erblassen lässt.

PARTNERSCHAFT: CATWOMAN

In der Zweisamkeit erinnert die Beate an eine Katze, die ihren Auslauf braucht, aber stets wieder in ihr Heim zurückkehrt, sofern es ihr gewährt wird. Oftmals nutzt sie ihre Möglichkeiten für Alleingänge überhaupt nicht; weil ihr schon das Gefühl reicht, sie zu haben. Mit Partnern, die glauben, sie müssten sie massiv in ihrer Autonomie einschränken, macht sie indes, obwohl ansonsten sehr duldsam, kurzen Prozess. Nicht selten stellt ihre Konsequenz gegenüber »Freiheitsräubern« einen Reflex auf die restriktive Erziehung in ihrem Elternhaus dar.

Trotz ihrer Selbständigkeit sucht die Beate, besonders in Welt-schmerzphasen, die starke Schulter zum Anlehnen. Tragischerweise wird sie ihr häufig verwehrt, wirkt sie doch nach außen recht kraft-voll, mitunter sogar forsch und lässt sich ihr Herzeleid nur selten anmerken. Oft erkennt ihr Herzbube erst, wie schlecht es um sie steht, wenn sie aufgrund einer manifesten Depression in Lethargie verfällt. Erleidet sie ein Burnout, dann weniger aufgrund von Ar-beitsüberlastung als vielmehr von emotionaler Auszehrung sowie Vernachlässigung.

Zum Heimchen am Herd lässt sich die Beate kaum je »degradie-ren«. Weder sieht sie in einem reinen Hausfrauendasein die Er-füllung noch gehen ihr Putzen, Waschen, Kochen immer leicht von der Hand, was natürlich auch wieder an mangelndem Interesse liegt. Will aber nicht heißen, dass sie ihre Wohnung vermüllen lässt. Im Gegenteil, oft kann man bei ihr sogar aus der Kloschüssel essen. Doch viel lieber widmet sie ihre Energie im trauten Heim der Auf-zucht des Nachwuchses, für den sie zunehmend die Rolle einer guten Freundin und Lebensberaterin übernimmt.

Die Kirschen aus Nachbars Garten können der Beate erst gefährlich werden, wenn ihr Göttergatte bei der Bearbeitung seines Feldes kläglich versagt.

TRENNUNG: NOT GUILTY

Die Trennungsanalyse der Beate fällt meist ziemlich einseitig aus dergestalt, dass sie die Hauptschuld für das Beziehungs-Aus ihrem Ex zuschanzt. Allerdings schildert sie ihre Sicht der Dinge recht sachlich, ohne dabei böse über ihn herzuziehen. Auch bricht sie im Rahmen der Scheidung nur selten eine Schlammschlacht vom Zaun, möchte sie doch nicht Jahre ihres Lebens mit gegenseitigen Be-schimpfungen und Diskreditierungen vergeuden und unnötig ihr Karma belasten.

Zumindest hat sie sich zum Ziel gesetzt, ihrem Verflossenen nach dem gesetzlichen Ende der Ehe immer noch gerade in die Augen schauen zu können.

Das Single-Dasein der Beate nimmt indes fast nie babylonische Ausmaße an. Schon nach wenigen Wochen oder Monaten beginnt sie sich von One-Night-Stands über Affären peu à peu wieder in Richtung einer langfristigen Beziehung vorzutasten.

Pflegetipps:

Musts:
* Lagerfeuerromantik, Vereinsaktivitäten, ganze Kerle

No-Gos:
* Minizoo, Dekowahn, Sportfanatiker, Spaßbremsen

Ideale Namenspartner:

Den Wunsch der Beate nach Freiheiten in der Partnerschaft teilen der Moritz, der Nils und der Johannes. Alle drei Männer vermögen zudem ihren gewaltigen Sexhunger zu stillen.

Mit der verletzlichen Art der Namensträgerinnen kommen hervorragend die einfühlsamen Frauenversteher-Typen Patrick / Manuel zurecht. Am Kochherd springen neben dem Lukas sowohl der Maximilian als auch der Felix gerne für sie ein. Viel unter die Leute kommt die Beate an der Seite des Bernd sowie des Thorsten, während sich der Mario gerne von ihr zum Lästern anstacheln lässt.

Caroline / Carolin

Basics: Eine Frau geht ihren Weg

Ähnlich wie die Karla, von der ihr Name eine Verkleinerungsform darstellt, ist die Caroline eine Kämpfernatur, die schon früh lernt, sich alleine durchzubeißen. Da sie meist aus relativ einfachen Verhältnissen stammt, hat sie von ihren Eltern nicht viel Förderung zu erwarten. Allerdings sind diese mächtig stolz auf ihre Tochter, wenn sie den beruflichen Aufstieg schafft. Den Olymp erklimmt die Caroline indes weniger, indem sie aggressiv die Konkurrenzsituation mit ihren Kollegen sucht, sondern vielmehr, indem sie geradlinig ihr Ding durchzieht. Harte Bandagen gegen andere legt sie im Prinzip nur zur Verteidigung an.

Privat erleben die Namensträgerinnen aufgrund ihres größten Mankos, der schlechten Menschenkenntnis, regelmäßig Schiffbruch. Nicht selten geben sie für falsche Freunde ihr letztes Hemd oder fallen Blendern und Hochstaplern zum Opfer. Leider werden sie aus Schaden nur selten klug, so dass Wiederholungstäter bei ihnen gute Karten haben. Besonders auf die Mitleidsmasche fallen sie immer wieder herein, weil sie aus eigener Erfahrung wissen, wie schwer das Leben sein kann.

In ihrer Freizeit begibt sich die Caroline bevorzugt auf ausgedehnte Shopping-Touren, pflegt ihre sozialen Kontakte, wobei auch Telefon beziehungsweise Internet eine große Rolle spielen, und ertüchtigt ihren Leib mehrmals pro Woche. Zu sportlichen Höchstleistungen wie die Hallen-Europameisterin im Hürdenlauf, Carolin Nytra, schwingt sie sich aber eher selten auf. Dafür verlässt sie körperlich zu ungern die Komfortzone, um die Via Dolorosa eines brutalen Trainingsprogramms zu beschreiten. Von der Haustierhaltung nimmt die Caroline nicht selten aus Hygienegründen Abstand. Nicht aus ihren Mußestunden wegzudenken sind dagegen wiederum Konzertbesuche, weil sie Musik über alles liebt.

Optik und Outfit: Life in plastic

Wenn Barbie nicht schon Barbie hieße, könnte sie gut und gerne auch Caroline heißen, weisen doch die Namensträgerinnen oft ein regelrechtes Puppengesicht auf. Wirkliche Persönlichkeit gewinnt es meist erst ab dem fünften Lebensjahrzehnt, geprägt vor allem durch die Schicksalsschläge des Lebens. Figürlich unterscheiden sich die Carolines von der kleinen Plastiklady aber häufig insofern, als sie das eine oder andere Fettpölsterchen zu »beklagen« haben und ihre Beine nur selten bis zum Boden reichen. Trotzdem ragen sie mit durchschnittlich 1,73 m Körperlänge, die exakt die Moderatorin und Schauspielerin Caroline Beil misst, recht weit in den Himmel.

Hinsichtlich ihrer Aufmachung wirkt die Caroline stets wie aus dem Ei gepellt und verfolgt aufmerksam jeden Modetrend. Selbst zu Hause läuft sie kaum je im Schlabber-Shirt herum.

Verführung und Sex: Jedem Anfang wohnt ein Zauber inne

In dem sicheren Gefühl, nie lange ungewollt allein zu bleiben, bietet sich die Caroline dem starken Geschlecht weder an wie Sauerbier noch investiert sie Unsummen an Geld in teilweise zweifelhafte Medien der Kontaktanbahnung. Auf der anderen Seite gibt sie aber auch nicht das Dornröschen, das nur darauf »wartet«, von ihrem Märchenprinzen wachgeküsst zu werden, sondern begibt sich zumindest dorthin, wo die Königssöhne Ausschau nach Königstöchtern halten. Bis sie einem auf sein Schloss folgt, muss er »klassisch« drei Aufgaben erfüllen: Erstens soll er in der Disziplin »freier Tanz«, der sie ebenfalls gerne huldigt, Taktgefühl beweisen. Zweitens hat er Zeugnis über die Ernsthaftigkeit seines Liebeswerbens abzulegen, indem er ihr ungeteilte Aufmerksamkeit schenkt. Und drittens obliegt es ihm, ihr Herz mit zuckersüßen Komplimenten zum Hüpfen zu bringen.

Sie selbst ermutigt ihren möglichen Gemahl durch aufmunternde Worte und ein mildes Lächeln, solange er auf dem richtigen Weg bleibt.

In der Hochzeitsnacht lässt die zukünftige Regentin, Caroline, alle Contenance fallen und gibt sich ihrem frisch Angetrauten hemmungslos hin. Ihr lautes Stöhnen während des Geschlechtsakts, das beim Höhepunkt in ein ohrenbetäubendes Schreien übergeht, wird nur deshalb von den übrigen Schlossbewohnern nicht vernommen, weil sie alkoholtrunken im Tiefschlaf liegen. Auf den Geschmack gekommen, erlebt die Caroline eine Verwandlung ihrer Lustgrotte in einen unersättlichen Schlund. Schlafft der Lustspender ihres Göttergatten zwischenzeitlich ab, so setzt sie all ihre Mund- und Fingerfertigkeit ein, um ihm wieder zu voller Prachtentfaltung zu verhelfen. Gar ungehalten reagiert sie, wenn ihn seine Kraft schon vor dem ersten Hahnenschrei endgültig verlässt.

Partnerschaft:
Fairytales don't always have a happy ending

Die Caroline weist leider eine Affinität zu Männern auf, die in irgendeiner Form unnahbar sind oder die sie nicht für sich alleine haben kann – Trinker, Casanovas, Machos, Choleriker, Verheiratete, Beziehungsflüchter –, so dass sich der vermeintliche Prinz an ihrer Seite schnell als Frosch entpuppt. Grund für ihre unglückliche Partnerwahl sind meist eigene Bindungsängste, die aus einem unglücklichen Vater-Tochter-Verhältnis in der Herkunftsfamilie resultieren. Häufig manifestieren sich ihre Ängste vor Nähe aber nicht durch Vermeidungsverhalten, sondern durch Überkompensation, indem sie versucht, mit ihrem Gefährten zu verschmelzen. Dass dergestalt ein »Catch me if you can«-Mechanismus in Gang gesetzt wird, liegt nahe. Der untreue Ehemann beginnt ein Vertröstespielchen, und der Trinker hält sie in Gestalt seiner notorischen Alkoholfahne von sich fern.

Die Rolle der Hausfrau und Mutter vermag die Caroline oft nur unzureichend auszufüllen, weil sie übermäßig viel Energie dafür verwendet, ihren Göttergatten einigermaßen auf Kurs Zweisamkeit zu halten oder zu bringen. Der Nachwuchs fungiert, ähnlich wie sie es aus der eigenen Herkunftsfamilie kennt, oft nur als Beobachter der Befreiungs- beziehungsweise »Besetzungskämpfe« seiner Eltern. Nicht selten entwickelt sich auch eine unendliche On-off-Geschichte mit Trennungen und Versöhnungen, bei der die Psyche der Sprösslinge schweren Schaden nimmt.

Auf ihre Berufstätigkeit während der Ehe verzichtet die Caroline kaum je, braucht sie doch die Herausforderung im Job. Nach der Geburt ihres ersten Kindes, das gewöhnlich auch das letzte ist, nimmt sie oft noch nicht einmal die Erziehungszeit in Anspruch und geht schon nach ein paar Wochen, allenfalls Monaten wieder halbtags arbeiten.

TRENNUNG: DER KLEINE PRINZ

Das endgültige Beziehungs-Aus kommt häufig, wenn sich der Göttergatte der Caroline einer anderen, oftmals erheblich jüngeren Frau zuwendet, von der er sich mehr Toleranz gegenüber seinen Extratouren und Sperenzchen verspricht. Meist trifft er damit ihren wunden Punkt, weil sie ohnehin schon schwer mit dem Älterwerden zu kämpfen hat, so dass sie in eine tiefe Selbstwertkrise verfällt. Nicht selten versucht sie, ihr Ego wieder aufzurichten, indem sie sich optisch runderneuern lässt oder Bestätigung in flüchtigen Affären sucht.

Das Verhältnis der Caroline zu ihrem Kind wird indes intensiver. Besonders, wenn es sich dabei um einen Jungen handelt, baut sie ihn häufig zu einer Art Ersatzpartner auf, was natürlich seiner gesunden Entwicklung schadet. Versuche, eine neue Paarbeziehung mit einem Mann einzugehen, scheitern dann regelmäßig an dem symbiotischen Mutter-Sohn-Verhältnis.

Pflegetipps:

Musts:
* Edle Parfüms, Pastellfarben, Wochenendtrips

No-Gos:
* Schleifspuren im Klo, Dauerzapper, Schwiegermama ante portas

Ideale Namenspartner:

Kaum je vom Prinzen in einen Frosch verwandeln sich der Dominik, der Tim und der Henning, die in guten wie in schlechten Tagen für die Caroline da sind. Am David sowie am Arne fasziniert sie sowohl die ästhetische als auch die kreative Ader. Trefflich zum Lachen bringt die Namensträgerinnen das Trio Bernd, Ingo, Maximilian, während der Moritz sie mit seinen »royalen Manieren« betört und im Bett ihre Unersättlichkeit teilt. Auf ihren ausgiebigen Shopping-Touren, selbst in fremde Städte, begleitet die Caroline gerne der Florian.

CHRISTIANE

Aufgrund ihres außergewöhnlichen Ehrgeizes greift die Christiane regelmäßig nach den Sternen. Den Platz an der Sonne strebt sie aber kaum je an, weil sie übermäßig gerne im Mittelpunkt steht, sondern weil sie in einer exponierten Position viel bewegen kann. So benutzt sie etwa Prominenz, um sich gegen soziale Missstände und Naturzerstörung einzusetzen, wie die Schauspielerin Christiane Paul. Eigenschaften, die sie, abgesehen von ihrer Strebsamkeit, on the top bringen, sind Disziplin, Fleiß und Geradlinigkeit. Hat sie erst ihren Weg gefunden, geht sie ihn auch konsequent zu Ende, lautet doch eines ihrer Lebensmottos »Wennschon, dennschon«. Nicht selten entwickelt sich daraus ein gewisser Perfektionismus, welcher mitunter leider in Verbissenheit und selbstschädigende Tendenzen ausartet dergestalt, dass sie die Grenzen ihrer Belastbarkeit überschreitet. Menschlich zeichnen die Christiane neben ihrer unbedingten Hilfsbereitschaft sowohl Empathie als auch Zugewandtheit aus, weshalb sie hervorragend für den Beruf der Ärztin oder Psychologin geeignet ist. Als Lehrerin kann sie zudem ihr pädagogisches Geschick zum Einsatz bringen. Vor Übergriffen ihrer »Schäflein« schützt sie im Gegensatz zu ihrer Namensschwester, der Christina, mit der sie ansonsten recht viel gemein hat, ihre Souveränität.

Bei der Auswahl ihres Freundeskreises teilt die Christiane die Ansicht des griechischen Philosophen Aristoteles, der diesbezüglich Qualität deutlich über Quantität stellt. Dasselbe gilt für ihre Freizeitaktivitäten. Anstatt Dutzende Hobbys nur oberflächlich zu betreiben, geht sie lieber einem intensiv nach. Nicht hinwegzudenken aus ihren Mußestunden sind breitgefächerte kulturelle Aktivitäten, während Leibesertüchtigung meist nur eine marginale Rolle spielt.

Optik und Outfit: Her skin is like velvet

Von ihrer Aufmachung her zeigt sich die Christiane meist schnör-
kellos. Sofern sie nicht ein offizieller Termin daran hindert, trägt sie
am liebsten Jeans, Bluse und flache, halboffene Schuhe. Selbst Namensträgerinnen, die in der Welt der Haute Couture arbeiten, wie
die Chefredakteurin der deutschen Ausgabe der Modezeitschrift
»Vogue«, Christiane Arp, kleiden sich meist verhältnismäßig un-
glamourös.
Figürlich kann die Christiane gerade noch als schlank bezeichnet
werden, muss aber stets auf der Hut sein, um diesen Status zu halten.
Eine Freude für jeden Mann stellen neben ihrem femininen Antlitz
ihre samtweiche Haut sowie ihre wohlgeformten Brüste dar. Grund
zur Klage über eine zu geringe Körpergröße besteht kaum je, ragt
sie doch durchschnittlich gut 1,70 m in den Himmel. Mit ihrer Frisur
wagt die Christiane nur ungern größere Experimente.

Verführung und Sex: Lirum, Larum, Löffelstiel

Das Selbstbewusstsein, das die Christiane sich im Beruf durch Fachkompetenz und Routine erarbeitet, geht ihr im Umgang mit dem
anderen Geschlecht oft völlig ab. Da sie wegen ihres geringen Flirt-
faktors nur selten zu den Ersten gehört, auf die sich die Männer stürzen, entwickelt sie ein negatives Selbstbild, besonders hinsichtlich
ihrer Optik. Signalisiert dann doch ein Kandidat Interesse für sie,
will sie es zunächst nicht glauben. Entsprechend zurückhaltend
fällt ihre Reaktion aus, wodurch sie natürlich wieder die andere Seite verunsichert, die schlimmstenfalls ihre Balzbemühungen einstellt.
Überwindet der potenzielle Herzbube dagegen die Anlaufschwie-
rigkeiten, fährt der Zug meist geradewegs in Richtung Partnerschaft, vertritt die Christiane doch auch beim Kontakten das Prinzip
»Wennschon, dennschon«. Diese Konsequenz wird ihr leider bis-

weilen zum Verhängnis, wenn sie einem Halunken anheimfällt und den Zeitpunkt verpasst, noch rechtzeitig abzuspringen.

Die Hitparade der Jagdreviere führt bei den Namensträgerinnen eindeutig der private Freundes- und Bekanntenkreis vor Tanzveranstaltungen und dem Internet an.

Intim sollte ein Lover nicht mit der Tür ins Schlafzimmer fallen, sonst verschreckt er die Christiane. Ihr Zeit zu geben lohnt sich aber regelmäßig, da sie bereit ist, vieles auszuprobieren, sobald sie erst einmal Vertrauen gefasst hat. Allerdings fungiert sie hinsichtlich neuer Varianten der Lust eher als Mitläuferin. Himmlischen Genuss bereitet ihr die Penetration in Löffelhaltung, während sie nur wenig bis überhaupt keinen Bezug zu Sexspielzeugen und Pornographie findet. Interessanterweise nimmt die Libido der Christiane im Alter fast noch zu, so dass bei ihr die Redensart »Je oller, desto doller« gilt.

PARTNERSCHAFT: SECURITY FIRST

Drei Dinge braucht der Mann bei der Christiane, nämlich Respekt, gute Manieren und eine solide Basis im Job. Eine Peinlichkeit auf zwei Beinen als Partner wird sie alleine schon deshalb nicht auf Dauer an ihrer Seite akzeptieren können, weil ihr Fremdschäm-Reflex überdurchschnittlich stark ausgeprägt ist. Außerdem bewegt sie sich gerne in Kreisen, die ein gewisses Niveau im zwischenmenschlichen Umgang pflegen. Dass ihr Herzbube beruflich in einigermaßen ruhigem Fahrwasser schippert, spielt für sie insofern eine große Rolle, als dadurch ihr Sicherheitsbedürfnis befriedigt wird. Wenn sie mit den Kindern eine Zeitlang ganz zu Hause bleibt, möchte sie sich keine Sorgen darum machen müssen, ausreichend finanziell versorgt zu sein.

Apropos Kinder: Ihrem Nachwuchs versucht die Christiane, schon früh Werte wie Sitte, Anstand und Ehre zu vermitteln, achtet bei ihrer Erziehung aber strikt darauf, Dressur zu vermeiden. Damit setzt sie nicht selten einen Kontrapunkt zu ihrer eigenen Sozialisation durch überehrgeizige Eltern. Die Zahl ihrer Sprösslinge hält sich sehr in Grenzen. Oft setzt sie nur einen in die Welt, weil ihre Ehe relativ kurz nach seiner Geburt zerbricht und aus späteren Verbindungen keiner mehr hervorgeht. Interessanterweise geraten die Namensträgerinnen nur verhältnismäßig selten an männliche Gegenstücke, die familientauglich sind.

Ihren Haushalt hält die Christiane als Ausdruck ihres Perfektionismus fast schon penibel sauber in Ordnung. Mitunter gehört sie sogar zu der Spezies Frau, bei der vor der Wohnungstür Hausschuhe für den Besuch stehen. Am Herd führt sie das Regiment, weil sie befürchtet, ihr Göttergatte könnte die Küche im Eifer des Kochgefechts verwüsten.

Gelegenheiten für einen Seitensprung suchen die Namensträgerinnen nicht, aber sie lassen sich bisweilen von ihnen finden.

Trennung: Rühr-mich-nicht-an

Bei der Christiane kommt die Trennung für den Partner kaum je überraschend, feuert sie doch schon lange zuvor Warnschüsse ab, die kaum zu überhören sind. Da von ihrer Seite wohlüberlegt, hat ihr Ex meist nicht den Hauch einer Chance, sie zum Versuch eines Liebes-Comebacks zu bewegen. Dafür sind die Gründe für das Ende der Zweisamkeit auch meist zu gravierend. Wegen Kinkerlitzchen würden die Namensträgerinnen nämlich niemals das Zerbrechen der Familie in Kauf nehmen.

Ihre vergangene Beziehung arbeitet die Christiane meist recht gründlich auf, oft mithilfe therapeutischer Unterstützung, nicht zuletzt, um auch ihre eigenen Anteile am Scheitern des Ehebunds kritisch zu beleuchten. Bevor dieser Prozess nicht abgeschlossen ist, geht sie Männern, die ihr gefährlich werden könnten, bewusst aus dem Weg.

Pflegetipps:

Musts:

* Intimpflege, Schönheits- und Shopping-Wochenenden, Gour-
  met-Kochkurse

No-Gos:

* Alkoholexzesse, Telefonsex, Atze-Schröder-Humor

Ideale Namenspartner:

Eine ärztliche Gemeinschaftspraxis kann die Christiane mit dem
Alexander und dem Lukas eröffnen. Das gilt auch für den Sebastian,
sofern er nach dem Medizinstudium nicht in die Forschung geht.
Durch sein perfektes Benehmen überzeugt sie neben dem Philipp
besonders der Moritz. Viel Rücksicht auf die Ordnungsliebe der Na-
mensträgerinnen wird das Terzett Heiko/Manuel/Carsten nehmen.
Die nötige Zeit, um im Bett ihre Hemmungen abzubauen, gibt der
Björn der Christiane, während der phantasievolle Johannes ihr neue
Spielarten der Lust eröffnet und multiple Orgasmen verschafft.

Daniela

Basics: Die Kraft der zweiten Reihe

Anders als die Trash-TV-Ikone Daniela Katzenberger, die sich dem Motto »Auffallen um jeden Preis« verschrieben hat, scheuen ihre Namensschwestern eher die große Bühne. Allenfalls innerhalb ihres sozialen Umfelds verschaffen sie sich durch ihre Dominanz eine gewisse Geltung. Die reicht mitunter so weit, dass sie glauben, andere erziehen zu müssen. In mancherlei Hinsicht sind sie indes wieder von einer eklatanten Wurstigkeit beseelt. Politik oder Religion interessieren sie ungefähr so sehr wie ein Lamafurz in den Anden. Überhaupt treibt die Daniela ähnlich der Kirsten kaum je die Frage um, was die Welt in ihrem Innersten zusammenhält, versucht aber im Gegensatz zu ihr nicht den Anschein zu erwecken, sie hätte die Weisheit mit Löffeln gefressen. Bleiben ihr jenseits der Bewältigung des Alltags noch überschüssige Energien, so investiert sie sie weniger in die Lektüre von schlauen Büchern, sondern eher in Vereinsaktivitäten. Nicht selten ist sie in jungen Jahren Mitglied der örtlichen Feuerwehr oder der Mädchenschaft, um dann später ihre Stimme einem Chor zu schenken. Vorstandspositionen bekleidet sie dort aber fast nie, weil sie den damit verbundenen zusätzlichen Zeitaufwand scheut.

Beruflich versucht die Daniela häufig, ihre Schäfchen ins Trockene zu bringen, indem sie auf ein Amt geht oder einen Arbeitsplatz wählt, der im wahrsten Sinne des Wortes eine Bank ist. Das Wort »Selbständigkeit« verursacht ihr geradezu Panikattacken, bedeutet doch dieser Status, am Monatsanfang nie genau zu wissen, wie viel Geld am Monatsende in der Kasse sein wird. Absolviert die Daniela ausnahmsweise ein Hochschulstudium, reizt sie gemeinhin die Sicherheit im Schuldienst, wo sie außerdem noch ihre edukatorischen Gelüste professionell befriedigen kann.

Optik und Outfit: Natürlich braun

Meterdicke Kriegsbemalung tragen die Danielas ob ihrer Natürlichkeit fast nie auf, bevor sie in das Licht der Öffentlichkeit treten. Wenn sie sich schon zu bestimmten Anlässen schminken, dann allenfalls dezent.

»Gottgegeben« sind die Namensträgerinnen zu 79,9 Prozent brünett und zu 19,9 Prozent blond, während andere Haarfarben fast nie vorkommen. Selbst bei den Südländerinnen unter ihnen »reicht« es meist nicht zum »Schwarzkopf«. Figürlich erstreckt sich das Spektrum von der Gerte bis zur Kompaktversion »light«, die einen etwas stärkeren Knochenbau aufweist. Das durchschnittliche Längenwachstum, welches exakt die Schauspielerin Daniela Ziegler unter die Messlatte bringt, beträgt 1,68 m. Schönheitsoperationen lehnt die Daniela gewöhnlich kategorisch ab. Zum einen gäbe es ohnehin keinen nennenswerten Grund dafür, und zum anderen würde sie ohne Not niemals ein Skalpell an ihren Körper heranlassen.

Verführung und Sex: Via Dolorosa

Auf der Pirsch nach Mr. Right verschreckt die Daniela so manchen Kandidaten durch ihre konfrontative Art. Wenn sich etwa beim Date in einem Café ihr neuer Bekannter danebenbenimmt, indem er durch sein lautes Organ sämtliche Nachbartische unterhält, bekundet sie zwar gewürzt mit einer Prise Humor, aber doch unmissverständlich ihr Missfallen. Aufgrund der (berechtigten) Intervention fühlt sich die andere Seite natürlich häufig gemaßregelt, und es kommt zu einem Bruch in der Kommunikation. Nicht selten verschwindet der verhinderte Prinz nach dem Stelldichein unwiderruflich in die Anonymität von Anrufbeantworter und Mailbox. Zum Glück für die Namensträgerinnen gibt es aber auch genügend Männer, die entweder masochistisch oder selbstkritisch genug sind, ihren »Erziehungsmaßnamen« etwas abgewinnen zu können.

Medientechnisch bietet der Daniela die Kontaktanzeige gute Chancen, einen Fisch an die Angel zu bekommen, zumindest als Inserentin. Bei diesem Setting ist nämlich sie diejenige, die die Qual der Wahl hat, und steht nicht in direkter Konkurrenz zu ihren flirtintensiveren Geschlechtsgenossinnen wie in Single-Clubs oder -Chatrooms im World Wide Web.

Im Schlafzimmer wird die Daniela regelmäßig Opfer der Last mit der Lust, aber nicht der eigenen, sondern der ihres Partners. Was sich dort abspielt, ist nämlich nichts anderes als ein Belagerungszustand. Während er immer wieder verzweifelt versucht, die Dornenhecke vor ihrer Lustgrotte zu durchdringen, legt sie immer neue Verteidigungswälle aus dem wehrhaften Gewächs an. Grund für das intime Abwehrbollwerk sind meist Sexualängste, die nur eine Minderheit der Namensträgerinnen im Laufe ihres Lebens zu überwinden vermögen. Gelingt der »Durchbruch«, wird allerdings aus einem lauen Lüftchen mitunter ein Sturm der Leidenschaft.

PARTNERSCHAFT: ZWEI AUF EINEN STREICH

Außerhalb des Bettes hält die sexuell »unerlöste« Fraktion der Danielas ihren Göttergatten ständig auf Trab, um ihn sich vom Leib zu halten, indem sie ihm handwerkliche Arbeiten in und um das Haus herum verschafft. Die Strategie lautet »Abwehr durch Ermüdung«. Mit dieser Klappe schlägt sie aber noch eine zweite Fliege: Sie bekommt ihr Heim in den tadellosen Zustand, den sie sich wünscht. Ihre eigene Libido sublimiert diese Daniela-Spezies in Form von vermehrten Putzaktivitäten sowie Vereinsengagements, während sie im Urlaub passgenau an Migräne, Übermüdung oder Menstruationsbeschwerden leidet. Den Fluch ihres Unterleibs kann nur ein »Prinz« brechen, der einerseits über genügend Persönlichkeitsstärke verfügt, ihrer Dominanz Paroli zu bieten, und dem es andererseits gelingt, vollständig ihr Vertrauen zu gewinnen; fraglos keine allzu häufige Kombination.

Nach der Geburt der Kinder verschärft sich das intime Dilemma der lustgehemmten Danielas häufig noch. In Gestalt der Sprösslinge haben sie nämlich den besten Grund der Welt an die Hand bekommen, ihrem Mann ein schlechtes Gewissen einzureden und ihn in die Schranken zu weisen, wenn er seinen Tribut an leiblicher Zuwendung fordert. Für den Nachwuchs indes gereicht die Situation mitunter insofern zum Nachteil, als er sich mit einer überbehütenden Mutter konfrontiert sieht. Nicht selten kommt es daher im jungen Erwachsenenalter zu einem Befreiungsschlag der Kids.

Die Sonnenseite der Daniela lernt ihr Angetrauter kennen, wenn er in eine Bredouille gerät; seien es Probleme in der Arbeit oder eine finanzielle Notlage. Dann wird sie zur einfühlsamen Zuhörerin und perfekten Ratgeberin. Droht ihm ein Angriff von außen, stellt sie sich loyal an seine Seite.

Aufgrund ihrer häufigen intimen Problematik treibt sich die Daniela kaum je in fremden Betten herum. Höchstens, sie möchte schauen, ob nicht die andere Seite dafür verantwortlich ist.

Trennung: Das war der Wilde Westen

Richtig bissig wird die Daniela nach der Trennung eigentlich nur, wenn ihr Ex den vereinbarten Ehegattinnen- und Kindsunterhalt unregelmäßig, unvollständig oder überhaupt nicht überweist, weil er dadurch ihr Sicherheitsbedürfnis verletzt. Wird den Namensträgerinnen gewahr, dass hinter den Zahlungsversäumnissen die Absicht einer Machtdemonstration in Wildwest-Outlawmanier steckt, findet sich der vermeintliche Cowboy sehr schnell vor Gericht wieder.

»Emotional« belastet die Daniela noch am meisten, dass sie mit dem Beziehungs-Aus ihren »Hausmeister« verliert. Die eigentliche Trauerphase dauert kaum länger als eine »Titanic«-Heulrunde. Dann schüttelt sie sich kurz, und »das Lebbe geht weider«. Für die Kinder bedeutet die Scheidung ihrer Eltern, so zynisch das klingen mag, insofern eine Art Befreiung, als sie ihre Schutzschildfunktion verlieren.

Pflegetipps:

Musts:
* Wohnaccessoires, Muckis, Piemontkirschenpralinés

No-Gos:
* Dauerpessimisten, Kneipengänger, Bergsteigen

Ideale Namenspartner:

Hervorragend als »Hausmeister« für die Daniela geeignet ist das »Handwerker«-Trio Jörg/Bernd/Sven. Letztgenannter gehört außerdem zu den wenigen Männern, die ihr Vertrauen im Bett gewinnen können, während sie der Mario und der Fabian dort kaum je vor unlösbare Aufgaben stellen. »Professionelle Hilfe« bezüglich ihrer Sexualängste finden die Namensträgerinnen beim Erik. Auf ihre Natürlichkeit stehen neben dem Heiko sowohl der Dominik als auch der Björn. Die unbedingte Loyalität der Daniela in Lebenskrisen jedweder Couleur wissen der Dennis sowie der Matthias ungemein zu schätzen.

Denise

Obwohl die Denise auf verschiedenen Gebieten Außergewöhnliches zu leisten vermag, spielt sie sich nur ungern in den Mittelpunkt. Im Gegensatz etwa zur Tina oder zur Kirsten, die viel Aufhebens um heiße Luft machen, lautet ihr Motto »Mehr Sein als Schein«. Wie interessant und schöpferisch sie ihren häuslichen Alltag gestaltet, werden nur die wenigsten Menschen gewahr, weil sie beileibe nicht jedem x-Beliebigen Einblick in ihre Privatsphäre gewährt. Mitunter hält sie hinter verschlossenen Türen exotische Tiere, malt Aktbilder oder frönt einem exzessiven Liebesleben. Dabei wirkt sie meist nach außen hin, als könnte sie kein Wässerchen trüben.

Die schulischen Leistungen der Denise reichen kaum je merklich über das Mittelmaß hinaus. Das liegt zum einen daran, dass sie an der Sinnhaftigkeit des Lehrstoffs zweifelt, und zum anderen, dass sie häufig gedanklich in ihre schöpferische Phantasiewelt abtaucht. Mangelnde geistige Fähigkeiten stellen jedenfalls fast nie den Grund dar, wenn sie Realschulabschluss oder Abitur nur mit Hängen und Würgen schafft. Die Aufnahme auf eine Kunstakademie verhindern danach regelmäßig ihre Prüfungsängste, so dass sie eine »konventionelle« Ausbildung absolviert. Aufgrund ihres ausgeprägten sozialen Touchs wird sie Krankenschwester oder Ergotherapeutin. Nicht selten steht sie auch ganz brav hinter dem Schalter eines Kreditinstitutes.

Außerhalb ihrer heimischen vier Wände tanzt die Denise gerne auf Partys ab, besucht Rockkonzerte und trifft sich mit ihren Freundinnen, um ihnen die Karten zu legen. Oft verfügt sie nämlich über erstaunliche seherische Fähigkeiten.

Im zwischenmenschlichen Umgang erinnern die Namensträgerinnen gelegentlich an ein Phantom – mal tauchen sie plötzlich auf, dann wieder sind sie wie vom Erdboden verschluckt und für niemanden zu erreichen.

Optik und Outfit: The good girl

Dafür, dass die Denise ein nicht ganz alltägliches Leben führt, wirkt sie von ihrer Optik und ihrem Outfit her fast schon ein wenig spießig. Mit dem diskreten Tattoo, das sie sich bisweilen stechen lässt, lockt sie heutzutage keinen Freak mehr hinter dem Ofen hervor. Ihr Dressing besteht bevorzugt aus »ordentlicher« Jeans und femininer Bluse.

Der Body-Mass-Index der Denise liegt meist absolut im Normalbereich, weil sie regelmäßig joggt oder sich anderen Arten der Leibesertüchtigung hingibt. Natürlich gesellen sich dazu oft günstige Gene fürs Schlankbleiben. Das Glanzlicht im Gesicht der Namensträgerinnen stellen große, ausdrucksstarke Augen dar, die nicht selten auch einen leicht melancholischen oder geheimnisvollen Touch aufweisen.

In die Sterne schaut die Denise zwar gerne, wächst ihnen aber fast nie allzu weit entgegen. Gewöhnlich liegt die magische Grenze des Höhenwachstums bei 1,70 m.

Verführung und Sex: Snake watching

Das Prinzen-Casting der Denise verläuft meist recht kryptisch. In einem Single-Club oder in der Arbeit beobachtet sie das potenzielle Zielobjekt oft wochenlang, ohne dass es auch nur ansatzweise etwas davon merkt. Entspricht es ihrem Beuteschema, erwähnt sie beiläufig, dass sie stolze Besitzerin eines Königspythons ist und / oder in ihren Mußestunden selbst sinnliche Massageöle kreiert. Damit regt sie natürlich hochgradig die erotische Phantasie ihres Gegenübers an, so dass es keinen anderen Wunsch mehr hegt, als ihre heimische Burg zu stürmen. Dabei würde gewöhnlich ein sanftes Klingeln reichen, weil die Denise ihre Köder ganz bewusst ausgelegt hat.

Eine locktechnische Alternative der Namensträgerinnen funktioniert dagegen meist völlig unbeabsichtigt. Nicht selten vermitteln sie nämlich den Eindruck einer gewissen Fragilität, wodurch der Retterinstinkt des starken Geschlechts auf den Plan gerufen wird. Wenn das zarte Wesen Denise sich damit abmüht, schwerere Einrichtungsgegenstände in ihre neue Wohnung zu schleppen, wird selbst das Herz des größten Machos zur tätigen Mithilfe gerührt. Bei Gefallen winkt dem Helfer noch am selben Abend die gemeinsame Schlafzimmereinweihung.

Apropos Schlafzimmer: In ihrem »Wigwam« packt die Denise regelmäßig die Wundertüte aus. Nie kann sich ihr Lover sicher sein, was ihn im nächsten Moment an fleischlichen Lustbarkeiten erwartet. Ihr Spektrum reicht vom Einsatz etwas ausgefallenerer Intimspielzeuge, wie Liebesschaukeln oder Keuschheitsgürtel, über mittelschwere Züchtigungen bis hin zur Einbeziehung dritter Personen in den Geschlechtsakt. Sex stellt für die Namensträgerinnen fraglos einen wesentlichen Wohlfühlfaktor dar. Für viele von ihnen bedeutet der Orgasmus förmlich eine Frischzellenkur.

PARTNERSCHAFT: BORN TO BE WILD

Im Gegensatz zu ihrem männlichen Pendant, dem Dennis, wird die Denise dem Auftrag ihres Namens, der sich vom griechischen Gott der Fruchtbarkeit, Dyonisos, ableitet, kaum je gerecht. Oft bleibt sie nämlich kinderlos oder schenkt – meistens noch ungeplant – allenfalls einem Sprössling das Leben. Auf Kinder kann sie sich gewöhnlich nur unzulänglich einlassen, da sie zu sehr um sich selbst kreist. Denise Biellmann hat diese Problematik beim Eiskunstlauf mit ihren schier endlos scheinenden Pirouetten sozusagen verbildlicht. Jedenfalls sind echte Muttergefühle bei der Denise meist Fehlanzeige. Zudem gehen ihr die praktischen Pflichten rund um die Nachwuchspflege ziemlich gegen den Strich. Am Wickeltisch und an der Babybadewanne überlässt sie gerne ihrem Herzbuben die Vorherrschaft. Wenn er sich noch um den Rest der Hausarbeit kümmert, umso besser. Dafür erbringt die Denise häufig den Bärenanteil zum Familienunterhalt.

Eine verbindliche Zweisamkeit empfindet die Denise regelmäßig als Gefängnis, obwohl sie oft an Künstlertypen gerät, die ihr jedwede Freiheiten zugestehen. Dass es sich dabei um ein eher irrationales Gefühl handelt, ist ihr meist sogar bewusst. Dennoch prägt es durchgängig ihre Beziehungen. Aus der vermeintlichen Enge der Zweisamkeit flieht die Denise bisweilen, indem sie den Rückzug in die innere Emigration antritt oder wieder intensiver ihren Hobbys nachgeht. Gnade Gott ihrem Herzbuben, wenn er dann versucht, sie gegen ihren Willen ins Familienleben zurückzuholen. Für eine derartige »Grenzverletzung« erntet er fast immer schwerste Blessuren.

Mit der ehelichen Treue steht die Denise häufig auf Kriegsfuß, obwohl sie bei ihr theoretisch hohen Stellenwert genießt. Nicht selten predigt sie diesbezüglich Wasser und trinkt Wein, was aber weniger Ausdruck von Bigotterie als vielmehr von unkontrollierter Triebhaftigkeit ist.

TRENNUNG: THE RUNAWAYS

Wird die Denise eines Burschen überdrüssig, mit dem sie nicht gerade den Bund fürs Leben geschlossen hat, wählt sie häufig die Methode »kleiner Feigling«, sich seiner wieder zu entledigen, indem sie »einfach« kommentarlos die Platte putzt. Danach ist sie weder telefonisch noch persönlich für ihn zu erreichen, wenn er ein klärendes Gespräch sucht.

Häufig stecken aber auch handfeste Bindungsängste hinter ihrem Verhalten, die sie zur überstürzten Flucht antreiben.

Handelt es sich bei dem Verlassenen um ihren Ehemann, funktioniert das Muster von 100 auf 0 natürlich nicht; höchstens, die Denise verschwindet ins Ausland oder geht in den Untergrund. Schließlich steht hier gewöhnlich zumindest noch die Abwicklung der Scheidung an. Sorgerechtskonflikte entstehen kaum je, da die Namensträgerinnen den gemeinsamen Sprössling oft nur allzu gerne ihrem Ex überlassen.

Pflegetipps:

Musts:
* Langmut, Ein Herz für Tiere, Käsespezialitäten

No-Gos:
* IQ unter Raumtemperatur, Bierbäuche, Nerds

Ideale Namenspartner:

Die lange Leine geben der Denise die Davids, Nilse und Marcs. Sie verkörpern auch häufig den Künstlertypus, auf den sie fliegt wie die Motte ins Licht. Sexuell kann das Duo Johannes/Simon den Namensträgerinnen bezüglich Variantenreichtum das Wasser reichen, während der Boris ihre Vorliebe für Sexspielzeuge sowie ihre überbordenden sexuellen Phantasien teilt. Interesse für ihre zum Teil »exotischen« Hobbys entwickelt der neugierige Tobias. Zumindest teilweise die lästige Hausarbeit nehmen der Denise neben dem Lukas der Christoph sowie der Jan ab.

Eva

Basics: Das Eva-Prinzip

Durch ihr zeitweise recht forsches Auftreten nach außen vermittelt die Eva ihrer Umwelt das Bild einer starken, selbstbewussten Frau. Hinter dieser Fassade verbergen sich aber häufig Selbstzweifel und Minderwertigkeitsgefühle, mitunter sogar eine ausgesprochen zerbrechliche Persönlichkeit. Nicht selten therapiert die Eva als Psychologin tagsüber ihre Klienten, um sich dann abends selbst auf die Couch eines Kollegen beziehungsweise einer Kollegin zu begeben. Andere Namensträgerinnen vermeiden Berufe, in denen sie mit ihren eigenen Defiziten konfrontiert werden könnten, und halten sich vom sozialen Bereich fern. Sie gehen dann in die Verwaltung, sind in Laboratorien beschäftigt oder arbeiten im Pressewesen. Den Schuldienst treten sie häufig ein wenig blauäugig an, in der Vorstellung, dort sei überwiegend Wissensvermittlung gefragt, während dort längst erzieherische Aspekte in den Fokus gerückt sind.

Eine große Stärke der Eva besteht in ihrem Engagement. Leider kehrt sie sich gelegentlich in eine Schwäche um, wenn daraus missionarischer Habitus wie einst bei der Journalistin Eva Hermann wird, die ihren Geschlechtsgenossinnen mit Feuereifer wieder Kinderzimmer und Herd schmackhaft machen wollte und sich dabei in teilweise abstruse Thesen verrannte. Abgesehen von ihren fanatischen fünf Minuten, ist die erste Frau der Bibel jedoch eine ziemlich verträgliche Zeitgenossin.

In ihrer Freizeit widmet sich die Eva moderat esoterischen Themen und hat ein leichtes Faible für alternative Medizin. Auch hinsichtlich körperlicher Ertüchtigung übertreibt sie es kaum je. Meist stehen allenfalls ein paar Runden Schwimmen im Rahmen ihres Saunabesuchs auf der Tagesordnung, oder sie radelt gedankenverloren durch Wald und Wiese.

Optik und Outfit: Woman

Von ihrem äußeren Erscheinungsbild her ist die Eva tatsächlich der Prototyp des Weiblichen. Jedenfalls fällt es bei ihr nie schwer, sie dem richtigen Geschlecht zuzuordnen. Meist weist sie ein ausgesprochen feminines, allerdings fast nie puppenhaftes Antlitz sowie einen üppigen Vorbau auf, den sie auch gerne durch enganliegende Oberteile betont. Ihr Blick wirkt leicht verträumt, so dass man ihr die Härte, die sie mitunter an den Tag legt, überhaupt nicht zutraut. Die »Wahrheit« ihrer durchschnittlichen Körpergröße liegt zwischen den 1,64 m der Schauspielerin Eva Hassmann und den 1,70 m ihrer Kollegin Eva Habermann, während ihr Haupt signifikant häufig eine prachtvolle Löwenmähne ziert.

Anders als die Bettina, die »textil« erst beim Entblättern interessant wird, legt die Eva gleichermaßen Wert auf ein erotisches Darüber wie auf ein erotisches Darunter.

Verführung und Sex: Help

In der Kunst der Verführung steht die Eva ihrer biblischen Urmutter in nichts nach. Um ihr Single-Dasein zu beenden, nutzt sie eine der simpelsten Strategien seit Menschengedenken, indem sie sich hilflos und schwach gibt und damit den edlen Prinzen im Manne erweckt. Oft braucht sie diese Rolle aber noch nicht einmal zu spielen, weil sie in vielen Situationen wirklich überfordert ist. Zum Beispiel zeigt sie sich bisweilen handwerklich so unbedarft, dass sie den Tapetenkleister auf der Sichtseite der Tapeten verstreicht, weil sie ihn für eine Art Laminierung hält. Verzweifelt sie dann an der mangelnden natürlichen Haftqualität der anderen Seite, ruft sie einen Bekannten zur Unterstützung herbei, mit dem sie nach Abschluss seiner Rettungsaktion völlig unbeabsichtigt im Bett landet.

Logistisch nutzt die Eva eher die freie Wildbahn zur Partnersuche, kann sie doch hier ihre Flirtsignale, wie devotes Kopfneigen oder verlegenes Lächeln, am besten zum Einsatz bringen. Entsingelungsversuche mittels Medien der Kontaktanbahnung empfindet sie meist als zu unromantisch. Allenfalls dem Running Dinner kann sie gelegentlich noch etwas abgewinnen, sofern das Ambiente stimmt.

Auf erotischem Sektor stellt die Eva leider eine unerfüllte Verheißung dar. Ihr theoretisches Wissen über Tantra und Kamasutra ist zwar regelmäßig immens, doch umzusetzen vermag sie es aufgrund ihrer Tabubeladenheit nur ansatzweise. Wildes Stöhnen oder hemmungsloses Schreien beim Orgasmus wird aus ihrem Schlafzimmer kaum je zu vernehmen sein, bleibt doch die Handbremse in ihrem Kopf stets ein Stück weit angezogen. Ihre etwas unterentwickelte Leidenschaft kompensiert die Eva durch ihr hervorragendes Einfühlungsvermögen in den männlichen Körper. Ihre Streicheleinheiten bringen selbst Mega-Machos zum Schnurren.

Partnerschaft: Voll daneben

Beständiges Liebesglück findet die Eva kaum je, weil sie ein ausgeprägtes Händchen dafür hat, bei der Kür ihres Herzbuben gründlich danebenzugreifen. Ihr Problem besteht darin, dass sie illusorische Erwartungen in die andere Seite projiziert, die diese nicht erfüllen kann oder möchte. Vom Macho erhofft sie sich Halt, obwohl er selbst innerlich haltlos ist und vom Lebenskünstler materielle Sicherheit, obwohl er keinerlei Wert darauf legt, sie zu schaffen. Ihrem Wunsch nach der starken Schulter zum Anlehnen verleiht sie regelmäßig auch buchstäblich Ausdruck, indem sie sich mit einem muskelbepackten Hünen von Mann liiert. Dabei gilt das Prinzip »Je kleiner die Eva, desto größer ihr Adam«, wie bei der früheren Kombination Eva Longoria (1,57 m) / Tony Parker (1,88 m), der Schauspielerin und dem Basketballspieler.

Ihrem Namen, der aus dem Hebräischen übersetzt »die Lebensschenkende« bedeutet, wird die Eva eher selten gerecht, setzt sie doch nur ausnahmsweise mehrere Sprösslinge in die Welt. Auffällig häufig bleibt sie sogar kinderlos, wofür sich bisweilen Erkrankungen der Gebärmutter oder Unfruchtbarkeit verantwortlich zeichnen. Eine unbewusste psychologische Dynamik lässt sich dahinter fast nie erkennen, ist ihr Wunsch nach Familiengründung doch ein eindeutiger, frei von jeglichen Ambivalenzen. Obwohl sie den Nachwuchs fast schon herbeibetet, weist sie ihm gegenüber keine ausgeprägte Neigung zur Überbehütung auf.

Beim Thema häusliche Ordnung scheiden sich die Geister bei den Namensträgerinnen. Die einen sublimieren in Gestalt ihres Putzteufels einen Teil ihrer sexuellen Energien, während sich bei den anderen Milbe und Motte »gute Nacht« sagen. Kulinarisch muss sich ihr Göttergatte meist schon damit zufriedengeben, wenn ihm die Eva einen Apfel reicht.

TRENNUNG: ABANDONED

Trennungen evozieren bei der Eva die Grundsatzfrage, warum ausgerechnet ihre Beziehungen regelmäßig zum Scheitern verurteilt sind, und mehren so ihre Selbstzweifel. In der ersten Zeit nach dem Ende der Zweisamkeit fühlt sie sich verloren wie ein kleines Kind, das plötzlich von seinen Eltern in die kalte Welt ausgesetzt wird. Um über ihre seelische Nachtmeerfahrt sprechen zu können, rennt sie ihren Freundinnen respektive ihrer Therapeutin die Tür ein. Nicht selten unternimmt sie auch völlig kopflose Rückeroberungsversuche in Richtung ihres Ex, für die sie sich im Nachhinein maßlos schämt. Materielle Besitztümer sind der Eva alles andere als unwichtig. Daher legt sie großes Augenmerk darauf, von dem Kuchen des ehelichen Vermögens ein sattes Stück abzubekommen. Das gemeinsame Kind, soweit vorhanden, hält sie bewusst aus potenziellen Scheidungskonflikten heraus.

Pflegetipps:

Musts:
* Wohlfühlmassagen, Städtereisen, exotische Gewürze

No-Gos:
* Haudraufmentalität, Suchtverhalten, Swinger-Clubs

Ideale Namenspartner:

Das leichte Faible der Eva für Esoterik und Alternativmedizin teilen der Clemens, der Simon sowie der Matthias.
Eher ruhig angehen im Schlafzimmer wie die Namensträgerinnen lässt es das Duo Felix/Mario, das auch kaum je mit allzu bizarren intimen Wünschen an sie herantreten wird. Gemeinsames soziales Engagement ist an der Seite des Florian möglich, während sie am David und am Dominik die Zivilcourage schätzen. Der häufig ein wenig zu ernsten, mitunter sogar verbissenen Eva zumindest ein Schmunzeln entlockt der witzige Ingo. Am Kochherd ersetzt sie gerne der Lukas.

Franziska

Basics: Dieser Weg wird kein leichter sein

Fragt man Franziskas nach ihrem prägnantesten Charakterzug, so geben sie häufig ihren Ehrgeiz an. Schon als Kinder »bestechen« sie beim Spielen dadurch, dass sie immer gewinnen wollen. Allerdings werden sie nicht selten auch von ihren Eltern auf die Siegermentalität getrimmt. Da die Namensträgerinnen auf ihrem Weg nach oben häufig den Anfeindungen von Neidern und Konkurrenten ausgesetzt sind, haben sie sich im Laufe der Zeit ein dickes Fell zugelegt, unter dem eine ausgesprochen verletzliche Seele verborgen liegt. Interessanterweise gehören viele Franziskas dem Sternzeichen Fische an, dem eben diese Hypersensibilität nachgesagt wird, wie die ehemalige Eisschnellläuferin Franziska Schenk. Dafür, dass sie nur schlecht einstecken können, teilen sie ganz gerne aus. In diesem »Missverhältnis« liegt fraglos eine ihre größten menschlichen Schwächen.

Den Olymp erreichen die Franziskas meist in Berufen, die ein hohes Maß an Kommunikationsfähigkeit und Flexibilität voraussetzen, etwa als Journalistinnen oder Juristinnen. Auch im Lehramt schaffen sie es nicht selten bis in die Schulleitung. Für Tätigkeiten im engsten sozialen Bereich fehlt ihnen ein wenig die Abgrenzungsfähigkeit. Oft nehmen sie von dort die Probleme mit nach Hause.

Eine große Leidenschaft der Franziska sind Tiere. Regelmäßig kämpft sie für ihren Schutz und/oder hält selbst welche. Bei den eigenen Haustieren handelt es sich häufig um geschundene Kreaturen, die sie von der Straße aufgelesen hat. Mitunter verarbeitet sie ihre täglichen Erfahrungen als Hobby-Autorin in selbstverfassten Geschichten oder einem Tagebuch mit literarischem Anspruch. Sport treibt die Franziska selten »just for fun«, sondern aus Lust, ihre persönlichen Grenzen auszutesten beziehungsweise Rekorde zu erzielen.

Optik und Outfit:
Sie ist kein Model und sie sieht gut aus

Die Franziska gehört ganz ohne Zweifel zu den attraktivsten Vertreterinnen der holden Weiblichkeit. Nicht selten hat sie Beine bis zum Boden und kann mit einer entsprechenden Körpergröße aufwarten. Häufig misst sie um etwa 1,75 m oder sogar darüber. Zu ihren perfekten Maßen gesellt sich meist noch ein überaus hübsches, feminines Antlitz, dem es allerdings ein wenig an der persönlichen Note ermangelt.

Obwohl sie von ihrer Optik her das Zeug dazu hätten, modeln nur verhältnismäßig wenige Franziskas, weil sie nicht ständig im Licht der Öffentlichkeit stehen möchten. Im Gegensatz zu anderen Frauen reizt sie auch nicht die Möglichkeit am Catwalk, ständig ihr Outfit zu verändern beziehungsweise verändern zu lassen. In dieser Hinsicht setzt sie nämlich eher auf Beständigkeit, was aber keinesfalls bedeutet, dass sie ewig nur in den denselben Klamotten herumläuft und ihr Kopf in Stein gemeißelt ist.

Verführung und Sex: Warm-up

Das Dauerlächeln, das sich die Franziska mitunter aufsetzt, um ihre wahre Befindlichkeit zu überspielen, wird für viele Männer zur Falle, weil sie es mit Anlächeln verwechseln und als Ermunterung zur Flirtoffensive fehlinterpretieren. Wenn sie hineintappen, erwartet sie aber fast nie »Misshandlung«, was den Namensträgerinnen alleine schon ihre Menschlichkeit verbietet. Zudem wissen sie meist um ihren Anteil an dem »Irrlauf« durch ihre trügerischen Signale.

Nähert sich der Franziska indes ein Kandidat, der sie interessiert, zeigt sie sich anfangs oft erstaunlich verlegen. Wo sie im Alltag sprudelt wie ein Wasserfall, bekommt sie nun kaum ein Wort heraus. Dahinter steckt zum einen Schüchternheit gegenüber dem anderen Geschlecht und zum anderen die Furcht vor Verletzungen. Bis sie sich dem Prinzen in spe öffnet, muss er schon einige Zeit in vertrauensbildende Maßnahmen investieren. Als günstig erweisen sich daher für sie Jagdreviere, die a priori die Möglichkeit auf mehrmaliges Beschnuppern eröffnen, wie der Single-Club, das Fitness-Studio oder der Volkshochschulkurs.

Beim ersten Sex sollte der Geschlechtspartner der Franziska nicht mit allzu großen Erwartungen an die Sache herangehen. Aufgrund ihrer Befangenheit stellt er allenfalls ein leichtes Warm-up für sie dar, bei dem sie kaum je auch nur annähernd schon Vollgas zu geben vermag. Geduld wird hier aber ebenso wie in der Werbungsphase allemal belohnt. Sobald die Franziska sich von ihren intimen Fesseln befreit hat, mutiert sie nämlich zu einer leidenschaftlichen und äußerst probierfreudigen Liebhaberin. Lediglich stark schmerzende Praktiken lehnt sie kategorisch ab, herrscht doch in ihrem Schlafzimmer regelmäßig das Motto »Soft und harmless«.

PARTNERSCHAFT: MAN AT WORK

Da bei der Franziska Partnerschaft und Familie ebenso hohen Stellenwert genießen wie die berufliche Karriere, verwendet sie viel Energie darauf, beides unter einen Hut zu bekommen.

Nur selten aber hegt sie den Anspruch an sich, alles alleine zu schaffen, sondern erwartet von ihrem Angetrauten, dass er sich »gleichberechtigt« im Haushalt sowie an der Aufzucht des Nachwuchses beteiligt. Einem Pascha, der glaubt, er könnte nach der Arbeit komplett die Füße hochlegen und sich von vorne bis hinten bedienen lassen, wird sie alsbald Beine machen oder ihn vor die Tür setzen, wenn sich dauerhaft keine Besserung einstellt. Die Kinder erzieht die Franziska früh zur Selbständigkeit, nicht zuletzt, um sich Freiraum für ihre karitativ-kulturellen Aktivitäten zu verschaffen. Schon im Grundschulalter sind sie tagsüber mitunter einige Stunden sich selbst überlassen, wobei aber immer Nachbarn oder Verwandte aktiviert werden, ein Auge auf sie zu werfen. Abends muss sie dann ihr Vater unter seine Fittiche nehmen, wenn die Mutter das Nest verlässt.

Sorgen machen, dass sie dabei auf amouröse Abwege gerät, müssen sich die Daheimgebliebenen währenddessen fast nie. Das Versprechen der Trauformel, die Treue in guten wie in schlechten Tagen zu halten, hat für die Franziska nämlich absolut bindende Wirkung. Obwohl sie kein extrem eifersüchtiger Typ ist, erwartet sie dieselbe Einstellung gleichermaßen von der anderen Seite.

Eine weitere Säule im Beziehungsleben der Namensträgerinnen stellt die partnerschaftliche Kommunikation dar. Stets legen sie großes Augenmerk darauf, dass die vertrauten Zwiegespräche und das gemeinsame Lachen nicht verstummen. Aber auch frischem Wind von außen öffnen die Franziskas weit die Tür, indem sie regelmäßig befreundete Paare zum Essen oder zu Spieleabenden einladen.

TRENNUNG: OUT OF ROSENKRIEG

Ebenso wenig wie die Franziska beim Verlieben von der schnellen Truppe ist, ist sie es auch beim Entlieben. Meist braucht sie mindestens zwei Jahre, um über eine schmerzhafte Trennung hinwegzukommen. Da sie nicht auf unverbindliche Sexualkontakte steht, lässt sie sich in der Verarbeitungsphase kaum je auf Affären oder One-Night-Stands ein. Von dem Mann, den die als Nächstes in ihr Schlafzimmer lotst, möchte sie nach Möglichkeit erst durch den Tod geschieden werden.

Sind mit ihrem Ex finanzielle Angelegenheiten zu regeln, zeigt sich die Franziska gewöhnlich ausgesprochen entgegenkommend, um einen Rosenkrieg zu vermeiden. Wenn Konflikte unvermeidlich sind, weil ihr die andere Seite den Fehdehandschuh hinwirft, versucht sie, wenigstens die Kinder aus der Schusslinie herauszuhalten. Niemals käme ihr in den Sinn, sie für die eigenen Zwecke zu instrumentalisieren.

PFLEGETIPPS:

Musts:
* Romantik-Wochenenden, Rückzugsraum, Respekt

No-Gos:
* Blender, Teutonengrillen am Ballermann, Chaos

IDEALE NAMENSPARTNER:

Das Herz für Tiere teilt die Franziska mit dem Jens, dem Patrick und dem Clemens. Letzterem kann sie außerdem ihre literarischen Ergüsse als Gutenachtgeschichten vorlesen. Genügend Geduld bei Brautwerbung und sexueller Annäherung wirft das Duo Moritz/Henning in die Waagschale, entwickelt dann aber auch genug Leidenschaft, wenn das Eis erst gebrochen ist. Emanzipierte Partner, die ihr den Rücken für die berufliche Karriere freihalten, findet die Franziska im Manuel, im Daniel sowie im Tobias, während der Alexander neben dem Lukas bezüglich Ehrgeiz auf ihrer Augenhöhe liegt.

Helena / Helene / Elena

Basics: Cinderella story

In ihrer Herkunftsfamilie wird die Helena häufig von ihren Eltern ein Stück weit übersehen, weil sie zu sehr mit sich selbst beschäftigt sind oder sie ihren anderen Kindern den Vorzug geben. Um zumindest einen Zipfel Aufmerksamkeit von ihnen zu ergattern, versucht sie daher, durch Leistung zu bestechen. Regelmäßig übernimmt sie schon früh einen Großteil der Hausarbeit und/oder eine Art Mutterrolle für die jüngeren Geschwister. Erkrankt ein Elternteil schwer, drängt sie sich fast schon für dessen Pflege auf. Trotz ihrer enormen häuslichen Belastung versuchen die Namensträgerinnen, auch noch einen guten Schulabschluss hinzulegen, was ihnen durch ihre enorme Zähigkeit auch fast immer gelingt.

Beruflich setzt die Helena ihr Leistungsschema fort. Sie kloppt Überstunden, lässt sich von ihren Kollegen/innen schamlos ausnutzen und schleppt sich noch halbtot zur Arbeit. Vordergründig erhält sie dafür zwar allenthalben Schulterklopfer, aber hintenherum wird ihr Übereifer oft zum Gegenstand von üblen Lästerattacken. Oft bringt sie irgendwann ein Burnout-Syndrom auf die Couch eines Psychiaters, wo sie mühsam zu der Erkenntnis gelangt, dass sie auch um ihrer selbst willen und nicht nur durch Aufopferung für andere liebenswert ist. Nichtsdestotrotz bleibt ihr Selbstwertgefühl zeitlebens fragil.

Viele Freunde bleiben der Helena nicht mehr, wenn sie endlich einmal beginnt »nein« zu sagen. All die Schmarotzer, die auf ihre Kosten dem Dolcefarniente gefrönt haben, ziehen sich pikiert von ihr zurück. Mit dem »heiligen Rest« veranstaltet sie gerne Spielabende oder trifft sich in gemütlichen Lokalitäten zum Klönen und Herumalbern. Daneben betreibt sie eifrig Kontaktpflege bei Facebook und Konsorten.

Optik und Outfit: Die gestiefelte Katze

Die Traurigkeit, weil sie sich ungeliebt fühlt, drückt sich häufig in den Augen der Helena aus. Ihr Antlitz wirkt nicht selten ein wenig mysteriös, wie das der Schauspielerin Helena Bonham-Carter, weist aber keine spezifische Form auf. So kann es eher ein wenig kantig, genauso gut aber auch pausebäckig gestaltet sein. Figürlich unterliegt die Helena dagegen einer klaren Zweiteilung. Entweder zeigt sie sich gertenschlank und hat fast schon Modelmaße oder sie ist – regelmäßig Ergebnis von Frustfressen – erheblich zu kräftig geraten, wobei aber die erste Fraktion deutlich überwiegt.

Ganz Frau, kaufen die Namensträgerinnen gerne Schuhe. Viele von ihnen haben sogar einen regelrechten Schuhtick. Besonders Stiefel haben es ihnen angetan, und bisweilen genießen sie sogar geradezu Kultstatus. Für exquisite Stücke geben sie nur allzu gerne Unsummen an Geld aus.

Verführung und Sex: Dinner for two

Rauben wie die »schöne Helena« lassen sich die Namensträgerinnen nur selten. Da ihre Single-Not mitunter groß ist, sind vielmehr sie es oft, die sich einen Mann schnappen. Um unter die Haube zu kommen, lehnen sie sich regelmäßig weit aus dem Fenster, indem sie etwa dem Objekt ihrer Begierde Liebesbriefe schreiben oder ihm unmissverständliche Komplimente machen. Eine weitere Balzvariante besteht darin, ihren Herzbuben in spe bei sich zu Hause opulent zu bekochen und ihn hernach in einem sexy Outfit nach allen Regeln der Kunst zu verführen.

Aus Furcht, bei der Partnersuche auf der Strecke zu bleiben, eröffnet die Helena nicht selten mehrere Baustellen. Das kann zu bösen Verwicklungen führen, wenn sich die Wege ihrer »Opfer« zufällig kreuzen und es zu Männergesprächen kommt. Wird sie hernach von einem der Kandidaten mit ihrer Mehrgleisigkeit konfrontiert, versucht sie, die übrigen Bekanntschaften als »rein freundschaftlich« oder »unbedeutend« herunterzuspielen. Eines ihrer liebsten Jagdreviere neben dem Internet stellt der Single-Club dar.

Im Bett verkörpert die Helena pure Sinnenfreude. Genussvoll setzt sie alle Körperöffnungen zur Befriedigung ihres Lovers ein. Der Blowjob stellt für sie keine »Pflichterfüllung«, sondern reine Passion dar, versetzt es sie doch selbst in Ekstase, den männlichen Penis ausgiebig oral zu verwöhnen. Beim Analverkehr gehört sie zu den wenigen Frauen, die ohne zusätzliche genitale Stimulation durch Anspannung der Beckenbodenmuskulatur zum Orgasmus kommen kann. Auch einem flotter Dreier ist sie nicht abgeneigt.

Partnerschaft: I would do anything for love

Für einen Mega-Pascha ist die Helena zumindest in ihren jungen Jahren ein echter Glücksgriff, verwöhnt sie doch ihren Partner meist nach Strich und Faden. Wenn er abends von der Arbeit nach Hause kommt, erwartet ihn gewöhnlich ein Dreigängemenü vom Allerfeinsten. Mit der schnellen Küche haben die Namensträgerinnen selbst dann keinen Vertrag, wenn sie berufstätig sind. Leere Dosen werden sich in ihrem Müll nur vereinzelt finden, höchstens sie enthielten zuvor Katzen- oder Hundefutter. Das Kochen haben die Helenas meist noch von ihren Müttern und/oder Großmüttern gelernt, indem sie ihnen in den Topf schauten. Oft diente es ihnen in der Herkunftsfamilie als eines der Vehikel, um etwas Anerkennung zu erheischen.

Ähnlich wie die Jeanette scheut sich auch die Helena nicht davor, »Männerarbeiten« zu verrichten. Ist der Kirschbaum im Garten zum Nachbarn hinübergewachsen und ihr Göttergatte klebt an der Couch fest, holt sie kurzerhand selbst die Astschere aus dem Geräteschuppen, um der »Grenzverletzung« ein Ende zu bereiten. Apropos Grenzverletzung: Die Helena frisst in der Zweisamkeit viel zu viel in sich hinein, bis sie einmal aufmuckt. Schließlich möchte sie den Familienfrieden nicht aufs Spiel setzen, ganz zu schweigen von ihrer Beziehung.

Die Aufzucht der Kinder übernimmt die »Glänzende«, so die Namensbedeutung, fast komplett in Eigenregie, während ihr Angetrauter recht wenig Interesse an ihnen zeigt. Ihrem Nachwuchs versucht sie, durch Zärtlichkeit, Lob und Ermunterung das Selbstbewusstsein einzuimpfen, an dem es ihr so schmerzlich mangelt. Bisweilen zeigt sie aber einen gewissen Hang zur Permissivität, so dass ihr die Sprösslinge erziehungstechnisch zeitweise zu entgleiten drohen. Meist spricht sie aber noch rechtzeitig ein Machtwort, bevor alles aus dem Ruder zu laufen beginnt.

Trennung: Give peace a chance

Ihr übersteigertes Harmoniebedürfnis hindert die Helena nach dem Ende der Zweisamkeit daran, einen Rosenkrieg vom Zaun zu brechen. Sie selbst liefert ihrem Ex auch keinen rechten Grund, den Fehdehandschuh in den Ring zu werfen. Weder entzieht sie ihm die Kinder – im Gegenteil befördert sie den Umgang mit ihrem Vater – noch versucht sie ihn finanziell über den Löffel zu balbieren. Da es ihr schwerfällt, für sich etwas einzufordern, verzichtet sie nicht selten komplett auf den Ehegattinnenunterhalt. Mitunter unterstützt sie sogar später ihren Verflossenen, wenn er in materielle Not gerät. Bis sich die Helena emotional von ihrem Mann gelöst hat, braucht sie oft viele Jahre. Als Beziehungsmensch unternimmt sie zwar in dieser Zeit immer wieder Versuche, eine neue Bindung einzugehen, merkt dabei aber regelmäßig, dass sie noch nicht so weit ist.

Pflegetipps:

Musts:

* Probierfreudiger Gaumen, Dekoartikel, Walking in a winter wonderland

No-Gos:

* Sexmuffel, Frontalangriffe, gedankenlose Geschenke

Ideale Namenspartner:

Die Paschas Axel, Kai und Maik genießen die Rundumversorgung der Helena sowohl im Alltag als auch im Bett. Dass ihr von den dreien allenfalls der Kai beim Ringelpiez mit Anfassen gewachsen ist, steht auf einem anderen Blatt Papier. Hier würden sich fraglos die tabulosen Johannesse und Clemense als geeigneter erweisen. Hinreichend Respekt bringt der Helena das Trio Tim/Sven/Ingo entgegen, das auch ihre Wünsche bezüglich Nestverschönerung handwerklich perfekt umzusetzen vermag. Ihren Seelenpartner finden die Namensträgerinnen häufig in Gestalt des Patrick sowie des Heiko.

Isabel / Isabell / Isabelle / Elisabeth

Basics: Black and white

Der Name Isabel(le) stellt die spanische beziehungsweise französische Form von Elisabeth dar, die ihm auch recht stark in seiner Dynamik ähnelt. Zahllose illustre Persönlichkeiten finden sich unter allen Varianten, etwa die chilenische Schriftstellerin Isabel Allende, die französische Schauspielerin Isabelle Huppert oder die österreichische Kaiserin Elisabeth (»Sisi«). Von außen wirkt die Isabel ebenso undurchschaubar wie unfassbar, weil sie häufig in einer Phantasiewelt lebt. Als kleines Mädchen sieht sie sich etwa als Elfe oder Prinzessin, die gleichermaßen Böses und Gutes tut. Beide Elemente prägen auch von der Wiege bis zum Totenbett ihre reale Existenz. So kann sie im einen Moment die barmherzige Samariterin »geben«, um im nächsten eisige Gefühlskälte an den Tag zu legen. Hat sie nach eigenem Empfinden menschlich versagt, befällt sie danach regelmäßig eine tiefe Reue. Nicht selten schüttet sie sich so heftig Asche über ihr Haupt, dass sie in eine kurzzeitige depressive Verstimmung verfällt. Bisweilen treibt sie ihre Janusköpfigkeit sogar auf die Psychologencouch.

Beruflich sind der Isabel die harten Anteile ihres Wesens oft nützlich, indem sie als Strafrichterin unbelehrbaren Delinquenten gegenüber die notwendige Konsequenz obwalten lässt oder als Lehrerin allzu schwachen Pennälern »gnadenlos« die Versetzung verweigert. Besonders im Schuldienst kommt ihr daneben auch wieder ihre Phantasie zugute. Da der Sinn für Ästhetik eine weitere Grundkomponente im Leben der Namensträgerinnen darstellt, befassen sich viele von ihnen professionell mit Kunst in verschiedenen Ausprägungen. Manche kreieren Haute Couture, manche leiten ein

Museum, und andere choreographieren Ballettaufführungen. Damit haben sie gewöhnlich ihr Hobby zum Beruf gemacht.

Optik und Outfit: Schön wie Mona Lisa

Der Trend zur »Vermoppelung« der Gesellschaft geht an der Isabel spurlos vorüber, weist sie doch meist eine sportlich-schlanke Figur auf, die zum Teil auch tatsächlich von intensiver Leibesertüchtigung herrührt. Topathletinnen wie die Profitänzerin Isabel Edvardsson oder die Dressurikone Isabell Werth stellen beileibe keine Exotinnen dar. Mit ihren 168 cm Körperlänge repräsentiert aber eher die Reitersfrau den Mainstream, während die 1,79 m der rhythmusbegabten Schwedin um gut eine Fingerlänge über dem Durchschnitt liegen. Das bildhübsche Gesicht der Namensträgerinnen umspielen häufig lange, gewellte Haare, und fast immer blicken sie aus einer braunen Iris in die Welt.

Kleidungstechnisch darf es bei der Isabel sowohl die legere Jeans als auch das mondäne Abendkleid sein – Hauptsache, die Ästhetik der Gesamtkomposition stimmt.

Verführung und Sex: All or nothing

Die Isabel befindet sich entweder ständig auf der Suche nach der Liebe fürs ganze Leben oder sie hat sie bereits komplett aufgegeben, weil sie nicht mehr daran glaubt. Jene Fraktion, die noch nach der seltenen Perle taucht, lässt im Prinzip keine Möglichkeit aus, um an Mr. Right zu kommen. Sie geht zum Tanzen, besucht Single-Foren im Internet oder hofft darauf, den »Prince of Persia« – hier kommen wieder ihre Mädchenphantasien durch – in einem exotischen Urlaubsland kennenzulernen. Dort stören sich die heißblütigen Verehrer meist auch nicht an ihrer scheinbaren Unnahbarkeit, wie die vorsichtigeren mitteleuropäischen Kandidaten, sondern baggern sie munter an. Ist der Isabel ein vermeintlich dicker Fisch ins Netz gegangen, kramt sie all ihren Charme hervor, damit er ihr bei der Stange bleibt. Allerdings verfrachtet sie den fremden Königssohn viel lieber auf ihr Schloss als umgekehrt, sprich, mit Auswandern für das zweisame Glück tut sie sich recht schwer.

Ein beliebtes Jagdrevier für die Namensträgerinnen stellt auch der Arbeitsplatz dar. Als Ballett-Choreographin verliebt sie sich in einen Tänzer und als Anwältin in einen Mandanten, sofern er kein Frauenmörder / Triebtäter ist.

Intim verfügt die Isabell sowohl qualitativ als auch quantitativ über einen großen Erfahrungsschatz. Dass sie im Laufe der Jahre mit Dutzenden Männern Körpersäfte austauscht, liegt aber weniger an Legionen von One-Night-Stands, sondern vielmehr an einer Vielzahl von Kurzbeziehungen. Solange die anhalten, bereitet sie ihren Lovern im Bett geradezu paradiesische Zustände, gehört sie doch zu der seltenen Spezies Frau, deren Liebeshöhle ständig Tag der offenen Tür hat und die es versteht, die andere Seite kraft Einsatzes all ihrer Lippen meisterhaft zu verwöhnen.

Partnerschaft: Nah und doch so fern

Indem die Isabel bei der Partnerwahl chronisch danebengreift, schafft sie unbewusst die Grundlage, ihre Beziehungen wieder beenden zu können, und kultiviert damit ihre Bindungsängste. Die ausländischen Männer, die sie im Urlaub kennenlernt, möchten ihre Heimat nicht verlassen, und die Typen aus dem Internet suchen, da sie oft noch anderweitig liiert sind, bestenfalls eine Affäre. So reiht sich bei ihr eine perspektivlose Geschichte an die nächste. Könnte es von den Voraussetzungen doch einmal gehen, wechselt sie schon nach wenigen Monaten abrupt von der Verliebtheits- auf die Verletzungsschiene, um die andere Seite in die Flucht zu schlagen. Hat sie sich aus der vermeintlichen Einengung befreit, bereut sie regelmäßig ihr Verhalten und beginnt eine Reconquista, die aufgrund ihrer sexuellen Strahlkraft meist auch gelingt. Doch schon bald gewinnen ihre Beklemmungsgefühle erneut die Oberhand, so dass sie in ihr Wegbeiß-Schema zurückfällt – der Beginn eines On-off-Mechanismus.

Die Schwierigkeiten der Isabel, Nähe zuzulassen, gehen gewöhnlich auf ihre Kindheit zurück. Nicht selten erlebte sie dort durch die Geburt eines jüngeren Geschwisters eine massive narzisstische Kränkung, weil sie danach von ihren Eltern kaum noch wahrgenommen wurde. Als Konsequenz aus ihren Verletzungen lässt sie zukünftig niemanden mehr dauerhaft in ihre Schlagdistanz.

Die Sprösslinge der Isabel stammen verhältnismäßig oft aus verschiedenen Liaisons wie bei der französischen Schauspielerin Isabelle Adjani, was mit der geringen Verfallszeit ihrer Beziehungen zusammenhängt. Bisweilen versucht sie, der jeweiligen Zweisamkeit mit der Geburt eines Kindes auch Verbindlichkeit einzuhauchen und dergestalt ihre eigenen Trennungsimpulse zu sedieren – wahrlich keine guten Voraussetzungen für eine leidenschaftliche Mutterschaft.

TRENNUNG: DIE KARAWANE ZIEHT WEITER

Für intensive Trauerarbeit nach dem Ende der Liebe hat die Isabel meist keine Muße, weil sie schon wieder Ausschau nach Ersatz hält. Ganz zu schweigen von einer professionellen Trennungsbewältigung, die regelmäßig an ihrem Unvermögen scheitert, eine tragfähige therapeutische Allianz zu einem/r Psychologen/in aufzubauen. Finanzielle Ansprüche, selbst berechtigte, stellen die Namensträgerinnen kaum je an ihren Verflossenen. Oft belassen sie sogar Gebrauchs- oder Wertgegenstände bei ihm, nur um sich nicht mehr mit ihm auseinandersetzen zu müssen.

Ihren Kindern fügt die Isabel als alleinerziehende Mutter oft erheblichen psychischen Schaden zu, indem sie ihnen geradezu inflationär Probe-Stiefväter vorsetzt. Zudem schiebt sie den Nachwuchs oft komplette Wochenenden zu ihren Eltern oder sonstigen Angehörigen ab, wenn sie sich wieder einmal auf die Piazza der einsamen Herzen begibt.

PFLEGETIPPS:

Musts:
* Gleichberechtigung, erotisches Knistern, Tanzbeine

No-Gos:
* Bewegungsverweigerer, Albernheit, Bergsteigen

IDEALE NAMENSPARTNER:

Genügend Freiraum, so dass sie sich nicht gleich eingeengt fühlt, geben der Isabel der Oliver, der Jens sowie der Moritz. Im Bett das Wasser reichen kann ihr das Duo Johannes/Kai, das sowohl über genügend Variationsbreite als auch Standfestigkeit verfügt. Die Lust an den schönen Dingen des Lebens teilt neben dem Arne der David mit den Namensträgerinnen. Magisch angezogen von der Dark Side der Isabel fühlen sich die leicht obskuren Matthiasse und Jans, während ihr der häusliche Heiko selbst dann die oft chaotische Wohnung in Ordnung bringt, wenn er nur Besucherstatus genießt.

Jana / Jane

Basics: Spieglein, Spieglein an der Wand

Spätestens ab der Pubertät ist die Jana häufig in einen latenten oder offenen Konkurrenzkampf mit ihrer narzisstischen Mutter verstrickt. Aus dem Wunsch, sich von ihr abzuheben, entwickelt sie im Erwachsenenleben einen Hang zum Besonderen. Nicht selten versucht sie, aus der breiten Masse herauszustechen, indem sie künstlerisch tätig wird beziehungsweise sich zu einer streitbaren Persönlichkeit entwickelt. Die Schauspielerin und politische Aktivistin Jane Fonda vereinigt beide Facetten in sich. Als ebenfalls namenstypisch erweist sich bei den »Nachfahrinnen« der dritten Frau Heinrichs VIII., Jane Seymour, die körperliche Disziplin. Niemals lassen sie sich gehen, und bis sie schlappmachen, müssen sie schon mindestens den Hawaii-Triathlon absolviert haben. Apropos Hawaii-Triathlon: Sportliche Höchstleistungen sind bei den Janas mit Profistatus an der Tagesordnung. Besonders in der Leichtathletik sowie in Ballsportarten erklimmen sie häufig den Olymp.

Auch ihre Freizeit verbringt die Jana gerne mit Leibesertüchtigung. Sie betreibt passioniert Ausdruckstanz, »inlinert« und besucht das Fitness-Studio. Daneben unternimmt sie regelmäßig in Begleitung ihrer Freundinnen Städtetouren, bei denen neben Shopping die Kultur etwa in Gestalt von Konzertbesuchen nicht zu kurz kommt. Zum Lesen fehlt ihr indes oft ein wenig die Ruhe im Hintern.

Beruflich landen die Normalo-Janas meist in kreativen Sparten. Überrepräsentiert sind sie in Werbeagenturen und Architekturbüros. Die »konventionelleren« Vertreterinnen stehen hingegen oft hinter dem Bankschalter, da sie einen starken Bezug zu Zahlen haben. Eine wesentliche Voraussetzung, damit die Namensträgerinnen in ihrem Job Erfüllung finden, stellt ein Maximum an Autonomie dar.

Optik und Outfit: Ice but nice

Die Konflikte in ihrem Elternhaus haben häufig Spuren im Antlitz der Jana hinterlassen, dessen Züge bisweilen ein wenig verhärtet und unterkühlt wirken. Auch aus den meist fast schon schwarzen Augen der Namensträgerinnen strahlt nur wenig Herzenswärme hervor, während ihren Lippen ein wenig die sinnliche Völle fehlt. Abgesehen davon, sind Janas ausgesprochen hübsche Frauen, die sich kaum je mit eklatanten Makeln herumplagen müssen. Als Glanzlichter bestechen ihre durch Stretching und Spinning vervollkommneten Körper sowie ihre klassisch schönen Nasen.

Mit ihrer Garderobe experimentieren die Janas oft. Einmal tragen sie verspielte Hüte und Kleider, ein andermal kommen sie im klassischen Hosenanzug daher. Auch ihre Haarfarbe unterwerfen sie nicht selten einem »Bäumchen wechsel dich«-Spiel. Zu Tattoos haben sie gewöhnlich weniger Bezug als zu dezenten Piercings.

Verführung und Sex: Die Prinzessin auf der Erbse

Durch die Konkurrenzsituation mit ihrer Mutter bleibt die Jana relativ häufig auf das eigene Geschlecht fixiert und entwickelt lesbische Neigungen. Aber selbst wenn sie heterosexuell orientiert ist, beißt sich so mancher Bursche an ihr die Zähne aus, hat sie doch das »Traumprinzenschema« internalisiert. Das heißt, sie gibt sich nur mit Mr. Perfect zufrieden, wenn sie sich schon bindet. Schließlich kommt sie auch bestens alleine zurecht und braucht nicht unbedingt ein männliches Pendant zum Glücklichsein. Ihr Motto lautet »Lieber zufriedener Single als ein Partner zweiter Wahl«.

Um aktiv auf Bräutigamschau zu gehen, ist die Jana viel zu stark in ihre Passionen involviert. Aber vielleicht wird ja aus dem Theaterkuss, den sie mit ihrem Kollegen aus der Laienschauspielgruppe austauscht, ein leidenschaftlicher.

Statistisch gesehen, binden sich tatsächlich die meisten Namensträgerinnen im Rahmen ihrer Freizeitaktivitäten. An zweiter Stelle
der günstigsten Flirtgelegenheiten rangiert der Arbeitsplatz, weil
sich hier Zweisamkeit auf recht natürlichem Weg entwickeln kann,
gefolgt vom privaten Freundes- und Bekanntenkreis, in dem sich
auch häufig Vertreter der Spezies XY tummeln.

Im Schlafzimmer steht die Jana interessanterweise nicht auf große
Inszenierungen wie auf den Brettern, die für sie die Welt bedeuten.
Hier gibt sie sich vielmehr betont nüchtern und macht kein übermäßiges Brimborium aus der Geschlechtlichkeit. Allenfalls die »Ahs«
und »Ohs« fallen ein wenig lauter aus, als es ihrem wahren Lustempfinden entspricht, was aber der »Laie« kaum zu erkennen vermag.

Meist strebt die Jana intim die Dominanz an, was sie gerne symbolisch zum Ausdruck bringt, indem sie ihren Lover rittlings beglückt
oder ihm leichte Züchtigungen zuteilwerden lässt.

PARTNERSCHAFT: HÄSLEIN HÜPF

Ein Partner ist für die Jana kaum mehr als ein Lückenbüßer. Er wird
immer dann in ihren übervollen Terminkalender eingeschoben,
wenn gerade einmal eine Probe ihrer Schauspieltruppe ausfällt oder
keine ihrer zahlreichen Freundinnen für gemeinsame Unternehmungen zur Verfügung steht. Am liebsten wäre ihr ein Stand-by-
Herzbube, der immer Gewehr bei Fuß steht und von sich aus keine
Ansprüche an ihr »Zeitkonto« stellt. Allerdings weiß ein Mann bei
der Jana gleich, worauf er sich einlässt, macht sie ihm doch, noch
bevor die Beziehung richtig zum Laufen kommt, unmissverständlich klar, dass sie extrem viel Freiraum braucht. Vom Zeitaufwand
wäre für die Namensträgerinnen eigentlich eine Affäre mit einem
verheirateten Mann ideal. Nur würde der dann mehr oder weniger
den Rhythmus der Treffen bestimmen, was ihnen völlig gegen den

Strich geht. Außerdem dulden sie keine anderen Göttinnen neben sich.

Mit Familiengründung tut sich die Jana schwer, weil sie Kinder zu sehr in ihrer Bewegungsfreiheit einschränken. Häufig schiebt sie das Thema so lange vor sich her, bis das Ticken ihrer biologischen Uhr einfach nicht mehr zu überhören ist. Gewöhnlich setzt sie kurz vor Torschluss ohne den »Brustton der Überzeugung« noch einen Sprössling in die Welt, für den sie später mehr die Rolle der Freundin als die der Mutter übernimmt. Die Hege und Pflege überlässt sie zumindest hälftig ihrem Mann, und vor allem sollte er stets Bereitschaft zeigen, für sie einzuspringen, wenn sie in eigener Mission unterwegs ist.

Während ihr Göttergatte einspringt, springt die Jana bisweilen zur Seite. Zur ehelichen Treue hat sie nämlich ein recht loses, um nicht zu sagen unverbindliches Verhältnis. Nicht selten mutiert sie zur chronischen Fremdgängerin.

TRENNUNG: TEARS IN THE NIGHT

Da Partnerschaft nur selten oberste Priorität im Leben der Jana genießt, erschüttert es sie auch fast nie bis ins Mark, wenn sie ihrer verlustig geht. Meist lebt sie ihr Leben nach außen hin weiter, als wäre nichts geschehen, aber das eine oder andere Tränchen verdrückt sie doch heimlich nachts in ihr Kopfkissen. Ganz so emotionslos, wie sie tut, ist sie nämlich nicht.

Einem Rosenkrieg geht die Jana nach Möglichkeit aus dem Weg, weil sie damit nicht ihre kostbare Lebenszeit vergeuden möchte. Allenfalls reagiert sie aus narzisstischer Kränkung ein wenig ungehalten, wenn sie ihr Angetrauter gegen eine andere Frau austauscht. Meist beruhigt sie sich aber recht bald wieder und kehrt auf die sachliche Schiene zurück.

Sucht sich die Jana nach dem Beziehungs-Aus eine neue Wohnung, lässt sie den Nachwuchs nicht selten bei ihrem Ex zurück.

PFLEGETIPPS:

Musts:

* Klassisches Ballett, gepflegtes Gebiss, fernöstliche Küche

No-Gos:

* Schönlinge, Leben auf dem Bauernhof, Feigheit

IDEALE NAMENSPARTNER:

Den Ehrgeiz sowohl auf sportlichem als auf kulturellem Gebiet hat die Jana mit dem Lukas, dem Marc sowie dem Dominik gemeinsam. Das trifft gleichermaßen auf den David zu, der ihr als zusätzliches Bonbon noch nahezu grenzenlose Freiheit lässt. Die lange Leine bekommt die Jana auch vom Oliver und vom Clemens, die beide keine Klammeräffchen sind.

Große Bereitschaft, sich ihr im Bett zu unterwerfen, zeigt das Dreigestirn Erik / Christoph(er) / Björn, während der Jens ähnlich wie sie kein allzu großes Brimborium um die Geschlechtlichkeit macht.

JEANETTE

BASICS: SHE'S GOT THE POWER

Die Schauspielerin und Sängerin Jeanette Biedermann trägt den Spitznamen Miss 1000 Volt, was punktgenau den Charakter der Namensträgerinnen trifft, sprühen sie doch nur so vor Energie. Ihren Weg gehen sie unbeirrt, und Hindernisse, die dabei auftauchen, meistern sie mit Bravour. Dabei ist es ihnen absolut nicht wichtig, den Platz an der Sonne zu erreichen – im Mittelpunkt stehen sie eher nur ungern –, sondern ihre Träume zu verwirklichen. Das kann etwa der Erwerb eines Reiterhofes sein oder die Eröffnung einer privaten Kindertagesstätte.

Hat die Jeanette ein Ziel erreicht, steckt sie sich sogleich ein neues. Sich lange auf den errungenen Lorbeeren auszuruhen ist ihrem rastlosen Wesen fremd. Zeit, ihren Akku wieder aufzuladen, braucht sie kaum. Fast will es den Anschein erwecken, als würde sie ihren Dauerbetrieb ständig noch in einen höheren Ladungszustand versetzen.

Beruflich strebt die Jeanette häufig die Selbständigkeit an, weil sie dann das Arbeitstempo bestimmen kann. Im Angestelltenverhältnis krankt sie häufig daran, dass ihr alles viel zu langsam geht und sie sich zudem bei ihren Kollegen/innen nicht gerade beliebt macht, wenn sie dies auch zur Sprache bringt. Bevor sie ihr Unbehagen äußert, zieht sie aber häufig schon die Konsequenz für sich und sucht sich ein anderes Betätigungsfeld. Verbrannte Erde hinterlässt sie nämlich nur sehr ungern.

In ihren freien Stunden beschäftigt sich die Jeanette bevorzugt mit ihren Haustieren und verschönert als Nesttyp ihr Heim. Reisen stehen zwar regelmäßig auf ihrer Agenda, doch müssen sie nicht unbedingt ins Ausland führen. Oft tut es auch die deutsche See oder das

Allgäu. Besonders allzu lange Flugreisen gehen ihr ziemlich gegen den Strich, weil sie dadurch weitgehend zum Stillsitzen gezwungen wird.

Optik und Outfit: Das Wunder darunter

Da die Jeanette ihr Pensum mit links schafft, steht ihr nur selten Anspannung ins Gesicht geschrieben. Meist wirkt sie sogar ausgesprochen relaxt, und niemand ahnt, welcher Vulkan in ihr schlummert. Allenfalls ihre lebhaften Augen geben einen gewissen Vorgeschmack davon.

Figürlich zeigen sich die Jeanettes selten rappelig, sondern haben eher ein paar Kilo zu viel auf den Rippen. Leider fällt das optisch gleich ins Gewicht, weil sie eher von geringer Körpergröße sind. Jeanette Biedermann steht mit ihren 1,59 m beileibe nicht allein auf weiter Flur. Trotz der fehlenden Zentimeter bieten die Namensträgerinnen der Männerwelt einen überaus angenehmen Anblick, den kaum je gravierende Makel trüben.

Bezüglich ihrer Garderobe ist das Darunter häufig erheblich spannender als das Darüber, offenbaren sich doch beim Entblättern der Jeanette häufig raffinierte Dessous.

Verführung und Sex: A little bit of Monica

Die Jeanette ist die ideale Frau zum Heiraten. Daher geht sie wie eine gute Immobilie meist schon unter der Hand weg und erscheint nur selten auf dem Single-Markt. Bisweilen kann sich der Bruder ihrer besten Freundin so sehr für sie erwärmen, dass er sie vom Fleck weg heiratet, oder sie wird durch private Vermittlung an den Mann gebracht. Das starke Geschlecht fasziniert an ihr vor allem die Verbindlichkeit, gibt es bei ihr doch kein langes Herumgeeiere mehr, wenn sie sich erst für einen ihrer zahlreichen Verehrer entschieden hat. Im Gegenteil ist meist sie es, die ausgiebig dafür Sorge trägt, dass ihr der zukünftige Bräutigam hernach am Haken bleibt.

Muss sich die Jeanette für die Bräutigamschau doch einmal auf freie Wildbahn begeben, bevorzugt sie eindeutig Locations, die die Chance zum mehrmaligen Beschnuppern bieten, wie das Fitness-Studio oder die Stammkneipe, in der auch das Objekt ihrer Begierde regelmäßig verkehrt. So mal kurz en passant, etwa in der Fußgängerzone, wird ein Kandidat kaum je ihr Herz erobern können. Das Risiko, dabei an den Falschen zu geraten, scheut sie doch ein wenig.

Das Temperament und die Ausdauer der Jeanette machen nur äußerst selten vor der Schlafzimmertür halt. Um sie intim restlos zu befriedigen, muss ihr Lover schon über ein gutes Standing verfügen. Mit rein, raus, runter gibt sie sich keinesfalls zufrieden. Da sie ihre Höhepunkte braucht, um sich ausgeglichen zu fühlen, haben Schnellspritzer und Nullnummern bei ihr ein relativ kurzes Verfallsdatum. »Living next door to« Jeanette beschert den Nachbarn regelmäßig ein Hörerlebnis der besonderen Art, stöhnt sie doch beim Akt so laut, als würde die Tennisspielerin Maria Sharapova gerade einen harten Return spielen.

PARTNERSCHAFT: SELBST IST DIE FRAU

Mit der Jeanette hat ihr Angetrauter das Rundum-sorglos-Paket gebucht, ist sie doch eine ebenso perfekte Hausfrau und Mutter wie loyale Partnerin. Spätestens nach der Geburt des ersten Kindes gibt sie ihre Berufstätigkeit vorübergehend auf, um sich komplett um die Familie zu kümmern. Den Sprösslingen – meist kommen noch ein bis zwei weitere hinzu – lässt sie die bestmögliche Förderung zuteilwerden, indem sie ihnen etwa den Besuch einer Musikschule ermöglicht und/oder Reitunterricht erteilt. Tauchen in der Schule Probleme auf, verpflichtet sie Nachhilfelehrer/innen. Nicht selten engagiert sie sich auch im Elternbeirat, um ihre Interessen optimal durchsetzen zu können.

Ihrem Göttergatten hält sie insofern beruflich den Rücken frei, als er sich im Haushalt um nichts mehr kümmern muss und sie ihm sämtlichen Papierkram abnimmt. Sogar Arbeiten, die ansonsten meist dem Mann im Hause obliegen, verrichtet sie wie selbstverständlich. Ist er auf Dienstreise, mäht sie eben den Rasen oder kehrt die Straße.

Obwohl sie viel um die Ohren hat, gibt es bei der Jeanette gewöhnlich weder gekauften Kuchen noch Convenience Food. Vielmehr backt und kocht sie noch nach alter Mütter Sitte.

Eine Schwäche der Namensträgerinnen besteht allerdings darin, dass sie bisweilen mit dem Kopf durch die Wand wollen. Wenn sie zum Beispiel den Entschluss gefasst haben, dass ein größerer Geräteraum in den Garten muss, dann muss auch ein größerer Geräteraum in den Garten. So lange werden sie ihren Mann beknien, bis er die notwendigen Baumaßnahmen einleitet. Kommt er nicht in die Pötte, kann es gut sein, dass sie eigenhändig damit beginnen, das Fundament zu graben, oder auf eigene Faust die entsprechenden Handwerker bestellen. Aber glaube bloß keiner von ihnen, die Jeanette während der Arbeiten anbaggern zu können. Versuche, sie zur Untreue zu bewegen, weist sie nämlich barsch zurück.

Trennung: Kein Kaffee danach

Bevor die Jeanette das Tischtuch mit ihrem Ehemann zerschneidet, muss er sie schon über Jahre hinweg massiv verletzt haben. Wenn sie sich allerdings nach langem Abwägen erst einmal zu diesem Schritt entschlossen hat, gibt es kein Zurück mehr. Liebescomeback-Versuche sind für sie praktisch ausgeschlossen, weil sie zum einen bedingungslos konsequent und zum anderen extrem nachtragend ist. Besonders Untreue wird sie niemals verzeihen.

Bei der Regelung der Scheidungsfolgesachen kommt der Gerechtigkeitssinn der Jeanette zum Tragen, indem sie stets Lösungen beziehungsweise Kompromisse anstrebt, mit denen beide Seiten leben können. Das nacheheliche Verhältnis zu ihrem Verflossenen lässt sich am ehesten mit dem Attribut »sachlich« beschreiben. Ein Kaffee wartet kaum je auf ihn, wenn er die Kinder zum Besuchswochenende von ihr abholt.

Pflegetipps:

Musts:
* Sexspielzeuge, Klarheit, Begegnungen mit der Natur

No-Gos:
* Schleimer, brotlose Kunst, Extrem-Couching

Ideale Namenspartner:

Fast immer Gewehr bei Fuß für die Nestverschönerungs- beziehungsweise Umbauaktionen der Jeanette stehen die Mega-Handwerker Tim, Sven und Thorsten, wobei Letzterer bisweilen einen Tritt in den Hintern von ihr braucht, um sich in Bewegung zu setzen. Die sexuellen Bedürfnisse der Namensträgerinnen vermögen neben der »kleinen Raupe Nimmersatt« Moritz der Kai sowie der Dennis zu befriedigen.

Weniger zum Schreien vor Lust, dafür aber zum Schreien vor Lachen bringt die Jeanette das »Komikerduo« Ingo/Max, während der leicht »paschaeske« Clemens sich gerne von ihr bekochen und bebacken lässt.

Jennifer / Jenny

Basics: Schiff ohne Hafen

Als Jugendliche ist die Jennifer häufig durch eine gewisse Haltlosigkeit geprägt. Das liegt in erster Linie daran, dass sie von ihren Eltern, die sich meist schon vor ihrem zehnten Lebensjahr scheiden lassen, nur wenig Sicherheit, Geborgenheit und Orientierung erhält. Bisweilen macht vor allem ihre Mutter selbst noch einen auf Teenie, indem sie wild um die Häuser zieht, während ihre Tochter sich das Gehirn darüber zermartert, wo sie beruflich ihr Ei hinlegen soll. Beginnt sie eine Lehre, zweifelt sie oft noch daran, ob der Weg, den sie eingeschlagen hat, der Richtige für sie ist. Nicht selten bricht sie daher eine oder sogar mehrere Ausbildungen ab. Ihre wirkliche Berufung findet die Jennifer regelmäßig erst im späten dritten oder frühen vierten Lebensjahrzehnt, wenn ihre inneren Konflikte ein wenig zur Ruhe kommen. Dann scheut sie auch keineswegs davor zurück, ihren sicheren Arbeitsplatz zugunsten einer Karriere als freischaffende Künstlerin im buchstäblichen oder übertragenen Wortsinn aufzugeben. Anfängliche Ängste, dass sie in der neuen Branche vielleicht scheitern könnte, sind gewöhnlich unbegründet, da sie mit Herzblut bei der Sache Außergewöhnliches zu leisten vermag.

Ihre problematische Kinderstube bringt die Jennifer zwar selten um, aber sie macht sie oft härter und ein Stück weit egoistischer. Zudem leidet sie unter ausgeprägten Stimmungsschwankungen, die ihr den zwischenmenschlichen Umgang erheblich erschweren. In guten Phasen sucht sie die Nähe von anderen Menschen, um sie dann an ihren Zickentagen wieder massiv zurückzustoßen beziehungsweise zu verletzen. Die Mußeaktivitäten der Jennifer gestalten sich adäquat zu ihren Launen. Zeiten des Missbehagens verbringt sie lesend oder chillend auf der heimischen Couch, wohingegen sie in ihren

»Happy hours« an der Seite ihrer Lieben Rockkonzerte, gemütliche Biergärten und Ausstellungen besucht.

Optik und Outfit: Hair

Die Jennifer verfügt im wahrsten Sinne des Wortes über eine ausgezeichnete Optik. So wurde jüngst erst die Schauspielerin und Sängerin Jennifer Lopez vom US-Magazin »People« zum schönsten Promi der Welt 2011 gekürt. Ein Ausrufezeichen setzen die Namensträgerinnen regelmäßig mit ihren wundervollen langen Haaren und ihrer annähernd perfekten Figur, für deren Erhaltung sie alles Menschenmögliche veranstalten. Wenn die »Jennys« ein Manko aufweisen, dann ist es höchstens ihr minimal zu breit geratener Nasenrücken nebst einem ganz leichten Ansatz zum Schumi-Kinn. Die Körpergröße umfasst eine ziemlich weite Spanne von knapp 1,60 bis gut 1,80 m.

Öffentlich tritt die Jennifer nur wie aus dem Ei gepellt in Erscheinung – das gebietet ihr alleine schon die Eitelkeit –, während sie allein zu Hause nur allzu gerne herumgammelt.

Verführung und Sex: Games with frontiers

Ähnlich wie die Nadine setzt die Jennifer »gnadenlos« die »Waffen einer Frau« beim Balztanz ein. Oft zeigt sie mehr als nur Ansätze ihres üppigen Dekolletés, so dass sie die erste Anwärterin auf einen Busenblitzer ist. Dazu trägt sie meist noch enganliegende Kleidung, die ihre sexy weiblichen Kurven voll zur Geltung bringen. Abgerundet wird das Lockgebaren durch Schmachtblick und verführerisches Posing.

Manchmal geht es der Jennifer aber überhaupt nicht darum, einen kapitalen Fang zu landen, sondern sie möchte einfach nur mit ihren

Reizen spielen und das starke Geschlecht zwecks Marktwerttest in ihren Bann ziehen. Darin liegt die Gefahr für unerfahrene oder naive Männer, die sich hoffnungslos – das heißt in diesem Falle ohne jede Hoffnung – in sie verlieben. Doch bevor die Schmachtburschen verzweifelt den Werther geben, entledigt sie sich ihrer stets wieder durch eine klare Absage.

Ein beliebtes Jagdrevier der Jennifer stellt regelmäßig der Arbeitsplatz dar. Heimlich kalkuliert sie dort als kaufmännische Angestellte mit ihrem Kollegen die Kosten der geplanten Vermählung durch, und als Mimin fallen ihre Filmküsse gelegentlich allzu leidenschaftlich aus.

Verlagert sich der Austausch von Körperflüssigkeiten in tiefere Regionen, wird die Jennifer häufig ein wenig zurückhaltender, das heißt, der geschlechtliche Verkehr verläuft bei ihr in recht »moderaten« Bahnen. Weder schreit sie auf dem Höhepunkt der Lust das ganze Viertel zusammen noch steht sie auf hochgradig demütigende und quälerische Praktiken. Allerdings zeigt sie sich nicht abgeneigt gegenüber leichten Züchtigungen. Spanking zum Beispiel steigert ihre Erregung meist sichtbar. Bisweilen reichen die Hinternklapse sogar alleine schon aus, um den State of emergency zwischen ihren Beinen zu erzeugen.

PARTNERSCHAFT: DREAMS HAVE ALL DESERTED

Die Beziehungen der Jennifer stehen fast nie unter einem glücklichen Stern. Oft gerät sie an Vertreter der Spezies XY, die ähnlich haltlos sind wie ihr Erzeuger. Zu ihrer Palette der Fehlgriffe gehören regelmäßig Lebemänner, Spielernaturen und Kleinkriminelle. Außerdem haben die »Galgenvögel« an ihrer Seite häufig das Arbeiten nicht erfunden, so dass bei ihnen ständig Ebbe in der Kasse herrscht. Nicht selten besteht der erste »Liebesbeweis« der Jennifer darin, einen Teil der Verbindlichkeiten ihres Herzbuben zu begleichen, um ihn vor dem Offenbarungseid zu bewahren. Fürderhin ist meist sie es, die für den gemeinsamen Unterhalt aufzukommen hat. Da die andere Seite durch ihren unsoliden Lebenswandel wieder neue Schulden anhäuft, erweist sich ihr Bemühen, gewisse Rücklagen für schlechte Zeiten zu bilden, regelmäßig als Sisyphusarbeit.

Die Familiengründung verschiebt die Jennifer in dieser materiell unsicheren Situation gewöhnlich nach hinten. Vermutlich traut sie – zumindest unbewusst – den Burschen, mit denen sie in den frühen Jahren ihrer generativen Phase Tisch und Bett teilt, auch die Vaterrolle nicht zu. Wird sie trotzdem schwanger, dann eher ungeplant, oder es handelt sich dabei um eine Art Verzweiflungstat, bevor ihre biologische Uhr abläuft. Bleibt den Namensträgerinnen Nachwuchs komplett versagt, stürzt sie das regelmäßig in eine existenzielle Krise. Der vermutliche Suizid der Schauspielerin Jennifer Nitsch 2004 wurde medial unter anderem darauf zurückgeführt.

Männer, die ihre Seele streicheln, langweilen die Jennifer, verschaffen sie ihr doch kaum je den nötigen Adrenalinkick. Gewöhnlich treibt sie sie emotional von sich weg, indem sie ihnen Hörner aufsetzt oder sie durch ewiges Nörgeln und Herumgezicke zermürbt. Die partnerschaftliche Rettung kann der Jennifer allenfalls eine fundierte Therapie bringen.

Trennung: Brave new world

Das Trennungsschema der Jennifer kehrt sich insofern ins Gegenteil um, als sie es anfangs lange, oft zu lange nicht schafft, ihre Pflegefälle zu entsorgen, während sie später die Nieten gleich wieder zurück in den Lostopf wirft. Irgendwann kommt nämlich der Punkt, an dem sie beschließt, nie wieder in ein Fass ohne Boden zu investieren. Bisweilen startet sie dann einen völligen Neuanfang, indem sie – obwohl sonst eher bodenständig – weit weg zieht und / oder einen radikalen Schnitt durch ihr soziales Umfeld vollführt.

Sind noch finanzielle Regelungen mit ihrem Verflossenen zu treffen, so überlässt sie oft ihrem Anwalt beziehungsweise ihrer Anwältin vor Ort das Terrain. Meist ist eh nur die Frage zu klären, wer welche Schulden übernimmt.

Verehrer weist die Jennifer während des Umbruchs gewöhnlich brüsk ab, bleibt aber stets rückfallgefährdet für die Liebe.

Pflegetipps:

Musts:
* Kunsthandwerksartikel, Eloquenz, verspielte Dessous

No-Gos:
* Ausdauersport, Frutti di mare, Rosinenzähler

Ideale Namenspartner:

Liebevolle, zuverlässige Partner sind der Jennifer, wenn sie sie lässt, der Patrick, der Philipp und der Sebastian. Leichte Klapse auf den Po erhöhen bei dem Duo Dominik / Thorsten das Lustempfinden. Ihre kreative Ader können die Namensträgerinnen mit den Davids, Marcs sowie Arnes ausleben, zum Beispiel durch die Gründung eines gemeinsamen Architekturstudios. Der witzige Ingo entlockt der Jennifer selbst in Phasen tiefsten Weltschmerzes zumindest noch ein Lächeln, während der Fels in der Brandung Heiko ihr dann viel Geborgenheit und Zuwendung schenkt.

Johanna / Hanna

Basics: Die heilige Johanna der Schlachthöfe

Schon von Kindesbeinen an ist der Weg der Johanna zur Intellektuellen vorgezeichnet. Sie stammt aus einem grün-alternativen oder »roten« Elternhaus, in dem viel gelesen und diskutiert wird. Sie selbst verschlingt ab dem Grundschulalter Bücher regalweise, was sich fortan als eine Konstante in ihrem Leben erweist. Nicht selten beginnt sie früh Tagebuch auf literarischem Niveau zu schreiben oder verfasst erste Gedichte oder Kurzgeschichten. Große Erfolge feiern als Autorin, wie Johanna Spyri, die Schöpferin der »Heidi«, kann sie als Erwachsene aber nur selten, weil sie sich beharrlich weigert, auf das Leserbedürfnis hin, also »populär« zu schreiben. Mit ihrer Störrigkeit verbaut sie sich davon abgesehen noch so manch anderen Weg, was sie aber gerne in Kauf nimmt, um ihren Überzeugungen treu zu bleiben.

Beruflich landet die Johanna wegen ihres didaktischen Geschicks und ihres eigenen Wissenshungers oft als Lehrerin auf einer höheren Schule. Meist unterrichtet sie zudem noch an der Uni. Ihr fast schon Gerechtigkeitsfanatismus prädestiniert sie indes für das Richterinnenamt und ihre Empathie für die Profession der Psychotherapeutin. Eine politische Funktion bekleidet sie nur äußerst selten, weil sie die faulen Kompromisse der Realpolitik anwidern. Außerdem fehlt ihr die notwendige Rücksichtslosigkeit für eine Parteikarriere. Die Johanna hängt ein wenig der utopischen Vorstellung nach, mit ihrer universellen Liebe könnte sie alles erreichen. Natürlich erlebt sie damit so manche menschliche Enttäuschung, die sie aber nur selten von ihrem Weg abbringt.

Aufgrund ihrer unerschöpflichen Hilfsbereitschaft sind die Namensträgerinnen in ihrem sozialen Umfeld äußerst beliebt, werden aber wegen ihrer Blauäugigkeit und schafstrotteligen Gutmütigkeit auch häufig Opfer von schamloser Ausnutzung.

Optik und Outfit: Delikatessen

Johannas sind weniger puppenhafte Schönheiten als vielmehr interessante Frauen wie die Schauspielerin Johanna Wokalek. Da sie auch wenig Wert auf ein stylisches, geschweige denn sexy Outfit legen, werden sie vom Mainstream der holden Männlichkeit oft schmählich übersehen, der aber auch sicher nicht ihren intellektuellen Ansprüchen gerecht werden könnte.

Das Gesicht der Namensträgerinnen weist, abgesehen von den verträumten, meist braunen oder grünen Augen und vielleicht noch einem recht stattlichen Riechorgan, kaum je nennenswerte Signifikanzen auf. Figürlich gehen die Johannas nur selten aus dem Leim, was zum einen an ihrer bewussten Ernährung und zum anderen an ihrem hohen natürlichen Energieverbrauch liegt. Kommt beides zusammen, wirken sie fast schon ein wenig ausgemergelt. Der Üppigkeit ihres Busens tut dies aber gewöhnlich keinen Abbruch.

Verführung und Sex: Ein lebendes Fossil

Bezüglich Entsingelung sehnt sich die Johanna nach der guten alten Zeit zurück, in der sich Männlein und Weiblein noch mehr oder weniger zufällig über den Weg liefen. Die Vielzahl der Medien, die heutzutage dem Liebesglück auf die Sprünge helfen sollen, lehnt sie meist in Bausch und Bogen ab, weil der institutionalisierten Kontaktanbahnung ihrer Auffassung nach völlig die romantische Note fehlt.

Auch bei der Bräutigamschau selbst stellt die Johanna ein Relikt aus längst vergangener Epoche dar, vertritt sie doch die Auffassung, dass stets das starke Geschlecht die Balzinitiative ergreifen sollte. Allerdings gibt sie dafür auch Kandidaten eine Chance, die sie nicht gleich in Begeisterungsstürme versetzen. Ihr eigener Anteil am Paarungstanz besteht darin, sich im Flirtgespräch ausgesprochen zugänglich zu zeigen, was aber beileibe noch keine Einladung in ihr Schlafzimmer bedeutet. Bis sie sich einem Verehrer hingibt, muss er noch einiges an »Überzeugungsarbeit« leisten und mit so mancher Nettigkeit aufwarten. One-Night-Stands vermag die Johanna überhaupt nichts abzugewinnen, weil sie das Gefühl hat, sie entwertet sich und die Geschlechtlichkeit damit.

Das Intimleben zelebrieren die Namensträgerinnen gerne in epischer Breite. Nicht selten läutet ein sinnliches Candle-Light-Dinner das Vorspiel ein, welches dann aus zärtlichen Liebkosungen sowohl mit den Händen als auch mit der Zunge besteht. Der eigentliche Akt ist geprägt von Tempuswechseln, artet aber niemals in einer geistlosen Rammelei aus. Daher hasst die Johanna auch Pornofilme jedweder Couleur. Den Epilog bildet ausgiebiges Kuscheln, garniert mit Liebesgeflüster und vertrauten Gesprächen. Extrem enttäuscht reagiert die Johanna, wenn ein Mann gleich nach dem Geschlechtsverkehr wie von einer Tarantel gestochen aus dem Bett aufspringt oder – genauso schlimm – einschläft.

PARTNERSCHAFT:
DAS BISSCHEN HAUSHALT IST DOCH KEIN PROBLEM

Eine tragfähige Beziehung ist für die Johanna dadurch gekennzeichnet, dass ein intensiver Austausch auf geistiger, spiritueller und körperlicher Ebene zwischen den Partnern stattfindet. Dazu gehören intensive Diskussionen genauso wie absichtslose Zärtlichkeiten oder der gemeinsame Besuch von Tantra-Seminaren. Versiegt der Energiefluss in der Zweisamkeit, werden die Namensträgerinnen todunglücklich, was sich nicht selten in Form von psychosomatischen

Beschwerden niederschlägt. Dem Mann an ihrer Seite sollte also wie ihnen an steter Pflege und Entwicklung der Liebe gelegen sein. Aufgrund ihrer Fürsorglichkeit sind sie aber durchaus auch bereit, die andere Seite eine Zeitlang mit »durchzuschleppen«. Ein absolutes beziehungstechnisches No-Go stellt für sie indes Gewalt dar, egal ob physischer, psychischer oder verbaler Natur.

Den Trend zur Einkindfamilie verstärkt die Johanna kaum je. Meist setzt sie mindestens zwei, nicht selten sogar drei oder vier Kinder in die Welt. Schon früh vermittelt sie ihren Sprösslingen ökologisches und soziales Bewusstsein, indem sie sie beispielweise in die Kunst der getrennten Müllsammlung einweist sowie zum Spendensammeln für humanitäre Projekte ermuntert. Wenn es die finanzielle Situation erlaubt, schickt sie den Nachwuchs auf die Waldorfschule, weil ihr das dortige Prinzip des ganzheitlichen Lernens gefällt. Da sie gerne Hausfrau und Mutter ist, hängt sie ihre gewerbliche Berufstätigkeit dafür häufig für mehrere Jahre komplett an den Nagel. Kirschen aus Nachbars Garten nascht die Johanna aus Prinzip nicht, was sie gleichermaßen von ihrem Göttergatten erwartet. Einen einmaligen Ausrutscher seinerseits wird sie aber kaum je zum Anlass nehmen, alles gleich hinzuwerfen.

TRENNUNG: TEARS FROM MY EYES

Da die Johanna einen guten Zugang zu ihrer Gefühlswelt hat, verdrängt sie ihre Trauer nach dem Zerbrechen der Zweisamkeit nicht, sondern lebt sie voll aus. Selbst vor den Kindern verliert sie mitunter die Kontrolle und sie verdrückt die eine oder andere Träne. Dazu steht sie aber, hegt sie doch keineswegs den Anspruch an sich, immer perfekt zu funktionieren. Wenn es einmal gar nicht mehr geht, muss ihr Ex für sie einspringen, indem er die Sprösslinge einige Tage lang außerplanmäßig übernimmt.

Mit der Rolle als alleinerziehende Mutter kann und will sich die

Johanna anders als zum Beispiel die Nina nie so recht anfreunden. Zumindest auf Dauer ist sie dafür ebenso wenig geboren wie für das Single-Dasein. Sobald sie die innere Bereitschaft verspürt, sich neu zu verlieben, begibt sie sich wieder auf die Piazza der einsamen Herzen, um sich finden zu lassen.

Pflegetipps:

Musts:
* Klassische Musik, Vollwertküche, Chi-Stimulator

No-Gos:
* Verschwendung, Goldketten, »Strafschweigen«

Ideale Namenspartner:

Sich »auf den Schlachthöfen« für mehr Gerechtigkeit in der Welt einsetzen kann die (heilige) Johanna mit den politischen Hennings, Dominiks und Davids. Ausgiebigen Gourmetsex mit viel Zärtlichkeit bietet ihr das Trio Tim/Björn/Arne, während der Tobias und der Patrick ihren Traum von einem intensiven Beziehungsleben und einer großen Familie teilen. Eher intellektuell-musisch als biologisch befruchten die Namensträgerinnen dagegen der Manuel sowie der Lukas, die sich selten mehr als einen Sprössling wünschen.

Juliane

Basics: Let's have a party

Der Name Juliane stellt eine Nebenform von Julia dar. Nichtsdestotrotz unterscheiden sich die beiden Frauen elementar. Während die
Julia grundsätzlich ein gefestigter Typ ist, gleicht die Juliane, zumindest in jungen Jahren, einem Blatt im Wind, das niemals so recht zur
Ruhe kommt.

Schon in der frühen Pubertät bereitet sie ihren Eltern einiges an Sorgen, weil sie die Schule schwänzt, raucht und sich schon intensiv für
das andere Geschlecht interessiert. Oft sind es erheblich ältere Jungs,
denen sie mit ihrem Lolita-Charme den Kopf verdreht. Wenig später
kommen dann noch regelmäßige Besäufnisse auf exzessiven Partys
dazu.

Die Noten der Namensträgerinnen rauschen während dieser Zeit in
den Keller, so dass mitunter die Versetzung auf der Kippe steht. Da
es ihnen wahrlich nicht am nötigen Grips mangelt, schaffen sie dennoch meist einen ordentlichen Realschulabschluss oder mit Müh und
Not sogar noch das Abitur, wenn sie sich wieder einigermaßen berappeln.

Meist streben die Julianes danach aber kein Hochschulstudium mehr
an, sondern machen eine Ausbildung, möchten sie doch möglichst
schnell Geld verdienen und haben die Nase voll von der grauen
Theorie. Ihr gutes Auge sowohl für Mode als auch für Styling prädestiniert sie zur Textilverkäuferin, Visagistin oder Friseurin, wohingegen sie ihre Tierliebe häufig den Beruf der Tierarzthelferin
oder Tierpflegerin erlernen lässt. Seltener landet sie in der »Human-
medizin«, wie die Sängerin Juliane Werding, die eine naturheil-
kundliche Praxis betreibt. An reinen Sitzjobs hindern sie allenthalben die Hummeln in ihrem Hintern.

Als Herdentier ist die Juliane in ihrer Freizeit gerne mit ihrer Clique im Städtchen unterwegs auf Kneipentour oder zum Bummeln. Daneben geht sie gerne ins Kino, feiert auf Festivitäten jedweder Couleur ab und urlaubt am Meer.

OPTIK UND OUTFIT: DAS SUPERWEIB

Von ihrer Garderobe her präsentiert sich die Juliane nur selten mondän, weil ihr dafür gewöhnlich das nötige Kleingeld fehlt, sondern vielmehr von einem schlichten Chic geprägt. Oft wirkt ihre Kleidung allerdings hochpreisiger, als sie in Wirklichkeit ist, hat sie doch ein Talent dafür, aus wenig mehr zu machen.

Das Antlitz der Juliane stellt fast immer eine Sinfonie der Sinnlichkeit dar. Volle Lippen paaren sich mit hohen Wangenknochen und großen, ausdrucksstarken Augen, in denen erotische Blitze funkeln. Figürlich können die Namensträgerinnen zwar mit einem üppigen Vorbau aufwarten, haben allerdings oft mit überschüssigen Pfunden zu kämpfen.

Die Beine der Juliane sind im Verhältnis zu ihrem Oberkörper nicht selten überproportional lang, wobei ihre gesamte Körpergröße kaum je wesentlich über 1,70 m liegt.

VERFÜHRUNG UND SEX: WRAPPED

Eigentlich bräuchte die Juliane aufgrund ihrer erotischen Ausstrahlung überhaupt keine aktive Bräutigamwerbung zu betreiben, doch steckt viel zu viel Raubtier in ihr, um sich auf reines Locken zu beschränken. Hat ein Bursche den Jagdinstinkt der Namensträgerinnen erweckt, scharwenzeln sie so lange um ihn herum, bis er von ihrem faszinierenden Anblick gefangen ist. Sie umgarnen ihn also wie ein Spinnenweibchen ihr Opfer und bringen dabei geschickt alle ihre Vorzüge zur Geltung, die sich beileibe nicht in der Optik erschöpfen. Vielmehr vermögen sie auch eine gehörige Portion Charme und Esprit in die Waagschale zu werfen.

Medien der Kontaktanbahnung nutzt die Juliane eher in den Phasen des Sturms und Drangs, um ihrem Männerverschleiß Genüge zu tun. Wenn sie das Bedürfnis nach einem Sexabenteuer hat, greift sie sich einen Kerl aus dem Internet ab oder versucht, beim SMS-Flirt schnelle Beute zu machen. Sehr entgegen kommt ihr diesbezüglich auch Speed-Dating. Auf die Pirsch nach dem Mann für mehr als gewisse Stunden begibt sie sich bevorzugt in freier Wildbahn, weil sie die Kandidaten doch gleich ausgiebig persönlich beschnuppern möchte.

Bis aus dem sprichwörtlichen Beschnuppern ein buchstäbliches wird, dauert es bei der Juliane nicht lange, wenn sie erst Feuer für ihr Gegenüber gefangen hat. Oft ist sie schon beim Flirtgespräch derartig erregt, dass ihre Brustwarzen dauererigiert sind und sie zu lubrifizieren beginnt. Beim Akt selbst kann sich ihr Partner auf höchste Wonnen freuen, verkörpert sie doch im Bett die Synthese aus Erfahrung, wilder Leidenschaft und Tabulosigkeit. Mit ihrem unglaublichen Empathievermögen in die intimen Bedürfnisse des anderen Geschlechts bringt sie selbst Lahme zum Gehen.

Partnerschaft: Restless

Eine Hausfrau und Mutter aus Leidenschaft wird die Juliane nur selten, genießt doch die Trias Kinder, Küche, Kirche gewöhnlich keine besonders hohe Priorität in ihrem Leben. Geplant setzt sie allenfalls einen Sprössling in die Welt, mitunter sogar erst auf Drängen ihres Göttergatten. Folgen noch weitere, handelt es sich dabei meist um eine Panne bei der Verhütung. Immerhin aber versucht sie, ihrem Nachwuchs mehr Fürsorge zuteilwerden zu lassen, als sie es selbst in ihrem Elternhaus erlebt hat. Echte Nestwärme vermag sie aber aufgrund ihrer eigenen emotionalen Defizite kaum je zu schaffen. Vor allem strahlt sie wenig Ruhe und Sicherheit aus, sondern wirkt ständig irgendwie getrieben. Vermutlich ist es die Angst, etwas zu verpassen, gepaart mit innerer Leere, die ihre Rastlosigkeit befeuert. Um ihren enormen Lebenshunger zu stillen, entflieht die Juliane regelmäßig dem Ehealltag, indem sie mit ihren Freundinnen auf Kneipentour geht. Ein Partner, der ihr das verwehrt oder zu verwehren versucht, ist bei ihr völlig fehl am Platze. Aus einem Käfig, und sei er auch noch so golden, wird sie sich unweigerlich befreien, sobald die erste Möglichkeit dazu am Horizont erscheint; häufig an der Hand eines männlichen Fluchthelfers.

Das eheliche Domizil der Juliane sieht, besonders wenn Kleinkinder im Spiel sind, vorsichtig ausgedrückt, bewohnt aus. Wenn ihr Göttergatte wert auf ein adrettes Heim legt, muss er schon selbst mit Hand anlegen. Auch beim Kochen und Backen hapert es den Namensträgerinnen an der Liebe zum Detail. Was zählt schon eine Prise Salz mehr oder weniger in der Suppe. Apropos Salz in der Suppe: Ebenso wichtig wie Freiheit sind der Juliane in der Zweisamkeit Anerkennung und Respekt. Friedhelm Motzki ginge bei ihr gar nicht.

Trennung: I wanna be free

Da ein Herzbube bei der Juliane nie wirklich das Gefühl haben kann, sie im Sack zu haben, bleibt sie stets interessant und wird nur selten verlassen. Vielmehr ist gewöhnlich sie es, die das Band der Liebe zerschneidet. Als Grund dafür gibt sie meist an, dass sie sich von der partnerschaftlichen Enge erdrückt fühlt. Nicht selten stehen aber auch »gute« Single-Freundinnen im Hintergrund, die ihr das Alleinsein schmackhaft machen.

Auf der Piazza der einsamen Herzen angekommen, tobt sich die Juliane zunächst einmal aus, indem sie Männer in Serie verschleißt. Die Hege und Pflege des Nachwuchses kommt in dieser wilden Phase häufig zu kurz oder wird einfach dem Ex aufs Auge gedrückt. Bis die Namensträgerinnen wieder eine einigermaßen verbindliche Beziehung eingehen, fließt viel Wasser den Rhein hinunter. Bisweilen bleibt es sogar bei den kurzen Episoden.

PFLEGETIPPS:

Musts:
* Verwegenheit, Motorradtouren, Intimschmuck

No-Gos:
* Schwiegermutter im Haus, Oberlehrer, Friede, Freude, Eierkuchen

IDEALE NAMENSPARTNER:

Genügend Freiraum für ihre häufigen Alleingänge gewähren der Juliane die toleranten Daniels, Eriks und Davids; wobei die beiden Letztgenannten ähnlich gestrickt sind und selbst viel Freiraum benötigen. Intellektuell werden die Namensträgerinnen sowohl der Ronald als auch der Maik nicht überfordern, mit denen sie kaum je in die Verlegenheit kommen, philosophische Diskurse führen zu müssen. Auf erotischem Gebiet kann der Juliane die versaute »Dreierbande« Dirk / Kai / Dennis hinsichtlich Erfahrung und Tabulosigkeit das Wasser reichen, während sie der witzige Ingo in jeder Lebenslage zum Lachen bringt.

Katja / Katharina / Kathrin

Basics: To make the world a better place

Der Name Katja stellt eine Variante von Katharina dar, mit der sie sich bezüglich ihrer Dynamik als fast deckungsgleich erweist. Die etymologische Herkunft ist unsicher, doch lautet eine mögliche Übersetzung aus dem Griechischen »die Reine«. Tatsächlich stellt die Katja hohe moralische Ansprüche an sich und achtet tunlichst auf die Wahrung ihres guten Leumunds. Um auf die Meinung anderer zu pfeifen, indem sie das Motto der »Ärzte« beherzigt, »Lass die Leute reden, hör einfach nicht hin«, fehlt ihr leider das nötige Selbstbewusstsein. So führt sie doch fast immer ein Leben unter dem Joch der erhobenen Zeigefinger ihrer Mitmenschen, wobei sie die Sache wenigstens noch etwas lockerer sieht als die Katharina.

Eine der hervorstechendsten Charaktereigenschaften der Katjas stellt ihre Hilfsbereitschaft dar. Nicht selten leiden sie an einem handfesten Mutter-Teresa-Syndrom, und das Wort »nein« scheint in ihrem aktiven Wortschatz gänzlich zu fehlen. Dabei spielt auch wieder die Befürchtung eine Rolle, dass die »Bittsteller« schlecht von ihr denken könnten, wenn sie es in den Mund nähme.

In den bevorzugten Professionen der Katja – Psychologin, Krankenschwester, Arzthelferin – schwebt permanent das Damoklesschwert des Burnouts über ihr, und irgendwann im Laufe ihres Werdegangs fällt es gnadenlos auf sie herab. Lernt sie auch danach noch nicht, Grenzen zu setzen, führt der Weg unwiderruflich zu einer Frühverrentung oder einem erzwungenen Berufswechsel. Vertreterinnen mit genügend gesunden Persönlichkeitsanteilen schützen sich vor dem Ausbrennen durch Yoga, Qi-Gong oder Entspannungsübungen. Sehr zu ihrem inneren Wohl trägt auch Kulturgenuss jedweder Art sowie die Pflege ihrer Freundschaften bei, sofern sich daraus kein Freizeitstress entwickelt. Moderat Sport treibt die Katja aus Wohlfühlaspekten mehrmals pro Woche.

Optik und Outfit: Miss worldwide

National wie international bringen die sogenannten »Kat-Frauen« – damit sind die Namen Katja/Katharina/Kathrin gemeint, für die die Katja stellvertretend steht – immer wieder atemberaubende Schönheiten hervor, wie die deutsche Schauspielerin Katja Riemann oder ihre britische Kollegin Catherine Zeta Jones. Allerdings steht ihnen des Lebens ernstes Führen häufig schon in Form eines recht strengen oder angespannten Blicks ins Gesicht geschrieben. Figürlich scheinen die Namensträgerinnen das Schlankheitsgen in sich zu tragen, gehen sie doch fast nie merklich aus dem Leim. Entsprechend ihrer kleinen Kleidergröße weisen sie meist auch eine eher geringe Körbchengröße auf. Atombusenträgerinnen sind unter ihnen praktisch Fehlanzeige.

Die Körpergröße umfasst eine ziemlich enge Spanne von etwa 1,65 bis 1,72 m.

In Modefragen bevorzugen die »Kats« einen dezenten Chic und versuchen ob ihrer Eitelkeit stets up to date zu bleiben.

Verführung und Sex: Küss du mich, Märchenprinz

Egal wie sehr sich die Katja einen Partner wünscht – zum Alleinleben fühlt sie sich kaum je geboren –, niemals würde sie selbst den Angriff auf das Objekt ihrer Begierde starten. Zum einen vertritt sie ganz konservativ die Einstellung, dass Mann beim Balztanz den ersten Schritt machen sollte, und zum anderen möchte sie keinesfalls den Eindruck erwecken, »needy«, das heißt bedürftig, zu sein. Selbst mit Flirtsignalen, um das starke Geschlecht anzulocken, hantiert sie schon mehr als sparsam, so dass ein Kandidat vor dem verbalen »Infight« fast nie mit einiger Sicherheit sagen könnte, wie gut seine »Paarungschancen« sind. Nichtsdestotrotz ist das Risiko für potenzielle Herzbuben, den Super-GAU zu erleben, recht gering. Die Katja verwandelt nämlich selbst den bedauernswertesten Loser noch in einen »Lucky-Loser«, indem sie ihm das Gefühl gibt, wichtig zu sein. Hat sie ernsthaftes Interesse am Gegenüber, unterstützt sie seine Bemühungen, das Gespräch durch eingeworfene Fragen und geschickte Themenwechsel am Laufen zu halten. Das Wörtchen »apropos« hat vermutlich eine Namensträgerin in die deutsche Sprache eingeführt.

Die Empathie, die die Katja im Alltag auszeichnet, nimmt sie zur Freude ihres Lovers auch mit ins Bett. Schlafwandlerisch sicher erspürt sie, welche intime Lustbarkeit er wann benötigt, um ein Höchstmaß an Befriedigung zu erlangen. Dafür sollte die andere Seite bereit sein, ihre geschlechtlichen Grenzen, die wahrlich nicht allzu eng gesteckt sind, zumindest auf Zuruf zu respektieren. Übergriffe brennen sich bei ihr tief ins Gedächtnis ein und führen sukzessive zu einem sexuellen Rückzug. Enorme Beischlaferfolge erbringt der Katja regelmäßig das Prinzip der Selffullfilling Prophecy dergestalt, dass sie ihren Partner in Form von vorauseilenden Lobeshymnen buchstäblich genital »aufrichtet«.

PARTNERSCHAFT: DES UNWIDERSPENSTIGEN ZÄHMUNG

Das Buch »Der Tag, an dem ich begann, meinen Mann zu dressieren« hat mit Katja Kessler nicht ganz zufällig eine Namensträgerin verfasst. Tatsächlich versuchen die Kat-Frauen fast immer in irgendeiner Form, Einfluss auf ihren Göttergatten zu nehmen. Die einen haben sich der Aufgabe verschrieben, den leicht verwahrlosten Modemuffel an ihrer Seite zur Tageslichttauglichkeit zu führen, während andere ähnlich wie die Autorin alles daransetzen, ihren Angetrauten zu einem »besseren« Menschen zu machen. Meist sind ihre »Erziehungsmaßnahmen« auch von Erfolg gekrönt, weil sie klug genug sind, dazu nicht die Brechstange zu benutzen. Ihre Methode besteht vielmehr in guten Worten, fein dosiert nach dem Motto »Steter Tropfen höhlt den Stein«.

Oft ist der Katja das Gegenüber hernach sogar ausgesprochen dankbar für die sanfte Ummodellierung, kommt es doch nun erheblich besser in seinem Umfeld an. Die einzige Gefahr besteht darin, dass der Zweisamkeit mit dem nahenden Ende der Mission ein Stück weit der Inhalt verloren geht, was bisweilen zu Trennungen führt.

Nachwuchs gehört fast immer zum Lebensentwurf der Katja. Wenn ihr die große Liebe nicht über den Weg läuft, geht sie lieber irgendwann auf Spermienfang und zieht den daraus resultierenden Sprössling alleine auf, als kinderlos zu bleiben. Aber natürlich stellt das nur eine Ultima Ratio dar, denn viel lieber gebärt sie die »Früchte ihres Leibes« in eine komplette Familie hinein. Wie auch immer, ist sie eine fürsorgliche, gelegentlich sogar überbehütende Mutter.

Trotz ihrer Ängste um die lieben Kleinen gibt sie ihnen die lange Leine, solange sie nicht gerade Nachbars Kirschbaum plündern. Von den roten Leckerbissen nebenan sollte übrigens auch ihre bessere Hälfte tunlichst die Finger lassen, da die Katja Untreue nur äußerst schwer verzeihen kann.

TRENNUNG: UND IMMER WIEDER GEHT DIE SONNE UNTER

Ist ihre Zweisamkeit hoffnungslos in die Sackgasse geraten, wird wieder die Schwäche der Katja, »nein« zu sagen, offenbar, indem es ihr nicht gelingt, einen endgültigen Schlussstrich darunter zu ziehen. Selbst wenn ihr Partner sie bis ins Mark verletzt hat, lässt sie sich nach der Trennung regelmäßig noch zu einem »Neuanfang« von ihm überreden. Dadurch kommt häufig ein On-off-Mechanismus in Gang, weil das zerbrochene Porzellan ständig wieder an der

Stelle bricht, wo das Paar versucht, es zu kitten. Endgültig wirft die Katja erst nach unzähligen Liebescomeback-Versuchen das Handtuch, oder auf der anderen Seite kommt eine neue Frau ins Spiel, durch die das Drama sein Ende findet. Für die Namensträgerinnen stellt Beziehungs-Hopping indes keine Perspektive dar. Anstatt sich ein vermeintliches »Trösterli« zu suchen, lecken sie ausgiebig ihre Wunden.

PFLEGETIPPS:

Musts:
* Telefon-Flatrate, Echtholzmöbel, mediterrane Küche

No-Gos:
* Fremdschäm-Potenzial, Dreckspatzen, Großkotze

IDEALE NAMENSPARTNER:

Die Partnerschaft als »Erziehungsanstalt« akzeptieren bis zu einem gewissen Punkt der Björn, der Fabian und der Tim. In Gestalt der »Pflegefälle« Benjamin und Thorsten schafft sich die Katja dabei geradezu eine Lebensaufgabe. Genügend Vertrauen, um mit ihnen sexuell recht weite Wege zu gehen, bauen die Namensträgerinnen sowohl zum Henning als auch zum Patrick auf. Das Lebensmotto der Katja, »Edel sei der Mensch, hilfreich und gut«, teilt das Duo Philipp/Florian. Am Lukas fasziniert sie neben der Tiefgründigkeit der niemals endende Wissensdurst.

Kirsten

Basics: Wir da oben, ihr da unten

Anders als ihre Namensverwandte, die Kerstin, stammt die Kirsten meist aus gutbürgerlichen Verhältnissen und ist mehr oder weniger schon mit dem goldenen Löffel im Mund geboren worden. Auch in ihrem Erwachsenenleben kennt sie soziale Not allenfalls aus dem Fernsehen, da sie nur wenig Lust darauf verspürt, sich realiter mit den Niederungen des Prekariats auseinanderzusetzen. Vertreterinnen, die so sehr an gesellschaftlichen Missständen kranken, dass sie sich deshalb das Leben nehmen würden, wie die Berliner Jugendrichterin Kirsten Heisig, stellen die ganz große Ausnahme dar. Die Welt der Kirsten sind eher Luxus, Glamour und repräsentative Veranstaltungen, auf denen sie die Insignien ihres Wohlstands zur Schau stellen kann oder zumindest ihresgleichen trifft. Wenn sie sich karitativ engagiert, dann weniger aus innerer Überzeugung, sondern vielmehr weil es in ihren Kreisen dazugehört. Jedenfalls wird sie sich dabei keinesfalls die Hände schmutzig machen. Das gilt gleichermaßen für ihre Berufstätigkeit, wo sie ähnlich wie die Michaela die Drecksarbeiten gerne anderen überlässt. Besonders wohl fühlt sie sich aufgrund ihrer eher materiellen Einstellung im Finanzwesen, während ihre Stilsicherheit in Modefragen als Besitzerin einer Nobelboutique optimal zur Geltung kommt. Ihr gutes Einfühlungsvermögen lässt sie aber mitunter auch als Therapeutinnen in den verschiedensten Bereichen recht glücklich werden.

Mit tiefschürfenden geistigen Fragen beschäftigt sich die Kirsten eher selten, so dass sie kaum je eine wirklich breite Bildung erlangt. Obwohl sie weder menschlich noch intellektuell wirkliche Großtaten vollbringt, legt sie oft eine gewisse Überheblichkeit an den Tag.

Dass sie sich damit natürlich nicht nur Freunde schafft, steht auf einem anderen Blatt Papier.

Freizeitmäßig geht die Kirsten gerne shoppen, widmet sich der Schönheitspflege, reist viel und liest leichtere literarische Kost.

Optik und Outfit: Die Nasen zum Himmel

Den Bettler am Boden und sogar noch Zeitgenossen, die eigentlich auf Augenhöhe mit ihr liegen, übersieht die Kirsten häufig, weil sie ihre Nase nicht nur sprichwörtlich, sondern auch buchstäblich zu hoch trägt. Als Garnierung für ihren elitären Anspruch dient ihr regelmäßig ein leicht blasierter Blick. Optische Pluspunkte sammelt sie aufgrund ihrer verhältnismäßig langen Beine, ihres geraden Wuchses und ihrer sportlichen Figur. Die Brüste sind ähnlich wie bei der Kerstin klein, aber fein. Einen Eyecatcher bildet zudem regelmäßig der Knackpo.

Für ihren überquellenden Schuh- und Kleiderschrank nebst Kosmetika gibt die Kirsten oft Unsummen an Geld aus. Als Frau zum Repräsentieren stellt die Kirsten als Gesamtpaket fraglos eine Idealbesetzung dar.

Verführung und Sex:
Suche impotenten Mann fürs Leben

Die Kirsten erinnert in fataler Weise an die Prinzessin auf der Erbse. Weil sie hübsch aussieht, werden viele Heiratskandidaten bei ihr vorstellig, aber keiner ist ihr gut genug, so dass sie schlussendlich selbst in die Welt zieht, um nach dem Traumprinzen Ausschau zu halten. Dabei frequentiert sie jedoch stets standesgemäße Lokalitäten, die das Attribut »nobel« oder »edel« tragen, wie die Nobeldiscothek oder das Edel-Vermittlungsinstitut. Zufallsbekanntschaften stellen indes fast schon ein No-Go für sie dar, lässt sie sich doch gewöhnlich nicht einfach mal von irgendeinem »Dahergelaufenen« anquatschen. Derartige Versuche würgt sie meist brüsk ab, indem sie eine eindeutig ablehnende Körperhaltung an den Tag legt oder kurzerhand den Standort wechselt. Nicht selten erwirbt sie sich durch ihre eher kühle Art den Ruf der Unnahbarkeit.

Gerade leicht machen es die Namensträgerinnen auch dem Herzbuben in spe nicht. Mitunter bringen sie ihn mit ihrer Besserwisserei und Arroganz förmlich zur Weißglut, bis sie von ihrem hohen Ross herabsteigen, um ihm die Hand zur Vermählung zu reichen.

Im Schlafgemach hält sich die Kirsten ihren Gemahl bestmöglich vom Leib. An der Eingangstür zu ihrem Triebzentrum steht nämlich häufig die Aufschrift »Außer Betrieb«. Neben der geringen Lust sind es Beschmutzungsängste, die ihre Sexualität zu einer ziemlich leidenschaftslosen und sterilen Angelegenheit machen. Wenn der eheliche Vollzug zwecks Vermehrung oder Wahrung des häuslichen Friedens unvermeidlich wird, trägt die Kirsten meist nur ihren »Pflichtteil« zum Gelingen bei. Die Bekanntschaftsanzeige »Suche impotenten Mann fürs Leben« in Gaby Hauptmanns gleichnamigem Buch-Bestseller könnte gut und gerne von ihr stammen. Interessanterweise ist jedoch die Generation der Kirstens ab Jahrgang 70 geschlechtlich erheblich aktiver und phantasievoller.

PARTNERSCHAFT: PLEASANTVILLE

Da die Kirsten partnerschaftlich gerne nach den Sternen greift, tut sie sich häufig mit einem Mann zusammen, der ihr geistig weit überlegen ist, was ihr aber aufgrund ihrer Selbstüberschätzung kaum je gewahr wird. Auch der Herzbube lässt sie meist in dem Glauben von intellektuellem Gleichstand, um sie bei Laune zu halten. Schließlich weiß er nur zu genau, was ihn erwartet, wenn er seine bessere Hälfte verstimmt: Dauermigräne, Zickenalarm und eisiges Schweigen.

In den endlosen Diskussionen, die die Kirsten mitunter anzettelt, stellt er seine Ohren nicht selten auf Durchzug und beherzigt das Prinzip »Der Klügere gibt nach«. Niemals würden diese Worte jedoch in ihrer Anwesenheit über seine Lippen kommen, sonst wäre Matthäi am Letzten.

Der Außenwelt versucht die Kirsten stets das Bild von der perfekten Zweisamkeit zu vermitteln. Beim Spaziergang mit ihrem Mann schwebt das Paar vor Glück fast schon über dem Boden und erinnert ein wenig an die »Flugszenen« des »kleinen Arschlochs« an der Seite seiner geliebten Inge Koschmidder. Abgerundet wird die Idylle durch ein top gepflegtes Familienanwesen sowie ein bis zwei wohlerzogene, adrette Sprösslinge. Jeder im Freundes- und Bekanntenkreis würde Stein und Bein darauf schwören, dass dieses Glück bis in alle Ewigkeit hält.

Die häuslichen Pflichten sind in der Ehe der Kirsten klar verteilt dergestalt, dass sie Waschen, Putzen und Co. übernimmt, während sie die handwerklichen Tätigkeiten, die ihr allesamt überhaupt nicht liegen, geflissentlich ihrem Göttergatten überlässt. Ihre Kinder versorgt sie gewissenhaft, kann ihnen aber nur selten echte Nestwärme schenken. Dafür ist sie selbst zu gefühlsgebremst.

Eine Anfälligkeit für außereheliche Sexabenteuer zeigen allenfalls die jüngeren Namensträgerinnen.

Trennung: No reason to fight

Nachzutreten gehört ganz gewiss nicht zu den Schwächen der Kirsten. Daher zeigt sie sich nach der Trennung stets an einem pfleglichen Umgang mit ihrem Ex interessiert. Eine Schlammschlacht um Geld und Gut muss sie ohnehin kaum je entfachen, ist sie doch schon vor der Heirat finanziell unabhängig. Das elterliche Umgangsrecht handhabt sie gemeinhin flexibel, so dass sie dem Kindsvater auch Besuchszeiten außerhalb der Reihe zugesteht.

Emotional zwingt das Beziehungs-Aus die Kirsten nur sehr selten in die Knie. Sobald sich die ersten Vorzeichen einer möglichen depressiven Krise bemerkbar machen, nimmt sie ganz pragmatisch therapeutische Hilfe in Anspruch. Dabei setzt sie wegen ihrer konservativen Grundeinstellung eher auf klassische Methoden als auf alternative Heilkunst.

PFLEGETIPPS:

Musts:
* Gepflegter Paartanz, Luxusreisen, fettarme Kost

No-Gos:
* Haarende Haustiere, alkoholische Ausfälle, Bärte

IDEALE NAMENSPARTNER:

Den hohen optischen Ansprüchen der Kirsten genügen der René, der Thorsten und der Carsten. Mit allen dreien teilt sie auch das Prinzip »Mehr Schein als Sein«. Intellektuell aufschauen können die Namensträgerinnen sowohl zum Dominik als auch zum Sebastian, die trotz ihrer starken musischen Begabung eine starke Familienorientierung aufweisen und kaum je zur Exzentrik neigen. Im Bett keine Wunderdinge von der Kirsten erwarten neben dem Fabian der Björn sowie der Mario, während sie sich vom Heiko gerne zum Tanzen ausführen lässt. Den richtigen Ton bei ihr trifft meist der einfühlsame Frauenversteher Manuel.

LAURA

BASICS: SHINING LIGHT

Bei der Laura, deren Name im übertragenen Sinne die »Lorbeer-
geschmückte« oder »Siegerin« bedeutet, trifft die Redewendung
»nomen est omen« mitten ins Schwarze, ist sie doch ein ausgesprochener Erfolgstyp. Fast alles, was sie anpackt, wird zu Gold, wie bei
der italienischen Designerin Laura Biagotti oder ihrer bereits ver-
storbenen walisischen Kollegin Laura Ashley. Den Olymp erreicht
sie kaum je, indem sie über Leichen geht – das würde diametral
ihrem Solidaritätsprinzip widersprechen –, sondern aufgrund ihrer
außergewöhnlichen Begabungen vornehmlich im kreativ-künstlerischen, aber auch sprachlichen Bereich. An der Spitze angekommen,
bleibt die Laura für die Probleme des »gemeinen Volkes« stets offen,
verliert also niemals die Bodenhaftung. Ihre gewisse Demut wurde
ihr meist schon von den Eltern in die Wiege gelegt, deren Lebensmotto lautete: »Höflich und bescheiden sein kostet nichts und bringt
viel ein.«
Beruflich landet die Laura, abgesehen von schöpferischen Tätigkeiten, sehr häufig in der Grundschule. Zur Pädagogin prädestinierten
sie ihre Kinderliebe, ihre Freude an der Wissensvermittlung sowie
ihre Engelsgeduld. Bis sie einmal zu drastischen Strafmaßnahmen
greift, müssen ihr die lieben Kleinen schon nicht mehr »nur« sprichwörtlich, sondern buchstäblich auf dem Kopf herumtanzen. Tun sie
aber fast nie, weil sie ihre Klassenlehrerin geradezu vergöttern.
Privat kümmert sich die Laura häufig um Schwächere und Benachteiligte. Als Kind sammelt sie »sternsingend« Geld für wohltätige
Zwecke oder päppelt verletzte Tiere wieder auf, um dann im Erwachsenenalter bei diversen Charity-Projekten operativ mitzuwir-
ken. »Psychohygiene« betreibt die Laura in Form von Wellness,

Sport und Kulturgenuss, wobei das Lesen einen besonders hohen Stellenwert für sie einnimmt. Nicht selten schreibt sie auch selbst hobbymäßig.

Optik und Outfit: Almost an angel

»Edel, hilfreich und gut«, beinahe engelsgleich, wirkt die Laura häufig schon von ihrer Ausstrahlung her. Das Einzige, was ihr zur Optik einer Himmelsbotin fehlt, sind regelmäßig die Rauschgoldlocken, hat sie doch eher glatte, allenfalls leicht gewellte, Haare. Die Standardgröße markiert mit ihren 1,69 m die italienischen Sängerin Laura Pausini. Auch die üppigen Kurven der Pop-Diva finden zahlreiche »Nachahmerinnen« unter ihren Namensschwestern. Trotz ihrer hervorstechenden weiblichen Attribute leidet die Laura kaum je an merklichem Übergewicht. Wenn überhaupt, bereiten ihr maximal zwei, drei überschüssige Kilos zeitweiligen Verdruss. Ein signifikantes Merkmal stellt währenddessen ihre samtweiche, lupenreine Haut dar.

Bei der Kleidungswahl setzt die Laura auf Bescheidenheit, nicht ohne aber eine gewisse romantische Note ins Spiel zu bringen.

Verführung und Sex: She's so lovely

In der »Pillen-Frühverschreibungsstatistik« liegt die Laura gewiss ganz weit hinten, weil sie teilweise erst in der Oberstufe beginnt sich ernsthaft für Jungs zu interessieren. Zuvor reicht es allenfalls zu Knutschereien oder leichtem Petting, jedenfalls noch nicht zum Ultimativen. Das mag auch darin seinen Grund haben, dass bei Gymnasiastinnen, zu denen sie ja meist gehört, insgesamt das »Frühlingserwachen« ein wenig später einsetzt als bei Haupt- und Realschülerinnen. Mit ihrem ersten Intimpartner bleibt sie dann nicht selten viele Jahre zusammen oder heiratet ihn sogar, was heutzutage schon ziemlich die Ausnahme darstellt.

»Fangtechnisch« bekommt die Laura ihren zukünftigen Herzbuben durch ihre Einfühlsamkeit und liebenswürdige, unaufdringliche Art an den Haken. Das andere Geschlecht fühlt sich in ihrer Gegenwart meist pudelwohl. Dazu gesellen sich natürlich ihre figürlichen Reize, die sie aber kaum je bewusst einsetzt wie eine Uschi oder Nadine. Viel eher nutzt sie die Strahlkraft ihrer Augen sowie ihr Mienenspiel, um das Objekt der Begierde in ihren Bann zu ziehen.

Im Bett sollte »Lauras Stern« die Bälle anfangs flachhalten und nicht gleich das Handbuch der sexuellen Abartigkeiten aus dem Köcher ziehen. Will nicht heißen, dass sie prüde wäre, aber für die etwas bizarreren Pfade der Lust braucht sie eine gewisse Anlaufzeit. Wenn ihr Lover ihr die Möglichkeit gibt, sich langsam zu entwickeln, wird sie regelmäßig mit der einen oder anderen handfesten intimen Überraschung aufwarten. Mal fällt sie plötzlich in der Umkleidekabine eines Kaufhauses oder Schwimmbads wild über ihn her, mal schildert sie ihm detailliert ihre geschlechtlichen Phantasien, die sie noch dazu als Sahnehäubchen eins zu eins in die Tat umzusetzen bereit ist.

Partnerschaft: Emmas Alptraum

Leider spielt die Laura trotz ihrer Musikalität nur selten Trompete, sonst würde sie vielleicht ihrem Göttergatten öfter einmal den Marsch blasen. In der Zweisamkeit verhält sie sich nämlich häufig fast schon zu angepasst. Hätte George W. Bush eine renitentere Partnerin an seiner Seite gehabt als seine Laura, wäre der Welt vermutlich viel Unglück erspart geblieben und womöglich sogar er selbst. Das andere Geschlecht sieht in den Namensträgerinnen natürlich meist ein Geschenk des Himmels, weil sie ihm ohne viel Wenn und Aber den Garten Eden bereiten. Oft sorgen sie fast gleichberechtigt für den Familienunterhalt, halten ihrem Gemahl aber trotzdem komplett den Rücken frei, indem sie fast alle häuslichen Pflichten übernehmen. Allenfalls zu schweren handwerklichen Arbeiten ziehen sie ihn mangels Körperkraft gelegentlich heran.

Dem Nachwuchs – gewöhnlich setzt sie mindestens zwei Sprösslinge in die Welt – schenkt die Laura viel Nestwärme und Liebe, wie sie sie selbst auch schon in ihrer Kindheit erfahren hat. Nicht selten mutiert sie zu einem regelrechten Muttertier, das seine eigenen Bedürfnisse zugunsten der lieben Kleinen weitgehend in den Hintergrund stellt. Eine gewisse »Emanzipation« gegenüber der heimischen Rasselbande inklusive Ehemann gelingt ihr frühestens in der fünften Dekade ihres irdischen Wandelns. Dann liest sie das Buch »Nimm dir einfach mehr vom Leben« und nimmt sich etwas mehr vom Leben.

Um ihre Ehe zu erhalten, ist die Laura bereit, in so manchen sauren Apfel zu beißen. Nur beim Thema Untreue hört für sie kategorisch die Freundschaft auf. Sie selbst lassen die Kirschen in Nachbars Garten völlig kalt, und ihr Angetrauter sollte zumindest die Finger nicht danach ausstrecken, wenn es ihn schon darin juckt.

Trennung: Phänomenal normal

Da die Laura keinerlei histrionischen Persönlichkeitsanteile aufweist, verläuft das Ende ihrer Liebe meist völlig unspektakulär. Sie führt ein Trennungsgespräch mit ihrem Ex, in dem sie ihre Gründe darlegt, packt dann ohne großes Aufheben ihre Koffer und geht. Wenn ihr dabei die Tränen kommen, lässt sie sie laufen. Gefühle zu unterdrücken, nur um die starke Frau zu spielen, widerspricht ihrem Prinzip von Authentizität.

Nach ihrem Auszug nimmt sich die Laura ausreichend Zeit, das Gewesene zu verarbeiten. Einen neuen Mann möchte sie unter gar keinen Umständen durch ihre Trauer belasten, so dass sie Verehrer, die zu früh um sie werben, einfühlsam, aber doch deutlich in die Schranken weist. Während der Phase der Einkehr möchte sie auch die Fragen rund um die anstehende Scheidung möglichst noch ruhen lassen. Kehrt sie aus ihrer inneren Emigration ins Leben zurück, verhält sie sich dagegen hinsichtlich ihrer Klärung äußerst kooperativ.

PFLEGETIPPS:

Musts:
* Sternenhimmelromantik, Schmusekater, Ballerinas

No-Gos:
* Ausländerfeindlichkeit, Stubenhocker, Intim-Piercing

IDEALE NAMENSPARTNER:

Die Gutmütigkeit der Laura respektieren, ohne ihr auf dem Kopf herumzutanzen, werden unter anderen der Tim, der Lars und der Henning. Unterstützer für ihre Emanzipationsbemühungen als Middleagerin findet sie in dem gleichberechtigungseseelten Quartett Philipp/Patrick/Heiko/Manuel. Den Arne lernen die Namensträgerinnen womöglich am Arbeitsplatz kennen, wo sie ihm in einem Designer- oder Architekturbüro von Schreibtisch zu Schreibtisch verliebte Blicke zuwerfen. Auf die horizontalen Überraschungsmomente der Laura fahren voll der Tobias sowie der Jens ab. Letzterer sollte aber ein treuer Vertreter seiner »Art« sein.

Lena/Alena

Basics: Here comes the sunshine

Der Name Lena geht auf das griechischen Wort »hele« zurück, was Sonnenschein bedeutet, und tatsächlich sind seine Trägerinnen mit einer außergewöhnlichen Strahlkraft ausgestattet. Während der Kindheit und Jugend leidet ihr Charisma häufig noch an einer gewissen Überdrehtheit, die sich bisweilen scharf an der Grenze zur Nervigkeit bewegt. Später kanalisieren sie das verrückte Huhn in sich durch schöpferisches Tun. Nicht selten beginnen sie zu schreiben, zu bildhauern oder legen eine Gesangskarriere hin, wie die ehemalige European-Song-Contest-Gewinnerin Lena Meyer-Landrut oder ihre Kollegin Lena Valaitis. Allerdings reüssieren sie hier weniger ob ihrer Stimmgewalt, sondern vielmehr kraft Esprits und Expressivität.

Jenseits des Scheinwerferlichts verdient sich die Lena ihre Sporen – niemand hätte nach den verrückten Teenager-Jahren auch nur einen Cent darauf verwettet – vorzugsweise als »brave« Beamtin. Ihr körperlicher Wagemut führt sie häufig in den Polizeidienst, wohingegen sie im Klassenzimmer ihr pädagogisches Geschick an den Schüler bringen kann. Für eine reine Schreibtischtäterin hat sie indes noch immer zu viele Hummeln in ihrem hübschen Hinterteil.

Der zwischenmenschliche Umgang der Lena ist geprägt von schonungsloser Direktheit, womit sie so manchem Zeitgenossen vor den Kopf stößt. Lange böse sein kann ihr aber kaum jemand, weil sie Missstimmungen schnell wieder mit ihrem kräftigen Humor beseitigt. Und wenn eine förmliche Entschuldigung ansteht, fällt ihr gewöhnlich auch kein Zacken aus der Krone. Klar zu ihren Fehlern zu stehen stellt die Schokoladenseite ihrer Geradlinigkeit dar.

In ihren Mußestunden mischt die Lena gerne die Kneipen ihrer

Stadt auf oder singt, tanzt, schreit und schmachtet sich bei Konzerten ihres Popidols die Seele aus dem Leib. Außerdem hält sie oft zeitlebens Haustiere.

Optik und Outfit: Eyes wide open

Die Offenheit steht der Lena oft schon ins Gesicht geschrieben. Dabei sind es meist die wachen Augen, die das starke Interesse an allem, was sich um sie herum abspielt, signalisieren. Wenn sie ihren Blick fixiert, kann er bisweilen fast schon ein wenig bohrend wirken.

Figurprobleme bereiten den Namensträgerinnen kaum je schlaflose Nächte. Auf Kurs Idealgewicht bleiben sie durch ihre ausgeprägte körperliche Agilität und gezielte sportliche »Maßnahmen«. Von Diäten halten sie indes wenig, weil sie als Genießerinnen viel zu gerne essen. Einen Augenschmaus stellt fraglos ihre nicht allzu ausladende, dafür aber wohlproportionierte Oberweite dar. Die Spanne des Höhenwachstums reicht bis zu den 1,80 m der schwedischen Aktrice Lena Olin.

Zum Modepüppchen mutiert die Lena zwar fast nie, versucht aber, fashionmäßig immer einigermaßen up to date zu bleiben. Insgesamt passt ihr Style in die Kategorie sportlich-leger.

Verführung und Sex:
Drum prüfe, wer sich ewig bindet

Wen die Lena neckt, den liebt sie, und wem sie diese »rechte Gunst« nicht erweist, den liebt sie nicht. So einfach ist das Schema ihrer Partnerwahl zu erklären. Allerdings muss sich der potenzielle Gemahl ihr in der Kunst der launigen Wortgefechte als ebenbürtig erweisen, indem er sie mit seinen kleinen verbalen Sticheleien zum Lachen bringt. Merkt die Lena, dass sie eine Spaßbremse an Land gezogen hat, wirft sie sie kurzerhand ins Meer der einsamen Herzen zurück. Denn so schnell sie sich für etwas begeistern kann, so schnell kann sie auch wieder das Interesse daran verlieren. Aber selbst ein Kandidat, der das Casting erfolgreich überstanden hat, steht noch lange unter kritischer Beobachtung, weil sie oft Monate, manchmal Jahre braucht, bis die letzten Zweifel an ihrer Entscheidung für ihn verflogen sind. Nicht selten gibt sie noch kurz vor der bereits geplanten Hochzeit die Braut, die sich nicht traut.

Abgesehen von morgens um halb sechs im Zug zur Arbeit, ist die Lena fast immer und überall für das starke Geschlecht ansprechbar; höchstens der Eröffnungssatz des Gegenübers kommt in allzu drögem Gewand daher. Um in den Flirt einzusteigen, braucht sie sozusagen einen guten Einstieg.

Apropos Einstieg: Den Zugang in ihr »unteres Lustzentrum« gewährt die Lena nur ganz ausgewählten Zuckerstückchen. Lustmolche, die glauben, ihre flotten Sprüche unter die Gürtellinie bedeuteten eine Einladung zum Sex, weist sie brüsk zurück. Im Gegensatz zu den bellenden Hunden aber, die nie halten, was sie verbal verheißen, verfügt die Lena im Bett über ein großes Repertoire an Praktiken und lässt auch quantitativ keine Wünsche offen. Nichtsdestotrotz erwartet sie von ihrem Lover keine Wunderdinge. Lediglich sollte er sich »genital« nicht allzu wichtig nehmen, da sie über geschlechtliche Missgeschicke Tränen lachen kann.

Partnerschaft: Alles wird gut

Die Lena heiratet fast nie gleich ihren ersten festen Freund, und wenn, hat diese Ehe gewöhnlich keinen Bestand. Bis etwa zu ihrem 30. Lebensjahr beweist sie nämlich ein besonderes Talent, bei der Partnerwahl gründlich danebenzugreifen. Meist sucht sie in ihrem Herzbuben unbewusst eine Spiegelung ihrer eigenen Bindungszweifel, so dass sie noch zusätzlich verunsichert anstatt stabilisiert wird. Da beide Seiten nur mit angezogener Handbremse fahren, kommt es wechselweise zu gegenseitigen Vorwürfen, nicht genug in die Beziehung zu investieren. Daraus entwickelt sich häufig ein Teufelskreis der Verweigerung, der schlussendlich zur Trennung führt. Ab der vierten Dekade gelingt es der Lena immer mehr, sich innerlich zu stabilisieren und ihre Mitte zu finden. Das wirkt sich insofern auf ihre Zweisamkeiten aus, als sie von einer wankelmütigen zu einer verlässlichen Kantonistin mutiert. Nach dem Gesetz der Resonanz zieht sie nun auch psychisch gesettelte Männer in ihren Bann, mit denen an Familiengründung zu denken ist.

Die Art, wie die Lena ihre Mutterrolle ausfüllt, bedeutet neben ihrer Berufswahl eine weitere faustdicke Überraschung für ihr Umfeld. Viele, selbst ihre Eltern, hegen anfangs die Befürchtung, sie könnte im ganz normalen Chaos ständig schreiender und zankender Blagen ihre persönliche Götterdämmerung ereilen. Doch weit gefehlt, meist blüht sie bei der Hege des Nachwuchses regelrecht auf, nicht aber ohne ihren Göttergatten, den sie gewöhnlich gut im Griff hat, zur Entrichtung seines Beitrags daran zu verdonnern. Unemanzipierte Hausdienstverweigerer wird sie kaum je länger als drei Minuten akzeptieren, dann macht sie ihnen Beine.

Trotz aller Alltagssorgen versucht die Lena eines in ihrer Partnerschaft immer zu bewahren: das gemeinsame Lachen.

TRENNUNG: LIEBE ADE, SCHEIDEN TUT WEH

Obwohl die Lena nach außen hin so wirkt, als könnte sie nichts wirklich erschüttern – vieles überspielt sie mit ihrem deftigen Humor –, bringt sie eine Trennung emotional doch sehr aus dem Tritt. Einerseits treibt sie die Sorge um, wie ihr Ex mit der Situation zurechtkommt, und andererseits hat sie ihre eigene Trauer zu bewältigen. Dafür therapeutische Hilfe in Anspruch zu nehmen verbietet ihr aber meist der Ehrgeiz, es alleine schaffen zu wollen. Allenfalls ein, zwei gute Freundinnen lässt sie gewöhnlich an ihrem Schmerz teilhaben.

Auch bei der Regelung der finanziellen Angelegenheiten zeigt die Lena noch viel Herz für ihren Verflossenen, indem sie tunlichst darauf achtet, dass er nach der Scheidung keine Not leiden muss. Schließlich möchte sie, dass die gemeinsamen Kinder zu ihrem Vater aufschauen können.

PFLEGETIPPS:

Musts:
* Den Moment genießen, Mamas Sahnetorte, Verbalerotik

No-Gos:
* Schlafmützen, Umweltschweine, Dauerpessimismus

IDEALE NAMENSPARTNER:

Trefflich auf der Humorschiene fährt die Lena an der Seite des Nils, des Simon und des Florian. Sexuell in Fahrt bringt sie das probierfreudige Duo Maximilian/Oliver, das wie sie einen gewissen Hang zu SM-Praktiken hegt. Apropos Duo: Ein Musikduo können die Namensträgerinnen mit den stimmgewaltigen Christophs und Daniels bilden, während der Stefan ihre Sangeskunst eher fördert. Perfekt emanzipierte Männer findet die Lena sowohl in Gestalt des Tobias als auch des Lukas. Mitten ins Herz, auch wenn sie sie cool abtut, treffen sie die Komplimente des charmanten Philipp.

LISA / ALISA / ELISA

BASICS: MISTRESS OF RIGHT TONALITY

Wäre das nicht aufgrund ihrer späten »Geburt« unmöglich, könnte die Comic-Heldin Lisa Simpson ein Stück weit für den Namen Pate gestanden haben. Ähnlich wie der Mainstream seiner Trägerinnen, verfügt sie nämlich über ein hohes Maß an Intelligenz, zeigt starkes politisches Interesse, setzt sich für Umweltschutz ein und ist von der Muse geküsst. Als reale Person vereinigt das bayerische Multitalent Lisa Fitz all diese Elemente mustergültig in sich.

Schon als Kind stellt die Lisa den Sonnenschein ihrer Eltern dar und bereitet ihnen kaum je größere Sorgen jedweder Art. In der Schule kommt sie bestens zurecht und bringt bis in die Oberstufe hinein gute Zensuren mit nach Hause. Zu einem Einser-Abi-Durchschnitt reicht es nur nicht, weil es ihr an der letzten Strebsamkeit mangelt. Viel lieber setzt sie sich für schwächere Mitschüler ein, pflegt ihren Freundeskreis und betätigt sich kreativ. Oft malt sie schon im Teenager-Alter ausstellungsreife Bilder. Auch menschlich gerät sie fast nie unter die Räder, warnt sie doch ihre gute Menschenkenntnis stets vor »falschen Fuffzigern«.

Nach der Schule macht die Lisa ihre schöpferischen Hobbys häufig zum Beruf, indem sie Design, Musik oder Journalismus studiert. Die stark sozial angehauchten Vertreterinnen schwören eher den Eid des Hippokrates und landen dabei bevorzugt in der Kinderheilkunde. Eine dritte Fraktion ergreift eine »tierische« Profession, wie etwa Reitlehrerin.

Abgesehen von einer gewissen Morgenmuffeligkeit, erweist sich die Lisa als sehr angenehm im menschlichen Umgang. Glanzpunkte stellen regelmäßig ihr ausgeprägtes Gespür für den angemessenen Ton sowie ein fast schon unglaubliches Einfühlungsvermögen dar.

Damit schließt sich wieder der Kreis zu Lisa Simpson, die sozusagen die Rolle der Diplomatin und guten Seele in ihrer Familie einnimmt.

OPTIK UND OUTFIT: EINE PERLE DER SCHÖPFUNG

Die Lisa hat ganz offensichtlich das Rezept für die ewige Schönheit entdeckt. Meist sieht sie nämlich noch bis ins hohe Alter phantastisch aus. Allerdings tut sie auch einiges dafür, sich ihre Attraktivität zu erhalten, indem sie mindestens einmal pro Woche Sport treibt, auf eine gesunde Ernährung achtet und weder raucht noch übermäßig viel Alkohol trinkt. Ein optisches Highlight der Namensträgerinnen stellen regelmäßig ihre grünen oder bernsteinfarbenen Katzenaugen dar, die aus einem annähernd makellosen Antlitz in die Welt blicken. Ihre schon von Kindesbeinen an voluminösen, leicht gewellten Kopfhaare tragen sie gewöhnlich lang. Körperlich bieten oft die langen Beine der Lisa einen ästhetischen Hochgenuss. Gerne bringt sie sie durch kurze Röcke, hochgeschlitzte Kleider oder Röhrenjeans, gepaart mit Highheels, besonders zur Geltung.

VERFÜHRUNG UND SEX: SOS – SAVE OUR SOULS

Aus der breiten Masse der Frauen ragt die Lisa optisch nicht nur sprichwörtlich, sondern auch buchstäblich durch ihre stattliche Körpergröße von meist über 1,70 m heraus. Daher müsste sie eigentlich nicht viel dafür tun, um das Interesse der holden Männnlichkeit auf sich zu ziehen. Tut sie aber dennoch, lebt sie doch nach dem Prinzip »Doppelt gemoppelt hält besser«. Außerdem hasst sie Passivität beim Suchen und Finden der Liebe. Ihre Einladungen an interessante Kandidaten verschickt sie regelmäßig in Form von intensiven Blicken, garniert mit einem bezaubernden Lächeln. Bei der verbalen Kontaktaufnahme beeindrucken die Lisa substanzielle Gesprächsinhalte – Labertaschen sind ein absolutes No-Go – sowie ein dezenter schwarzer Humor.

Verhaltenstechnisch lassen Rettertypen die Herzen der Namensträgerinnen höherschlagen. So manch eine verfällt dem galanten Nachbarn, der in ein gekipptes Fenster ihres Hauses einsteigt, nachdem sie ihren Wohnungsschlüssel verloren hat. Öffnet er ihr dann die Haustür, bedeutet das allerdings noch lange nicht, dass sie ihm dafür auch gleich die Schlafzimmertür öffnet. Stößt sie selbige nach einer gewissen Kennenlernphase auf, wartet dahinter ein wahres Schatzkästlein an sexuellen Lustbarkeiten. Die Lisa ist nämlich eine ebenso phantasiebegabte wie leidenschaftliche Liebhaberin. Zu ihren größten intimen Spezialitäten gehört eine ausgefeilte Kusstechnik, die ihren Herzbuben häufig an den Rande einer Ohnmacht vor Lust bringt. Daneben erringt sie nicht selten Meisterschaft in der Kunst der erotischen »Provokation«. Unter ihrer »fachmännischen Anfeuerung« vollbringt die andere Seite im Bett regelmäßig Großtaten. Sie selbst versetzen am besten handfertige Höhlenforschung und Brustmassage sowie Ohrläppchenknabbern in Ekstase.

Partnerschaft: Let's talk about us

Da die Lisa zu Hause einen sehr liebevollen Umgang ihrer Eltern miteinander erlebt hat, ist sie beziehungsmäßig kaum je vorgeschädigt. Fehlgriffe bei der Partnerwahl unterlaufen ihr höchstens in ganz jungen Jahren aus Naivität und nicht aufgrund eines internalisierten pathologischen Bindungsschemas. Später stehen die Sterne regelmäßig günstig für ihre Partnerschaften. Etwa gegen Mitte des dritten Lebensjahrzehnts lernt sie den Mann kennen, den sie – in der Ruhe liegt die Kraft – nach einer ausgedehnten Verlobungszeit ehelichen wird.

Zu »Nachwuchsehren« gelangt die Lisa häufig erst recht spät. Das liegt einerseits daran, dass sie zuvor noch versucht, beruflich Fuß zu fassen. Andererseits möchte sie, solange es irgendwie geht, die Zweisamkeit ohne Anhang genießen und etwas von der Welt sehen. Nicht selten tickt bei ihr die biologische Uhr schon mächtig laut, wenn sie endlich die Entscheidung für Kinder fällt. Sind die meist zwei Sprösslinge geboren, kann sie sich allerdings gut auf sie einlassen, weil sie nun nicht mehr die Befürchtung umtreibt, sie würde durch ihre Mutterschaft etwas verpassen. Oft steigt sie sogar bis zum Schulalter der lieben Kleinen komplett aus ihrem gewerblichen Arbeitsverhältnis aus.

Um der Gefahr entgegenzuwirken, dass sie und ihr Mann sich in der stressigen Familienphase verlieren, unternimmt die Lisa große Anstrengungen, die partnerschaftliche Kommunikation am Leben zu halten, indem sie der Zweisamkeit Raum schafft. Gewöhnlich schaufelt sie einen Abend pro Woche frei, den sie allein mit ihrem Göttergatten verbringt.

Was die heimische Machtverteilung betrifft, beherzigen die Namensträgerinnen allenthalben das Prinzip der Gleichberechtigung, wissen sie doch nur allzu genau, dass Unterdrückung stets zum Aufbegehren oder zur Flucht führt.

Trennung: Vorbei ist vorbei

Die Lisa gehört leider zu den Typen, die viel schlucken, bevor sie einen Streit vom Zaun brechen. Anstatt ein klärendes Gewitter herbeizuführen, drückt sie ihre Unzufriedenheit lieber durch wiederholtes Motzen oder Zicken aus. Dadurch sammelt sich natürlich viel Frust in ihrem Rucksäcklein an, der es ihr schwierig macht, nach der Trennung wieder ein gutes Verhältnis zu ihrem Verflossenen aufzubauen. Sind keine Kinder im Spiel, wird es höchstens noch zu einem kühlen »Hallo« bei zufälligen Begegnungen in der Stadt reichen. Mehr verbietet ihr auch die Konsequenz. Vorbei ist für sie vorbei. Gefühlsmäßig hat die Lisa verhältnismäßig lange am Beziehungs-

Aus zu knabbern, da sie sich als Sensibelchen »Niederlagen« sehr zu Herzen nimmt. Während ihrer Trauerphase ist sie nur schwer aus ihrem Schneckenhaus hervorzulocken.

Pflegetipps:

Musts:

* Romantischer Heiratsantrag, Zivilcourage, Quarktorte

No-Gos:

* Phantasielosigkeit, Womanizer, penisverlängernde Autos

Ideale Namenspartner:

Eine Gemeinschaftspraxis im medizinischen Bereich kann die Lisa mit dem Trio Alexander / Manuel / Erik eröffnen. Sexuell in Ekstase durch den Einsatz ihrer Zauberhände versetzen sie neben dem Lars der Christoph und der Daniel. Die Welt verbessern die Namensträgerinnen an der Seite des Tobias, während sich der Florian von ihnen gerne zum Vegetarismus oder zumindest zu fleischarmer Ernährung »bekehren« lässt. In kreativer Hinsicht reißen der David sowie der Marc die Lisa regelmäßig zu Beifallsstürmen hin. Ihren dezenten Humor teilt fast eins zu eins der Heiko.

Manuela

Von ihrem recht einfachen Elternhaus bekommt die Manuela weder emotional noch intellektuell viel mit auf den Weg. Ihr Vater kann keine Gefühle zeigen, weil er es nie gelernt hat, und ihre Mutter ist als Reflex darauf eine verbitterte Frau, die natürlich auch nur noch wenig Wärme ausstrahlt. Nicht selten lassen sich die Namensträgerinnen früh auf das andere Geschlecht ein, um Zuwendung von ihm zu erfahren. Dabei müssen sie meist die schmerzliche Erfahrung machen, dass alleine ihr Körper im Fokus des männlichen Interesses steht.

Die verzweifelte Suche nach der großen, wahren Liebe wird fortan ihr bestimmendes Lebensthema. Die berufliche und persönliche Entwicklung kommt darüber regelmäßig zu kurz. Die Hauptschülerinnen unter ihnen absolvieren meist eine Lehre zur Verkäuferin, während die Realschülerinnen sich auffällig stark in der Verwaltung ausbreiten. Allerdings endet ihr Weg damit regelmäßig. Der Quantensprung auf der Karriereleiter, wie der mecklenburg-vorpommerschen Sozial- und Bildungsministerin Manuela Schleswig, gelingt den allerwenigsten unter ihnen.

In ihrer Freizeit beschäftigt sich die Manuela kaum je mit hochtrabenden geistigen Themen, sondern geht ganz profanen Vergnügungen nach. Gerne unternimmt sie ausgiebige Shopping-Touren im Internet oder in der Stadt, bei denen sie für das eine oder andere »Lieblingsstück« ihr Konto plündert oder sogar kurzfristig überzieht. Oft steckt hinter ihren Kaufaktivitäten der Aspekt Frust. Apropos Frust: In ihr Schneckenhäuschen zieht sich die Manuela nur zurück, wenn sie allzu sehr der Weltschmerz plagt. Ansonsten schätzt sie die Geselligkeit in Form von Tanzveranstaltungen,

Kaffeekränzchen und Vereinszugehörigkeiten. Großen sportlichen Ehrgeiz legt sie indes fast nie an den Tag. Stramme Spaziergänge stellen meistens schon das höchste der Gefühle dar.

Optik und Outfit: Burning eyes

Die Verwandtschaft zur französischen Variante »Emmanuelle«, durch die gleichnamige Buch- und Filmreihe zum Inbegriff der Erotik geworden, lässt sich bei der Manuela kaum verleugnen, weist sie doch meist eine betörende Sinnlichkeit auf. Selbst wenn sie erheblich zu kräftig geraten ist, was gelegentlich vorkommt, verzaubert sie das starke Geschlecht noch durch das Feuer in ihren Augen. Der Blick der schlichteren männlichen Zeitgenossen verfängt sich anatomisch allerdings gewöhnlich eine Etage tiefer, wo prächtige Erhebungen das Bild prägen, die sich deutlich unter enganliegenden Oberteilen abzeichnen. Das Vollweib machen häufig ein feminines Antlitz und eine rechte Löwenmähne perfekt.

Abgesehen von ihrer Figurbetontheit, versucht die Manuela, kleidungsmäßig mit wenig Geld möglichst viel Qualität zu erwerben, indem sie sich als Schnäppchenjägerin betätigt.

Verführung und Sex: Love and submission

Ein großer Unterschied zwischen den Namensträgerinnen aus dem deutschsprachigen Raum und ihren französischen Schwestern besteht darin, dass Erstere im Gegensatz zu Letzteren ihren natürlichen Sex-Appeal nicht noch durch erhöhte Flirtaktivität unterstreichen. Wenn die Manuela ihren Charme versprüht, dann kaum je wild nach allen Richtungen, um zur Aufblähung ihres Egos möglichst viele Männer in sich verliebt zu machen, sondern fokussiert ausschließlich auf das Objekt ihrer Begierde. Ein Lächeln, das sie ihrem männlichen Gegenüber schenkt, stellt also gewöhnlich schon mehr dar als »nur« den Beginn einer wunderbaren Freundschaft.

Um ihrem meist unfreiwilligen Solisten-Dasein zu entfliehen, unternimmt die Manuela einiges. Sie schließt sich Single-Clubs an, besucht Tanzkurse für Einspänner und gibt Kontaktanzeigen auf. Allerdings wirft sie bei ihren jeweiligen Jagdversuchen schnell wieder die Flinte ins Korn, wenn der Erfolg ein wenig auf sich warten lässt. Oftmals vertritt sie nämlich eine regelrechte Schnuppermentalität.

Im Bett lässt sich die Manuela nicht selten von ihrem Partner demütigen oder prostituiert sich für ihn, nur um so etwas wie Nähe zu verspüren. Dabei erinnert sie in fataler Weise an einen Hund, der unter dem Esstisch seines Herrchens sitzt und sehnsüchtig auf den Wurstzipfel wartet. Eigentlich möchte sie die andere Seite gerne stundenlang liebkosen und im Akt mit ihr verschmelzen, doch gerät sie entsprechend ihrem Vaterschema regelmäßig an Vertreter der Spezies XY, die sexuell zügig ihr Ding durchziehen und danach ihr Heil in der Flucht suchen. Das Seufzen der Manuela ob diesen Verhaltens hört oft nur noch ihr Kopfkissen beziehungsweise die beste Freundin, die sie in ihrer Verzweiflung anruft.

PARTNERSCHAFT:
WILLST DU ETWAS GELTEN, MACH DICH SELTEN

Um die Gleichgültigkeit, die zwischen ihren Eltern herrscht(e), in ihrer Ehe zu vermeiden, versucht die Manuela mit allen Mitteln, für ihren Gemahl attraktiv zu bleiben. Sie geht sexuell an ihr Limit, bisweilen sogar darüber hinaus, liest ihm seine Wünsche von den Augen ab und vermeidet tunlichst jedwede Auseinandersetzung. Meist erreicht sie auf diese Weise aber genau das Gegenteil: Weil sie ihrem Göttergatten stets »kostenlos« zur Verfügung steht, fühlt er sich ihrer zu sicher und beginnt nach Frauen zu schielen, deren Zuwendung ihren Preis hat. Anstatt ihren eigenen Marktwert wieder zu erhöhen, indem sie sich rarmacht, führt die Manuela eher noch schwerere Geschütze der Fürsorglichkeit ins Feld, wodurch ihre Lage natürlich immer aussichtsloser wird. Nach vielen Jahren sinnlosen Kampfes schaut sie eines Morgens in den Spiegel und muss entsetzt feststellen, dass sie inzwischen genauso verbittert aussieht wie ihre Mutter. Dieser Schock gibt ihrem Leben oft eine entscheidende Wende. Entweder verlässt sie ihren Angetrauten oder sie beginnt sich beziehungsintern zu emanzipieren. Nicht selten stockt sie ihre gewerbliche Arbeitszeit auf und macht mehrmals pro Woche mit ihren Freundinnen die Nacht zum Tag. Handelt es sich dabei auch um betrogene Ehefrauen, wird ein »Club der Teufelinnen« gegründet, der sich dem Ziel verschworen hat, Rache an den untreuen Ehemännern zu nehmen.

Ihren Kindern gegenüber zeigt sich die Manuela erstaunlich konsequent, so dass sie ihr nur selten aus dem Ruder laufen. Gewöhnlich hat sie ein gutes Gefühl dafür, wann sie die Zügel lockern kann und wann sie sie wieder anziehen muss. Häufig ist sie ihren Sprösslingen nicht nur Mutter, sondern zugleich auch beste Freundin.

Am Kochherd gehen die Namensträgerinnen keine großen Wagnisse ein, sondern setzen eher auf Routine. Lieber kredenzen sie gelungene Hausmannskost als ein gründlich missratenes Sternemenü.

Trennung: Benutzte Gefühle

Da die Manuela die eigenen Anteile an der Distanziertheit ihres Partners oft bis zum Schluss nicht erkennt, bleibt bei ihr mitunter über die Trennung hinaus das Gefühl zurück, von ihm ausgenutzt worden zu sein. Diese einseitige Sicht der Dinge macht es natürlich erheblich schwieriger, eine sachliche Ebene für die Regelung der Scheidungsfolgesachen zu finden. Eine typische Strategie der Namensträgerinnen, ihrem Ex erlittene Verletzungen heimzuzahlen, besteht darin, sich in eine Verweigerungshaltung zu begeben und darin stur zu verharren. Aufgrund ihres Grabenkrieges verzögert sie das gesetzliche Ende der Ehe oft um viele Monate oder sogar um einige Jahre. Dass sie dadurch eine mögliche neue Verbindung, die sie inzwischen eingegangen ist, sowie die gemeinsamen Kinder enorm belastet, interessiert sie zumindest anfangs eher wenig.

Pflegetipps:

Musts:
* Entscheidungsfreude, Klimaanlage, Vogelhäuschen

No-Gos:
* Krittelei, Tierquäler, Urlaub in den Bergen

Ideale Namenspartner:

Die Liebe und Geborgenheit, die die Manuela zeit ihres Lebens sucht, findet sie schlussendlich bei dem Männertrio Patrick/Philipp/Henning. Auch der Moritz ist ein idealer Partner für ihre zweite Ehe, während sie die Sexualität ausgiebig mit dem Johannes sowie dem Ingo zelebrieren kann. Am Arne schätzen die Namensträgerinnen am meisten die Zärtlichkeit. Kaum je ihre Vertrauensseligkeit ausnutzen werden die aufrechten Fabians und Björns. »Waffengleichheit« auf intellektueller Ebene herrscht gewöhnlich an der Seite des Dirk.

MARIE

BASICS: DIE PECHMARIE

Obwohl sich die Marie von der Maria in der Schreibweise nur durch einen Buchstaben unterscheidet, weist ihr Name eine eigene Dynamik auf. Weder besitzt sie übersinnliche Fähigkeiten wie die spirituell-visionäre Maria noch ist sie nach Art der deftigen Maria von Derbheit geprägt. Vielmehr kennzeichnen sie ein ausgeprägter Realitätssinn sowie eine Stehaufmännchen-Mentalität. Bezüglich ihres Pragmatismus zeigt sich allerdings eine Generationenkluft dergestalt, dass die jüngeren Namensvertreterinnen ein wenig mehr zum Traumtänzertum neigen als die jene fortgeschritteneren Alters. Dabei spielt aber fraglos auch die »natürliche« Desillusionierung im Laufe der Jahre eine gewichtige Rolle.

Die Fähigkeit, sich selbst nach schwersten Schicksalsschlägen wieder zu berappeln, durchzieht indes ihr gesamtes Leben. Nicht selten verlieren sie etwa ein Geschwister oder verhältnismäßig früh ihren Partner durch tragische Umstände.

In ihrer Herkunftsfamilie haben die Maries allerdings meist noch keinen allzu schweren Stand. Im Gegenteil, werden sie von ihren Eltern bestmöglich gefördert. Die Quote der Abiturientinnen und Hochschulabsolventinnen unter ihnen dürfte daher außergewöhnlich hoch sein. Von der Sparte her tummeln sie sich aufgrund ihrer vielfältigen Begabungen gleichermaßen in den geistes- wie in den naturwissenschaftlichen Studiengängen. Nicht ganz umsonst ist Marie Curie als Namensvertreterin die einzige Frau, die zweimal in den Genuss einer Nobelpreis-Auszeichnung kam.

In ihrer Freizeit lesen Maries gerne, singen in einem Chor oder sind Mitglied einer Laienschauspielgruppe. Leibesertüchtigung betreiben sie aufgrund ihrer Geselligkeit am liebsten in Gruppen.

Optik und Outfit: Ziege oder Kuh

An den Haaren sollt ihr sie erkennen, denn fast immer zeigt sich der natürliche Kopfschmuck der Maries gelockt oder zumindest gewellt. Seine Farbe ist dagegen relativ unspezifisch, wobei das Spektrum von Hellblond über Kupferrot bis Pechschwarz reicht. Wie auch immer weisen die Namensträgerinnen einen eher hellen Hautton auf. Zumindest südländische Typen wird man kaum je unter ihnen antreffen. Ihre schlanke, fast schon drahtige Figur behalten die Maries meist bis ins hohe Alter. Eher mergeln sie dann ein wenig aus, als zur Wuchtbrumme zu mutieren. Das starke Geschlecht in Wallung versetzen regelmäßig ihre prächtigen Apfelbrüste sowie ihr sinnliches Antlitz.

Bei der Wahl ihrer Garderobe setzt die Marie auf verspielte Elemente, zum Beispiel lange Kleider mit Blümchenmuster, kombiniert mit weiten Armreifen.

Verführung und Sex: Follow me

Gegenüber dem anderen Geschlecht gibt sich die Marie häufig recht spröde. Vollkommen dicht macht sie, wenn ihr ein Verehrer mit blöden Anmachsprüchen kommt à la »Dein Vater muss ein Zuckerbäcker sein, weil du so süß bist«. Um ihr zu imponieren, muss ihr Gegenüber beim Balztanz schon ein gerüttelt Maß an Originalität in die Waagschale werfen, damit er nicht als zu leicht befunden wird. Selbst sendet die Marie nur selten eindeutige Flirtsignale aus. Allenfalls an einer gewissen Verlegenheit kann Mann erkennen, dass sie womöglich Feuer für ihn gefangen hat. Wenn dies allerdings mit Unsicherheit verwechselt wird, weil sie sich in einer Lokalität verloren vorkommt, sind blutige Nasen vorprogrammiert. Kandidaten, die ohne Einladung bei ihr vorstellig werden, lässt sie nämlich ziemlich hart auflaufen, indem sie ihnen die kalte Schulter zeigt. Und die

»Abfuhr« wird in der Regel umso heftiger, je weniger die Irrläufer auf einer Augenhöhe mit ihr liegen. Die Situation erinnert dann ein wenig an das Nibelungenlied, in dem Brunhilde den ihr körperlich hoffnungslos unterlegenen König Gunther in der Hochzeitsnacht zwecks Demütigung gefesselt an einen Kleiderhaken hängt.

Apropos Hochzeitsnacht: Beim Sex übernimmt die Marie gerne die Führung, und ihr Liebhaber sollte tunlichst bereit sein, ihren Regieanweisungen zu folgen. Versucht er, das Heft des Handelns in die Hand zu nehmen, stellt sie sich geflissentlich quer. Mit einem Alpharüden im Bett knirscht und knarzt es ständig im Gebälk, so dass das Intimleben nie so richtig zum Laufen kommt. Andererseits wird »Gehorsam« fürstlich belohnt. Tanzt der horizontale Gespiele nach ihrer Pfeife, vögelt sie ihn regelmäßig mit schlafwandlerischer Sicherheit ins erotische Nirwana und verwöhnt ihn ausgiebig.

Partnerschaft: To busy for Gschpusi

Die Marie ist ohnehin schon eine starke Frau und durch die Schicksalsschläge, die sie zu erleiden hat, wird sie noch stärker, nach dem Motto »Was uns nicht umbringt, macht uns nur noch härter«. Daher macht sie bei der Partnerwahl insofern Abstriche, als der zukünftige Bräutigam ihr psychisch nicht unbedingt gewachsen sein muss. Meist gibt sie sich »schon« damit zufrieden, wenn er ihr intellektuell und vom beruflichen Status her das Wasser reichen kann. Vollkommen auf ihren Göttergatten herabschauen möchte die Marie auch als emanzipierte Frau keinesfalls.

Obwohl Berufstätigkeit einen hohen Stellenwert im Leben der Marie einnimmt, hängt sie ihren Job in der Phase der Familiengründung für geraume Zeit an den Nagel. Mitunter kehrt sie erst wieder in Brot und Lohn zurück, wenn der Nachwuchs flügge wird. Ihre Kinder fördert sie, wie sie es selbst in ihrem Elternhaus erlebt hat, und lässt es ihnen, abgesehen von der rechten Herzenswärme, an nichts

fehlen. Die emotionalen Streicheleinheiten müssen sich die Sprösslinge eher vom Vater oder von den Großeltern holen.

Müßiggang ist aller Laster Anfang, heißt es sprichwörtlich. Da aber
die Marie nur gelegentlich dem Dolcefarniente frönt, kommt sie nur
selten auf dumme Gedanken, zum Beispiel ihren Mann zu betrügen.
Abgesehen von ihrer Ausgelastetheit, nascht sie auch aus Prinzip
keine Kirschen aus Nachbars Garten, was sie gleichermaßen von
ihrem Angetrauten erwartet. Spätestens den zweiten Seitensprung
ahndet sie konsequent mit Rauswurf.

Bezüglich der Arbeiten in und um das Haus herum schwören die
Namensträgerinnen auf die klassische Rollenaufteilung, nicht zuletzt, weil es ihnen am rechten handwerklichen Geschick ermangelt.
Dafür verrichten sie Kochen und Co. perfekt, was ihrem hohen Anspruch an sich selbst entspricht.

Trennung: Es bleibt schwierig

Bis die Marie das partnerschaftliche Handtuch schmeißt, muss schon
ein sehr großes Fass volllaufen. Wenn es allerdings erst übergelaufen
ist, fährt der Zug ganz klar in Richtung Scheidung. Dann kann auch
alles Bitten und Betteln ihres Noch-Mannes sie nicht mehr zur Rolle rückwärts bewegen, was in erster Linie an ihrer unerbittlichen
Konsequenz liegt. Wie die Julia bringt sie sich mit ihrer »Sturheit«
mitunter um eine Chance, wenn doch noch etwas ginge. Hat die Marie tiefe Verletzungen erlitten – besonders Untreue trifft sie bis ins
Mark –, bleibt das Verhältnis zu ihrem Ex lange Zeit extrem angespannt. Eine gewisse Normalität im Umgang miteinander stellt sich
häufig erst nach vielen Jahren wieder ein. Bis es so weit ist, offenbart
die Marie nicht selten die Tendenz, die Sprösslinge ein Stück weit
von ihrem Vater fernzuhalten, um sie ihm zu entfremden.

Pflegetipps:

Musts:

* Feten, Feste, Familienfeiern, klare Ansagen, Garten

No-Gos:

* Schnapsnasen und Angsthasen, tropisches Klima, Frutti di mare, Gefühlsduseleien

Ideale Namenspartner:

Genügend Originalität beim Balztanz, um das Herz der Marie zu gewinnen, können die charmanten und einfallsreichen Johannesse, Tobiasse und Jense in die Waagschale werfen. Ihre strikten Vorstellungen bezüglich sexueller Treue teilt das Duo Patrick / Fabian, wobei sich besonders Letzterer im Bett gerne ihrer Führung überlässt und sie als Lehrmeisterin anerkennt. Intellektuell auf einer Ebene mit der Marie liegen sowohl der Dominik als auch der Manuel, während sich der Lukas ihr dazu noch hinsichtlich psychischer Stärke als ebenbürtig erweist. Sowohl am David als auch am Jan bewundern die Namensträgerinnen die Unbeugsamkeit.

Marion

Basics: Top im Job

Die Marion wird nur selten mit der Startnummer eins geboren, sondern muss sich ihren Platz im Leben, geschweige denn in der Sonne, hart erkämpfen. Da ihre einfach gestrickten Eltern schulisch keine allzu großen Erwartungen in sie setzen, lassen sie ihr nur wenig Förderung zuteilwerden. Wenn überhaupt, eröffnen sie allenfalls ihren Söhnen die Möglichkeit, das Abitur zu machen, um anschließend zu studieren. Die Marion indes fügt sich meist ihrem Schicksal und geht spätestens nach der mittleren Reife in die Lehre. Dahinter steckt aber keinesfalls Resignation, vielmehr hat sie sich innerlich das Ziel gesetzt, im Job voll durchzustarten. Tatsächlich erreicht sie durch ihren unbändigen Ehrgeiz, gepaart mit hundertprozentiger Verlässlichkeit, nicht selten verantwortungsvolle Positionen. Mitunter übernimmt sie die Redaktionsleitung eines Verlages oder steigt zur Amtsleiterin in einer Behörde auf. Aber auch die Namensträgerinnen, die beruflich kleinere Brötchen backen, etwa als »einfache« Büroangestellte, sind an ihrem Arbeitsplatz oft unentbehrlich, halten sie doch mit ihrer Power den Laden am Laufen.

Im zwischenmenschlichen Umgang ist die Marion hart, aber fair, wobei sich hinter ihrer rauhen Schale oft ein äußerst weicher, verletzlicher Kern verbirgt, den nur ganz, ganz enge Vertraute zu sehen bekommen. In der Öffentlichkeit bewahrt sie stets die Contenance, weil sie befürchtet, dass ihre Schwäche ausgenutzt werden könnte.

Eine große Leidenschaft der Marion stellt das Tanzen dar, aber auch in anderen Sportarten vollbringt sie aufgrund ihrer Dynamik regelmäßig Großtaten, wie die ehemalige Sprintstaffel-Weltmeisterin Marion Wagner. Damit sie artgerecht Haustiere halten kann, lebt sie am liebsten dort, wo sich Fuchs und Hase gute Nacht sagen.

Optik und Outfit: Die Mitte fühlt sich schwer an

Von ihrem Aussehen her gehört die Marion leider kaum je zur Crème de la Crème. Was ihr am schmerzlichsten fehlt, ist die Ausstrahlung, die sie wohl ein Stück weit durch die Kämpfe ihres Lebens verloren hat. Bisweilen wirkt ihr Antlitz fast schon ein wenig versteinert, zumindest aber wenig entspannt. Dazu gesellen sich oft noch ein ziemlich blasser Hautton sowie eine gute Portion Hüftgold. Zwar weist sie keine wirklich eklatanten Makel auf, aber ebenso wenig kann sie mit echten Eyecatchern dienen. Eines ihrer Erkennungszeichen stellen die fast immer glatten Schnittlauchhaare dar. Interessanterweise tragen die Namensträgerinnen nicht nur keine Löwenmähne, sondern gehören auch signifikant selten dem Sternzeichen Löwe an.

Die meist recht schlichte Aufmachung der Marion hängt gewöhnlich mit ihrer übertriebenen Genügsamkeit zusammen.

Verführung und Sex: Die Braut, die sich nicht traut

Das Motto »Gut Ding will Weile haben«, welches sich die Marion beruflich zu eigen gemacht hat, indem sie beharrlich ihre Ziele verfolgt, beherzigt sie beim Suchen und Finden der Liebe eher selten. So legt sie etwa bei der Nutzung von Medien der Kontaktanbahnung eine ziemliche Sprunghaftigkeit an den Tag. Schließt sie sich einer Partnervermittlung an, wirft sie häufig nach ein, zwei »erfolglosen« Dates schon wieder die Flinte ins Korn, während sie bei Single-Stammtischen bestenfalls noch die konstituierende Sitzung »überlebt«. Irgendein Haar in der Suppe findet sie immer.

Auf freier Wildbahn lässt sich die Marion kaum je auf Flirtversuche seitens des männlichen Geschlechts ein, weil sie aufgrund ihres natürlichen Misstrauens regelmäßig Böses dahinter vermutet. Meist ist es die Angst, einem Womanizer zum Opfer zu fallen, was sie weniger verletzen als ärgern würde. Versucht sie ein Typ auszunutzen, wird sie nämlich zur Furie. Die besten Aussichten, an den Mann zu kommen, bieten den Namensträgerinnen noch der Arbeitsplatz sowie der private Freundeskreis, kann sie doch hier ihren Verehrern gewöhnlich nicht einfach davonlaufen.

Ein Feuerwerk der Leidenschaft brennt die Marion leider häufig nur beim Streiten ab. Im Bett ist sie eher ein laues Lüftchen, das zudem auch noch recht selten bläst. Ein Schelm, der hinter »blasen« Buchstäbliches vermutet, denn, damit sie sich am Genital ihres Lovers oral »verlustierte«, müssten schon mindestens Ostern und Weihnachten zusammenfallen. Geradezu allergisch reagiert die Marion auf die Spezies Kuschel- und Schmusebär. In Löffelchenhaltung mit ihr einschlafen geht ebenso wenig wie Küsschen hier, Küsschen da, ganz zu schweigen von ausgedehnten züngelnden Forschungsreisen in ihren Mund-Rachen-Raum.

Partnerschaft: Machtspiele der Liebe

Für die Ehe sucht sich die Marion oft bewusst einen Mann aus, der in puncto Persönlichkeitsstärke nicht einmal annähernd auf Augenhöhe mit ihr liegt. Ihn kann sie gleichermaßen im Alltag beherrschen, wie im Schlafzimmer auf Abstand halten. Mitunter setzt sie die Geschlechtlichkeit auch noch zusätzlich als Waffe ein, um ihren Angetrauten zu manipulieren. Schickt er sich an, ihr in einer bestimmten Frage die Gefolgschaft zu verweigern, lässt sie ihn sexuell so lange schmoren, bis er ihren Kurs einschlägt. Nach außen hin wünscht sich die Marion aber interessanterweise einen Vorzeigemann. Daher drängt sie ihren Partner ständig zum beruflichen Fortkommen, indem sie ihm lukrative Stellenanzeigen aus der Zeitung unter die Nase reibt oder ihn fast schon dazu nötigt, bei seinem Chef eine Gehaltserhöhung einzufordern.

Trotz ihres Dominanzverhaltens lässt sich die Marion intensiv auf

ihre Partnerschaften ein und neigt weder zu ausgiebigen Alleingängen noch zu Untreue. Zwar schießt sie ihren Freundeskreis, wie
manche ihrer Geschlechtsgenossinnen, nicht gleich in den Wind, sobald sie unter der Haube ist, doch zieht sie sich zugunsten der Zweisamkeit merklich daraus zurück. Eher selten drängt es sie auch zu
Unternehmungen mit befreundeten Paaren, während das gemeinsame Heim für Besuch immer offen bleibt.

Als Hausfrau und Mutter entwickelt die Marion kaum je einen besonderen Ehrgeiz, hat sie doch ihre Prioritäten in anderen Bereichen
gesetzt. Besonders wenn Kinder im Spiel sind, sieht die Wohnung
beileibe nicht immer geleckt aus. Ihr persönliches Kochbuch enthält
fast ebenso wenige Seiten wie ihr Liebestagebuch. Am Kochherd
überlässt sie ausnahmsweise gerne die Herrschaft ihrem Herrn Gemahl, und bezüglich ihrer handwerklichen Fähigkeiten beweist sie
Mut zur Lücke.

Trennung: Endstation Couch

Obwohl die Marion gewöhnlich bei der Trennung das Heft des
Handelns in der Hand hält, fällt sie hernach häufig in ein tiefes emotionales Loch. Dafür zeichnet nicht nur der Partnerverlust verantwortlich, sondern auch die Gewissheit, nun überhaupt niemanden
mehr zu haben, dem sie ihr Herz ausschütten kann. Das Verhältnis
zu ihren besten Freundinnen hatte sich während der Zeit, in der sie
in Beziehung lebte, ausgedünnt, und zu ihrer Herkunftsfamilie
pflegt sie ohnehin einen eher oberflächlichen Kontakt. Nicht selten
bleibt ihr als letzter Ausweg alleine noch professionelle Hilfe. Eine
mögliche Therapie bricht sie jedoch wegen ihrer »brennenden« Ungeduld meist schon nach wenigen Stunden wieder ab.

Wenn es um die Verteilung des ehelichen Sparstrumpfes und Co.
geht, kämpft die Marion mit harten Bandagen. Beim Thema Geld
hört nämlich für sie fast immer die Freundschaft auf.

Pflegetipps:

Musts:

* Entschiedenheit, Selbstkontrolle, Naturerleben

No-Gos:

* Traumtänzer, Raser, respektlose Frotzeleien

Ideale Namenspartner:

Gerne vom beruflichen Ehrgeiz der Marion inspirieren lassen sich der Christoph, der Thorsten sowie der Dirk. Ihre Liebe zur Natur und den Wunsch, Haustiere um sich herum zu haben, teilt das Duo Patrick/Lars, während sie horizontal sowohl der Felix als auch der Fabian fast nie durch außergewöhnliche Wünsche überfordern werden. Trefflich das Tanzbein schwingen, vielleicht sogar vereinsmäßig, können die Namensträgerinnen mit dem Carsten und dem Heiko. Die Herrschaft im trauten Heim überlassen ihnen die eher subdominanten Arnes und Björns.

Martina

Die Martina ist die inkarnierte Caritas. Wo immer ein Zeitgenosse in Not gerät oder ihm Unrecht geschieht, taucht sie auf wie ein Blitz aus heiterem Himmel. Da sich die soziale Ader der Martina auch stark auf ihr persönliches Umfeld erstreckt, ist sie als »gute Freundin« und »große Schwester« unentbehrlich. An Einsamkeit wird daher kaum je eine Namensträgerin leiden und trotz ihres großen Herzens ebenso wenig an einem ausgeprägten Helfersyndrom. Dafür sind dann doch die Abgrenzungsfähigkeit und der Selbsterhaltungstrieb der Martina zu groß. Auch liegen nur selten Leichen aus ihrer Kindheit im Keller, von denen sie sich mittels tätiger Nächstenliebe ablenken müsste. Gewöhnlich stammt sie nämlich aus einem recht behüteten und fördernden Elternhaus. Dort hat sie ihre ausgeprägte Lebenstüchtigkeit mitbekommen, die sie davor schützt, im Meer des Lebens zu stranden.

Frei vom Makel des zwanghaften Gutmenschen, ist die Martina beruflich keineswegs auf der sozialen Schiene festgenagelt, sondern erweist sich in dieser Hinsicht mehr oder weniger als Kosmopolitin. So kann sie ebenso als Reiseverkehrskauffrau oder Bibliothekarin glücklich werden wie als Lehrerin oder Krankenschwester. Im Job vereinen sich bei der Martina Kreativität und Beständigkeit. Wenn sie die Position erreicht hat, in der sie sich wohl fühlt, lässt sie es gewöhnlich gut sein, bildet sich aber stetig fort.

Als kleine Charakterschwäche der Martina muss leider eine gelegentliche »Aufschieberitis« verbucht werden.

In der Freizeit der Martina stellen Lesen und Geselligkeit »erste Bürgerpflicht« dar. Auch reist sie gerne, bevorzugt dabei jedoch Individualtourismus. Beim Sport setzt sie eher auf »Gemütlichkeit«,

so dass sie lockeres Walking allemal lieber betreibt als schweißtrei-
bendes Jogging.

Optik und Outfit: Looks like an angel

Wie eine Amazone wirkt die Martina, deren Name übersetzt »krie-
gerisch« bedeutet, optisch nun wahrlich nicht. Im Gegenteil, kennzeichnet sie meist eine ausgesprochen liebevolle Ausstrahlung, die
auch absolut mit ihrem Wesen korrespondiert. Vamps finden sich
kaum je unter dem Namen.
Haarfarbe, -form und -länge zeigen keine Besonderheiten, außer
vielleicht noch, dass Blondinen zahlenmäßig leicht überwiegen. Typisch sind aber wiederum eine schlanke bis allenfalls leicht molli-
ge Figur und ein ebenmäßiges, hübsches Antlitz mit meist braunen
Augen. Die ehemalige Tennis-Weltranglistenerste Martina Hingis
repräsentiert mit ihren 1,70 m in etwa die durchschnittliche Körpergröße.
Der Kleidungsstil der Martina ist leger und weist nicht selten verspielte Tendenzen auf. Viel lieber als Kleider trägt sie Röcke, obwohl
sie durchaus auch die Beine für das kurze Schwarze hätte.

Verführung und Sex:
Schau mir in die Augen, Kleiner ...

Tausendmal lieber, als anonyme Medien wie Internet oder Kontaktanzeige zu nutzen, hält die Martina auf freier Wildbahn Ausschau
nach Mr. Right. Am Arbeitsplatz »becirct« sie die Männerwelt durch
ihre Hilfsbereitschaft und angenehme Art, während sie aus der Distanz, etwa in der Kneipe, durch ihre positive Aura besticht. Zufallsbekanntschaften im Bus oder Supermarkt sind bei der Martina an
der Tagesordnung, weil sie fast immer ansprechbar ist und sich auch

selbst nicht scheut, den ersten Schritt zu wagen. Interesse an mehr erkennt XY bei ihr am ehesten an ihren auffällig erweiterten Pupillen.

Wenn die Martina starkes Interesse für einen Kandidaten hegt, fährt bei ihr der Zug ganz geradlinig in Richtung Schlafzimmer. Mit Ambivalenzspielchen hat sie gewöhnlich überhaupt nichts am Hut. Im Bett selbst ist sie eine kraftvolle Liebhaberin, die mit ihrem Lover weite Wege geht, aber selbst nur eher selten neue Spielarten der Lust mit einbringt. Bisweilen macht die Martina bezüglich ihrer sexuellen Phantasien auch aus ihrem Herzen eine Mördergrube, indem sie sich scheut, sie ihrem Partner mitzuteilen. Um offen über ihre intimen Wünsche zu sprechen, braucht sie schon sehr viel Vertrauen zum Gegenüber.

Obwohl die Martina nicht auf Gänseblümchensex steht, ist sie ausgesprochen verschmust und »kuschelig«. Ein absolutes Must seitens ihres horizontalen Gespielen sind »Streichelhände« und eine ausgefeilte Kusstechnik. Zärtliche Berührungen nebst leidenschaftlichem Zungenspiel können sie nämlich schon an den Rand eines Orgasmus bringen.

Partnerschaft: Lucky in love

Obwohl der Martina Partnerschaft und Familie über alles gehen, ist sie fast nie ein Heimchen am Herd. Selbst als Mutter bekleidet sie fast immer noch einen Halbtagsjob, zumindest dann, wenn die Kinder aus dem Gröbsten heraus sind. Das kann sie sich auch leisten, weil sie den Haushalt quasi mit links erledigt und so genügend zeitliche Kapazitäten freibleiben. Bei der Partnerwahl hat sie zudem meist Glück, indem sie an einen relativ emanzipierten Vertreter der Männerwelt gerät, der bereitsteht, sie, wenn nötig, beim Putzen, Waschen, Kochen und Aufzucht der Sprösslinge zu unterstützen. In der Freizeit stehen gemeinsame Unternehmungen des Paares mit oder ohne Anhang im Vordergrund. Die Martina verkörpert kaum je den Typus Frau, der ständig seine Alleingänge braucht. Getrennte Urlaube kommen für sie gewöhnlich überhaupt nicht in Frage. Träte ihr Mann mit diesem Anliegen an sie heran, würde sie ihn vermutlich zunächst einmal anschauen wie eine Mondkuh. Das heißt aber keineswegs, dass die Martina ein Klammeräffchen wäre und keine Freiheiten ließe. Fraglos kann sie gut alleine, aber sie möchte nicht unbedingt alleine.

Unabdingbare Voraussetzung für die Namensträgerinnen in der Zweisamkeit stellen Rituale dar. So sollten etwa die Mahlzeiten im Familienkreis eingenommen werden. Dabei findet ein reger Gedankenaustausch statt, ist es ihnen doch äußerst wichtig, am Leben ihrer Liebsten teilzuhaben. Wenn die familiäre Kommunikation versiegt, werden sie todunglücklich. Streit geht die Martina nicht aus dem Weg, doch sollte er, korrespondierend zu ihrem Charakter, konstruktiv bleiben. Zwar kann eine Auseinandersetzung ruhig auch temperamentvoll geführt werden, doch bei Verbalinjurien unter die Gürtellinie macht sie dicht oder entzieht sich ihnen.

Trennung: Valley of the tears

Die Martina ist ein aufrechter Mensch. Daher wird es nach dem Ende der Zweisamkeit von ihrer Seite aus nur sehr selten Tritte von hinten geben. Die Scheidungsfolgesachen können mit ihr gewöhnlich gütlich geregelt werden, selbst wenn ihr Ex kleine Giftpfeile auf sie abschießt. Bis sich die Martina aus der Ruhe bringen lässt und zurückfeuert, muss schon einiges passieren. Finanziell erhebt sie fast nie überzogene Ansprüche, da ihr Geld und Gut nicht übermäßig wichtig sind.

Eine Martina, die versucht, ihrem Verflossenen qua Scheidungsanwalt das Fell über die Ohren zu ziehen, kommt fast so selten vor wie Regen in der Sahara.

Emotional leiden die Trägerinnen dieses Namens ganz heftig unter dem Beziehungs-Aus. Meist gelingt ihnen der mühsame Weg aus dem Tal der Tränen aber ohne professionelle psychologische Unterstützung. Höchstens die Telefonleitungen zu ihren Freundinnen glühen in dieser Zeit heiß.

PFLEGETIPPS:

Musts:
* Ganzkörpermassagen mit sinnlichen Ölen, Abenteuerurlaube, Kabarett

No-Gos:
* Schweißfüße, rassistische Sprüche, Extrem-Couching

IDEALE NAMENSPARTNER:

Die Kommunikationsfreude und den Familiensinn der Martina teilt das Trio Patrick / Dominik / Tobias. Besonders mit Letzterem wird sie auch sexuell neue Wege beschreiten und ihre musische Ader ausleben können. Der Philipp, der Florian und der Jens betören die Martina immer wieder durch ihren Charme und ihre witzigen Ideen, während sie am Daniel und Manuel die Hilfsbereitschaft, Liebenswürdigkeit und Gemäßigtheit im Charakter schätzt. Beim gemeinsamen Sporteln überfordern die Martina weder der Christoph noch der Moritz.

MEIKE / MAIKE

BASICS: MEIKE DURCH EIN DORNWALD GING

Die Meike lebt nach der Devise »Was uns nicht umbringt, macht uns nur noch härter«. Beruflich landet sie daher häufig in Sparten, die ein hohes Maß an Druck- und Stressresistenz voraussetzen. So behält sie ebenso die Nerven als Krankenschwester in der Notaufnahme einer Unfallklinik wie als Brokerin an der Börse oder als Redakteurin einer Tageszeitung. Nicht selten arbeitet sie auch als Auslandskorrespondentin in den Krisenregionen dieser Erde. Wenn sie im Job ganz nach oben kommt, dann nicht zuletzt wegen ihrer außergewöhnlichen Einsatzbereitschaft nebst einem fast schon verbissenen Ehrgeiz. Auf ihrem Weg zu den Sternen trägt sie leider zeitweise Scheuklappen, die ihr den Blick nach rechts und links verstellen. Kleine Winke mit dem Zaunpfahl von der Seite wirken hier regelmäßig Wunder. Geschätzt wird die Meike unter ihren Kollegen indes besonders wegen ihrer Geradlinigkeit. Wenn ihr etwas gegen den Strich geht, packt sie den Stier bei den Hörnern, anstatt ihm Gewehrsalven in den Hintern zu verpassen. Dabei bringt sie oft stellvertretend für alle anderen Missstände auf den Tisch.

Im privaten Umfeld der Meike tummeln sich scharenweise Männer, weil sie ihre Sprache spricht, die deftig, ja mitunter zotig ist. Mit dem starken Geschlecht verbindet sie zudem die direktive Art. Nicht ganz zufällig scheucht in Person von Meike Tatzig eine Namensvertreterin im Wochentakt ganze Horden von Comedians durch die »Schillerstraße«.

Apropos Comedy: Humor prägt stark das Freizeitverhalten der Meike, geht sie doch gerne ins Kabarett, frönt der Lektüre von Satirebüchern oder lacht Tränen über gute Witze ihrer Freunde. Der Spaß

hört bei ihr nur auf, wenn sie versuchen, sie zu quälerischer Leibesertüchtigung zu animieren.

Optik und Outfit: Die zarte Versuchung

Die burschikose Art der Meike erschließt sich kaum je aus ihrem
äußeren Erscheinungsbild. Häufig ist sie nämlich fast schon ein
zierliches Persönchen nach Art der Schauspielerin Maike von Bre-
men mit ihrer 34er- bis 36er-Kleidergröße, die auch das namenstypisch feine Antlitz aufweist und bezüglich ihrer Körpergröße
(1,66 m) im Mainstream liegt. Allein der süße kleine Höcker auf der
Nase vieler Meikes reicht bei weitem noch nicht aus, sie optisch wie
ein Trampeltier wirken zu lassen, sondern stellt eher ein putziges
Detail dar. Die Kopfhaare sind interessanterweise entweder völlig
glatt oder wild gelockt; Welle als »Zwischenlösung« kommt praktisch nie vor.
An Modefragen zeigt sich die Meike weniger interessiert als das
Gros ihrer Geschlechtsgenossinnen, obwohl sie ein gutes Händchen
für das passende Outfit in jeder Lebenslage hat.

Verführung und Sex: All in one

Als Partnerin stellt die Meike für viele Männer die Idealbesetzung
dar. Zum einen verkörpert sie den Typus Kumpel/beste Freundin,
und zum anderen ist sie für die Herrenwelt aufgrund ihrer optischen
Reize auch sexuell attraktiv. An Verehrern mangelt es ihr jedenfalls
kaum je, höchstens an solchen, die ihr mental gewachsen sind. Außerdem verspürt sie keinen permanenten Bindungswunsch, sondern
genießt mitunter ihre Single-Phasen in vollen Zügen, indem sie,
ohne Kompromisse eingehen zu müssen, an ihrer beruflichen Karriere bastelt oder ihren Hobbys nachgeht.

Frei von jeglichem Druck, überlässt die Meike das Suchen und Finden der Liebe meist weitgehend dem Zufall, begibt sich aber immerhin regelmäßig auf die Piazza der einsamen Herzen, da sie sich nicht der Illusion hingibt, der Prinz würde schon irgendwann an der Haustür klingeln. Dass sie viel mit Kerlen um die Häuser zieht, vermag sich sowohl als Vor- als auch Nachteil erweisen. Einerseits könnten potenzielle Herzbuben die Burschen für ihren Freund halten und daher vor einer Balzattacke zurückschrecken. Andererseits wiederum könnten ihre Ausgehkumpels zufällig Spezis treffen, mit denen sie dann gleichermaßen völlig unverkrampft ins Gespräch kommt.

Im Schlafzimmer wünscht sich die Meike einen Sexperten, der genau weiß, wo der Bartel den Most holt. Zur Anlernmeisterin fühlt sie sich kaum je berufen. Ein intimer Versager wird mit ihr bestenfalls eine, niemals aber tausendundeine Liebesnacht verbringen. Noch bevor der Morgen graut, sollte er sich freiwillig aus dem Staub machen, um sich die Peinlichkeit eines ziemlich unsanften Rauswurfs zu ersparen.

Durch ihre zügellose Leidenschaft verursacht die Meike den einen oder anderen Kollateralschaden. Bisweilen bricht sie nicht nur das Herz ihres Lovers, sondern auch sein bestes Stück.

Partnerschaft: Die Königin der Herren

Die Meike entstammt meist recht einfachen Verhältnissen, in denen für die Frau Heiraten und Kinderkriegen, wenn nicht das Nonplusultra, dann aber zumindest eine Selbstverständlichkeit bedeuten. Nachdem sie sich viele Jahre gegen diesen Lebensentwurf aufgelehnt hat, gewinnt er für sie ab Mitte des dritten Lebensjahrzehnts immer mehr an Bedeutung, so dass sie bis 30 gewöhnlich unter der Haube ist. Mit dem Nachwuchs klappt es dagegen trotz eifriger Vermehrungsversuche meist erst viel später. Womöglich brechen sich hier bei der Meike unbewusst die Relikte des Widerstands gegen das klassische Familienmuster ihrer Eltern Bahn. Daher folgt dem ersten Sprössling oft auch kein weiterer mehr.

Allein die Rolle der Hausfrau und Mutter befriedigt die Namensträgerinnen auf Dauer kaum je, weshalb sie nach der Elternzeit bald wieder in die gewerbliche Berufstätigkeit zurückstreben. Entweder nehmen sie einen Halbtagsjob an oder richten sich ein Homeoffice ein. Dabei spielt nicht selten der Wunsch nach finanzieller Unabhängigkeit von ihrem Angetrauten eine große Rolle. Niemals möchten sie nämlich in die Verlegenheit geraten, ihn um Geld bitten zu müssen, was sie beinahe schon als eine Demütigung empfinden würden.

Das Zepter in der Zweisamkeit schwingt regelmäßig die Meike, weil ihr in puncto Persönlichkeitsstärke nur die wenigsten Männer das Wasser reichen können. Um ihren Willen durchzusetzen, agiert sie aber leider nicht immer sehr diplomatisch. Anstatt die Waffen einer Frau einzusetzen oder an die Ritterlichkeit ihres Göttergatten zu appellieren, geht sie mit dem Kopf durch die Wand. Dafür kann sich ihr Göttergatte darauf verlassen, dass sie das Familienschiff auch durch schwieriges Fahrwasser sicher manövriert.

Trennung: Eine Frage der Schere

Das Verhalten der Meike nach der Trennung hängt stark davon ab, wie sie zustande gekommen ist. Wurde der Beschluss, zukünftig getrennte Wege zu gehen, einvernehmlich gefasst, gibt sie sich gewöhnlich recht milde. Gnade Gott aber, ihr Partner hat sie wegen einer anderen Frau verlassen. Dann wird der Dämon Eifersucht in ihr erweckt, und sie mutiert zur rasenden Furie. Ihr Mütchen kühlt die Meike weniger, indem sie ihren Verflossenen finanziell schröpft, sondern vielmehr indem sie für peinliche Auftritte sorgt. »Erwischt« sie ihn etwa zufällig mit seiner neuen Flamme knutschend in der

Disco, macht sie ihm lauthals eine Szene oder verpasst ihm coram publico eine schallende Ohrfeige.

Zu einem gemeinsamen Kaffee reicht es jedenfalls auch nicht mehr, wenn sich der Pulverrauch verzogen hat. Das verbietet der Meike alleine schon ihre gnadenlose Sturheit.

Pflegetipps:

Musts:
* Reiselust, Großzügigkeit, Schabernack, Pekingente

No-Gos:
* Hypochonder, Erbsenzähler, Schiesser-Feinripp

Ideale Namenspartner:

Zur Subordination in der Zweisamkeit mit der Meike bereit zeigen sich, zumindest partiell, neben dem Arne sowohl der Björn als auch der Benjamin. Viel zu lachen gibt es an der Seite des Komikerduos Ingo/Simon, während sie am Sven die Vitalität schätzt. Blind vor Leidenschaft, wird dem Lars und dem Florian im Bett vermutlich erst nach getaner »Arbeit« gewahr, dass die Meike ihrem besten Stück durch ihre wilden Reiterspiele eine Fraktur zugefügt hat. Unterstützung auf breiter Front bieten den Namensträgerinnen die hilfsbereiten Heikos und Fabians.

Melanie

Basics: Drama Baby

Der Name Melanie kommt aus dem Griechischen und bedeutet übersetzt »die Schwarze, die Dunkle«. Bezieht man die »Düsternis« auf ihr Leben, so ist nomen tatsächlich omen. Meist beginnt die Via Dolorosa der Melanie bereits im Elternhaus, wo sie nur wenig Resonanz findet. Als Reflex darauf bleibt der Wunsch nach Liebe und Anerkennung ihr ständiger Begleiter. Leider wird diese nur allzu offensichtliche Bedürftigkeit, gepaart mit einer gewissen Labilität, oft schamlos ausgenutzt, indem »falsche Freunde« die Namensträgerinnen auf Abwege führen oder zu Lakaien degradieren. Nicht selten geraten sie auch finanziell in schwieriges Fahrwasser, weil sie größere Geldsummen verleihen, die sie niemals wiedersehen. Bis die gutgläubige Melanie erkennt, dass eigentlich nicht sie, sondern nur ihre Dienste gefragt sind, geht meist eine geraume Zeit ins Land. Bisweilen verdrängt sie den Sachverhalt auch geflissentlich und kommt erst dann nicht mehr daran vorbei, wenn sie fallen gelassen wird wie eine heiße Kartoffel.

Beruflich erreichen die Melanies nur selten Spitzenpositionen, da sie einerseits über zu wenig Durchsetzungsvermögen verfügen und sie andererseits immer wieder depressive Verstimmungen am Fortkommen hindern. Ihr guter Geschmack prädestiniert sie zu Kosmetikerinnen, Friseurinnen oder Modeberaterinnen, während sie ihr sozialer Touch häufig in helfende Professionen führt. Für Tätigkeiten, bei denen sie überwiegend nur sitzen müssen, ist dagegen ihr Bewegungsdrang zu groß.

In der Freizeit trifft sich die Melanie mit Freundinnen zum Stadtbummel, treibt moderat Sport und lässt ihre Seele bei Wellness- beziehungsweise Schönheitsurlauben baumeln. Nicht selten zeigt sie auch einen gewissen Hang zu esoterischen Disziplinen, bevorzugt jedoch zur Astrologie.

Optik und Outfit: Flesh for fantasy

Die Melanie besticht durch ihre betörende Sinnlichkeit, hat aber zeitlebens mit ihrem Gewicht zu kämpfen. Aufgrund der menschlichen Enttäuschungen, die ihr häufig widerfahren, gehört sie regelmäßig zur Kategorie der Frustfresserinnen. Unbewusst futtert sie sich einen fleischlichen Schutzpanzer gegen Verletzungen an, der aber fast nie adipöse Ausmaße annimmt. Die Problemzonen liegen meist im Bereich Hüfte/Po sowie in den Oberschenkeln, während der Oberkörper nur selten merklich zu kräftig geraten ist.

Neben der erotischen Ausstrahlung besticht das Antlitz der Namensträgerinnen durch Ebenmaß und feminine Weichheit. »Mannweiber« wird man kaum je unter ihnen finden.

Hinsichtlich ihrer Garderobe wagt die Melanie in Anbetracht ihres fragilen Selbstwertgefühls recht viel, schwört sie doch auf kräftige Farben und weicht auch gerne einmal merklich vom gängigen Geschmack ab.

Verführung und Sex: Let's do it now

Obwohl die Melanie eine faszinierende Frau ist, kann sie es oft kaum fassen, wenn ein attraktiver Mann Interesse an ihr bekundet. Nicht selten fühlt sie sich dadurch verpflichtet, als Ausgleich die gesamte Werbung zu übernehmen, indem sie ihm zum Beispiel kleine, aufmerksame Geschenke macht oder ihn zum Essen einlädt. Bei Machos, die selbst gerne das Heft des Handelns in der Hand halten, sorgt die Melanie mit ihren »Vorstößen« zunächst für einige Verwirrung. Sobald sie aber merken, dass dahinter nicht Emanzentum, sondern tiefverwurzelte Minderwertigkeitskomplexe stecken, beginnen sie innerlich zu jubilieren, da sie nun zu Recht leichtes Spiel wittern.

Die größten Jagderfolge erzielt die Melanie dort, wo sie potenziellen Herzbuben am besten ihre Hilfsbereitschaft und Fürsorglichkeit demonstrieren kann, zum Beispiel am Arbeitsplatz oder in Gesprächzirkeln für Singles. Ist dagegen Schlagfertigkeit gefragt, wie beim Speed-Dating, gehen ihre Chancen quasi gegen null. Kommunikativ kommt sie nämlich eher schwer in Fahrt.

Im Bett dagegen ähnelt die Melanie eher einem Gasherd, der sofort heiß wird, nachdem der zündende Funke ihn erfasst hat. Ein Lover, der sich dann noch allzu lange mit dem Vorspiel beschäftigt, geht ihr mitunter gehörig auf die Nerven. Auch braucht sie keine Wochen oder Monate, um ihr intimes Repertoire auszuschöpfen. Völlig tabulos bringt sie häufig schon beim ersten Geschlechtsverkehr alle dafür relevanten Körperöffnungen ins Spiel. Bisweilen verwöhnt sie etwa ihren Partner oral schon derart beherzt, dass ihm vor Lust fast die Ohren wegfliegen. Insgesamt stellt Sexualität für die Melanie eine hervorragende Möglichkeit dar, innere Spannungen und Frustrationen abzubauen.

PARTNERSCHAFT: FEEL SO LONELY

Hinsichtlich ihrer Partnerschaften zeigt sich die Melanie in tragischer Weise auf das Vaterschema fixiert. Fast immer gerät sie an ähnliche Macho-Typen wie ihn, die ihr nur Beachtung schenken, wenn sie funktioniert. Meist läuft sie so nebenbei mit und steht auf der Prioritätenliste allenfalls an vierter oder fünfter Stelle nach den Kumpels, der Arbeit, den Hobbys und vielleicht sogar den Haustieren. Ihre Rolle besteht darin, dem Göttergatten den Rücken freizuhalten, ihm die nötige Bewunderung entgegenzubringen und umfassend für sein leibliches Wohl zu sorgen. Gemeinsame Unternehmungen gehen gewöhnlich nur in Richtung seiner Interessensgebiete. Auch hier sind die Namensträgerinnen kaum mehr als »geduldete Gäste«.

Bei der Aufzucht der Kinder ist die Melanie meist weitgehend Einzelkämpferin. Fragte man ihren Angetrauten, was die Kiloangaben auf den Windelpackungen bedeuten, würde er wahrscheinlich mutmaßen, dass es sich dabei um die Menge an Kacke handelt, die sie maximal aufzunehmen in der Lage sind.

Wenn sehr viele glückliche Umstände zusammenkommen, nimmt er den Nachwuchs später ab und zu einmal mit auf den Sportplatz oder in einen Fast-Food-Tempel.

Nicht selten zeigt sich die Melanie von der häuslichen Situation völlig überfordert, und ihr wächst alles über den Kopf, zumal sie häufig auch noch zusätzlich einer gewerblichen Arbeit nachgeht. Von ihrer Mutter kann sie nicht viel Hilfe erwarten, da sie selbst alle Hände voll zu tun hat, ihren Pascha von Mann zufriedenzustellen. Wenn es gar nicht mehr anders geht, wird eine Familienhilfe in Anspruch genommen, die wieder ein wenig Ordnung und Ruhe in die chaotischen Verhältnisse bringt.

Symmetrische Beziehungen baut die Melanie, wenn überhaupt, erst ab dem fünften oder sechsten Lebensjahrzehnt auf.

TRENNUNG: FIGHT FOR YOUR RIGHT

Durch die Geburt der Kinder und den nachfolgenden Stress wird die Melanie häufig ein wenig rundlich. Außerdem ist sie abends gewöhnlich zu platt, um ihrem Angetrauten im Bett noch ein Feuer der Leidenschaft zu bieten. Daher lässt der sich auf außereheliche Affären ein und brennt schlussendlich mit einer anderen Frau durch. Den Unterhalt für seine Familie zahlt er anfangs entweder nur unregelmäßig oder überhaupt nicht. Oft muss ihn die Melanie darauf verklagen, so dass sich mitunter ein juristischer Krieg entspinnt.

Die zum Teil heftigen Konflikte ihrer getrennten Eltern werfen die gemeinsamen Sprösslinge nicht selten völlig aus der Bahn, so dass sie verhaltensauffällig werden und die Dienste einer »Supernanny« gefragt sind. Einem neuen Partner ihrer Mutter machen sie aus Eifersucht das Leben schwer. Bisweilen starten sie einen regelrechten Mobbing-Feldzug gegen ihn.

Pflegetipps:

Musts:
* Wohlige Wärme, Kaffee, Feste und Märkte

No-Gos:
* Ordnungsfanatiker, Volksmusik, Kulturreisen

Ideale Namenspartner:

Die Prise Machismo, auf die die Melanie steht, verkörpern der Axel, der Ronny und der Kai, wobei aber nur Letzterer ihr im Bett das Wasser reichen und sie vollständig befriedigen kann. Unterstützung im Haushalt erfahren die Namensträgerinnen bei dem Trio Daniel, Jörg und Tobias, das sich auch liebevoll an der Kinderaufzucht beteiligt. Stets mindestens ein Lächeln ins Gesicht zaubern ihnen die witzigen Maxe und Ingos, während sie die ausgeprägte Gutmütigkeit mit dem Lars teilen. Bezüglich ihren modischen »Extratouren« findet die Melanie ihr Pendant im Dominik.

Michaela / Michelle

Basics: Quid pro quo

Anders als ihr männliches Pendant, der Michael, der abgesehen von einigen kleinen Macken ein liebenswerter Kerl ist, weist die Michaela häufig erhebliche charakterliche Defizite auf. Das größte davon stellt fraglos ihr Egoismus dar. Besonders in finanziellen Angelegenheiten zeigt sie sich sehr auf ihren Vorteil bedacht, aber auch sonst achtet sie tunlichst darauf, ein möglichst großes Stück des Kuchens zu ergattern. Wenn sie gibt, dann selten ohne die Erwartung, mindestens das Gleiche zurückzubekommen. Eine gewisse Berechnung steckt also fast immer hinter ihrem Handeln. Große Skrupel kennt sie indes selbst bei handfester Ausnutzung und Übervorteilung ihrer Mitmenschen kaum je, da sie ihr Verhalten nur selten intensiver reflektiert. Meist fehlt ihr dafür schlicht der »geistig-moralische Tiefgang«. Zu glänzen vermögen die Namensträgerinnen aufgrund ihrer Fähigkeit, fünfe auch mal gerade sein zu lassen, sowie ihres krachenden Humors.

Beruflich lautet das Motto der Michaela »Möglichst wenig arbeiten für möglichst viel Geld«. Sicher mit ein Grund, warum die heutige Schauspielerin Michaela Schaffrath unter dem Pseudonym Gina Wild einige Jahre im Pornogeschäft tätig war. Immerhin hat die ehemalige Erotik-Queen aber noch vollen Körpereinsatz gezeigt, was ihren Namenschwestern, die gerne die Arbeit anderer überlassen, gewöhnlich nicht im Traum einfallen würde. Häufig kommen sie damit sogar durch, weil es ihnen gelingt, ihre (Minder-)Leistungen gegenüber den Vorgesetzten in ein günstiges Licht zu setzen.

Ihre Mußestunden widmet die Michaela gerne ganz profanen Vergnügungen. Bei alkoholgeschwängerten Grölrunden auf Volksfesten intoniert sie am lautesten die Liedzeile »Wir feiern die ganze

Nacht« und gehört nachher tatsächlich zu den Gästen, die heraus-
gekehrt werden müssen. Daneben liebt sie gleichermaßen Shopping
wie Wellness.

Optik und Outfit: Massengeschmack

Bei kaum einem anderen Namen korrespondieren Charakter und
Optik so stark wie bei der Michaela. Oft wirkt sie nämlich schon
von ihrem Gesichtsausdruck her leicht berechnend und strahlt wenig menschliche Wärme aus. Echte Charismatikerinnen sind unter
ihnen quasi Fehlanzeige. Dem Mainstream der Männer, der eher
Wert auf »klassische« weibliche Attribute wie eine sexy Figur oder
eine lange Löwenmähne legt, haben die Namensträgerinnen aber
einiges zu bieten. Nur die etwas zu kurz geratenen Modelle um etwa
1,60 m weisen interessanterweise meist einen ziemlich kompakten
Körperbau auf und müssen ständig darum kämpfen, nicht in die
Quadratform überzugehen.
Ihren leicht unsteten Lebenswandel versucht die Michaela durch regelmäßige Besuche im Kosmetikstudio, Wellness und restaurierende
Schönheitsoperationen zu kompensieren.

Verführung und Sex: I kissed a boy

Um eine Michaela für eine dauerhafte Beziehung ins Netz zu bekommen, eignet sich als Fanggebiet hervorragend das Wartezimmer
eines Tierarztes, da sie häufig einen Minizoo mit den Grundelemen-
ten Hund, Katze, Pferd unterhält. Allerdings sollte der Kandidat
unbedingt den indirekten Weg über den (kranken) Vierbeiner nehmen, indem er zunächst Interesse an ihm und gegebenenfalls seinem
Leiden zeigt. Erst dann ist der Weg zum Herzen seines Frauchens
beziehungsweise seiner Halterin frei.

Lose Vögel der Spezies XY, denen der Sinn eher nach einem One-Night-Stand steht, sind dagegen besser mit einer ausgelassenen Party oder einem Volksfest »bedient«, wo die Namensträgerinnen leicht bis mittelschwer angetrunken jegliche Hemmungen verlieren und sich zum Teil schon vor Ort vernaschen lassen. Ein hoher Flirtfaktor steht bei der Michaela meist nur auf die Alkoholfahne geschrieben, während sie im nüchternen Zustand eher spärliche Locksignale in Richtung des starken Geschlechts aussendet. Andererseits fackelt sie gewöhnlich nicht lange, wenn ihr ein Kerl ins Auge sticht, und startet höchstselbst die verbale Balzattacke. Dabei ist sie oft noch ziemlich unentschieden, ob sie ein kleines Zwischenhäppchen oder die große Liebe sucht. Die Entscheidung darüber fällt regelmäßig in ihrem Schlafzimmer, das sie dauerhaft niemand anderem öffnet als Mr. Lover Lover. Höchstens er führt ihr noch einen zweiten Mr. Lover Lover zwecks »flottem Dreier« zu, oder sie vergnügt sich heimlich noch mit einem anderen Mr. Lover Lover. Nicht selten bereitet es ihr nämlich einen besonderen Kick, sich von mehreren Schwänzen gleichzeitig respektive wechselweise beglücken zu lassen. Und im Grunde müsste ihr Hauptgespiele täglich Dankgebete gen Himmel schicken, wenn ihm die »Last« der alleinigen Befriedigung seiner schier unersättlichen Bettgenossin ein Stück weit abgenommen wird.

Partnerschaft: Oh, oh

Obwohl das Augenmerk der Michaela eher auf ihrem privaten Tiergarten und Partymachen liegt, heiratet sie irgendwann einen Mann, der sie finanziell gut versorgt. Allzu gerne reduziert sie nämlich ihre Berufstätigkeit im heiligen Stand der Ehe oder bleibt gleich ganz zu Hause, um sich noch mehr ihren Steckenpferden widmen zu können. Nicht selten begründet sie ihren kompletten Ausstieg damit, dass sie ihr Hobby etwa in Form eines Reiterhofes zum Beruf machen möchte. Geht sie diesen Plan an, wächst ihr die Arbeit als Typ, der wahrlich nicht gerne schuftet, aber schnell über den Kopf. Meist muss dann ihr bedauernswerter Gatte den Kopf für ihre Flausen hinhalten, indem er zunächst abends noch das »Viechzeug« mitversorgt und später ihr reines Geldgrab von Unternehmung abwickelt.

Kinder setzt die Michaela oft recht unreflektiert in die Welt, ohne sich der damit zusammenhängenden Verantwortung bewusst zu sein. Nicht selten wachsen die Sprösslinge mehr oder weniger bei ihren Großeltern auf oder stehen ständig an der Grenze zur Verwahrlosung, weil ihre Mutter sie vor allem zugunsten ihrer sexuellen Abenteuer vernachlässigt. Selbst wenn sich die Michaela im mittleren Alter ein wenig fängt, eine Wandlung von der Sauline zur Pauline durchläuft sie kaum je und so wird sie auch keine Mamma Lucia mehr.

Der Beziehungsalltag der Michaela ist häufig von Respektlosigkeiten gegenüber ihrem Partner geprägt. Im Bett demütigt sie ihn wegen vermeintlicher Minderleistungen, was sich natürlich mit der Zeit zu einer Selffulfilling Prophecy auswächst. Jenseits des Schlafzimmers bestechen die Namensträgerinnen durch Sticheleien bezüglich der Optik sowie der Freizeitbeschäftigungen ihres Herzbuben. Setzt er sich nicht dagegen zur Wehr, geht sie mit ihren Provokationen immer einen Schritt weiter, bis er explodiert.

Trennung: Nachgetreten

Nachdem die Michaela jeglichen Respekt vor ihrem Angetrauten verloren hat, verlässt sie ihn mit einem ihrer Geliebten. Aber nicht etwa, dass sie deshalb ein schlechtes Gewissen befiele, im Gegenteil, oft verpasst sie ihrem zukünftigen Ex zum Abschied noch einen kräftigen Tritt in den Hintern, indem sie ihn als Totalversager hinstellt. Auch bei der Verteilung des ehelichen Vermögens kennt sie keine Gnade und beherzigt das Prinzip »Catch as catch can«. Bisweilen steht ihr Verflossener am Ende geschröpft wie eine Weihnachtsgans da und muss hoch verschuldet von vorne anfangen.

Das Aufenthaltsbestimmungsrecht für den gemeinsamen Nachwuchs strebt die Michaela oft nur an, um ihren Wiedereinstieg in die gewerbliche Berufstätigkeit hinauszuzögern. Mehr Fürsorge lässt sie ihm deshalb beileibe nicht zuteilwerden, da sie lustig weiterlottert.

PFLEGETIPPS:

Musts:
* Spendierhosen, Trinkfestigkeit, geschickte Hände

No-Gos:
* Moralapostel, Klammeräffchen, Abenteuerurlaube

IDEALE NAMENSPARTNER:

Neben dem Dennis öffnen wie die Michaela der Ronald sowie der Dirk gerne dritten Personen die Schlafzimmertür. Viel Verständnis für die Unstetheit im Denken, Fühlen und Handeln der Michaela bringt die langmütige »Troika« Daniel/Manuel/Patrick auf. Mit Letzterem teilt sie zudem die Tierliebe. Die Demütigungen der Namensträgerinnen werden die devoten Marios sowie Arnes lange über sich ergehen lassen. Einen hervorragenden Versorger in materieller Hinsicht findet die Michaela im Jörg, während sie an der Seite des feuchtfröhlichen Kai trefflich Party machen kann.

Miriam / Mirjam

Basics: Ein Herz für Tiere

Wie ihre Namensmutter Maria, verbirgt die Miriam hinter einer toughen, fast schon burschikosen Fassade einen äußerst sensiblen Kern. Um nicht selbst verletzt zu werden, beherzigt sie häufig das Motto »Angriff ist die beste Verteidigung«. Versagt dieses Prinzip einmal und sie gerät selbst ins Kreuzfeuer heftiger Attacken, bricht mitunter das Kartenhaus ihrer vermeintlichen Stärke in sich zusammen. Nicht selten beginnen dann bei ihr ganz heftig die Tränen zu fließen. Am liebsten würde die Miriam in diesen Momenten in Mutters schützenden Schoß zurückkriechen oder zumindest in ihren Armen Trost suchen. Aus Stolz weigert sie sich jedoch meist, Hilfe anzunehmen, was bei ihr ein grundsätzliches Problem darstellt. Bis sie sich beispielsweise in ärztliche Behandlung begibt, muss sie schon halbtot sein. Ihr Herz schütten die Namensträgerinnen gewöhnlich nur ihren Tieren aus, die sie für die »besseren Menschen« halten. Mit ihnen verbringen sie auch einen großen Teil ihrer Freizeit. Bei manchen von ihnen geht die Liebe zu Bello und Co. so weit, dass sie beinahe schon ein privates Asyl für gestrandete Vierbeiner betreiben. Ansonsten erkunden die Miriams in ihren Mußestunden gerne spazierend oder joggend Wald und Flur. Längere Zeit auf der heimischen Couch abhängen geht gar nicht, weil sie ständig einen Bewegungsdrang verspüren. Einen Ruhepol für ihr soziales Umfeld bilden sie jedenfalls kaum je.

Auch der Job muss den Miriams viel Action bieten, ansonsten verkümmern sie auf kurz oder lang darin. Oft haben sie ihr »animales« Hobby zum Beruf gemacht und sind als Reitlehrerinnen oder Tierpflegerinnen tätig. Eine etwas kleinere Fraktion findet sich auch in Laboratorien jedweder Couleur. Hinter dem Büroschreibtisch werden nur die ruhigeren Vertreterinnen einigermaßen glücklich.

OPTIK UND OUTFIT: KONTRASTE

Die teilweise hemdsärmelige Art der Miriam korreliert in keiner Weise mit ihrem Aussehen, verkörpert sie doch meist einen ausgesprochen femininen Frauentypus. Typisch sind lange, mitunter gewellte, aber fast nie gelockte Haare, die ein Antlitz umrahmen, das von weichen Zügen geprägt ist, wie das der Schauspielerin Miriam Haßler. Allenfalls die Kinnpartie präsentiert sich bei manchen Namensträgerinnen ein wenig markant. Die meist dunklen Augen spiegeln Sensibilität, gepaart mit Verträumtheit und einer gewissen Fahrigkeit, wider. Auffällig häufig findet sich auch die Kombination schlanke Figur – üppige Oberweite.

Da die Miriam viel mit ihren Tieren herumtollt, ist ihr Kleidungsstil eher funktional gehalten. Wenn sie jedoch, was leider nur selten vorkommt, ihr Abendkleid aus dem Schrank hervorholt, stockt der Männerwelt regelmäßig der Atem.

VERFÜHRUNG UND SEX:
SIE LIEBT MICH, SIE LIEBT MICH NICHT

Die Einstellung der Miriam bezüglich Partnerschaft kennzeichnet sich durch Ambivalenz. Einerseits kommt sie sehr gut alleine zurecht, und ihr Leben ist alles andere als eintönig, aber andererseits sehnt sie sich doch nach der starken Schulter zum Anlehnen. Meist schlägt sich diese Zwiespältigkeit in ihrem Flirtverhalten nieder. Mitunter gibt sie Verehrern ähnlich der Christina Signale zum Angriff und weiß plötzlich gar nicht mehr so recht, was sie mit ihnen anfangen soll, wenn sie plötzlich vor ihr stehen. Oft zeigt sie ihnen aus Unsicherheit relativ schroff die kalte Schulter. Die holde Männlichkeit tritt dann alsbald wieder den Rückzug an in dem Glauben, einer Verhohnepipelung aufgesessen zu sein. Dabei ist die Miriam selbst Opfer ihrer widerstreitenden Gefühle geworden und beißt sich hernach ob ihres Verhaltens in den Hintern. Gewinnen kann im Prinzip nur ein Kandidat, der das Standing aufbringt, ihre Fassade zu durchbrechen oder, »märchenhaft« ausgedrückt, die Dornenhecke vor ihrem Dornröschenschloss zu überwinden. Das »Wachküssen« erweist sich dann regelmäßig nur noch als Formsache. Meist will es aber überhaupt kein Ende mehr nehmen, weil die Miriam extrem gerne schmust. Gibt sie sich schlussendlich ihrem Prinzen hin, legt sie mehr Wert auf Verspieltheit als auf zügellose Leidenschaft. Zudem sollte bei ihrer Geschlechtlichkeit ein gerüttelt Maß Romantik im Spiel sein. Ein Liebesakt unter Sternenhimmel am Strand turnt sie tausendmal mehr an als ein Quickie in der Besenkammer. Um die schnelle Nummer durchzuziehen, braucht sie auch viel zu lange, bis sie auf Betriebstemperatur kommt. Intime No-Gos für die Namensträgerinnen sind neben schlechten Gerüchen Bärte, weil sie ihre empfindliche Gesichtshaut zerkratzen und ihnen optisch ungefähr so gut gefallen wie ein Fußpilz in voller Blüte.

PARTNERSCHAFT: MUTTER WIDER WILLEN

Ein Mann, der eine Familie gründen möchte, sollte sich nur dann mit einer Miriam einlassen, wenn sie nicht schon das ganze Haus voller Tiere hat. Ansonsten passt nämlich Nachwuchs kaum noch in ihr Lebenskonzept. Aber auch den weniger tierverrückten Namensträgerinnen reicht allemal ein Sprössling, da sie mit Kindern nur recht wenig anfangen können. Zudem verlaufen ihre Schwangerschaften oft so problematisch, dass sie wenig Lust auf weitere machen. Mitunter verbringen sie einige der neun Monate mehr oder weniger liegend und überproportional häufig entbinden sie durch Kaiserschnitt. Bei alledem mögen innere Widerstände gegen die Mutterschaft eine psychologische Rolle spielen.
Ebenso wenig wie die Miriam je zur Mamma Lucia mutiert, entwickelt sie größeres Interesse für Hausarbeit. Meist überlässt sie sie

»großzügig« ihrer besseren Hälfte oder stellt eine Perle dafür ein, sofern es der Geldbeutel zulässt. Viel lieber als die Wohnung, die häufig ein wenig chaotisch aussieht, mistet sie den Pferdestall aus. Leidensdruck empfindet sie aufgrund ihres unaufgeräumten Heims kaum, da ihr schlicht der Ordnungssinn fehlt.

Ein gerüttelt Maß an Freiheit ist erste Bürgerpflicht in der Zweisamkeit der Miriam. Niemals würde sie sich von ihrem Partner wesentlich in ihrem Aktionsradius einschränken lassen. An die heimischen vier Wände könnte sie nur die Krankheit eines Familienmitglieds binden, denn in der Not erweist sie sich als eine Bank. Als loyal erweist sich die Miriam aber nicht nur im Alltag, sondern auch im Bett. Untreu wird sie gewöhnlich allerhöchstens aus »süßer« Rache für einen Seitensprung ihres Göttergatten, obwohl sie selbst weiß, dass das eigentlich meilenweit unter ihrem Niveau liegt und sie damit ihrem Karma Schaden zufügt.

Trennung: Mit kühlem Kopf und kaltem Herz

Die Beziehungen der Miriam zerbrechen meist, weil sie recht bald wieder ihre Interessen in den Vordergrund stellt und ihr Partner auf Dauer nicht bereit ist, das fünfte Rad am Wagen zu spielen. Nicht selten »flieht« er in die Arme einer Frau, bei der Zweisamkeit höhere Priorität genießt.

Die Miriam wirft weder Teller und Tassen noch fällt sie in ein allzu tiefes emotionales Loch, wenn ihr Noch-Mann die Außenbeziehung ruchbar macht und sie hernach verlässt, wird doch dadurch nur noch eine Lebensgemeinschaft offiziell beendet, die schon längst keine mehr war. Hatte sich das Ex-Paar »getraut«, können die Scheidungsfolgesachen entsprechend einvernehmlich geregelt werden.

Bis sie Ausschau nach einem »Ersatzmann« hält, lässt die Miriam viel Zeit ins Land gehen. Oft ist der weitere Kontakt zum anderen Geschlecht auch von Unverbindlichkeit geprägt.

Pflegetipps:

Musts:

* Sinnliche Massagen, Landleben, Vanillepudding

No-Gos:

* Flugreisen, Schwiegermamabesuch, Tierhaarallergie

Ideale Namenspartner:

Der Patrick, der Benjamin und der Jens teilen ein Stück weit die »tierische Leidenschaft« mit der Miriam. Letzterer bringt neben dem Duo Tobias/Marc auch genügend verspielte Elemente in die Geschlechtlichkeit ein. Niemals den Versuch unternehmen, die Namensträgerinnen in ihrer Autonomie einzuschränken, wird das Trio David, Jan und Oliver, weil es selbst die lange Leine braucht. Ebenso geringe Ambitionen wie die Miriam, dem Bevölkerungsrückgang in Deutschland durch Gründung einer Großfamilie entgegenzuwirken, zeigen der Niklas sowie der Mario.

NADINE

BASICS: DIE PFERDEDIEBIN

Auf die Suche nach der Weltformel wird sich die Nadine kaum je
begeben, tangieren sie doch tiefschürfende geistige Fragen nur peripher. Schon in der Schule interessiert sie sich eher für Mode und
die Glamourwelt ihrer Popidole als für den dargebotenen Lehrstoff.
Da sie aber ein recht cleveres Köpfchen ist, braucht sie nur wenig
dafür zu tun, einen ordentlichen Realschulabschluss hinzulegen. Bisweilen vermag sie auch durch ihre optischen Reize die eine oder
andere bessere Note beim männlichen Lehrpersonal einzuheimsen.
Der »Karriere« als Schwarm des Klassenzimmers schließt die Nadine häufig eine Ausbildung zur Kosmetikerin, Physiotherapeutin
oder Verwaltungsfachangestellten an. Nicht selten verdient sie sich
währenddessen zumindest ein Zubrot, indem sie modelt oder kell-
nert. Wenn die Aufträge stimmen, verschreibt sie sich mitunter sogar komplett dem Laufsteg.
Trotz ihres guten Aussehens wirkt die Nadine selten affektiert und
abgehoben, sondern verkörpert vielmehr den hemdsärmeligen Typ
zum Pferdestehlen. Dadurch bleibt sie weitgehend von Mobbing-
Attacken ihrer Geschlechtsgenossinnen verschont.
In ihrer Freizeit gehen die Namensträgerinnen häufig mit ihren
Freundinnen auf Shopping-Tour. Da sie gerne reisen, darf es dabei
ruhig auch »New York, Rio, Tokio« sein. Manche von ihnen kehren
ihrer Heimat den Rücken und wandern in ein fremdes Land aus,
sofern sich dort eine gute (Arbeits-)Möglichkeit für sie ergibt. Um
diesen Schritt aufs Geratewohl, ohne Netz und doppelten Boden
zu wagen, sind die Nadines dann doch einen Tick zu vorsichtig.
Zaudern sie, steht meist die Furcht vor Verarmung in der Ferne
als Grund an erster Stelle, während sie unter Heimweh kaum je

merklich leiden. Genauso wenig scheitert ihre Mission an fehlenden Sprachkenntnissen oder mangelnder Offenheit gegenüber den Gepflogenheiten der Einheimischen.

Optik und Outfit: Alles passt perfekt zusammen

Die Nadine kann häufig mit einem Traum-Body aufwarten, der sie zum Akt- oder Fotomodell prädestiniert. Besondere Eyecatcher sind ihre endlos langen Beine sowie ihr zwar nicht übermäßig üppiger, dafür aber makellos geformter Busen. Häufig schaut sie auch auf ihre Geschlechtsgenossinnen ein wenig herab, weil sie das »Gardemaß für Frauen« von 1,80 m erreicht und sogar von ihrer Durchschnittsgröße her noch stattliche 1,72 m aufs Maßband bringt. Das Antlitz der Namensträgerinnen wirkt entweder engelsgleich wie bei der Dressurreiterin Nadine Capellmann oder spiegelt eine leicht aggressive Power wider, nach Art des schweizerischen Topmodels Nadine Strittmatter.
Da sich die Nadine früh in Modefragen übt, wird sie auch eine Meisterin darin. Fast immer passt ihre Garderobe perfekt zusammen, und auch ihre Kosmetik stimmt bis ins kleinste Detail.

Verführung und Sex: Geld ohne Liebe

Abgesehen von der erheblich kleineren Fraktion der psychisch angeschlagenen Namensträgerinnen, wissen die Nadines ganz genau, was sie wollen, nämlich einen dicken Fisch an Land ziehen. Dafür überlassen sie nichts dem Zufall und setzen geschickt die Waffen einer Frau ein. Vorbauparade, Hinternwackeln und Schmachtblick gehören stets zu ihrem festen Flirt-Repertoire.
Die Pfunde, mit denen die Nadine wuchern kann, Optik und Charme, entfalten am besten dort ihre Wirkung, wo sie sich in

unmittelbarer Reichweite der männlichen Spezies aufhält. Allerdings muss in den Jagdrevieren, die sie nutzt, auch der Zeitfaktor stimmen, braucht sie doch eine ganze Weile für das visuelle Casting der potenziellen Herzblatt-Kandidaten. Hierbei wird mindestens ebenso viel Augenmerk auf ein gediegenes Outfit als Indikator für einen gewissen Wohlstand gelegt wie auf die naturgegebenen äußeren Reize. Manchmal zählt eben nicht nur die Liebe.

Körperlichkeit in jedweder Form spielt kaum je die erste Geige in der Zweisamkeit der Nadine. Weder stehen bei ihr übermäßig häufiger Beischlaf noch die obligatorischen Streicheleinheiten unbedingt auf der Agenda. Mitunter genügt es ihr schon zur Triebbefriedigung, wenn sie ihr Partner bewundert und mit Komplimenten überschüttet. Kratzt er nicht mehr an ihrer Schlafzimmertür, wird sie gewiss nicht vor Entzugserscheinungen die Decke hochgehen. Viel eher wird sie die obere Raumbegrenzung betrachten, wenn es dann doch noch einmal zum ehelichen Pflichtprogramm im Bett kommt. Für hemmungslose Leidenschaft fehlt der Nadine leider meist die notwendige Libido. Am ehesten bringen sie noch Alphamännchen in Fahrt, an die sie aber fatalerweise nur äußerst selten gerät.

Partnerschaft: I've got the power

Ein offener oder latenter Machtkampf wie zwischen ihren Eltern soll sich im Beziehungsleben der Nadine nicht wiederholen. Daher geht sie unbewusst Bindungen mit Männern ein, die psychisch eindeutig schwächer sind als sie und ihr zumindest im trauten Heim ohne groß aufzumucken das Kommando überlassen. Nicht selten kippen die häuslichen Machtverhältnisse im Laufe der Jahre derart zu ihren Gunsten, dass der jeweilige Herzbube peu à peu zum Pantoffelhelden mutiert. Bis er dessen gewahr wird, ist der Prozess meist schon irreversibel. Wie auch immer sich die Waagschale neigt, zwei Bereiche gibt die Nadine niemals aus der Hand, und zwar die Finanzen sowie die Kindererziehung. Die Sprösslinge spüren ohnehin recht früh instinktiv, dass sie einen ziemlich zahnlosen Tiger zum Vater haben, was seine Autorität alsbald untergräbt. Daher taugt er allenfalls noch zu ihrer Versorgung. Bei einer Familienaufstellung würde er regelmäßig eine Randposition einnehmen.

Die häuslichen Pflichten erledigt die Nadine so lala, da sie sich lieber um Schönheits- und Freundschaftspflege kümmert. Sofern es die finanziellen Mittel erlauben, stellt sie gerne eine Perle ein, die ihr das Grobe abnimmt. Ihre bessere Hälfte behelligt sie damit interessanterweise kaum. Vielleicht ist sie in dieser Hinsicht doch noch zu sehr in klassischem Rollendenken verhaftet.

Die Nadine gehört nicht der Spezies Frauen an, die gleich Amok laufen, wenn die partnerschaftliche Kommunikation sich nur noch auf die Klärung der technischen Abläufe zu reduzieren beginnt. Vielmehr stillt sie ihren Bedarf an persönlichen Gesprächen dann eben kurzerhand anderswo.

Dass die Nadine kaum je zu Untreue neigt, wo sie schon zu Hause ihr Feld nur unzureichend bestellt, versteht sich fast von selbst.

Trennung: No mercy

Auf ihre Shopping-Touren und Reisen, sprich einen gewissen Lebensstandard, möchte die Nadine auch nach der Scheidung keinesfalls verzichten. Daher braucht ihr Verflossener auf ein finanzielles Entgegenkommen ihrerseits bei der Aufteilung des gemeinsamen Besitzes gar nicht erst zu hoffen. Auch beim Kinds- und Ehegattenunterhalt fordert sie zumindest den Betrag, der ihr rechtlich zusteht, und bisweilen sogar mehr. Lieber pokert sie ein wenig zu hoch, als sich unter Wert zu verkaufen.

Ist die Nadine materiell gut versorgt, gibt es für sie keinen Grund, sich gleich dem nächsten Kerl an den Hals zu werfen. Sexuellen Notstand kennt sie nicht, und mit dem Alleinsein kommt sie blendend zurecht, da sie in ihren Beziehungen stets autonom bleibt. Also wartet sie in aller Ruhe ab, bis ihr der nächste kapitale Fang ins Netz geht.

Pflegetipps:

Musts:
* Urlaube im Süden, begehbarer Kleiderschrank, Frühstück bei Tiffany

No-Gos:
* Besserwisser, Buttercreme, schmutzige Fingernägel

Ideale Namenspartner:

Das Regiment im Haus werden der Nadine die eher subdominanten Ingos, Björns und Arnes überlassen, während sie mit den modebewussten Andrés sowie Renés ausgiebige Shopping-Touren unternehmen kann. Das Duo Mario/Fabian überfordert die Namensträgerinnen kaum je im Bett, weil es auch nicht gerade vor intimen Phantasien überbordet. Ihre eher materialistische Ausrichtung teilen sowohl der Axel als auch der Carsten. Beide liegen zudem geistig in etwa auf Augenhöhe mit ihr. Am David begeistert die Nadine die glänzende Optik.

Natalie / Nathalie

Basics: Godsend

Der Name Nathalie kommt vom lateinischen »natalis«, was »an Weihnachten geboren« bedeutet, und tatsächlich sind die Namensträgerinnen wie Jesus Christus ein Geschenk an die Menschheit. Viele von ihnen zeichnet neben einer tiefen Humanitas leidenschaftliches karitatives Engagement aus. So gründete etwa Nathalie Todenhöfer als selbst Betroffene im Jahre 2006 eine vielbeachtete Stiftung für MS-Kranke.

Bereits in der Schule setzt sich die Nathalie nicht zuletzt aufgrund ihrer Gerechtigkeitsliebe für benachteiligte Mitschüler/innen ein. Dabei nimmt sie mitunter auch in Kauf, bei ihren Lehrern anzuecken, kennt sie doch keine Rücksicht auf Verluste, wenn sie von einer Sache überzeugt ist. In sinnlose Grabenkämpfe verstrickt sie sich aber fast nie, was ihr sowohl ihre Klugheit als auch ihr grundsätzliches Harmoniebedürfnis verbieten. Ähnlich der Bettina befremdet sie Streiten um des Streitens willen.

Hinsichtlich ihrer Sozialkontakte setzt die Nathalie eher auf Klasse als auf Masse. Einige wenige, dafür aber tiefe Freundschaften reichen ihr völlig aus. Als Mitglied bei »Facebook« oder »Wer kennt wen« müssen sie nicht Tausende Leute anschreiben, um ihr Ego aufzuboosten. Aber auch für ihr nächstes Umfeld bleibt sie immer ein Stück weit mysteriös, da sie ihr Innerstes gewöhnlich nicht komplett nach außen kehrt. Vor die Wahl gestellt, öffentlich ihre Seele oder ihren Körper zu entblößen, entschiede sie sich eher für die physische Nacktheit.

Beruflich gehört die Nathalie kaum je zu der Spezies, die 40 Jahre lang nur in einer Sparte ihre Brötchen verdient. Schließlich möchte sie sich in vielem ausprobieren. An der Arbeit ebenso wie im Freizeitbereich könnte ihr Motto lauten »Life is change«. Zu den Konstanten in ihren Mußestunden gehören allenfalls Lesen und Ausgehen. Alles andere ist ihrem »Zeitgeist« unterworfen.

Optik und Outfit: Beautiful

In Gestalt der Nathalie hat der liebe Gott ein optisches Meisterwerk geschaffen. Häufig verkörpert sie den Typus südländische Schönheit mit dunklem Hautton, dazu korrespondierend brünetten bis pechschwarzen Haaren sowie grünen Katzen- oder braunen Mandelaugen, aus denen Funken der Leidenschaft und Sinnlichkeit sprühen. Abgerundet wird das Bild der Rassefrau meist noch durch eine Traumfigur. Selbst kleine »gewichtige Problemzonen« tun dem Sex-Appeal keinen merklichen Abbruch. Interessanterweise stehen die Blondinen unter den Namensvertreterinnen, obwohl immer noch sehr hübsch, den »Black Beautys« ein wenig nach, alleine schon, weil sie ein wenig braver wirken.

Der Kleidungsstil der Nathalie ist ebenso facettenreich wie sie selbst. Alleine in Kleider hüllt sie ihren Luxuskörper eher selten, während sie knallenge Jeans oder Röcke liebt.

Verführung und Sex: Ehrlichkeit siegt

Betritt die Nathalie eine Lokalität, hält das starke Geschlecht häufig Maulaffen feil vor Bewunderung. Da sie weiß, dass sich XY aufgrund ihrer Klasse nicht recht an sie herantraut, sie aber nicht ständig »unbemannt« nach Hause gehen möchte, greift sie zu bewährten Lockmaßnahmen. Das Mittel ihrer Wahl stellt hierbei der Aufbau von Blickkontakt dar, den sie geflissentlich mit einem Lächeln untermauert. Wagt schließlich ihr Augenflirt den Angriff, winkt meist schon der Sieg. Im persönlichen »Infight« gibt sich die Nathalie nämlich derart zugänglich und charmant, dass ihr der Herzbube in spe kaum je noch vom Haken geht. Höchstens sie selbst wirft ihn wieder zurück ins Meer der Solitäre, weil er sich allzu ungeschlacht anstellt.

Bezüglich der Medien des Kennenlernens bevorzugen die Namensträgerinnen Möglichkeiten, bei denen sie die Kandidaten unmittelbar ins Visier nehmen und abchecken können, wie Running Dinner oder Single-Reisen. An der Partnersuche per Mausklick verlieren sie hingegen schnell den Spaß, weil sie es aufgrund ihrer Wahrheitsliebe leid sind, sich ständig Märchen aus tausendundeiner Nacht auftischen zu lassen.

Ehrlichkeit ist auch der Schlüssel zu Nathalies Schlafzimmertür. Nie wird sie einem Mann ihren Paradiesgarten der Intimität vollständig öffnen, wenn er sie belügt und betrügt. Hat sie aber erst Vertrauen zu einer neuen Bekanntschaft gefasst, löst sie ihre Handbremse und offenbart eine Lüsternheit, die vor kaum einer Grenze haltmacht. Ein besonderes Talent der Nathalie besteht im Kreieren von immer neuen Rollenspielen, bei denen auch eine leicht sadomasochistische Note mit von der Partie sein kann. Besonders gerne übernimmt sie dabei den strafenden Part.

Partnerschaft: Männer in der Probezeit

In ihren Beziehungen artikuliert die Nathalie schon von Jugend an ganz klar ihre Bedürfnisse und setzt Grenzen, die ihr Partner besser nicht überschreiten sollte. Da sie bereits den Anfängen der Respektlosigkeit wehrt, stauen sich bei ihr nur selten Spannungen auf, die sich irgendwann in einem verheerenden Gewitter entladen. Nachdem sie ihr Unbehagen geäußert hat, geht sie gewöhnlich wieder zur Tagesordnung über und trägt nichts nach, vorausgesetzt natürlich, ihre Botschaft ist angekommen.

Bevor die Nathalie mit einem Mann vor den Traualtar tritt und zusammenzieht, prüft sie zunächst ausgiebig seine Ehetauglichkeit. Weder wird sie für ein Muttersöhnchen den Mamaersatz spielen noch sich von einem Macho in die Frauchenrolle drängen lassen. Obwohl sie keine Emanze ist, bedeutet für sie Gleichberechtigung mehr als nur ein Wort.

Aus dem Berufsleben steigt die Nathalie zwecks Familiengründung nur selten lange aus, stellt doch die Trias Kinder, Küche, Kirche keine Perspektive dar, die sie auf Dauer glücklich machen kann. Mitunter tritt sie sogar mit dem Wunsch an ihren Göttergatten heran, er möge sich, um die gesetzliche Elternzeit in Anspruch zu nehmen, von seiner gewerblichen Arbeit freistellen lassen. Will aber nicht heißen, dass die Nathalie eine Rabenmutter wäre. Im Gegenteil engagiert sie sich ausgesprochen leidenschaftlich für ihren Nachwuchs, nur gibt es eben in ihrem Leben auch andere Prioritäten.

Langweilig wird die Zweisamkeit mit den Namensträgerinnen fast nie. Dazu tragen nicht zuletzt ihre ständig wechselnden Freizeitbeschäftigungen bei, in die sie ihre bessere Hälfte gerne einbezieht oder zumindest einzubeziehen versucht. Eheliche Freiheiten nutzt die Nathalie fast nie dazu aus, ihren Angetrauten zu hörnen.

Trennung: KKK – Kein kalter Kaffee

On-off-Geschichten, also Trennungen, die sich mit erneuten Beziehungsversuchen abwechseln, erlebt die Nathalie allenfalls in ihren ganz jungen Jahren. Spätestens gegen Ende ihres dritten Lebensjahrzehnts gewinnt sie die Erkenntnis, dass aufgewärmte Beziehungen nur selten wieder funktionieren, und lässt sich nicht mehr darauf ein. Allerdings ist sie auch nach einem konfliktiven Ende der Zweisamkeit stets zur Versöhnung bereit. Nicht selten gelingt es ihr hernach sogar, ein freundschaftliches Verhältnis zu ihrem Ex aufzubauen.

Gleich ins nächste warme Bett hüpft die Nathalie nur sehr selten, weil sie viel Zeit braucht, das Vergangene zu verarbeiten, und auf

Männer als Trost kann sie gut verzichten. Wenn es sie ganz hart getroffen hat, scheut sie sich nicht, professionelle Hilfe in Anspruch zu nehmen.

PFLEGETIPPS:

Musts:
* Sinnliche Unterwäsche, Streichelhände, Flammkuchen

No-Gos:
* Gossensprache, »Lachen im Keller«, Snobismus

IDEALE NAMENSPARTNER:

Die Gerechtigkeitsliebe und den Wunsch, der Menschheit Gutes zu tun, teilt die Nathalie mit dem Dominik, dem Clemens und dem Björn. Beim Dominik stößt sie zudem auf Widerhall bezüglich ihrer leicht sadomasochistischen Tendenzen.

Im Erik sowie im Manuel findet sie emanzipierte Männer, die ihre beruflichen Ambitionen unterstützen, während ihr das Trio Tobias/Lukas/David genügend Persönlichkeitsstärke entgegenzusetzen hat, um auch in Konfliktsituationen zu bestehen. Die Grenzen der Nathalie werden stets die respektvollen Daniels und Heikos anerkennen.

NICOLE / NICOLA

BASICS: SEX AND THE CITY

Die Nicole stammt häufig aus einer Familie, in der nur wenig Herzlichkeit und menschliche Nähe herrschten. Infolgedessen bereitet es ihr selbst allergrößte Schwierigkeiten, tiefe menschliche Bindungen einzugehen. Als Surrogat dafür hat sie sich ein Stück weit dem Hedonismus verschrieben. An der Seite ihrer Freundinnen macht sie tagsüber die Shopping-Meilen dieser Erde unsicher, relaxt danach in einer Wellness-Oase, um nachts wieder partytauglich zu sein. Auch die Sexualität entdeckt sie schon recht früh als Vehikel, sich höchste Wonnen zu verschaffen. Jungfräulich verlässt sie jedenfalls kaum je die Schule, was aber keinesfalls heißt, dass sie gleich mit jedem Kerl ins Bett springt. Ihre hinlängliche intime Erfahrung kann durchaus auch das Produkt einer längeren Beziehung sein.

Einen weiteren Schwerpunkt neben dem Dolce Vita stellt für die Nicole kreatives Schaffen dar, dem aber stets eine gewisse Leichtigkeit anhaften muss. Entweder sie hat eine Singstimme oder ein Zeichentalent in die Wiege gelegt bekommen, mit der sie das Publikum überzeugen kann, oder sie lässt ihre künstlerischen Ambitionen fahren. Nur selten zeigt sie sich bereit, für ihren Erfolg richtig hart zu ackern, geschweige denn die Via Dolorosa auf und ab zu laufen. Da besonders der Weg zum Olymp nun einmal ein steiniger ist, erlangen nur wenige Namensträgerinnen Weltruhm, wie die amerikanisch-australische Schauspielerin Nicole Kidman, eine der höchstdekorierten weiblichen Filmgrößen Hollywoods.

Selbst in ihrem Brötchenberuf legt die Nicole noch Wert auf einen gewissen Fun-Faktor. Daher arbeitet sie in jungen Jahren häufig als Animateurin, später als Reiseleiterin oder Fitnesstrainerin, während ein Job im stillen Kämmerlein sie auf Dauer in die Nervenheilanstalt

bringt. Dort macht sie jedoch ihre »konspirative« Lebensfreude bald
untragbar.

Optik und Outfit: Road to victory

Was ihr Aussehen betrifft, befindet sich die Nicole entsprechend der
griechischen Bedeutung ihres Namens – »Siegerin des Volkes« – auf
der Siegerstraße. Ihr Antlitz weist regelmäßig mindestens ein Merkmal auf, das ihr besonderen Sex-Appeal verleiht: hohe Wangenknochen, aufgeworfene Lippen oder feurige Augen. Dazu gesellen sich
meist noch heiße Kurven und überproportional lange Beine. Ihre
Haare, die häufig das Volumen einer Löwenmähne annehmen, trägt
die Nicole lang und fast immer offen. Rassige Schönheiten wie die
US-amerikanische Sängerin Nicole Scherzinger stehen beileibe nicht
alleine auf weiter Flur. Einzig bei ihrer durchschnittlichen Körpergröße von 1,69 m liegen die Namensträgerinnen etwa gleichauf mit
ihren Schwestern im Geschlechte, um dann aber wieder mit ihrer
sinnlichen Art sich zu kleiden deutlich auf die Überholspur zu gelangen.

Verführung und Sex: The fast and the furious

Wenn die Nicole mit dem falschen Fuß zuerst aufsteht, kann sie
ausgesprochen zickig sein. Daher sollte ein potenzieller Herzbube,
bevor er eine Balzattacke in ihre Richtung startet, genauestens abchecken, wie der Wind gerade bei ihr weht. Stehen die Zeichen auf
Sturm, ist ein Angriff praktisch sinnlos. Allenfalls ein paar heftige
Blessuren nimmt der Verehrer als Andenken daran mit zurück an
seinen verwaisten Kneipenplatz, während die Nicole noch immer
leicht indigniert ob der »Belästigung« wieder an ihrem Cocktail
nippt. Ihre Art Ablehnung zu zeigen heißt ganz einfach Schweigen.

Zur körpersprachlichen Unterstützung ihres Desinteresses zeigt sie gerne die kalte Schulter. Potenzielle Paarungsbereitschaft verrät die Nicole indes so deutlich wie kaum eine andere Frau anhand ihres sexy-verführerischen Outfits. Knallrot geschminkte Lippen, hautenger Rock sowie tiefes Dekolleté stellen eine ziemlich deutliche Einladung zum Anbandeln dar. Dabei zeigt sie dann neben der buchstäblichen auch sprichwörtliche Offenherzigkeit.

Im Bett kommt die Nicole gerne schnell zur Sache, weil sie bei heftiger Erregung einen Tunnelblick aufweist. Das Vorspiel kann sich ihr Lover getrost sparen. Eher bringt er sie damit auf die Palme als auf einen höheren Erregungslevel. Der lässt sich ohnehin meist kaum noch toppen. Nicht selten wird sie bereits im Verlauf des Flirtgesprächs so feucht, dass sie befürchtet, der Liebessaft könnte ihr die Beine hinablaufen. Geschlechtliche Dominanz zeigt die Nicole gerne, indem sie ihren Gespielen rittlings beglückt. Nur braucht der dafür einen stabilen genitalen Bandapparat und sollte nicht gleich nach ihrem ersten Höhepunkt glauben, er könnte jetzt schlappmachen.

Partnerschaft: Gegen den Strom

Laut einer jüngeren OECD-Studie leben 40 Prozent aller deutschen Frauen im Alter zwischen 25 und 49 Jahren in einem kinderlosen Haushalt. Die Quote der Nicole liegt erheblich niedriger, denn Nachwuchs gehört fast immer zu ihrem Lebensentwurf, egal wie erfolgreich sie im Beruf ist und egal wie sehr sie der Genussfreude frönt. In ihrer generativen Phase wird alles zweitrangig gegenüber dem Thema Familiengründung. Bleiben ihr aus irgendwelchen Gründen eigene Sprösslinge versagt, nimmt sie nicht selten welche an. Meist wird die Nicole auch eine engagierte (Adoptiv-)Mutter, hat sie doch im Gegensatz zu manch einer ihrer Geschlechtsgenossinnen keineswegs das Gefühl, durch die lieben Kleinen etwas zu verpassen.

Richtig krachen lassen hat sie es schließlich schon zuvor. Will aber nicht heißen, dass sie mit den Kids am Hals zum Heimchen am Herd mutiert.

Packt sie einmal wieder die Unternehmungslust, engagiert sie kurzerhand einen Babysitter oder holt sich ihre Eltern zur Kurzzeit-Brutpflege ins Haus.

Ihrem Mann bleibt die Nicole faktisch eine treue Partnerin, solange die Ehe stimmt. Seitensprünge aus Lust und Laune oder Neugierde, um zu sehen, ob das Gras auf der anderen Seite noch grüner ist, begeht sie nur eher selten. Intensive Phantasien von flüchtigen Affären, wie Nicole Kidman in Stanley Kubricks letztem Film »Eyes wide shut«, hegt sie dagegen recht häufig. An ihrer Realisierung hindert sie unter anderem die goldene Regel »Was du nicht willst, dass man dir tu, das füg auch keinem anderen zu«, da sie selbst extrem eifersüchtig werden kann. Zwar macht sie Nebenbuhlerinnen keine offenen Szenen oder geht gar körperlich gegen sie vor, aber ihre Blicke können töten, wenn sie sich vermeintlich an ihrem Herzbuben vergreifen.

Trennung: Fire and ice

Bezüglich des Trennungsverhaltens finden sich zwei Fraktionen unter den Nicoles. Die erste, erheblich größere Abteilung wickelt die zerbrochene Beziehung fast schon geschäftsmäßig ab, ohne dabei größere Gefühlsausbrüche zu zeigen, während sich die zweite nach dem Ende der Zweisamkeit förmlich die Augen aus dem Kopf weint. Interesse an kriegerischen Auseinandersetzungen hat indes weder die eine noch die andere Abteilung. Allerdings sollte die Gegenseite die Namensträgerinnen auch nicht allzu sehr provozieren, indem sie Machtspielchen um die gemeinsamen Kinder oder um Unterhalt initiiert. Besonders an ihren inkommoden Tagen kann sonst die kleine Zicke durchkommen, die einige böse Giftpfeile abschießt.

Übermäßig lange allein bleibt die Nicole fast nie, weil sie das Single-Dasein immer nur als Übergangsstadium und nicht als dauerhafte Lebensform betrachtet.

Pflegetipps:

Musts:
* Begehbarer Schuhschrank, Cluburlaube, Cabrio

No-Gos:
* Erbsenzähler, Paschas, ewige Junggesellen

Ideale Namenspartner:

Mehr als nur »ein bisschen Frieden« erlebt die Nicole in der Zweisamkeit mit dem Patrick, dem Florian und dem Manuel, da alle drei ihre Unternehmungslust teilen und ihre Befindlichkeiten hervorragend zu handeln wissen. Schnell zur Sache im Schlafzimmer und dergestalt den Namensträgerinnen entgegen kommt das Duo Kai/Boris, sollte sich aber bloß nicht von ihnen beim Fremdgehen erwischen lassen. Sowohl am Ingo als auch am Nils schätzt die Nicole den Humor sowie die kessen Sprüche, während sie der Bernd durch seine Prise Machismo anturnt. Den sicheren Hafen bietet ihr neben dem Tobias der Jörg.

Nina / Janina

Basics: Brave heart

Ähnlich der Barbara ist die Nina eine Kämpfernatur, die sich bedingungslos für ihre eigenen und die Rechte anderer einsetzt. Der Nonkonformismus, das heißt die Unangepasstheit, wird ihr häufig schon in ihrem obrigkeitskritischen, liberalen Elternhaus eingepflanzt. Solange sie respektvolle Behandlung erfährt, schnurrt sie wie ein Kätzchen, aber wehe, sie sieht sich massiven Grenzverletzungen ausgesetzt. Dann wirft sie den Fehdehandschuh in den Ring, und ihr Gegenüber kann sich auf eine heftige Auseinandersetzung gefasst machen, die aber nicht selten so eindeutig zugunsten der Nina verläuft, dass eher von einer Abreibung gesprochen werden muss. Tatsächlich verfügen nur wenige Menschen über genügend Standfestigkeit, um ihr längerfristig die Stirn zu bieten.

Ihre beruflichen Ziele verfolgt die Nina mit äußerster Zähigkeit, obwohl ihr auch einiges durch ihre vielfältigen Begabungen und glückliche Umstände in den Schoß fällt. Auf die Unterstützung von Mentoren darf sie indes kaum hoffen, da sie als emanzipierte, selbstbewusste Frau weder bereit ist, sich nach oben zu schlafen noch sich nach oben zu schleimen. Im Gegenteil, eckt sie häufig bei Vorgesetzten und Entscheidungsträgern an, indem sie ihnen Kontra gibt. Erfüllung im Job findet die Nina überall dort, wo ihre Kreativität und Wandlungsfähigkeit gefragt sind. Häufig strebt sie, um ihre eigene Herrin zu sein, die Selbständigkeit an oder landet in Sparten, in denen sie hinreichend künstlerische Freiheit genießt, bisweilen sogar buchstäblich. Trotz ihrer Toughness zeigt sich die Nina spirituellen Phänomenen gegenüber herzlich zugeneigt. Die Punk-Lady Nina Hagen steht hier mit ihrem Engelsglauben und Co. bei weitem nicht allein auf weiter Flur.

Optik und Outfit: Kampfspuren

Die Schlachten, die die Nina im Laufe ihres Lebens schlägt, gehen nur selten ganz spurlos an ihrem Antlitz vorüber. Häufig weist es leicht verhärtete Züge auf und zeugt von einer gewissen Verbissenheit, was aber fast nie von so gravierendem Ausmaß ist, dass es dadurch seine feminine Ausstrahlung verliert. Innere und äußere Größe der Namensträgerinnen korrelieren kaum je, sind sie doch von ihrem Wuchs her keine wirklichen Himmelsstürmerinnen. Die beachtlichen 1,77 m der Schauspielerin Nina Hoss stellen schon so ziemlich das Ende der Fahnenstange dar. Ein weiteres Erkennungsmerkmal sind die fast immer glatten, (langen) Haare.

Mit dem Klamottenkauf tun sich die Ninas leicht, da sie eine annähernd ideale Frauenfigur aufweisen. »Stilistisch« stehen sie – Nina Hagen möge verzeihen – nicht sonderlich auf Experimente, sondern bleiben ihrem sportlichen Outfit treu.

Verführung und Sex: Der Mongolensturm

Für Verehrer bedeutet es regelmäßig ein hartes Brot, mit der Nina in näheren Kontakt zu kommen; gehört sie doch wahrlich nicht zu der Spezies Evastöchter, die sich gleich jedem Mann an den Hals wirft. Auf eindeutige Flirtsignale von ihr zu hoffen ist fast wie »Warten auf Godot«. Das Motto für die Kandidaten bei einem Angriff lautet also mehr oder weniger Trial and Error, wobei der Irrtum mitunter äußerst schmerzvoll sein kann. Von einem Burschen, der meilenweit unter ihrem Niveau liegt, lässt sie sich noch nicht einmal in ein Gespräch verwickeln, sondern zeigt ihm buchstäblich die »kalte Schulter«, indem sie sich von ihm wegdreht. Im Idealfall bekommt er noch ein paar Floskeln zu hören, bevor sie ihn auf die Rückreise zu seinem Platz schickt. Als völlig deplaziert beim verbalen »Infight« empfindet die Nina übertriebene Affekte. Ein Papagallo-Verschnitt, der vor Bewunderung fast in Ohnmacht fällt und ständig herumgestikuliert wie ein achtarmiger Krake, hat nicht den Hauch einer Chance, ihr Herz zu gewinnen. Erfolg verspricht vielmehr ein hohes Maß an Sachlichkeit nebst Unaufgeregtheit.

Ihre Beherrschtheit legen die Namensträgerinnen im Bett völlig ab. Man könnte den Eindruck gewinnen, alle Emotionen, die sie im Alltag verdrängten, suchten sich nun völlig ungehemmt ein Ventil. Wie eine Naturgewalt bricht die Nina über ihren Lover herein, der ob ihrer Wildheit ständig am Rande eines Herzinfarktes steht. Nur selten gibt sie sich mit einem Orgasmus zufrieden, wenn sie erst einmal in Fahrt gekommen ist. Impotenz auf der anderen Seite stellt ein absolutes No-Go dar. Schon einen Partner, der sie intim nur unzureichend befriedigt, wird sie kaum je lange an ihrer Seite dulden wollen, stellt doch Sex für sie gemeinhin ein Vehikel dar, um innere Ausgeglichenheit zu erlangen.

Partnerschaft: Die vaterlose Gesellschaft

Da die Nina bezüglich Persönlichkeitsstärke auf der Spitze der Pyramide steht, gestaltet es sich für sie regelmäßig als schwierig, einen Partner zu finden, der ihr psychisch gewachsen ist. Selbst wenn sie ein Alphamännchen an Land gezogen hat, ergreift es recht bald wieder die Flucht in Richtung einer weniger konfrontativen Herzdame. Schließlich macht sich Mann ja im Gegensatz zu Frau nur selten das Leben unnötig schwer. Somit dürfte wohl kaum ein anderer Name eine so hohe Trennungs-, Scheidungs- und Single-Rate aufweisen wie die Nina. Fast ebenso sicher führt er die Statistik der alleinerziehenden Mütter an. Nicht selten ziehen die Namensträgerinnen ihre Sprösslinge von frühester Kindheit bis ins Erwachsenenalter völlig in Eigenregie auf, ohne dass sie je etwas zu Gesicht bekommen, das nur annähernd einem Stiefvater gleicht. Mitunter steckt dahinter der verbissene Wunsch zu beweisen, dass die Restfamilie bestens ohne jegliche männliche Unterstützung funktioniert.

In der Zweisamkeit übernimmt die Nina zu Hause fast komplett die Regie. Sie führt die Haushaltskasse, kümmert sich um die schulische Ausbildung der Kinder und plant die Urlaube. Allerdings erwartet sie dafür von ihrer besseren Hälfte eine gewisse Unterstützung im Haushalt. Dabei geht es weniger darum, dass sie darauf angewiesen wäre, sondern vielmehr ums Prinzip, möchte sie sich doch keinesfalls einen Pascha heranzüchten. Ist die andere Seite indes nicht greifbar, erledigt sie selbst handwerkliche Tätigkeiten mit links.

Fremd gehen Ninas fast nie. Fühlen sie sich in ihrer Beziehung dauerhaft unglücklich, beenden sie sie mit aller Konsequenz, anstatt sich außerhalb Trost zu suchen. Auch bei einem Seitensprung ihres Herzbuben fackeln sie nicht lange und setzen ihm kurzerhand den Stuhl vor die Tür.

Trennung: Verflixter Mut

Anders als viele ihre Geschlechtsgenossinnen, wird die Nina vor, bei und nach der Trennung kaum je von der Furcht geplagt, dass sie es finanziell alleine nicht mehr schaffen könnte. Sogar kleine Kinder, die sie daran hindern, gleich wieder (voll) berufstätig zu werden, stellen für sie kein Argument dar, eine Ehe aufrechtzuerhalten, die nur noch auf dem Papier besteht. Tatsächlich meistert sie ihr Schicksal als alleinerziehende Mutter nach außen hin bravourös, obwohl sie es innerlich so manches Mal verflucht, wenn wieder von allen Seiten Probleme auf sie hereinstürzen und sowohl die physische als auch die psychische Belastung über das Erträgliche hinausgehen.

Ihre Trauer über das Ende der Zweisamkeit verdrängt die Nina meist, indem sie sich in die Arbeit stürzt. Fast nie nimmt sie für deren Bewältigung therapeutische Hilfe in Anspruch.

PFLEGETIPPS:

Musts:
* Geselligkeit, Schokotorte, schwarzer Humor

No-Gos:
* Gänseblümchensex, Gammellook, Dröhnmusik

IDEALE NAMENSPARTNER:

Über genügend Standing, um neben der Amazone Nina zu bestehen, verfügen der Alexander, der Lukas und der Bernd. Alle drei haben auch gute Prognosen, die wilden Liebesnächte mit den Namensträgerinnen lebend zu überstehen. Eine kreativ inspirierende Zweisamkeit garantiert das Männerduo Johannes / Jens, während die humorvollen Nilse und Maxe die bisweilen zu ernste Nina zum Lachen bringen. Am Nils imponiert ihr darüber hinaus die Unkonventionalität, von der sie sich gerne eine Scheibe abschneiden würde. Der Tobias, der Fabian sowie der Henning punkten bei ihr durch Loyalität und Emanzipiertheit.

Sabrina

Basics: Far far away

Ähnlich wie die Chauffeurstochter Sabrina in der gleichnamigen Hollywood-Komödie von Sydney Pollack für den »unerreichbaren« Industriellensohn und Playboy David Larrabee schwärmt, flüchten sich auch ihre Namensschwestern gerne aus der Realität in eine Traumwelt. Besonders in ihren jungen Jahren versuchen sie damit, die Härten des Alltags auszublenden, von denen sie sich zum Teil überfordert fühlen. Mitunter sind sie so tief in ihre Phantasien versunken, dass sie ihre Eltern oder Lehrer nicht mehr erreichen können. Dann hilft nur noch ein Hallo-Wachruf, um sie wieder auf den Boden der Tatsachen zurückzuholen. Schulisch führt ihre geistige Abwesenheit natürlich häufig dazu, dass sie den dargebotenen Lehrstoff verpassen und leistungsmäßig gewisse Einbußen hinnehmen müssen. In Gefahr, das Klassenziel zu verfehlen, geraten sie aber kaum je, da sie die Kohlen »schriftlich« aus dem Feuer holen.

Richtig Gas gibt die Sabrina häufig erst im Job, nachdem sie ihrer Entrücktheit ein wenig entwachsen ist. Zwischen morgendlichem und abendlichem Stechen der Stechuhr überzeugt sie sowohl durch Gewissenhaftigkeit als auch durch Verlässlichkeit. Wenn ihr eine Arbeit zugeteilt wird, verrichtet sie sie zur 100-prozentigen Zufriedenheit ihrer Vorgesetzten. Spartenmäßig gut aufgehoben fühlt sie sich als Apothekerin, Tierpflegerin oder Visagistin.

Beruflich wie privat schafft sich die Sabrina nur selten Feinde, weil ihr ein harmonisches Umfeld sehr am Herzen liegt. Sprichwörtlich in die Luft geht sie aufgrund ihres eher milden Wesens fast nie. Buchstäblich vom Boden hebt sie dagegen regelmäßig in ihrer Freizeit ab, indem sie mit ihrem Pferd Hindernisse überspringt, per

Flugzeug eine ihrer unzähligen Fernreisen antritt oder beim Volley-
ball zum Schmetterball ansetzt.

OPTIK UND OUTFIT: ASCHENPUTTEL

Bezüglich ihrer Optik zeigt die Sabrina eine weitere Parallele mit
ihrer Namensschwester im Film, indem sie ebenfalls eine Verwandlung vom unscheinbaren Backfisch zum schönen Schwan durchläuft. Menschen, die sie in ihrer Jugend erlebt haben und ihr dann
erst wieder als Erwachsene begegnen, bezweifeln oft, dass es sich um
ein und dieselbe Person handelt. Die früher noch relativ amorphe
Gestalt weist nun unübersehbare weibliche Rundungen auf, während die Blässe ihres Antlitzes nicht zuletzt durch die vielen Reisen
in den Süden einer »gesunden« Farbe gewichen ist. Der eigene Anteil der Sabrina an der Metamorphose besteht hauptsächlich in der
Umstellung ihrer Ernährung nebst intensiver sportlicher Betätigung, was den Verlust ihres »Babyspecks« zeitigt. Daneben richtet
sie nach einigen schweren Modesünden ihren Kleidungsstil in Richtung Mailand, Paris und New York aus.

VERFÜHRUNG UND SEX: FEUCHTGEBIETE

Beim Balztanz wird die Sabrina häufig von Konkurrentinnen aus-
gestochen, die zwar rein optisch nicht ganz so attraktiv sind wie sie,
aber ihre weiblichen Reize besser zur Geltung bringen, indem sie
intensiver mit dem Hintern wackeln und den Wimpern klimpern.
So mancher Prinz geht ihr auch durch die Lappen, weil ihn eine
Geschlechtsgenossin schon anquatscht, bevor es ihr gelingt, seine
Aufmerksamkeit auf sich zu lenken. Damit sie selbst den ersten
Schritt in Richtung des anderen Geschlechts wagte, müssten schon
an einem Tag Ufos in ihrem Garten landen und ihre Stute Drillinge

gebären. Für eine Flirtoffensive ist die Sabrina nämlich nicht nur zu zurückhaltend, sondern auch viel zu sehr in dem klassischen Rollendenken verhaftet, dass der Mann der Dame den Hof machen sollte. Eine fraglose Stärke der Namensträgerinnen besteht indes darin, sich dort, wo sie zwecks Bräutigamschau auflaufen, günstig zu positionieren, um ins Blickfeld potenzieller Kandidaten zu geraten. Insgesamt haben sie hinsichtlich der Wahl ihrer »Jagdreviere« regelmäßig ein glückliches Händchen, halten sie sich doch oft zur richtigen Zeit am richtigen Ort auf.

Intim verkörpert die Sabrina gleichermaßen den romantischen wie den leidenschaftlichen Typ. Stundenlang kann sie schnurrend im Arm ihres Partners vor der Glotze liegen und sich gemeinsam mit ihm »Titanic« oder »Schlaflos in Seattle« reinziehen. Wenn dann allerdings ihre letzte Träne getrocknet ist, bedarf es seinerseits nur einiger geschickter Handgriffe, um zwischen ihren Beinen den Ausnahmezustand hervorzurufen, der sich darin äußert, dass sie vor Nässe fast wegläuft. Nicht selten erreicht sie bereits mehrmals ihren Höhepunkt, bevor es zum genitalen Showdown kommt. Beim Akt entpuppt sich die Sabrina als Meisterin der Vaginalmuskelkontraktion.

PARTNERSCHAFT: LA CAPITANA

In der Sabrina schlummert eine Dominanz, die geweckt wird, wenn sie merkt, dass ihr Partner ihr in puncto Persönlichkeitsstärke nicht das Wasser reichen kann. Zügig übernimmt sie dann das Kommando in der Zweisamkeit und degradiert die andere Seite mehr oder weniger zum Statisten. Coram publico offenbart sich ihre Führungsrolle regelmäßig, indem sie das Wort führt. Eine klassische Aussage der Sabrina in einer Interview-Situation an der Seite ihres Gemahls lautet: »Das meint mein Mann auch.« Kommt der Betroffene selbst zu Wort, ist deutlich zu spüren, dass er versucht, tunlichst jedem

Fettnäpfchen auszuweichen, worüber seine Frau mit strengem Blick wacht. Vergaloppiert er sich nämlich und brüskiert sie, folgt die Strafe in Form von heftigen Vorwürfen und giftigen Sticheleien auf dem Fuße.

Die Machtübernahme der Sabrina erfolgt nur selten »feindlich«, was ihrem grundsätzlichen Harmoniebedürfnis widerspräche, sondern stellt eher das Produkt eines unbewussten Zusammenspiels dar. Während sie gerne das Heft des Handelns in die Hand nimmt, ist ihr Angetrauter froh, es loszuwerden.

In manchen Situationen ächzen die Namensträgerinnen aber auch unter der Last des »Kapitänsamts«. Gerne würden sie die eine oder andere schwere Entscheidung an ihren Göttergatten delegieren, doch der möchte damit gewöhnlich nicht behelligt werden, weil er sich daran gewöhnt hat, dass seine bessere Hälfte die Verantwortung übernimmt.

Den Haushalt führt die Sabrina ebenfalls in Eigenregie, wobei ihr Hauptaugenmerk darauf liegt, ihrer Familie ein behagliches Nest zu schaffen. Zu diesem Zweck stöbert sie oft stundenlang in Deko-Fachgeschäften nach hübschem »Zierrat« und besucht Einrichtungshäuser. Im Schlepptau hat sie dabei stets ihre Kinder, denen sie eine liebevolle Mutter ist.

Trennung: Abgestürzt

Eröffnet ihr Partner der Sabrina, dass er sie verlassen wird, verfällt sie zunächst in eine Art Schnappatmung, weil das Panikgefühle bei ihr auslöst. Nicht selten fleht sie die andere Seite aus Furcht, plötzlich alleine dazustehen, förmlich an, zu bleiben. Damit stößt sie jedoch meist auf taube Ohren, bildet doch nach trennungswilliger Männerart gewöhnlich eine andere Frau den Hintergrund für den Abwanderungswunsch. Bringt ihr zukünftiger Ex die »Rivalin« ins Spiel, bricht die Sabrina psychisch oft völlig zusammen und bedarf ärztlicher Betreuung. Die Ursache ihrer heftigen Reaktion, um nicht zu sagen »Überreaktion«, liegt häufig in traumatischen frühkindlichen Verlustsituationen, die durch das Beziehungs-Aus reaktualisiert werden. Bis die Sabrina wieder einigermaßen funktioniert, bedarf es gemeinhin Dutzender Therapiestunden.

PFLEGETIPPS:

Musts:
* Gute Manieren, Picknick auf einer Blumenwiese, Himbeereis

No-Gos:
* Nachwuchsverweigerer, Beziehungsflucht, Flugangst

IDEALE NAMENSPARTNER:

Die Musiker David, Tobias und Sebastian lernt die Sabrina womöglich kennen, wenn sie vor einem Konzert bei ihr als Visagistin in der Maske sitzen. Ein Stück weit die häusliche Verantwortung an sie delegieren gerne der Björn sowie der Clemens, während das Dreigestirn Henning/Lars/Marc über genügend Fingerfertigkeit und Co. verfügt, die Namensträgerinnen horizontal in Wallung zu bringen. Kaum in Gefahr, wegen einer anderen Frau verlassen zu werden, gerät die Sabrina sowohl an der Seite des Daniel als auch des Moritz, da beide treue Seelen sind.

SARAH / SARA

BASICS: WE RULE THE WORLD

Der Bedeutung ihres Namens, der aus dem Hebräischen übersetzt
»Fürstin, Herrin« heißt, wird die Sarah insofern gerecht, als sie ein
recht starkes Dominanzverhalten an den Tag legt. Wo immer sie
auftaucht, möchte sie ein gewichtiges Wörtchen mitreden und eine
zentrale Rolle einnehmen. Diesen Anspruch versucht sie aber kaum
je mittels brachialer Gewalt durchzusetzen, wie die ehemalige RTL-
Dschungelcamp-Bewohnerin Sarah Knappik, sondern indem sie
ihre Kompetenz in die Waagschale wirft. Oftmals verfügt sie nämlich über eine Vielzahl an Begabungen, angefangen von ihrem rhetorischen Geschick, über musisches Talent bis hin zu einer ausgeprägten Sportlichkeit. Dazu gesellt sich eine recht breite Allgemeinbildung, die Produkt ihrer Neugierde auf »Menschen, Tiere,
Sensationen« ist.

Beruflich bevölkern die Namensträgerinnen entsprechend ihrer
breitgestreuten Interessen ein weites Feld. Eine besondere Häufung
findet sich aber in der Medizin, im Journalismus sowie im sprach-
wissenschaftlichen Bereich. Nicht selten unterrichten sie auch an der
Uni oder in der Schule. Im Licht der Öffentlichkeit etwa als Fern-
sehmoderatorinnen fühlen sie sich meist pudelwohl, weil sie es lieben, mit den Kameras zu flirten.

Einen wichtigen Baustein in der Freizeitgestaltung der Sarah bildet
politisches Engagement. Häufig gehört sie einer Umweltschutzorga-
nisation an, wobei ihr in erster Linie der Artenschutz am Herzen
liegt. Kulturell zeigt sie eine starke Affinität zu den Brettern, die
die Welt bedeuten. Ob dort Schauspieler, Kabarettisten oder Ge-
sangskünstler auftreten, spielt für sie eher eine untergeordnete Rolle.
Bisweilen wirkt sie sogar hinter den Kulissen selbst mit, etwa als

Bühnenbildnerin. Bei der privaten Lektüre bevorzugt die Sarah Fantasy, Krimis und Ratgeber.

Optik und Outfit: Zauberhaftes Wesen

Die Sarah ist eine rassige Schönheit mit einer mystisch-magischen Ausstrahlung wie die einstige französische Schauspielerin Sarah Bernhardt, aber oftmals blitzt ihr schon eine gewisse Kampfeslust aus den Augen. Figürlich reicht sie nicht selten so nah an die Vollkommenheit heran, dass man fast meinen könnte, ein Bildhauer habe sie als Inbild der Schönheit modelliert. Allerdings tut sie auch einiges in Richtung Leibesertüchtigung, um ihren sexy Body in Form zu halten. Selbst wenn sie ein paar Kilo zu viel auf den Rippen hat, fällt das im wahrsten Sinne des Wortes kaum je ins Gewicht, weil sie meist einen recht stattlichen Höhenwuchs aufweist, der selten unter 1,70 m liegt.

Von ihrem Outfit her unterscheiden sich die private und die offizielle Sarah deutlich. Trägt sie zu Hause am liebsten sportlich-legere Klamotten, so zeigt sie sich in der Öffentlichkeit meist klassisch »gewandet«.

Verführung und Sex: Feel the consequence

Von ihrem Verhalten bei der Erlegung ihrer männlichen Opfer ähnelt die Sarah eher einer Fangspinne als einer Netzspinne. Immer nur in ihrem Gespinst zu hocken und abzuwarten, bis sich (irgendeine) Beute darin verfängt, ist ihr viel zu passiv. Viel lieber geht sie aktiv auf die Pirsch, um sich das zu greifen, was ihr Herz begehrt.

Probleme, potenzielle Herzbuben kennenzulernen, hat die Sarah kaum je, da sie nicht zuletzt durch ihre politisch-kulturellen Aktivitäten über einen riesigen Freundes- und Bekanntenkreis verfügt, aus dem sich immer wieder gegengeschlechtliche Kontakte ergeben. Allerdings nimmt sie beileibe nicht jeden, sondern legt bei der Partnerwahl strenge Kriterien an. Conditio sine qua non stellen zumindest intellektuelle Ebenbürtigkeit nebst ähnlichen Überzeugungen dar, was alleine schon die Auswahl enorm verringert. Um in Erfahrung zu bringen, wessen Geistes Kind die Kandidaten sind, unterziehen sie die Namensträgerinnen meist einer peinlichen Befragung. Dabei kann schon eine »falsche« Antwort die letzte sein.

Auch im Bett übernimmt die Sarah gerne die Initiative. Niemals würde sie die Sache nur einfach so über sich ergehen lassen wie etwa die Kirstens oder Nadines. Das bedeutete, sozusagen »Perlen vor die Säue zu werfen«, vermag sie doch ständig mit neuen Ideen für ein abwechslungsreiches Liebesspiel aufzuwarten. Wenig Verständnis bringt sie intimen Nullnummern entgegen. Zwar folgt die »Strafe« nicht stante pede, indem sie ihren Lover vor die Tür setzt, aber eine zweite Chance, sie vielleicht doch noch ins Himmelreich der Lust zu vögeln, bekommt er nur selten. Ihr intimes Repertoire erweitert die Sarah gerne im Rahmen von Tantra-Wochenenden, meist an der Seite ihres Partners oder durch die Lektüre erotischer »Schriften«.

Partnerschaft: Dangerous

Männer, die ihre Mußestunden am liebsten auf der heimischen Couch verbringen, werden an der Seite der Sarah viele einsame Stunden erleben, da sie sich zugunsten ihres Partners fast nie in ihrem Aktionsradius einschränken lässt. Darüber hinaus wird der Weg mit ihr gewiss kein leichter sein. Nicht selten erweckt sie nämlich den Eindruck, als würde sie Fehltritte ihres Herzbuben förmlich herbeisehnen, um ihm eins dafür überbraten zu können. Besonders vor allzu frauenkritischen Bemerkungen sollte er sich tunlichst hüten, sonst ist Matthäi am Letzten, legt die Sarah doch allergrößten Wert auf Gleichberechtigung. Über respektlose Äußerungen gegenüber ihren Geschlechtsgenossinnen echauffiert sie sich mitunter stundenlang ohne Punkt und Komma. Wird sie persönlich angegriffen, tritt sie häufig tief beleidigt den Rückzug in ihre Schmollecke an.

Fraglos zu den Stärken der Sarah in der Zweisamkeit gehört, dass sie ihr durch diverse Impulse Leben einhaucht. Droht etwa die Sexualität zu verkümmern, unterbreitet sie ihrem Angetrauten den Vorschlag, das Schlafzimmer für dritte Personen zu öffnen, was ihr aufgrund ihrer eigenen orgiastischen Phantasien keineswegs schwerfällt.

Mutter, geschweige denn Hausfrau zu sein spielt im Leben der Sarah kaum je eine zentrale Rolle. Oft bleibt sie sogar gewollt kinderlos, um ihr Berufstätigkeit sowie ihre privaten Engagements nicht einschränken zu müssen. Wenn sie sich doch für Nachwuchs entscheidet, dann meist erst kurz vor Torschluss gegen Ende ihres vierten oder am Anfang ihres fünften Lebensjahrzehnts. Die Aufzucht der Sprösslinge delegiert die Sarah ebenso wie die Verrichtung der häuslichen Pflichten nur allzu gerne an ihren Mann oder nimmt dafür ihre Eltern ein Stück weit mit in die Pflicht.

Trennung: No reason to fight

Da die Sarah schnell verzeiht, wäscht sie selbst dann keine schmutzige Wäsche, wenn sie von ihrem Ex massiv verletzt worden ist. Meist möchte sie auch ihren Neidern nicht die Genugtuung verschaffen, sie öffentlich im Schlamm wühlen zu sehen. Konkrete Streitpunkte fehlen ohnehin gewöhnlich. Weder stellt die Sarah überzogene finanzielle Forderungen an ihren Verflossenen – Geld spielt für sie kaum je die erste Geige – noch versucht sie die gemeinsamen Sprösslinge gegen ihn in Stellung zu bringen oder sie ihm zu entziehen. Im Gegenteil, achtet sie mit Argusaugen darauf, dass sie ihren Vater regelmäßig besuchen, womit sie sich selbst Freiräume in Form von kinderfreien Wochenenden schafft.

Bezüglich einer neuen Bindung gilt für die Sarah das Prinzip »Alles kann, nichts muss«. Längere Zeit allein zu leben stellt für sie wahrlich kein Schreckgespenst dar.

Pflegetipps:

Musts:
* Innere und äußere Beweglichkeit, Sprachakrobatik, edle Nougatpralinés

No-Gos:
* Fistelstimme, Stehpinkler, Strandurlaub pur

Ideale Namenspartner:

Gegen Atomkraft kann die Sarah an der Seite des Dreigestirns Tobias/Simon/Lukas kämpfen, während die Geschlechtlichkeit mit ihnen meist von der unerträglichen Leichtigkeit des Seins geprägt ist. Viel häusliche Unterstützung bieten den Namensträgerinnen die Heikos und Philipps, die zudem ihren Wunsch nach Weiterentwicklung der Zweisamkeit teilen. Neben dem Patrick zeigen sowohl der Manuel als auch der Florian ein gutes Händchen für die Zicken der Sarah. Am Bernd sowie am Kai fasziniert sie anfangs die Prise Macho. Im Laufe der Zeit verursacht sie jedoch bisweilen heftige Konflikte.

SILKE

Der Name Silke bringt im Verhältnis zur Häufigkeit seines Vorkommens nur relativ selten wirklich bekannte Persönlichkeiten hervor. Das liegt in erster Linie daran, dass seine Trägerinnen ein ruhiges, beschauliches Leben im Kreise ihrer Lieben bevorzugen, anstatt wie Schauspieler oder Profisportler ständig auf Achse zu sein und um die Welt zu gondeln. Selbst ihre Urlaubsreisen müssen nicht unbedingt in exotische Gefilde führen; Chiemsee oder Rügen tun es genauso, zumal sie nicht allzu gerne fliegen. Mitunter liegt sogar eine handfeste Flugangst vor.

Bei der Wahl ihres Freundeskreises setzt die Silke auf Beständigkeit. Nicht selten zieht sie im Erwachsenenleben noch mit den Mädels um die Häuser, die schon den Sandkasten mit ihr teilten. Zu ihrem »innersten Zirkel« gehören regelmäßig auch Cousinen oder Nichten, weil sie enge verwandtschaftliche Bande pflegt. Als äußerst pienzig erweist sie sich nur gegenüber Illoyalität und Vertrauensbrüchen. Besonders »Geheimnisverrat« verzeiht sie fast nie und nimmt ihn, je nach Schwere des Vergehens, mitunter sogar zum Anlass für einen Kontaktabbruch mit der Delinquentin beziehungsweise dem Delinquenten.

In ihren Mußestunden verschönert die Silke ihr Nest. So manche Deko stammt aus Eigenproduktion, weil sie passioniert bastelt, schneidert und malt. Außer Haus bruncht sie gerne in Gesellschaft netter Menschen, besucht (regionale) Feste und Märkte und geht bummeln. Das artet jedoch kaum je in wildes Shopping aus, weil sie recht sparsam ist. Apropos sparen: Beruflich landet die Silke häufig auf der Bank. Gleichermaßen fühlt sie sich wegen ihrer Kinderliebe als Erzieherin wohl, während sie ihre Akribie zur Finanzbeamtin oder Anwältin prädestiniert. Wenig bis überhaupt kein Interesse zeigt sie indes für Jobs im medizinischen Bereich.

Optik und Outfit: Ein weites Feld

Die Silke bevölkert das gesamte optische Spektrum zwischen grottenunattraktiv und bildhübsch. Meist liegt die Wahrheit dazwischen, so dass sie in die Kategorie Durchschnittstyp passt. Figürlich weisen die Namensträgerinnen kaum ausgeprägte gewichtige Problemzonen, sondern allenfalls einige wenige überschüssige Kilos auf. Aber selbst mit leichten Rundungen machen sie im wahrsten Sinne des Wortes noch eine gute Figur. Die 1,66 m der Schauspielerin Silke Bodenbender markieren exakt die mittlere Körperlänge. Charakteristisch für den natürlichen Kopfschmuck der Silke ist der oft rötliche Farbeinschlag. Meist hat sie nämlich rotblonde oder rotbraune Haare. Der Gesichtsschnitt reicht von puppenhaft zart bis neandertalergrob.

In Modefragen bricht sich die Sparsamkeit der Silke Bahn, die sie daran hindert, ihre Garderobe immer up to date zu halten. Allerdings kleidet sie sich ohnehin meist zeitlos.

Verführung und Sex: Wildcats

In der Pubertät fällt die Silke noch durch ihre Kratzbürstigkeit gegenüber dem anderen Geschlecht auf. Lieber verdrischt oder hänselt sie die gleichaltrigen Jungs, als mit ihnen Flaschendrehen zu spielen. Da sie in der Schule ziemlich strebsam ist, empfindet sie die ersten intimen Annäherungsversuche ihrer Klassenkameraden als lästige Störungen beim Rennen um gute Zensuren. Erst wenn sie glaubt, ihre Schäfchen einigermaßen im Trockenen zu haben, wandelt sich ihre absolute Sprödigkeit immerhin in einen spröden Charme. Die harte Nuss Silke zu knacken wird fortan zu einer der größten Herausforderungen im Leben eines jeden Verehrers. Den Schlüssel zu ihrem Herzen bilden dabei gewöhnlich kleine Aufmerksamkeiten und Komplimente. Holterdiepolter-Methoden der Entsingelung wie Speed-Dating stellen für die Namensträgerinnen absolute No-Gos dar, brauchen sie doch eine Zeitlang, bis sie einen Mann überhaupt erst in ihren Dunstkreis lassen. Auch im Internet gehen ihr die Anfragen oft viel zu schnell unter die Gürtellinie. Viel sympathischer sind ihr dagegen schon Gesprächsgruppen für Singles, die auf ein behutsames Beschnuppern der Mitglieder setzen.

Verlagert sich das Beschnuppern auf die nackte Haut, bricht sich die unbändige Leidenschaft der Silke hinter ihrer recht kühlen Fassade Bahn. Nicht selten mutiert sie im Bett zu einer regelrechten Wildkatze, die ihrem Lover im Eifer des Gefechts den Rücken zerkratzt. Sein Glück besteht meist noch darin, dass sie keine Klauen von Fingernägeln hat, sonst wären ihm Narben als Andenken an das horizontale Intermezzo sicher. Dass die Silke einen gewissen sadistischen Genuss aus ihren »Furchaktionen« und anderen körperlichen »Grausamkeiten« zieht, muss zwar unbedingt ins Kalkül gezogen werden, doch fühlt sie sich insgesamt in ihren verführerischen Dessous erheblich wohler als in Domina-Kluft.

PARTNERSCHAFT: DIE SCHATTENFRAU

Die Silke heiratet ausgesprochen gerne einen Unternehmer, weil sie gerne repräsentiert und für ihn das Büro organisiert. Außerdem stärkt sie ihm den Rücken bei allen Problemen rund um die Firma. Da sie sich ungemein mit der Arbeit ihres Mannes identifiziert, duldet sie keinen Loser an ihrer Seite, was auch ihrem finanziellen Sicherheitsbedürfnis widersprechen würde. Für das Erfolgsgen des Göttergatten ist sie durchaus bereit, einen gewissen Machismo in Kauf zu nehmen und ihre eigenen Bedürfnisse bis zu einem gewissen Grad hintanzustellen. Vor einem Versager verliert sie indes schnell den Respekt, so dass sie bewusst oder unbeabsicht beginnt, ihm auf dem Kopf herumzutanzen.

Werden Kinder geboren, unterbricht die Silke ihre gewerbliche Berufstätigkeit für einige Jahre, fühlt sich aber im Prinzip von ihrer Aufgabe als reine Hausfrau und Mutter, die sie scheinbar mühelos bewältigt, unterfordert. Das ist auch häufig die Zeit, in der sie beginnt massiv im Betrieb ihres Göttergatten mitzumischen. Besteht diese Möglichkeit nicht, geht sie nach der Erziehungszeit zumindest wieder halbtags arbeiten oder wird ehrenamtlich etwa in Form einer Pflegschaft aktiv.

Die Verwandtschaft ihres Angetrauten schließt die Silke meist genauso in ihr Herz wie die eigene, so dass »Schwiegermutter ante portas« ihr kaum je Alpträume bereitet. Im Gegenteil, nimmt sie ihre Tipps und Ratschläge gerne an, sofern sie darin Wohlwollen verspürt. Eine Horrorvision bedeutet für sie eher die Vorstellung, eine Ehe ohne sonstige soziale Kontakte zu führen. Dem Motto »My home is my castle« kann sie nur insofern etwas abgewinnen, als ihr das Heim Geborgenheit bietet, nicht aber in Richtung einer Festung, bei der alle Tore zur Außenwelt jetzt und in aller Zukunft fest verrammelt sind.

TRENNUNG: TO LEAVE THE PAST BEHIND

Die Silke verlässt ihren Mann häufig, weil er ihr etwa aufgrund eines unsoliden Lebenswandels dauerhaft nicht die (materielle) Sicherheit bieten kann, die sie sich wünscht. Von einem erfolgreichen Partner wird indes eher sie just in dem Moment zugunsten eines naiven, jungen Hühnchens verlassen, wo sie seine Schwächen schon zu gut kennt, als dass sie ihn noch bedingungslos bewundern könnte.

Was auch immer die Gründe für die Trennung sein mögen, setzen die Namensträgerinnen danach auf klare Patente. Weder bleiben finanzielle Verstrickungen bestehen noch unternehmen sie Versuche, die Liebe neu zu beleben; von reinem Sex mit dem Ex ganz zu schweigen. Das entspricht in erster Linie ihrem Wunsch, die Vergangenheit so weit wie möglich abgeschlossen zu haben, bevor sie eine neue potenzielle Langzeitbeziehung eingehen.

PFLEGETIPPS:

Musts:
* Kuschelabende, Familiengeburtstage, Kartenspielen

No-Gos:
* Essensverweigerer, Verschwendungssucht, Auswandern

IDEALE NAMENSPARTNER:

In seiner eigenen Unternehmung unterstützen kann die Silke häufig den Jörg, den Dirk und den Tim. Dasselbe gilt für den Axel, dessen Machismo sie sich bisweilen gerne unterwirft. Geschlechtlich teilen sowohl der Ingo als auch der Simon ihre hemmungslose Leidenschaft, so dass im gemeinsamen Schlafzimmer regelmäßig ein mittleres Erdbeben ausbricht. Dem masochistisch angehauchten Thorsten laufen Schauder der Erregung den Rücken hinunter, während die Namensträgerinnen selbigen beim Sex zerkratzen. Stark in den Clan der Silke einbinden lässt sich das »familiäre« Quartett Henning / Patrick / Björn / Sebastian.

Simone

Basics: Power girl

Simone Laudehr, die Damenfußball-Weltmeisterin, bekleidet nicht ganz zufällig die Position der Stürmerin, sind doch die Simones offensive, um nicht zu sagen ungestüme Typen. Kontakte zu knüpfen fällt ihnen leicht, da sie nur wenige Hemmungen haben, direkt auf andere zuzugehen. Allerdings lassen sie sich nicht auf jeden intensiv ein, so dass besonders ihr Freundeskreis relativ überschaubar bleibt. Zudem verfügen sie über genügend Härte, um ab und zu mit dem eisernen Besen durch ihr soziales Umfeld zu kehren und sich von »falschen Fuffzigern« zu befreien.

Für ihr Leben »im Angriff« braucht die Simone Power, und die hat sie zur Genüge. Neben ihrer mentalen Stärke weist sie meist auch physisch Bärenkräfte auf, so dass sie als Reiterin mühelos ein Pferd in Zaum hält, während es ihr als Altenpflegerin kaum schwerfällt, ihre Schäfchen aus dem Bett zu heben. Mit dem Druck ihrer Hände, der dem eines Schraubstocks ähnelt, könnte sie fast eine rohe Kartoffel zerquetschen wie einst der »Seewolf« Raimund Harmstorf.

Intellektuell stellt die französische Schriftstellerin und Frauenrechtsikone Simone de Beauvoir fraglos eine Ausnahmeerscheinung dar. Ihre Normalo-Namensschwestern treiben anstelle hochphilosophischer Probleme eher die praktischen Fragen des Alltags um, was aber keinesfalls heißen soll, dass sie ignorant wären. Alleine sind sie weniger bücherweise als lebensklug.

Beruflich packt die Simone im wahrsten Sinne des Wortes gerne an und braucht menschliche Kontakte. Daher ist sie sowohl im Polizeidienst als auch in der Pflege bestens aufgehoben, wohingegen sie Bürojobs recht leidenschaftslos verrichtet. Die Freizeitgestaltung der

Simone dominieren eindeutig ihre Haustiere, Geselligkeit in jedweder Form sowie »halsbrecherische« sportliche Aktivitäten.

Optik und Outfit: Colour me beautiful

Der Körperbau der Simone wirkt häufig robust, was sich besonders
in ihren recht breiten Schultern manifestiert, wie bei der Schauspielerin Simone Thomalla. Nichtsdestotrotz besteht kaum je Verwechs-
lungsgefahr mit einem Mann, da sie ansonsten über alle Attribute
verfügt, die ihr Geschlecht auszeichnen: lange Beine, üppige Kurven
und ein weiches Antlitz. Zu Adipositas neigen die Namensträgerinnen nur selten, müssen aber ständig auf der Hut sein, nicht vom
gerade noch schlanken oder leicht kompakten in den molligen »Ag-
gregatzustand« hinüberzugleiten. Ihre Haare, die nicht selten einen
Rotstrich aufweisen, tragen sie fast immer halblang oder lang, um
ihre Weiblichkeit zu betonen.
Für Mode interessiert sich die Simone nicht sonderlich, kann sich
aber diesbezüglich absolut auf ihr natürliches Farb- und Stilgefühl
verlassen. Interessanterweise hegt sie oft eine Vorliebe für Pumps.

Verführung und Sex: Nur die Länge zählt

Die Simone ist das ideale »Opfer« für Romeos mit langer Leitung,
bekundet sie doch ihre Paarungsbereitschaft derart deutlich, dass sie
selbst einem Blindfisch noch gewahr wird.
Davon abgesehen, dass ihr die Amorpfeile förmlich aus den Augen
schießen, nutzt sie eine gleichermaßen einfache wie effektive Strategie für ihre Entsingelungsmission, indem sie immer wieder die Nähe
zum Objekt ihrer Begierde sucht. Schon als Teenager steht sie bei
jedem Training ihres kickenden Schwarms am Spielfeldrand, während sie als Erwachsene den »Belagerungszustand« über das Büro

ihres schnuckeligen Arbeitskollegen ausruft. Allerdings überschreitet sie dabei nie die Grenze zur Aufdringlichkeit. Vielmehr fühlt sich die andere Seite von ihrer Aufmerksamkeit geschmeichelt und greift irgendwann beherzt zu nach dem Motto »Warum in die Ferne schweifen, liegt das Gute doch so nah«.

Wird die Simone spontan im Park oder im Zug angesprochen, lässt sie sich meist zumindest auf einen netten Plausch ein, sofern der »Kandidat« das Gespräch nicht mit einem dummen Anmachspruch oder einer Unverschämtheit eröffnet. Ob mehr daraus werden kann, weiß sie indes schon nach wenigen – im wahrsten Sinne des Wortes – Augenblicken.

Die Simone ist eindeutig keine Vertreterin der Theorie, dass es beim Sex nicht auf die Größe des männlichen Penis ankommt. Dafür liebt sie es viel zu sehr, wenn ihr Partner tief in sie eindringt. Mit einem Stummelschwänzchen wird sie kaum je wirklich zu befriedigen sein. Damit sie einem genital zu gering bestückten Partner die fehlenden Zentimeter nachsieht, sollte er schon einige prickelnde Alternativen im Gepäck haben, sie intim glücklich zu machen. Die einfachsten davon wären, einen stattlichen Vibrator einzusetzen oder manuell auf ausgedehnte Forschungsreisen in ihre Lustgrotte zu gehen.

Partnerschaft: Welcome to reality

Die schwärmerische Bewunderung, die die Simone ihren ersten Freunden entgegenbringt, weicht zunehmend einer realistischeren Betrachtung des anderen Geschlechts, kehrt sich aber zum Glück nicht aufgrund von schlechten Erfahrungen in eine überkritische Haltung um. Von ihrer großen Jugendliebe wird sie meist »nur« durch das Leben getrennt, indem sie weit wegzieht oder durch ihren Berufseinstieg so stark gefordert ist, dass kaum noch Zeit und Energie für die Zweisamkeit bleiben. Besonders wenn diese Verbindung die Simone sehr prägte, hat ihr späterer Gatte anfangs lange gegen den Schatten seines übermächtigen Vorgängers anzukämpfen, was zu einigen Frustrationen führt.

An ihren Ehemann hegen die Namensträgerinnen eher praktische als romantische Erwartungen. Er soll Wert auf gemeinsame Unternehmungen legen, keine zwei linken Hände haben und einer einträglichen Arbeit nachgehen. Einträglich, da die Simone wenig Lust verspürt, jeden Cent zweimal umzudrehen, bevor sie ihn ausgibt. Alleine schon ihre Haustiere verschlingen monatlich ein kleines Vermögen, besonders wenn darunter, wie so häufig, Pferde sind. Aber auch ihre Klamotten kauft sie kaum je bei Kik, sondern eher in einer Mittelklasse-Boutique. Allerdings trägt sie fast immer selbst zum Familienunterhalt bei, indem sie zumindest einen Teilzeitjob bekleidet.

Mit ihren Kindern kommt die Simone meist hervorragend zurecht, weil sie eine strenge, aber liebevolle Mutter ist. Das Verhältnis zu ihrem Angetrauten verschlechtert sich indes zunehmend, je mehr sie im häuslichen Bereich das Zepter übernimmt. Nicht selten brennt er, spätestens während seiner zweiten Midlife-Crisis, mit einer deutlich jüngeren Partnerin durch, die vermeintlich zu ihm aufschaut. Die ewige Treue kann aber auch die Simone ihrem Gemahl nur selten schwören.

Trennung: Im Namen des Volkes

Ihren Ex nach der Trennung von hinten zu treten hat die Simone nicht nötig, da sie über genug Standing verfügt, im Falle einer Auseinandersetzung mit offenem Visier zu kämpfen. Mit Abstand das größte Konfliktpotenzial birgt in der Regel das Thema Geld. Auch nach der Scheidung möchte die Simone nämlich einen angemessenen Lebensstandard bewahren und erhebt daher Anspruch auf genau den Unterhalt, der ihr per Gesetz zusteht. Stellt sich ihr Ex quer, versucht sie zunächst, eine gütliche Einigung zu finden. Weigert er sich, einzulenken, reicht sie völlig nüchtern und emotionslos Klage beim zuständigen Familiengericht ein. Dann allerdings überlässt sie die Sache komplett ihren Anwälten, um sich nicht unnötig die Nerven zu ruinieren. Hat sich der Pulverrauch verzogen, versucht die Simone jedoch, wieder ein vernünftiges Verhältnis zum Vater ihrer Kinder herzustellen.

Pflegetipps:

Musts:
* »Dirty Dancing«, Thai-Massagen, Waldmeisterbowle

No-Gos:
* Geplatzte Verabredungen, Spargeltarzane, Sexmuffel

Ideale Namenspartner:

Über genügend Hintern in der Hose, um der Simone Paroli zu bieten, verfügen der Bernd, der Maximilian und der David. Dasselbe gilt für das »Duo infernale« Axel/René, auf das sie sich ansonsten aber nur einlassen sollte, wenn es unter seinesgleichen die große Ausnahme verkörpert. Im wahrsten Sinne des Wortes tiefe Befriedigung verschaffen den Namensträgerinnen neben den Johannessen mit ihren Johannessen die Clemense mit ihren Clemensen. Jenseits vom intimen Eden werden Letztere ebenso wie der Lars und der Benjamin viel Freude an ihren Haustieren haben. Den Krankenpfleger Florian angelt sich die Krankenschwester Simone in der Arbeit.

Sonja

Basics: Let's move it

Sonja bedeutet als slawische Koseform des Namens Sophia aus dem Griechischen übersetzt so viel wie »Weisheit«, wird aber im russischen Sprachgebrauch auch im Sinne von »Schlafmütze« verwendet. An der Wahrheit geht beides meilenweit vorbei. Weder wandeln die Namensträgerinnen auf den Spuren der Platons und Laotses – ihre geistige Stärke besteht eher in Schlagfertigkeit nebst Cleverness – noch sind sie Tranfunzeln, zeichnen sie sich doch durch einen hohen Aktivitätslevel aus. Ihr feuriges Temperament lässt sie kaum je ruhen, so dass die heimische Couch oft tagelang verwaist bleibt. Wenn sie schon ausspannt, dann meist »öffentlich« im Ruheraum einer Sauna oder auf der Liege eines Masseurs. Insgesamt treibt sie bei ihrem Tun der Wunsch nach Geselligkeit an. Zwar kann sie gut allein sein, aber viel lieber verbringt sie ihre Zeit mit netten Menschen, indem sie sich einem Sportteam oder einer karitativen Organisation anschließt. Die Moderatorin Sonja Zietlow etwa engagiert sich in einem Tierschutzverein, den sie sogar selbst mit gegründet hat.

Ihre Schullaufbahn, die meist in eine gute mittlere Reife oder das Abitur mündet, durchläuft die Sonja, abgesehen von einem merklichen Leistungseinbruch in der Pubertät, ohne nennenswerte Schwierigkeiten. Anschließend absolviert sie ganz frauentypisch eine Verwaltungs-, Erzieherinnen- oder Arzthelferinnenausbildung. Nimmt sie ein Studium auf, bricht sie dagegen interessanterweise häufig in Männerdomänen wie die Ingenieurswissenschaften ein. Durch diese Zwiegespaltenheit kommt perfekt die Ausgewogenheit von Ying- und Yang-Elementen innerhalb des Namens zum Ausdruck. Neben femininen, fast schon frauchenhaften Typen prägen ausgemachte Amazonen das Bild, wobei Mischformen praktisch Fehlanzeige sind.

Optik und Outfit: Red Sonja

Das »aufgedackelte« Sexbombenimage, das dem Namen durch einige Promis wie der »Venusfalle« Sonja Kirchberger oder ihrem blonden »Pendant«, der Moderatorin Sonya Kraus, anhaftet, täuscht ein wenig über »das wirklich wahre Leben« ihrer Trägerinnen hinweg. Optisch sind sie nämlich eher natürlich hübsche Frauen, die ihre weiblichen Reize nicht über die Maße zur Schau stellen müssen. Oftmals kleiden sie sich sogar derart »dezent«, dass erst beim Entblättern offenbar wird, welche Leckerlis sie figurmäßig zu bieten haben. Besonders in die Augen stechen ihr Knackpo sowie ihre Wespentaille. Beine bis zum Boden können sie bei einer stattlichen mittleren Körpergröße von etwa 1,72 m allerdings nur selten aufweisen. Ihre Haare trägt die Sonja auffällig häufig rot, womit schon der Einsatz von Henna und Co. »gegen« ihren mittelblonden bis dunkelbraunen Naturton impliziert ist.

Verführung und Sex: Revierkämpfe

Neben ihrem guten Aussehen verschaffen der Sonja im Wesentlichen zwei Faktoren den Erfolg beim anderen Geschlecht, erstens ihr kerniger Humor und zweitens ihre relative Unkompliziertheit. Mann braucht im Umgang mit ihr nicht jedes Wort auf die Goldwaage zu legen, weil es sie womöglich verletzen könnte, sondern kann mehr oder weniger so reden, wie ihm der Schnabel gewachsen ist. Allerdings versteht es die Sonja, auch sehr eloquent und mitunter witzig zu kontern, wenn sie Opfer von (sexistischen) Frotzeleien wird. So entwickeln sich regelmäßig launige Wortgefechte, die ein gewisses erotisches Knistern erzeugen.

Haben die Namensträgerinnen vermeintlich einen dicken Fisch am Haken, sollte ihnen keine Konkurrentin in die Quere kommen, sonst fletschen sie ihre Zähne zum Stutenbiss. Scheint es ihnen der

Bursche wert zu sein, scheuen sie nicht einmal vor Handgreiflichkei-
ten oder zumindest deren Androhung zurück. Damit imponieren sie
dem Prinzen in spe natürlich, weil sie durch ihren »heroischen«
Kampf um ihn sein Ego ins Unermessliche aufplustern.

Gute Locations für Jäger, um die Sonja vor die Flinte zu bekommen,
stellen die Sauna und das Fitness-Studio dar, wo sie etwas für die
Erhaltung ihres Luxuskörpers tut.

Zum letzten Tango in Paris lässt sie sich kaum je lange bitten, treibt
sie doch regelmäßig ihre Geilheit um. Zwar bewahrt sie meist noch
so weit die Contenance, dass sie eine brandneue Bekanntschaft nicht
gleich vor Ort vernascht, aber spätestens auf der gemeinsamen Fahrt
zu ihrer Wohnung geht sie ihm an die Wäsche. Des Rätsels Lösung,
warum manch ein Automoblist ganz verklärt über sein Lenkrad in
die Welt blickt, könnte eine Sonja sein, die ihm gerade einen heißen
Blowjob, eine ihrer intimen Spezialitäten, verpasst.

Partnerschaft: Fehltritt beim Ausritt

Die Sonja schätzt am starken Geschlecht besonders Esprit, Witz
und Lebenstüchtigkeit, also Eigenschaften, die sie selbst in hohem
Maß verkörpert. Ohne eine gewisse Reife – damit ist weniger Ge-
setztheit als Erfahrung gemeint – und Schlagfertigkeit wird ein
Mann an ihrer Seite kaum bestehen können. Absolutes No-Go sind
für sie Muttersöhnchen, da sie weder bereit ist, ihren Partner sexuell
anzulernen, noch ihm eine Rundumversorgung zuteilwerden zu
lassen. Um das »Hotel Sonja« mit Vollpension zu eröffnen, ist sie
auch viel zu häufig aushäusig in Sachen Weltverbesserung und
Freundschaftspflege unterwegs. Mit Letzterem nimmt sie es leider
mitunter zu genau, wenn es sich bei den »Pfleglingen« um Vertreter
der Spezies XY handelt, neigt sie doch intim zu einer gewissen
Leichtsinnigkeit. Wer glaubt, er könnte in puncto Treue die Hand
für sie ins Feuer legen, sollte zumindest stets die Adresse einer guten

Verbrennungsklinik griffbereit haben. Zu den außerehelichen Eskapaden der Namensträgerinnen bedarf es keineswegs der gesamten Palette ehelicher Grausamkeiten, wie Sprachlosigkeit, Gleichgültigkeit oder Vernachlässigung. Oft reicht als Motor alleine schon ihre Entdeckerfreude nebst dem Wunsch nach horizontaler Abwechslung.

Zur reinen Hausfrau und Mutter ist die Sonja wahrlich nicht geboren. Nachwuchs lässt sich nur schwer mit ihrer rastlosen Existenz vereinbaren, während sie gegen Waschen, Putzen und Co. einen förmlichen Widerwillen verspürt. Soweit es ihre finanziellen Ressourcen erlauben, stellt sie gerne eine Nanny und Haushaltshilfe in Personalunion ein. Die gesetzliche Elternzeit nimmt sie meist nicht in Anspruch, wie die Moderatorin Sonya Kraus, die bereits drei Monate nach Geburt ihres – übrigens ungeplanten – Sprösslings wieder vor der Kamera stand.

Trennung: Sie, frei von Altlasten, sucht ...

Die Sonja gibt in der Zweisamkeit niemals ihre Autonomie auf. Daher fällt sie nach einer Trennung, selbst wenn sie von ihrem Partner initiiert wurde, fast nie ins Bodenlose. Nicht selten hat sie bereits auch so viele Beziehungen in den Sand gesetzt, dass sie relativ abgehärtet gegenüber »Liebeskummer« ist. Erwischt er sie doch einmal, besteht ihre Therapie im Tagebuchschreiben und im Sport. Ähnlich wie die Kerstin powert sie sich physisch so lange aus, bis die Endorphine Purzelbäume schlagen.

Finanzielle »Altlasten« hinterlässt das Zerschneiden des Tischtuchs ebenfalls kaum je. Gegenseitige Unterhaltsansprüche entfallen meist, weil die Sonja in »wilder Ehe« mit ihrem Ex zusammengelebt hatte und die Verbindung kinderlos geblieben war. Zudem wurden – zumindest auf ihren Wunsch hin – stets getrennte Konten geführt.

Musts:

* Abenteuerlust, Charisma, Hühnchen süßsauer

No-Gos:

* Kreuzfahrten, Pfennigfuchser, Einfaltspinsel

Ideale Namenspartner:

Das Motto »Lieber Hund als Kind« teilt die Sonja mit dem Trio Niklas/Oliver/Carsten. Nicht gleich einen Kopf kürzer machen, wenn sie einmal wieder in fremden Töpfen nascht, werden sie der Jens und der Axel, sind sie doch selbst beileibe keine intimen Kostverächter. Über genügend Pfiff, um die Namensträgerinnen bei Laune zu halten, verfügen neben dem Simon sowohl der Nils als auch der Florian. Einen würdigen Gegner im »Geschlechterkampf« stellt für die Sonja der David dar, der ihr zudem ebenso wie der Eric genügend Freiraum zur Selbstverwirklichung lässt.

Sophie / Sophia

Basics: Die weisse Rose

Aus dem Griechischen übersetzt, bedeutet der Name Sophie »Weisheit«, und tatsächlich sind seine Trägerinnen meist äußerst kluge Köpfchen. Schon in der Schule glänzen sie mit hervorragenden Leistungen besonders im literarisch-musischen Bereich. Ihre Aufsätze zeichnet meist eine sprachliche Geschliffenheit aus, die selbst das Lehrpersonal vor Ehrfurcht erstarren lässt. Bei musikalischen Darbietungen zu festlichen Anlässen ihres Gymnasiums steht sie regelmäßig in der ersten Reihe entweder als Instrumentalkünstlerin oder als Sängerin. Um einen Einser-Notendurchschnitt zu erreichen, müsste sie eigentlich nicht viel tun, weil ihr alles mehr oder weniger in den Schoß fällt. Nichtsdestotrotz ist sie meist eine fleißige Schülerin, die aber fast nie in den Ruf einer Streberin gerät. Oft spielt sie sogar eine ziemlich zentrale Rolle in ihrem Klassenverband und führt eine recht große Mädchen-Clique an. Die einzige nennenswerte Schwäche der Sophie in ihrer Kindheit liegt in einer gewissen Altklugheit vor allem gegenüber ihren jüngeren Geschwistern.

Ihre Freude am Dozieren kann sie später im Lehramt kultivieren, während ihre Schreiblust in der Journaille Anwendung findet. Allerdings arbeitet sie kaum je bei einer Tageszeitung, weil ihr dort der Stress gegen den Strich geht, sondern eher bei einem Magazin.

Aus einer humanistischen Grundeinstellung heraus engagiert sich die Sophie privat häufig für karitative Projekte, wie die Schauspielerin Sophie Schütt, die unter anderem »World Vision« unterstützt. Daneben entwickelt sie im mittleren Alter einen Hang zur Spiritualität und beginnt sich für alternative Medizin zu interessieren. Infolgedessen absolviert sie nicht selten noch eine Heilpraktikerausbildung. Ihre Phantasie regt sie an, indem sie lesend von der realen in »Sofies Welt« abtaucht.

Optik und Outfit: Kalender-Girls

Der Name Sophie bringt aus allen Ecken der Erde immer wieder unglaubliche Schönheiten hervor, wie die französische Schauspielerin Sophie Marceau oder ihre italienische Kollegin Sophia Loren. Kennzeichnend für seine Trägerinnen sind oft feurige Katzenaugen, und kaum eine Geschlechtsgenossin kann einen makelloseren Körper als sie aufweisen. Für eine konventionelle Laufstegkarriere weist die Sophie – mit Körbchengrößen unter C kann sie nur selten dienen – eine fast schon zu üppige Oberweite auf. Figürlich würde sie sich also eher zum Wäsche- oder Erotik-Model eignen. An der Körpergröße, die im Durchschnitt bei stattlichen 1,73 m liegt, müsste ihre Karriere bei Germany's next Topmodel hingegen nicht scheitern.

Sophies Modewelt zeichnet sich durch einen schnörkellosen Chic aus. Schmuck und Accessoires steht sie eher reserviert gegenüber.

Verführung und Sex: Fass mich an

Bei der Pirsch nach Mr. Right übt sich die Sophie meist in vornehmer Zurückhaltung, indem sie sich auf der Piazza der einsamen Herzen ein wenig aus dem wilden »Verpaarungsgetümmel« heraushält. Wäre sie eine »aggressive« Flirterin, könnte sie sich aber auch vor Männern überhaupt nicht mehr retten. In der Schule ist meist mindestens die halbe Klasse und an der Uni das halbe Semester in sie verliebt. Dennoch hebt sie nur selten ab und gibt sich zugänglich, wenn sie von einem Verehrer angesprochen wird. Neben der atemberaubenden Optik der Namensträgerinnen ziehen das andere Geschlecht regelmäßig ihre unprätentiöse Natürlichkeit sowie ihre geschmeidigen Bewegungen an wie die Motten das Licht. Dass in Person der Schauspielerin Sophia Thomalla eine der Ihren 2010 als Siegerin der Tanzshow »Let's Dance« hervorging, kommt nicht von ungefähr.

Nutzt die Sophie Medien der Entsingelung, achtet sie tunlichst darauf, dass sie keine Geistesverletzung darstellen. Um sich zwecks Verkupplung auf eine »Bauer sucht Frau«-Party zu begeben, müsste sie schon schwer auf Drogen sein. Ist sie aber zum Leidwesen der »Lonesome Cowboys« nie.

Ihre Geschlechtlichkeit betrachtet die Sophie als ein Schatzkästlein, das sie bewusst weder primitiven Perverslingen noch ausgemachten Casanovas öffnet. Selbst ihrem Prinzen setzt sie klare intime Grenzen. Absolut tabu sind für sie Hardcore-Sadomasopraktiken. In Wallung bringen sie indes neben einer ausgefeilten Kusstechnik geschickte Streichelhände sowie eine ausgiebige orale Stimulation ihrer Schenkelinnenseiten und Vulva. Zur Einstimmung auf den eigentlichen Akt eignen sich bei der Sophie auch hervorragend gegenseitige sinnliche Massagen.

Partnerschaft: Free like a bird

Die Sophie lebt ihre Partnerschaften nach dem Motto: »Wenn du etwas liebst, lass es frei. Kommt es zu dir zurück, gehört es dir. Wenn nicht, hat es dir niemals gehört.« In diesem Sinne gibt sie ihrem Herzbuben alle Möglichkeiten, neben der Zweisamkeit auch sein eigenes Leben zu führen. Wenn er beginnt, seine sonstigen Aktivitäten und sozialen Kontakte zu vernachlässigen, ermuntert sie ihn sogar dazu, sie wieder aufzunehmen beziehungsweise zu intensivieren. Dabei achtet sie aber immer darauf, dass Toleranz nicht in Gleichgültigkeit umschlägt, wie bei vielen anderen Paaren, die meist schon froh sind, die ewig schlechtgelaunte oder frustrierte Visage des anderen nicht mehr ständig ertragen zu müssen. Um solch einen Schrecken ohne Ende zu vermeiden, versucht die Sophie, Pep in die Beziehung zu bringen, indem sie ihre Augen ständig nach kleinen gemeinsamen Fluchten aus der täglichen Routine offenhält. Mal bucht sie ein Tantra-Wochenende, mal einen Kochkurs zu zweit.

Ziehen sich Gewitterwolken über der Beziehung zusammen, wehrt die Sophie den Anfängen und bringt die Probleme sofort auf den Tisch. Niemals unterdrückt sie sie so lange, bis sie krank machen oder sich in einer explosionsartigen Entladung Gehör verschaffen. In (partnerschaftlichen) Auseinandersetzungen offenbart sich aber leider auch eine Schwäche der Namensträgerinnen. Bisweilen neigen sie nämlich ähnlich wie die Alexandra dazu, ihren Standpunkt selbst dann noch beharrlich zu verteidigen, wenn sie damit jeglicher Vernunft spotten.

Die Abteilung Kinder, Küche, Kirche teilt sich die Sophie gerecht mit ihrer besseren Hälfte. Schließlich möchte sie stets noch zeitliche Kapazitäten freihaben, um einer gewerblichen Berufstätigkeit nachgehen zu können. In einem reinen Hausfrauendasein sieht sie kaum je ihre Bestimmung.

Trennung: »Daximal«

Nach dem Beziehungs-Aus der Sophie schnellen die Kleenex- und Tempo-Aktien meist sprunghaft in die Höhe, weil sie zentnerweise dieser papiernen Tücher zum Trocknen ihrer Tränen verschleißt. Ihre Freundinnen beginnen sich aufgrund ihres völligen Rückzugs in ihre heimischen vier Wände für Wochen, manchmal sogar Monate oft schon ernsthafte Sorgen um sie zu machen. Allenfalls telefonisch ist sie an ihren besseren Tagen noch zu erreichen, während die Wohnungstür fest verrammelt bleibt. Als Seelentröster nutzt sie häufig einschlägige Trennungsratgeber und geht schlussendlich aus der intensiven Trauerarbeit gestärkt hervor.

Einer neuen Partnerschaft verschließt sich die Sophie konsequent, bis sie eines Morgens mit dem sicheren Gefühl aufwacht, das Vergangene endgültig hinter sich gelassen zu haben und den Blick nun wieder auf die Zukunft richten zu können.

Pflegetipps:

Musts:
* Kleine Aufmerksamkeiten, Italien, die Farbe Rosa

No-Gos:
* Nasebohren, Taktlosigkeit mal zwei, Trash-TV

Ideale Namenspartner:

Großes Augenmerk auf ein stetes Wachstum der Beziehung wie die Sophie legt das Dreigestirn Patrick / Dominik / Manuel. Hausmusik kann sie mit den Instrumentalvirtuosen Tobias und Sebastian praktizieren, während der Lukas sich noch zusätzlich für die Bildung eines Literaturzirkels eignet. Geschlechtlich versetzen die Namensträgerinnen durch den Einsatz ihrer Streichelhände neben den Daniels die Henninge in Ekstase. Beide respektieren auch anstandslos ihre intimen Grenzen. Die lange Leine der Sophie genießen der Nils und der Moritz. Ihren Hang zur Naturheilkunde teilt der Erik.

Tanja / Tatjana

Basics: Travel the world

Die Tanja hat insofern zwei Gesichter, als sie einerseits ein lebenslustiger, andererseits aber auch ein nachdenklicher Typ ist. Und häufig liegen beide Wesenszüge ganz dicht beieinander. So kann sie im einen Moment noch herzhaft über eine geistreiche Pointe lachen, um im nächsten völlig weltentrückt ihren tieferen Sinn zu ergründen versuchen. Und ebenso plötzlich stürzt sie sich nach ihrer Grübelphase wieder mitten ins bunte Treiben.

Ihren Mitmenschen gegenüber zeigt sich die Tanja meist großzügig, ohne jedoch das letzte Hemd für sie zu geben. Stets bewahrt sie sich einen gesunden Egoismus, der sie davor schützt, über die Maße ausgenutzt zu werden. Besonders Geld verleiht sie nur äußerst widerwillig, aus Furcht, es nie mehr zurückzubekommen. Lieber gönnt sie sich davon selbst den einen oder anderen kleinen Luxus, wie ein sündhaft teures Essen. Bei größeren Anschaffungen wägt sie indes lange ab, ob sie ihr Budget nicht wesentlich übersteigen, da unüberschaubare Schulden ihrem materiellen Sicherheitsbedürfnis diametral entgegenlaufen würden.

Aufgrund ihrer Fähigkeit, auf andere zuzugehen, hat die Tanja regelmäßig einen großen, häufig internationalen Freundes- und Bekanntenkreis. Dass relativ viele Ausländer zu ihrem näheren sozialen Umfeld gehören, liegt neben ihrer Toleranz gleichermaßen an ihrer Reiselust. Gerne tingelt sie mehrmals pro Jahr durch die Welt. Nicht selten hat sie ihr Hobby zum Beruf gemacht, indem sie zum Beispiel als Reiseleiterin oder Dolmetscherin ihre Brötchen verdient. Bleibt sie im Lande und nährt sich redlich, lässt sie ihr ausgeprägter Gerechtigkeitssinn oft einen Pakt mit Justitia schließen, so dass sie in verschiedenen Sparten des Rechtswesens tätig ist. Sportlich erreichen die Namensträgerinnen den Olymp durch Trainingsfleiß, Ehrgeiz und Präzision, wie die Rodel-Olympiasiegerin Tatjana Hüfner.

Optik und Outfit: Miss Perfect

Von ihrem Aussehen her verkörpert die Tanja häufig das Klischee der Chefsekretärin, eine Position, die sie realiter übrigens nicht selten bekleidet: Beine bis zum Boden, lange blonde Haare und ein äußerst feminines, bisweilen fast püppchenhaftes Gesicht. Daneben weist sie mit ihren gut 60 Kilo bei etwa 1,72 m Durchschnittsgröße natürlich Idealgewicht auf. Überschüssige Pfunde häufen die Namensträgerinnen fast nie an, da sie mit Argusaugen auf ihre Figur achten. Ihr Mittel der Wahl, um schlank und geschmeidig zu bleiben, stellt der Sport dar. Damit straffen sie ihr ohnehin schon hervorragendes Bindegewebe noch zusätzlich, so dass sie den Begriff Orangenhaut gewöhnlich nur aus den Klageliedern ihrer Freundinnen kennen.
Auch die Garderobe der Tanja passt hervorragend ins Vorzimmer ihres Bosses: adrett, sexy und stilsicher.

Verführung und Sex: Body language

Am Anfang war das Wort, allerdings nicht bei der Tanja, zumindest wenn es um das Suchen und Finden der Liebe geht. Ihre Stärke in der Kontaktanbahnung liegt nämlich weniger im verbalen Bereich, sondern eher im gestisch-mimischen. Komplimente – auch Männer turnen sie an – gehen ihr nur sehr sparsam über die Lippen, und das Gespräch mit Herzbuben in spe von der sachlichen auf eine flirtige Ebene zu verlagern bereitet ihr erhebliche Schwierigkeiten. Wäre das starke Geschlecht wie bei einem »Date im Dunkeln« zunächst mehr oder weniger nur auf die »akustischen« Signale der Tanja angewiesen, um den Grad ihres sexuellen Interesses zu beurteilen, hätte es wohl ziemlich schlechte Karten. Ist es aber zum Glück nicht, weil die meisten Stelldicheins doch im Licht stattfinden und ihm dabei ihre »Körpersprache« in Form eines vielsagenden Blickkontakts sowie eines verführerischen Outfits zu Hilfe kommt. Bekocht die Tanja – mit Speck fängt sie Mäuse – ihren Schwarm weit dekolletiert, in kurzem Rock, halterlosen Strumpfhosen und Pumps, kann ihm kaum entgehen, welche weiteren Pläne seine Gastgeberin für den Abend hat. Das Tüpfelchen auf das »i« setzt sie als kulinarische Kennerin nicht selten durch aphrodisierende Speisen und Zutaten. Gehen die lukullischen in die horizontalen Genüsse über, scheidet sich schnell die Spreu vom Weizen, da die Tanja im Prinzip schon innerhalb von Sekunden spürt, ob die Bettgeschichte mit einem Lover ausbaufähig ist oder eine einmalige Episode bleiben wird. Die Gunst der intimen Wiederholung erweist sie nur Kerlen, die perfekt auf der Klaviatur ihres Körpers zu spielen vermögen. Dasselbe bietet die Tanja nach dem Prinzip »quid pro quo« auch der anderen Seite. Um ihren Partner in Wallung zu bringen, setzt sie weniger Mund und Zunge als vielmehr ihre manchmal strafenden, manchmal streichelnden Zauberhände ein.

PARTNERSCHAFT: REISEN UND SPEISEN

Gemäß dem Motto »Nichts ist spannender, als Neues zu entdecken« ist die Tanja zu Beginn der Zweisamkeit mit ihrem Herzbuben viel auf Achse. Besonders Reisen in ferne Länder stehen regelmäßig auf der partnerschaftlichen Agenda. Hegt die andere Seite wenig Interesse dafür, versucht sie, ihr die exotischen Destinationen nicht selten im wahrsten Sinne des Wortes schmackhaft zu machen, indem sie landestypische Spezialitäten auf den heimischen Esstisch bringt. Überhaupt bedeutet gemeinsamer kulinarischer Genuss ein wichtiges Schmiermittel in den Beziehungen der Namensträgerinnen. Steht in ihrer Ehe das erste Mal der Klapperstorch vor der Tür, hat die Tanja nur relativ wenige Probleme, sich auf die neue Situation einzustellen, die sie stark in ihrer Bewegungsfreiheit einschränkt, da sie zuvor genug erlebt hat. Auch empfindet sie den kleinen neuen Erdenbürger kaum je als Belastung, sondern vielmehr als reine Freude. Entsprechend engagiert zeigt sie sich in seiner Hege und Pflege. Bisweilen legt sie dabei sogar aus Furcht, ja keine Fehler zu machen, einen gewissen Übereifer an den Tag. Beim zweiten Kind agiert sie gewöhnlich schon erheblich entspannter und nimmt nicht gleich jede Blähung zum Anlass, voller Panik einen Darmspezialisten zu frequentieren.

Beginnen die Sprösslinge einigermaßen flügge zu werden, strebt die Tanja aber wieder massiv nach außen. Verweigert ihr der Göttergatte dann die Gefolgschaft und bleibt an der Couch kleben, sind ernsthafte Konflikte vorprogrammiert. Zunächst versucht sie, ihn noch mit Engelszungen zu mehr gemeinsamen Aktivitäten zu motivieren. Stellt er seine Ohren stur auf Durchzug, gibt die Tanja Warnschüsse in Richtung Trennung ab und beginnt ihre eigenen Wege zu gehen, nicht selten auch in Richtung einer neuen Partnerschaft.

TRENNUNG: NOTHING ELSE THAN BITTERNESS

Da es meist die Tanja ist, die ihren Angetrauten verlässt und nicht umgekehrt, hat sie ihm gewöhnlich schon in der Phase der Trennungsambivalenz innerlich gekündigt, so dass am Ende allenfalls noch Bitterkeit angesichts seiner Gleichgültigkeit bleibt. Die formalen Angelegenheiten rund um die Scheidung möchte sie dann nur noch schnell über die Bühne bringen, ohne sich dabei allerdings über den Tisch ziehen zu lassen. Zumindest wird sie bezüglich Geld und Gut das einfordern, was ihr zusteht.

Schüsse aus dem Hinterhalt gegen ihren Ex feuert die Tanja dabei ebenso wenig ab, wie sie ihn vor anderen diskreditiert.

Selbst nach ziemlich heftigen »Verteilungskämpfen« verteufelt sie

ihn kaum je, sondern kehrt immer auch seine positiven Seiten als
Ehemann und Vater hervor. Diesbezüglich schlägt regelmäßig wieder ihr Gerechtigkeitssinn durch.

Pflegetipps:

Musts:
* Reisevorträge, Benimmkurs, Mountainbike-Touren

No-Gos:
* Hinternkneifen, alkoholisches Lallen, Dosenfutter

Ideale Namenspartner:

Sowohl von ihrer Unternehmungslust als auch von ihrer Familienzentriertheit her harmonieren der Tobias, der Manuel sowie der Florian mit der Tanja. Trefflich sporteln kann sie an der Seite des Duos Dominik / Henning, wobei Letzterer allerdings nicht sonderlich auf Fernreisen steht. Den Körper der Namensträgerinnen sexuell zum Schwingen bringen die erfahrenen Liebhaber Johannes, Simon und Patrick. Die Freude der Tanja an den lukullischen Genüssen teilt der Maximilian, während der Bernd, der optisch voll auf sie abfährt, sie gerne stolz zum Essen ausführt.

TINA

Tina als Rufname stellt häufig die Kurzform von Christina, Bettina oder Martina dar, und leider kommen seine Trägerinnen auch sonst nicht an das Format ihrer »großen Schwestern« heran. Die Unterlegenheit ihnen gegenüber besteht meist sowohl im charakterlichen als auch im intellektuellen Bereich. Oft setzt sich die Tina aufgrund ihres überbordenden Ehrgeizes Ziele, an denen sie mangels Begabung vorbeischrammt, was regelmäßig zu Wut gegen die »ungerechte Welt« führt. Die Ursachen für Niederlagen bei sich selbst zu suchen liegt ihr gemeinhin ziemlich fern. In der Schule oder an der Uni stößt sie auf wenig Gegenliebe der Lehrenden, wenn sie chronisch versucht, ihnen mittels Spitzfindigkeiten Korrekturfehler nachzuweisen, um bessere Zensuren herauszuschlagen. Ihre Klassenkameraden bringt sie indes regelmäßig zur Weißglut, indem sie sich bei der Notenvergabe offen mit ihnen vergleicht und dabei natürlich stets besser wegkommt. Dazu gesellt sich häufig noch eine Taktlosigkeit – sie selbst nennt es Direktheit –, die sie von Fettnäpfchen zu Fettnäpfchen tappen lässt. Ein Schelm jedoch, der dahinter einen tumben Trampel wie gefühlt die Tina aus der kultigen Anti-Aids-Werbung mit Hella von Sinnen vermutet, die lauthals nach dem »Standort« der Kondome gefragt wird. In die »Blonde Friseuse-Schublade« passt sie nämlich keineswegs. Bedient sie das Klischee wie die »Mantalette« Tina Ruland, dann nur gespielt.

Beruflich führt die Tina ihre Schnodderschnauze, gepaart mit Sprachwitz, nicht selten ins Moderationsstudio eines coolen »jungen« Radiosenders. Ansonsten tummelt sie sich gerne im Sprachmittler-, Finanz- oder Verwaltungssektor. Jedenfalls sollte der Job gut bezahlt sein, da sie in ihrer Freizeit Power-Shopping in den besten Boutiquen der Stadt liebt. Auch beim abendlichen Ausgehen müssen es mindestens schon angesagte Clubs mit Gesichts- und Kleidungskontrolle sein.

OPTIK UND OUTFIT: KLEINE FRAU GANZ GROSS

Der teilweise schon übertriebene Ehrgeiz und Aktionismus der Tina rührt nicht selten von ihrer recht geringen Körpergröße her. Sie leidet sozusagen an einem »Little Woman Syndrome«, versucht also, fehlende Zentimeter durch Erfolg zu kompensieren. Kaum je überschreitet sie die 1,65 m wesentlich und nicht selten scheitert sie schon an der 1,60-m-»Wachstumshürde«. Die Rock-Legende Tina Turner liegt mit ihren 1,63 m fast genau zwischen diesen beiden Werten.

Die Ambitioniertheit der Namensträgerinnen bezieht sich auch auf ihre Optik und ihr Outfit, so dass sie stets bestrebt sind, das Beste aus sich zu machen. Fraglos gehören sie schon zu den attraktivsten, bestgestylten Vertreterinnen der holden Weiblichkeit, aber ihre chronische Unzufriedenheit treibt sie dazu an, immer noch besser zu werden. Fordern die Jahre ihren Tribut, schlägt regelmäßig die Stunde der Schönheitsdoktoren.

VERFÜHRUNG UND SEX: DEEP IMPACT

Zu dem glänzenden Bild, das die Tina von sich nach außen vermittelt, passt natürlich kein Hungerleider und Loser, sondern nur ein absoluter Erfolgstyp. Für die Suche nach Mr. Bombastic nutzt sie ähnlich wie die Kirsten Medien oder Lokalitäten, die unter dem Attribut »edel« firmieren. Läuft ihr eine lukrative Beute vor die Flinte, schießt sie schneller als Lucky Luke und Billy the Kid in Personalunion.

Ein »Sahneschnittchen«, das ja schließlich nicht auf Bäumen wächst, möchte sie sich schließlich keinesfalls entgehen lassen. Und mögen ihr bloß keine Konkurrentinnen in die Quere kommen, sonst sind jagdliche Kollateralschäden beinahe unvermeidbar.

Um einen dicken Fisch ins Netz zu bekommen, beginnt die Tina häufig auch mit dem Sport, obwohl sie eigentlich recht wenig Bezug dazu hat. Mitunter schließt sie sich gleichzeitig einem Tennis-, Golf- und Segelclub an, weil sie dort die monetäre Crème de la Crème der Männlichkeit vermutet. Ihre besondere Strategie, das starke Geschlecht bei der Leibesertüchtigung in ihren Bann zu ziehen, stellt eine gespielte Hilflosigkeit dar. Beispielsweise verfüttert sie ihre Golfbälle solange den Fischen, bis sich ein Prinz erbarmt und sie eine andere Schlagtechnik lehrt.

Intim trifft auf die Tina regelmäßig die Redensart »klein, aber oho« zu. Oft ist sie nämlich im Bett ebenso unkaputtbar wie unersättlich. Einem Mann, der schon nach ihrem ersten Orgasmus glaubt, er habe sich den Eintritt in die Hall of Fame ihres Liebestagebuchs verdient, wird sie womöglich noch am selben Abend die Schlafzimmertür weisen. Denn was für ihn wahrscheinlich das Ende bedeutet, bedeutet für die Tina vermutlich erst den Anfang, und nichts hasst sie mehr, als nach einer Teiletappe der Befriedigung mit ihrer Lust im Stich gelassen zu werden. »Verfahrenstechnisch« lieben die Namensträgerinnen ähnlich wie die Yvonnes tiefe »Erkundungsbohrungen« in ihren Schamhügel.

Partnerschaft: Die Mutter des Erfolges

Einen nicht unbeträchtlichen Teil der Zweisamkeit mit der Tina stellen gemeinsame Repräsentationspflichten dar. Gerne präsentiert sie sich und ihren Herzbuben als Glamourpaar in der Öffentlichkeit. Viel zu sagen hat die andere Seite, die häufig nur zu ihrer Zierde dient, dabei allerdings nicht. Das Wort führen meist die Namensträgerinnen.

Von der Hausarbeit schließt die Tina ihren Angetrauten weitgehend aus, weil er sie kaum je zu ihrer Zufriedenheit verrichten »kann«. Schwingt er einmal in gutgemeinter Absicht den Staubwedel oder Kochlöffel, sucht sie förmlich nach dem zurückgebliebenen Staubkorn auf dem Schrank beziehungsweise dem Haar in der Suppe. Das Schlimmste aber ist, dass sie seine vermeintlichen Unzulänglichkeiten zu einer griechischen Tragödie aufbauscht. Statt Anerkennung für seine guten Absichten erntet der Göttergatte meist eine »gewaschene« Gardinenpredigt.

Den Nachwuchs versucht die Tina nicht selten in ein Wunderkindschema zu pressen. Er soll die Erfolge erringen, die ihr versagt blieben. Unter den Müttern, die bei »Deutschland sucht den Superstar« auf ihre vorträllernden Sprösslinge warten, dürfte sie überproportional häufig vertreten sein. Damit die lieben Kleinen künstlerisch reüssieren, engagiert die Tina schon früh einen Gesangslehrer und schickt sie in den Tanzunterricht. Außenstehende schütteln ob ihrer teilweise fanatischen Fördermaßnahmen oft nur noch den Kopf, während ihr Mann gemeinhin gute Miene zum bösen Spiel macht.

Nascht die Tina geschlechtlich in fremden Kochtöpfen, achtet sie tunlichst darauf, dass sich ihre Bettabenteuer nicht zu Affären auswachsen, was natürlich die Gefahr der Entdeckung erhöhen würde. Durch ihre Auswärtsspiele möchte sie nämlich keinesfalls ihr Heimspiel gefährden.

Trennung: Life goes on and on

Die Tina neigt dazu, sich an bestimmten Dingen festzubeißen. Dazu gehören regelmäßig finanzielle Forderungen im Rahmen der Scheidungsfolgesachen. Möchte sich ihr Ex jahrelange, zum Teil sinnlose Grabenkämpfe mit ihr ersparen, sollte er möglichst umfänglich auf alle ihre Vorstellungen eingehen.

Zu Tränen rührt eine Trennung die Tina kaum je, weil ihr Gefühlsduseleien ziemlich fremd sind. Meist geht sie schon nach einigen
Wochen zur Tagesordnung über, was für sie unter anderem bedeutet, die Fühler in Richtung einer neuen Zweisamkeit auszustrecken.
Ein Dasein als Dauer-Single widerspricht jedenfalls diametral ihrem
Lebensentwurf. Länger allein bleibt sie höchstens, damit sie sich
ganz auf die Karriere ihrer Sprösslinge konzentrieren kann. Ein
anderer Mann außer ihrem eigenen Vater würde vermutlich den
Starkult um den Nachwuchs ohnehin nur schwerlich tolerieren.

PFLEGETIPPS:

Musts:
* Plateauschuhe, Halligalli-Events, Prosecco

No-Gos:
* Trauerränder, Lahmarschigkeit, Krümelmonster

IDEALE NAMENSPARTNER:

Die Öffentlichkeitsgeilheit der Tina teilen die narzisstisch veranlag-
ten Carstens und Renés, während sich der Bernd nur einfach voller
Stolz gerne mit ihr zeigt. Genügend Standfestigkeit, um ihren Sexhunger restlos zu stillen, weist die »Troika« Johannes / Florian / Kai
auf, die intim auch gewöhnlich über genügend »Tiefgang« verfügt.
Heiter über dem teilweise verbissenen Ehrgeiz der Namensträgerinnen stehen wird neben dem Ingo gewöhnlich der Maximilian. Dem
hohen Tempo des Energiebündels Tina zu folgen vermögen der
Jens, der Nils sowie der Jörg.

Vanessa

Basics: Music was my first love

Die Vanessas haben den Beat im Blut, birgt doch der Name eine Vielzahl an außergewöhnlichen musikalischen Talenten, wie die Violinistin Vanessa Mae oder die Sängerin Vanessa Amorosi. Aber auch die Normalos unter ihnen spielen häufig ein Instrument virtuos und bringen mit ihrer himmlischen Stimme Steine zum Erweichen. Um auf die großen Bühnen der Welt zu gelangen, nehmen sie mitunter an Talentwettbewerben teil, bei denen sie überaus erfolgreich abschneiden. Nicht selten werden sie dabei von ihren (über-)ehrgeizigen Eltern, besonders Müttern, gepusht.

In der Schule erlebt die Vanessa leider oft einen ziemlich heftigen Absturz, sobald sie beginnt, sich für Jungs zu interessieren. Und das beginnt meist schon, bevor sie das Dutzend an Lebensjahren vollmacht, da sie recht gern ein frühreifes Früchtchen ist. Spätestens mit 14 nimmt sie regelmäßig die Pille, dafür aber kaum noch ein Schulbuch in die Hand, was sie später mindestens eine Abiturnote kostet. In der Pubertät trennt sich auch die Spreu vom Weizen hinsichtlich der musikalischen Karriere dergestalt, dass viele Namensträgerinnen ihre Kunst dann schleifen lassen.

Nach ihrer (geistigen) Reifeprüfung versucht die Vanessa, im künstlerisch-kreativen Bereich Fuß zu fassen, indem sie sich an einem Konservatorium bewirbt beziehungsweise eine Ausbildung zur Dekorateurin oder Mediengestalterin absolviert. Im Job kehrt meist ihr Ehrgeiz aus der Kindheit zurück, so dass sie in der Hierarchie zügig aufsteigt. Mögliche Stutenbissigkeit der Kolleginnen zeigt bei ihr nur wenig Wirkung; außerdem kann sie, wenn es darauf ankommt, treffsicher zurückschnappen.

Freizeittechnisch braucht die Vanessa viel Action und Leben um sich herum. Sind diese beiden Grundvoraussetzungen gegeben, ist sie zu so ziemlich jeder »Schandtat« bereit. Besonders gerne aber wiegt sie sich lasziv im Tanz.

OPTIK UND OUTFIT: ZWÖLF UHR MITTAGS

Bei der Vanessa pfeift verhältnismäßig oft der Wind durch das Gebiss. Die französische Sängerin und Schauspielerin Vanessa Paradis steht also mit ihrer klaffenden Zahnlücke keineswegs alleine da. Ansonsten weisen die Namensträgerinnen, abgesehen von leichten Gebrauchsspuren als Ergebnis ihres ausschweifenden Sexuallebens, jedoch kaum je erwähnenswerte Schönheitsfehler auf. Trotz oder vielleicht gerade wegen ihrer kleinen Mankos gehören sie fraglos zu den erotischsten Evastöchtern unter der Sonne. Oft verschafft schon ihr Anblick dem starken Geschlecht High Noon in der Hose. Den Löwenanteil dazu tragen ihr Schlafzimmerblick sowie ihre gefährlich scharfen Kurven bei.

Der Kleidungsstil der Vanessa lässt sich am ehesten durch das Attribut »verspielt« beschreiben. Sie liebt Accessoires, wie romantische Hüte oder Tücher, und trägt sie auch gerne.

VERFÜHRUNG UND SEX: BASIC INSTINCT

Sex sells, und daher stellt die Vanessa als Inbild der Erotik einen absoluten Verkaufsschlager dar. Wo immer sie auftaucht, trifft sie auf schmachtende Blicke der Männer und neidische Blicke der Frauen, sofern sie nicht lesbisch sind.

Apropos lesbisch: Zum eigenen Geschlecht hegt die Vanessa verhältnismäßig häufig eine gewisse Affinität, geht aber nur selten längere Beziehungen mit ihm ein. Meist entspringen die homosexuellen Kontakte eher einer Laune und dokumentieren zumindest teilweise die Intention, sich von der breiten Masse abzuheben. Wie auch immer, bietet sich den Namensträgerinnen stets genügend Frischfleisch feil. Da ihr Verschleiß aber oft gigantische Ausmaße annimmt – zudem bereitet es ihnen einen besondern Kick –, gehen sie regelmäßig selbst auf Beutejagd. Nicht selten nutzen sie dabei recht aggressive Fangmethoden, zum Beispiel indem sie per Annonce eine Begleitung für ein Event suchen, der eigentlich aufgrund des Zusatzes »bei Gefallen mehr« klar sein müsste, dass dahinter der nur geringfügig verklausulierte Wunsch nach einem One-Night-Stand steckt.

Dringen aus einer Umkleidekabine, einem Fahrstuhl oder einem Hochsitz Kopulationsgeräusche nach draußen, könnte im Personalausweis der Protagonistin der Vorname Vanessa stehen. Öffnete sich während des Akts etwa die Aufzugstür, würde sie aufgrund ihrer ekstatischen Abgedrehtheit vermutlich noch nicht einmal bemerken, dass ihr wildes Treiben nun ein potenziell öffentliches ist. Und wenn, würde ihr das eher zusätzliche Lustgefühle zwischen die Schenkel als Schamesröte ins Gesicht treiben. In ihrer Art der sexuellen Promiskuität erinnert die Vanessa stark an Sharon Stone als Catherine Tramell in Paul Verhoevens Erotik-Thriller »Basic instinct«.

Partnerschaft: Foreign affairs

Der Name Vanessa geht auf den britischen Schriftsteller Jonathan Swift zurück. Er verwendete ihn als Pseudonym für seine Geliebte Esther Vanhomrigh, die unverheiratet starb. In den Hafen der Ehe fahren auch ihre modernen »Nachfahrinnen« verhältnismäßig selten ein oder verbleiben zumindest nicht allzu lange darin, weil sie als typische Künstlernaturen entweder zu unstet oder zu freiheitsliebend sind. Daneben erschwert oft noch eine gewisse Launenhaftigkeit den partnerschaftlichen Umgang mit ihnen. Besonders sexuell werden sie ihres Göttergatten schnell überdrüssig und beginnen diverse Affären, um sich wieder die ozeanischen Glücksgefühle des

Anfangs zurückzuholen. Fast könnte man im Zusammenhang mit ihr von einer Neophilikerin sprechen, die zu ihrem »Lebensglück« ständig neue Reize braucht.

Die Kinder, die die Vanessa in die Welt setzt, haben ebenfalls unter der Sprunghaftigkeit ihrer Mutter zu leiden, schleppt sie sie doch ständig in der Weltgeschichte herum und ist sie nur schwerlich in der Lage, eine tiefere Bindung zu ihnen aufzubauen. Meist sieht sie sich eher in der Rolle einer Freundin für sie als in der einer Erziehungsperson, womit sie sich innerlich ein Stück weit ihres Verantwortungsdrucks entledigt. Die »Marschrichtung« des Nachwuchses hat indes meist ihr Mann vorzugeben. Überhaupt delegiert sie gerne das Grobe bei der Aufzucht an ihn.

Alleine schon wegen ihrer gelegentlichen intimen Ausritte zeigt sich das zweisame Glück der Vanessa kaum je ungetrübt. Obwohl sie zu der eher seltenen Spezies Frauen gehört, die Liebe und Sex voneinander trennen können und auch ihr Angetrauter im Bett ausreichend zum Zuge kommt, sind Eifersuchtsdramen vorprogrammiert. Das Mausen lässt die Katze dennoch nicht.

Trennung: Ende mit Schrecken

Einer neueren Umfrage der Internet-Vermittlung »Elite-Partner« zufolge stellt Untreue »nur« noch die fünfhäufigste Trennungsursache unter Paaren dar, während sie bei der Vanessa nach wie vor an erster Stelle steht. Meist geht aber nicht ihr Mann, der regelmäßig »die Ballade von der sexuellen Hörigkeit« singt, sondern sie selbst, weil sie sich bei ihren horizontalen Eskapaden »überraschend« doch einmal in einen anderen Mann verliebt hat. Dass ihr in diesem Fall der Ex kaum freiwillig das gemeinsame Haus und Bankkonto überlässt, liegt auf der Hand. Und da sie auch keinesfalls bereit ist, das Feld kampflos zu räumen, entspinnt sich häufig ein heftiger »Verteilungskampf«.

Die gemeinsamen Kinder ergreifen dabei nicht selten die Partei ihres Vaters und weigern sich, besonders wenn sie schon größer sind, zu ihrer »treulosen« Mutter zu ziehen.

Pflegetipps:

Musts:
* Apfelbizeps, Urlaub am Meer, Sushi und Shisha

No-Gos:
* Möchtegern-Coolness, Rückenbehaarung, Schrebergärten

Ideale Namenspartner:

In puncto sexueller Obsession und Raffinesse leuchtet für die Vanessa das Dreigestirn Johannes/Kai/Philipp am Himmel der Lust. Zum »Slave of love« lässt sich der Thorsten gerne von ihr erziehen, während der Jens über ihre Seitensprünge genauso hinwegsieht wie sie über seine. Die ungeliebte Nachwuchspflege nehmen den Namensträgerinnen neben dem Dirk sowohl der Patrick als auch der Ingo weitgehend ab. Kreative Inspiration finden sie in Gestalt des David sowie des Oliver, die zudem ihre recht unverbindliche Beziehungsvorstellung teilen.

Verena

Basics: Going to the limit

Verenas sind, auch wenn sie nach außen nicht immer so wirken, ausgesprochen willensstarke und ehrgeizige Persönlichkeiten. Ihre meist hochgesteckten Ziele erreichen sie aber weniger durch Ellbogen als vielmehr durch Disziplin, gepaart mit großem Einsatz. Da sie auch körperlich gerne an ihre Grenzen gehen, erzielen sie nicht selten sportliche Höchstleistungen, wie die ehemalige Skirennläuferin Verena »Vreni« Schneider oder die Sprint-Europameisterin 2010, Verena Sailer.

Intellektuell weist der Name eine breite Streuung auf. Das reicht von recht einfach gestrickten Typen, die aber regelmäßig über ein hohes Maß an Bauernschläue verfügen, bis hin zu Hochkarätern der Kragenweite einer Verena Kast, ihres Zeichens Psychologieprofessorin und Bestseller-Autorin. Wie auch immer, bleiben Verenas fast nie auf der Strecke oder landen gar in der Gosse. Da sie nicht übermäßig gerne im Mittelpunkt stehen, meiden sie weitgehend das Licht der Öffentlichkeit. Eine Karriere in den Medien streben nur die wenigsten von ihnen an. Viel häufiger gehen sie ihren Weg in der Verwaltung, wobei ihnen ihre Strukturiertheit zugutekommt. Aber auch im Finanzwesen oder im Marketing fühlen sie sich meist gut aufgehoben. Für soziale Berufe fehlt es ihnen weniger an Sensibilität und Empathie als vielmehr an der nötigen Geduld. Zudem fahren sie nicht allzu gerne auf der Psycho-Schiene. Viel lieber widmen sie sich den praktischen Dingen des Lebens, was aber keineswegs bedeutet, dass sie nicht gelegentlich Tagträumen nachhängen. Driften sie in andere Welten ab, sind sie für andere kaum zu erreichen.

Ihren Urlaub verbringt die Verena aufgrund ihres Interesses an fremden Kulturen und Sprachen bevorzugt in exotischen Gefilden, doch kehrt sie immer wieder in ihre Heimat zurück.

Optik und Outfit: Through the eyes of a child

Die Verena wirkt oft so, als könnte sie keiner Fliege etwas zuleide tun, fast schon ein wenig arglos. Zwar verfügt sie tatsächlich über keinen ausgesprochenen Killerinstinkt, aber sie weiß doch sehr wohl, wo der Bartel den Most holt. Nicht selten sind es die großen Kinderaugen, die ihr gemeinsam mit recht milden Gesichtszügen den harmlosen Anschein verpassen. Umrahmt wird das Antlitz meist von langen hellblonden bis dunkelbraunen Haaren, die sich fast nie locken, sondern allenfalls ein wenig wellen. Bauch, Beine, Po der Namensträgerinnen bedürfen fast nie eines intensiven Workouts und stellen neben dem schlanken, wohlgeformten Hals eine echte Augenweide dar.
Bezüglich ihres Outfits legt die Verena großen Wert auf Qualität. Lieber legt sie sich ein Paar hochwertige Hosen zu als fünf paar Billigbuxen. »Kik« ist Verona, nicht Verena.

Verführung und Sex: Nomen est omen

Nirgendwo anders wird die Verena ihrem Namen, der übersetzt »die Wahrhafte« bedeutet, so gerecht wie beim Flirten. Die Signale, die sie in Richtung der Männerwelt aussendet, sind ehrlich gemeint und zeugen von echtem Interesse. Allerdings schlägt sie kaum je mit dem Zaunpfahl, sondern bekundet ihre potenzielle Paarungsbereitschaft eher subtil. Sie zu erkennen setzt auf der anderen Seite ein feines Gespür voraus, aber ein Holzklotz wird ihr Herz ohnehin niemals gewinnen können. »Verhaltenstechnisch« äußert sie ihr Verliebtsein, indem sie ähnlich wie die Susanne um das Objekt ihrer Begierde herumscharwenzelt.

Auf freier Wildbahn zeigt sich die Verena fast überall offen für Balz-attacken des starken Geschlechts, außer an Örtlichkeiten, die von Flüchtigkeit geprägt sind. Der Versuch, sie so mal schnell in der Fußgängerzone zum Kaffee einzuladen, erweist sich regelmäßig als »Mission impossible«. Ebenso wenig wird sie ihrem kurzen Augen-flirt an der Tankstelle gleich ihre Telefonnummer herausrücken, geschweige denn zu einer Probefahrt in seinen schnittigen Cadillac Eldorado 59 steigen.

Intim gleicht die Verena den »Kreuzberger Nächten« der »Gebrü-der Blattschuss«, die erst »langsam anfangen, aber dann, aber dann ...« Tatsächlich erwacht oft der Vamp in ihr, wenn das Eis erst gebrochen ist, und sie lässt sich im Schlafzimmer zu Lustbarkeiten hinreißen, an die sie zuvor selbst in ihren kühnsten Träumen nicht gedacht hat. Allein für Züchtigung jedweder Couleur ist sie nicht zu haben, weniger aus Prinzip, sondern vielmehr, weil sie dabei keiner-lei Lustgewinn empfindet. Enormen Genuss bereitet den Verenas dagegen Sexspielzeug. Allein ihre Dildosammlung reicht mitunter aus, um einen kompletten Harem zu befriedigen.

PARTNERSCHAFT: DONNERSTAGE

Die Zweisamkeit der Verena ist meist von einer gesunden Ausgewo-genheit zwischen Aktivitäts- und Ruhephasen geprägt.

Gerne unternimmt sie mit ihrem Partner am Wochenende Städte-touren, um Freunde zu besuchen oder die örtlichen kulturellen An-gebote zu nutzen, aber danach dürfen es auch ruhig wieder ein paar faule Abende auf der heimischen Couch sein. Nur sollte ihre bessere Hälfte dort keine Wurzeln schlagen.

Zur Hausfrau und Mutter aus Leidenschaft sind die Verenas kaum je geboren. Wenn sich bei ihnen kein Nachwuchs einstellt, sind sie die Letzten, die deshalb in eine tiefe Depression verfallen. Nicht selten verzichten sie sogar zugunsten ihres Berufes beziehungsweise ihrer

Hobbys bewusst auf Kinder. Beim Kochen, Waschen, Putzen sollte ihnen ihr Göttergatte helfend zur Seite springen, ansonsten ist mitunter kulinarischer Minimalismus angesagt, und in die Wohnung hält ein mittelschweres Chaos Einzug. Allerdings lassen sich hier interessanterweise regionale Unterschiede beobachten. Je weiter südlich die Verena lebt, desto mütterlicher und häuslicher wird sie gemeinhin.

Im Umgang sind die Namensträgerinnen nicht immer ganz unkompliziert. Wenn sie schlechte Laune haben, zicken sie oft ziemlich unmotiviert herum, und ihr Göttergatte kann ihnen nichts recht machen. Auch das prämenstruelle Syndrom schlägt bei ihnen fraglos stärker durch als bei den meisten ihrer Geschlechtsgenossinnen. Als verheerend erweist es sich, mit den Verenas an den »Tagen des Donners« auf Konfrontationskurs zu gehen, weil sie dadurch noch zusätzlich zum Kampf angestachelt werden. Das Mittel der Wahl, mit ihren Befindlichkeiten umzugehen, stellt indes gelassene Souveränität dar. Dafür zeigt sie Souveränität, wenn es darum geht, Seitensprungofferten abzulehnen.

TRENNUNG: SUDDEN DEATH

Anders als etwa die Johanna ist die Verena kein Typ, der sich ständig Gedanken um den Zustand seiner Beziehung macht. Selbst wenn, schaut sie regelmäßig durch die rosarote Brille. Daher fällt sie nicht selten aus allen Wolken, wenn ihr Göttergatte »plötzlich« mit gepackten Koffern an der Haustür steht und ihr eröffnet, dass er auszieht. Auch nach der Trennung bleibt sie ihrem Muster der Verleugnung meist treu, indem sie ihren Schmerz »weglächelt« oder business as usual betreibt.

Bei der Regelung der Scheidungsfolgesachen sollte ihr Ex die Verena nicht unterschätzen. Selbst die etwas einfacher gestrickten Namensträgerinnen sind gewöhnlich clever genug, sich finanziell nicht über den Tisch ziehen zu lassen. Jedem vernünftigen Kompromiss gegenüber, so er ihnen weiterhin einen angemessenen Lebensstandard ermöglicht, zeigen sie sich aber aufgeschlossen.

PFLEGETIPPS:

Musts:
* Wellness, Aufmerksamkeit, gepflegtes Ausgehen

No-Gos:
* Passivurlaube, schlechte Körpergerüche, Egozentrik

IDEALE NAMENSPARTNER:

Eine gesunde Mischung aus Action und Chillen bietet der Verena das Dreigestirn Dirk, Tim und Heiko, während der Patrick sie selbst in ihren Zickenphasen meisterhaft zu handeln weiß. Als sensibel genug, um ihre feinen Signale beim Balztanz zu empfangen, erweisen sich der Florian, der Arne sowie der Erik. In helle Verzückung gerät der Boris, wenn ihm die Verena ihre Sammlung an Sexspielzeugen präsentiert, teilt er doch ihre Vorliebe für Dildo und Co. Am Axel schätzen die Namensträgerinnen im Bett, dass für ihn der Zeugungsgedanke beileibe nicht im Vordergrund steht.

Yvonne / Yvette

Basics: Der späte Vogel fängt den Wurm

Der Name Yvonne bedeutet im übertragenen Sinne so viel wie »Bogenschützin«, und tatsächlich können seine Trägerinnen recht gut Pfeile abschießen, sowohl Giftpfeile als auch Amors Pfeile. Von ihrem Potenzial, andere zu verletzen, machen sie zum Glück nur selten Gebrauch, aber wenn, treffen ihre Spitzen mitten ins Herz. Meist nutzen sie ihre scharfe Zunge eher für die Disziplin Lästern, in der sie es bisweilen zu wahrer Meisterschaft bringen. Besonders im Parodieren ihrer Mitmenschen erreichen sie nicht selten sogar Champions-League-Niveau. Auf der charakterlichen Habenseite der Yvonne stehen eindeutig ihr deftiger Humor, ihre Kernigkeit sowie ihre Hilfsbereitschaft. Allerdings leidet sie nicht an einem Helfersyndrom, und ein kräftiges »Nein« geht ihr, im Gegensatz zu vielen ihrer Geschlechtsgenossinnen, recht leicht über die Lippen. Fühlt sie sich von einem Ansinnen genervt, kann sie sogar ausgesprochen zickig reagieren.

In der Schulzeit interessiert die Yvonne meist noch alles andere außer dem im Unterricht dargebotenen Stoff. Nicht selten gehen ihr auch die häuslichen Probleme im Kopf herum, die sie von Goethe und Gauß ablenken. Daher bringt sie nur selten mehr als mittelmäßige Zensuren mit nach Hause. Auch beruflich starten die Namensträgerinnen erst gegen Ende des dritten oder zu Beginn des vierten Lebensjahrzehnts durch. Vorher eiern sie häufig noch ein wenig herum. Der Erfolg im Job hängt stark davon ab, ob sie sich damit identifizieren können. Ihre Berufung finden sie regelmäßig als Kauffrauen, Modeberaterinnen oder Krankenschwestern.

Jenseits ihres Brötchenerwerbs sucht die Yvonne meist die Geselligkeit, indem sie mit ihren Freundinnen Wellness betreibt oder die

Stadt in Form von Kneipenbummeln unsicher macht. Sport ist für sie dagegen Mord, Tanzen immerhin nur Tort. Hat eine Laus ihre Leber überquert, verschanzt sich die Yvonne jedoch komplett in ihrer Bude.

OPTIK UND OUTFIT: DIE WOW-FRAU

Die Yvonne verkörpert häufig von Kopf bis Fuß einen wahr gewordenen Männertraum. Ihre obere Körperbegrenzung bildet eine blonde oder brünette Löwenmähne, die ein ausgesprochen feminines Antlitz umrahmt. Aus ihren großen, ausdrucksstarken Augen sprühen regelmäßig erotische Funken. An ihrem Rumpf bilden wohlgeformte, üppige Brüste und ein Knackpo die Glanzpunkte. Die Beine sind zwar selten übermäßig lang, weisen dafür aber gute Proportionen auf. Ab dem mittleren Alter neigt die Yvonne durch hormonelle Umstellungen leider nicht selten dazu, gewichtsmäßig um einiges zuzulegen, was ihrer Sinnlichkeit jedoch nur wenig Abbruch tut. Oft stört sie sich selbst mehr daran als die Männerwelt.

Das Outfit der Yvonne bleibt ein wenig hinter ihrer Optik zurück, da sie sich relativ wenig aus hippen Klamotten macht, geschweige denn je zum Modepüppchen mutiert.

VERFÜHRUNG UND SEX: TIEFE GEFÜHLE

Viele Wege führen zum Herzen und zum Unterleib der Yvonne. Einen sehr gut gangbaren Pfad stellt der der »Untugend« dar; will heißen, sie ist durchaus empfänglich für leicht schlüpfrige Bemerkungen. Allerdings sollte dahinter kein Hund stecken, der nur bellt, sonst wird er im Bett sein blaues Wunder erleben. Trefflich wandeln lässt es sich bei ihr auch auf der »Comedy-Street«, liebt sie doch Humor in fast all seinen Facetten. Ein Mann, der sie zum Lachen bringt, hat das Rennen um ihre Gunst fast schon gewonnen. Und nicht zu vergessen die Komplimente-Schiene. Besonders Nettigkeiten bezüglich ihrer Optik versetzen die Namensträgerinnen regelmäßig in schiere Verzückung. Sind die noch mit einem gewissen Maß an Spendierfreude garniert, beginnen in ihrem Kopfkino die Hochzeitsglocken zu läuten.

Aber was hilft das alles, wenn die Optik »versagt«, stellt doch gutes Aussehen erste Bürgerpflicht eines jeden Prinzenanwärters dar. Unter einer Mischung aus George Clooney und Richard Gere, am besten noch mit dem Body eines Vin Diesel, macht sie es kaum je. Das Märchen von der Schönen und dem Biest wird sie gewiss nicht neu schreiben.

Intim lebt die Yvonne nach dem Motto »Wer sich lange ziert, verliert«. Warum sollte sie sich auch einen heißen One-Night-Stand durch die Lappen gehen lassen, nur weil vielleicht die Nachbarn über das zweite »männliche« Auto vor ihrer Haustür innerhalb einer Woche die Nase rümpfen könnten. Die Meinung anderer Leute interessiert sie ohnehin meist einen feuchten Kehricht. Technisch gesehen, steht die Yvonne im Schlafzimmer auf die ziemlich harte Tour. Ihr Lover muss sie schon mindestens bis zum Anschlag penetrieren, und wenn er gut bestückt ist, darf es auch ruhig ein wenig über die Schmerzgrenze hinausgehen. Kerle, die zwischen den Beinen ein besseres Salzstängelchen spazieren führen, sollten an ihrer Lusthöhle besser erst gar nicht anklopfen.

PARTNERSCHAFT: LIGHT AND SHADOW

Obwohl die Yvonne prinzipiell ein lebenslustiger Typ ist, kann sie sich extrem an Problemen festbeißen. Darunter hat natürlich am meisten ihr Göttergatte zu leiden, dem sie ihr Herzeleid immer wieder gebetsmühlenartig vorträgt. Besonders ihre berufliche Unzufriedenheit prägt häufig die ersten Jahre der Beziehung. Später fühlt sie sich eher durch ihre Rolle als Hausfrau und Mutter überlastet. Als »Dank« für sein offenes Ohr wird die andere Seite von der Yvonne nicht selten noch zum Sündenbock für ihre Misere degradiert. Dennoch probt ihr Angetrauter kaum je die Palastrevolution, weil sie ihn aufgrund ihrer Dominanz recht gut im Zaum zu halten vermag. Außerdem weiß er, was er an seiner Frau hat, die in der Not zu einer echten Stütze mutiert. Droht ihm etwa der Verlust seines Arbeitsplatzes, spricht die Yvonne bei seinem Chef für ihn vor, und wird er tatsächlich entlassen, übernimmt sie übergangsweise die Versorgung der Familie.

Ihrem Nachwuchs schenken die Namensträgerinnen mehr Zuwendung, als ihnen selbst in ihrer Kindheit zuteilwurde. Allerdings hindern sie oft eigene emotionale Defizite daran, ihm wirkliche Nestwärme zu schaffen. Droht Ungemach von außen, breitet die Yvonne schützend die Flügel über ihre Kinder aus. Auch hier versucht sie wieder, einen Kontrapunkt zu ihren Eltern zu setzen, unter deren Obhut sie sich im Kampf gegen die bösen Mächte der Welt meist im Stich gelassen fühlte. Die Sprösslinge indes betrachten ihre Mutter ab der Pubertät gewöhnlich als eine Art Kumpel.

Kirschen aus Nachbars Garten nascht die Yvonne eigentlich nur, wenn sie heiratet, ohne sich zuvor komplett die Hörner abgestoßen zu haben. Doch betet sie regelmäßig das »Und führe mich nicht in Versuchung«, da sie recht lebhafte Phantasien bezüglich außerehelicher Intimkontakte pflegt.

Trennung: Wenn Blicke töten könnten

Einen Rosenkrieg kann sich der Gatte der Yvonne trefflich einhandeln, wenn bei der Trennung herauskommt, dass er sie jahrelang belogen und betrogen hat. Nichts hasst sie nämlich mehr, als hintergangen zu werden. Rache für seine Missetaten nimmt sie gewöhnlich, indem sie ihn mit spitzen Bemerkungen unter die Gürtellinie malträtiert und ihn in Gegenwart anderer lächerlich macht. Dazu gehören bisweilen leider auch die gemeinsamen Kinder, die dadurch natürlich ein Stück weit den Respekt vor ihrem Vater verlieren. Begegnet die Yvonne ihrem Ex in der Stadt an der Seite seiner neuen Flamme, mustert sie ihre Nachfolgerin abschätzig von oben bis unten, um ihr zum Abschied noch einen strafenden Blick zuzuwerfen. Zu offenen Beschimpfungen lässt sie sich hingegen nur selten hinreißen. Finanziell bestehen die Namensträgerinnen ohne Pardon haargenau auf das, was ihnen zusteht.

PFLEGETIPPS:

Musts:
* Sinnliche Massageöle, Optimismus, mexikanische Küche

No-Gos:
* Kleinkariertheit, Hektiker, gequälte Fröhlichkeit

IDEALE NAMENSPARTNER:

Hart ran im Bett nehmen die Yvonne der Matthias und der Boris, während ihr das »Trio infernale« Johannes/Clemens/Heiko regelmäßig durch seine üppige genitale Bestückung höllische Lust bereitet. Auf viel Geduld für ihre Probleme können die Namensträgerinnen bei den Gemütsmenschen Manuel und Ingo hoffen, die sich auch bis zu einem gewissen Maß von ihnen führen lassen. Sowohl mit dem Marc/k-Typus als auch mit dem Tobias teilen sie die kreative Ader. Am Jens sowie am Nils schätzt die Yvonne neben dem bestechenden Humor besonders die Spontaneität.

ALEXANDER

BASICS: KEEP A SAFE DISTANCE

Der Alexander ist durch seinen Namenspatron, Alexander den Großen, mit hohen Erwartungen an Klugheit, Macht und Expansivität befrachtet, denen er meist auch gerecht wird. In seinen Reihen findet sich eine Vielzahl an Geistesgrößen, wie der Naturforscher Alexander von Humboldt, der Miterfinder des Telefons Alexander Graham Bell oder der Schriftsteller und Literaturnobelpreisträger Alexander Solschenizyn. Die Normalo-Namensträger schaffen aufgrund ihrer Fachkompetenz sowie eines gesunden Durchsetzungsvermögens beruflich häufig den Sprung in Spitzenpositionen. Ihr Gerechtigkeitssinn bringt sie nicht selten ins Richteramt an Landes- oder Bundesgerichten, während sie auf dem technischen Sektor qua Innovationskraft glänzen. In sozialen Berufen, etwa als Ärzte, achten sie streng auf Distanz zu ihren Klienten und Kollegen, was ihnen Abzüge in der B-Note, ausgeschrieben Beliebtheitsnote, einbringt. Den Kumpeltyp, der allen gleich das Du anbietet, verkörpern sie jedenfalls kaum je.

Die gewisse menschliche Zurückhaltung des Alexander rührt weniger vom Wunsch her, im Job Professionalität an den Tag zu legen, sondern liegt vielmehr in seiner Natur. Daher verhält er sich auch im Privatleben kaum anders. Bis er neue Bekanntschaften näher an sich heranlässt, geschweige denn Freundschaft mit ihnen schließt, klopft er sie zunächst ausgiebig auf Vertrauenswürdigkeit ab.

Zum Ausgleich für seinen anstrengenden Job betreibt der Alexander vorwiegend Leibesertüchtigung. Seine außergewöhnliche Gelenkigkeit nebst unglaublichen Reflexen prädestiniert ihn für temporeiche Reaktionssportarten à la Tischtennis oder Squash. Kulturell fährt er besonders auf das Dreigestirn Kino, Ausstellungen, Konzerte ab.

Optik und Outfit: Like a virgin

Da der Alexander auffällig häufig im Sternzeichen der Jungfrau geboren wurde, ist er perfektionistisch veranlagt, was sich natürlich auch auf sein Outfit niederschlägt. Niemals würde er mit abgerissenen Klamotten und zerzausten Haaren in die Öffentlichkeit gehen, selbst wenn das zurzeit gerade hipp wäre. Ansonsten folgt er aber, um nicht negativ aufzufallen, gerne dem aktuellen modischen Mainstream.

Figürlich stellt der Alexander nicht selten einen Strich in der Landschaft dar, wie der ehemalige Fußball-Nationalspieler Alexander Zickler. Oft hat er das seltene Glück, essen zu können, was er will, ohne merklich zuzunehmen. Blauäugig sind die Namensträger meist weder im übertragenen noch im buchstäblichen Sinne des Wortes, obwohl sie bevorzugt einen blonden Haarschopf aufweisen. Zum Sunnyboy fehlt ihnen gewöhnlich die sonnige Ausstrahlung.

Verführung und Sex: Out of Neandertal

Aus dem Griechischen übersetzt, bedeutet der Name Alexander so viel wie »Beschützer«, und tatsächlich erfüllen seine Träger speziell beim Suchen und Finden der Liebe regelmäßig ihren »pränominalen« Auftrag, indem sie einer Frau in Not helfend zur Seite springen. Sie fungieren sozusagen als Märchenprinz, der die Prinzessin aus den Klauen des Bösen befreit, und oft endet die Rettungsaktion vor dem Traualtar.

Da es auf der Piazza der einsamen Herzen leider nicht immer so wildromantisch zugeht, nutzt der Alexander bisweilen auch ganz pragmatisch Medien der Kontaktanbahnung zwecks Entsingelung, vermeidet dabei aber tunlichst Vehikel der Niveaustufe »Neandertal«. Niemals würde er etwa seine Haut vor einer grölend-betrunkenen Masse von Barbaren auf einer »Bauer sucht Frau«-Party zu

Markte tragen. Im Internet sollten es indes eher schon Edelvermittlungen wie »Elite-Partner« oder »Parship« sein, denen er sein Herz in die Hände legt. Neben der Pirsch im World Wide Web besucht er gerne gepflegte Running-Dinner-Events oder, sofern er der hohen Kunst der Essenszubereitung noch nicht mächtig ist, Single-Kochkurse.

Nicht selten folgt dem kulinarischen Vorspiel der erotische Akt. Im Bett kommt der Alexander schnell von null auf hundert, weil er äußerst erregbar ist. Bisweilen treibt ihn schon der Anblick seiner nackten oder in raffinierte Dessous gehüllten Partnerin an den Rand eines Orgasmus, und nur seine hervorragende Körperbeherrschung schützt ihn vor einem vorzeitigen Samenerguss. Aufgrund seiner voyeuristischen Veranlagung liebt es der Alexander, seiner intimen Gespielin beim Masturbieren zuzuschauen, um sie anschließend noch ausgiebig mit seinem besten Stück zu beglücken.

Partnerschaft: In der »Völle« liegt die »Tölle«

Bis der Alexander mit einer Frau wirklich warm wird, braucht es ein wenig. Hat die andere Seite aber sein Vertrauen erst gewonnen, lässt er sich sehr tief auf sie ein. Womanizer wie der ehemalige »Big Brother«-Bewohner Alex Jolig stehen ziemlich allein auf weiter Flur. Womöglich steht bei ihm auch der verkürzte Vorname sinnbildlich für »verkürzte« Bindungen. Die »Vollform« gehört indes zu der eher seltenen Spezies Mann, die von sich aus Kontakt zur Familie seiner Angetrauten pflegt. Nicht selten ist der Alexander daher – seine guten Manieren tun ihr Übriges – Schwiegermamas Liebling, so dass sie bisweilen bei Auseinandersetzungen sogar eher seine Partei als die der eigenen Tochter ergreift. Glücklicherweise gestaltet sich jedoch die Zweisamkeit der Namensträger nur selten ausgesprochen konfliktiv, weil sie Differenzen schon frühzeitig aus dem Weg räumen, noch bevor sie sich zu einem Flächenbrand auswachsen können. Auf das Prinzip Friede, Freude, Eierkuchen zu setzen und Probleme zu verdrängen ist nicht ihr Ding. Andererseits vermeiden sie aber auch jede unnötige Konfrontation, haben also eine gute Mitte zwischen Harmoniesucht und Streitsucht gefunden. Da es der Alexander meist genossen hat, mit mehreren Geschwistern aufzuwachsen, setzt auch er mindestens zwei, oft sogar drei oder noch mehr Kinder in die Welt. Seine Vaterschaft zeichnet sich durch Leidenschaft und Engagement aus, von der Geburt der Sprösslinge bis zu ihrem Auszug. Er unterstützt sie nicht nur selbst nach besten Kräften in ihrer Entwicklung, sondern sorgt gleichermaßen dafür, dass sie von außen die bestmögliche Förderung erhalten. Keinesfalls aber möchte er durch Drill zum »Vater des Erfolgs« für den Nachwuchs werden.

Trennung: Drifted apart

In der Ehe des Alexander sind es kaum je die großen partnerschaftlichen Katastrophen wie Ehebruch oder Gewalt, die zum Aus führen. Wird das Paar nach dem Trennungsgrund gefragt, gibt es meist ziemlich einhellig an, sich auseinandergelebt zu haben. Da aufgrund dessen nur noch wenige Emotionen im Spiel sind, läuft die Regelung der Scheidefolgesachen gewöhnlich recht glimpflich ab. Um die Bälle flachzuhalten, macht der Alexander finanziell oft mehr Zugeständnisse, als er rein rechtlich müsste. Zum Rosenkrieger könnte er allenfalls werden, wenn seine Ex versuchte, ihm aus irgendwelchen unerfindlichen Gründen die gemeinsamen Kinder zu entziehen. Obwohl das Beziehungs-Aus selten offene Wunden reißt, lassen sich die Namensträger bis zur nächsten festen Bindung Zeit, alleine schon, um den Nachwuchs damit nicht zu überfordern.

Pflegetipps:

Musts:

* Loyalität, Freilichtsex, »Wer wird Millionär?«

No-Gos:

* »Vulgarische« Herkunft, Anbiederung, Öldressing

Ideale Namenspartnerinnen:

An der Lisa, Laura und Sophie bewundert der Alexander ihre schier grenzenlose Kreativität. Den Wunsch nach einer Mehrkindfamilie kann er mit dem Duo Jeanette/Silke verwirklichen, das ihm auch beruflich perfekt den Rücken freihält. Den Hang zum Perfektionismus der Namensträger teilen neben der Anke die Astrid sowie die Kirsten. Den Schweiß aus allen Poren sowohl beim Sport als auch im Bett treibt dem Alexander das Fitness-Wunder Sarah, während es die Anette korrespondierend zu seinem Voyeurismus heftig erregt, sich vor seinen Augen selbst zu befriedigen.

ANDRÉ

BASICS: DER KLEINE PRINZ

Der André ist häufig in einer Familie aufgewachsen, in der mehr oder weniger Eiszeit zwischen den Eltern herrschte. Seine Mutter versuchte, ihn auf ihre Seite zu ziehen, indem sie ihn mit Affenliebe überschüttete und ihm in der Erziehung so ziemlich alles durchgehen ließ. Nicht selten baute sie ihn auch als eine Art Ersatzpartner auf. Der Vater, der dem nicht viel entgegenzusetzen hatte, wurde durch die Allianz seiner Frau mit ihrem Sohn immer mehr an den Rand gedrängt. Um nicht noch mehr ins Abseits zu geraten, begnügte er sich mit der Rolle des Zaungasts in dem Trauerspiel um Verwöhnung, Überbehütung und Permissivität.

Als jungem Mann gelingt dem André aber die Emanzipation von seiner Frau Mama in Form eines Befreiungsschlags. Es kommt zu einem heftigen Streit um ihre »nervige« Tüttelei, infolgedessen er seine Koffer packt und geht. Mit dem plötzlichen Alleinleben kommt der André aber erstaunlich gut zurecht, obwohl er zu Hause oft noch nicht einmal lernen musste, dass der Vollwaschgang nur allzu wenig mit dem Befüllungsgrad der Waschmaschine zu tun hat. Auch im Job bereitet ihm die Entwicklung vom »kleinen Prinzen« zum Teamplayer kaum Schwierigkeiten. Dabei kommen ihm zwei seiner größten Charakterstärken zu Hilfe, nämlich die Anpassungsfähigkeit nebst der Flexibilität. Sehr häufig erlernt der André einen Handwerksberuf oder ist im Verkauf erfolgreich, wobei ihm seine »Überredungskunst«, oder nennen wir es besser »Überzeugungskraft«, zur Seite springt.

Mit seinem Namensvetter, dem Andreas, hat der André nicht allzu viel gemeinsam, außer dass auch er nicht unbedingt an einem Helfersyndrom leidet und sich in seiner Freizeit für Motorsport begeistert. Allerdings gehört er seltener zur Spezies der Biker.

Optik und Outfit: Look in the mirror

Obwohl der André an fast keinem Spiegel vorbeigehen kann, ohne sich darin zu bewundern, zeigt er sich nur selten frei von kleinen optischen Macken. So prangt etwa ein leicht überdimensioniertes Riechorgan aus seinem Antlitz hervor, oder sein Körper hat den Wuchs bei einer »vorstattlichen« Länge eingestellt. Nichtsdestotrotz ist seine Eitelkeit begründet, gehört er doch als Gesamtpaket fraglos zu den attraktivsten und charismatischsten Vertretern der Männerwelt.

Bei der Auswahl ihrer Garderobe achten die Künstlertypen unter den Namensträgern auf Extravaganz, während die Normalos unter ihnen sportlichen Chic durchaus aber auch mit gewissen Accessoires bevorzugen. Und die Sonnenbrille, der Gürtel oder der Schmuck (Silber) sollten schon hip sein. Die Körperpflege genießt geradezu Kultstatus bei den Andrés.

Verführung und Sex: Das Gute Ding und die Weile

Bei der Balz genießt es der André, sich gleich in seiner ganzen Pracht zu zeigen. Daher üben Medien der Kontaktanbahnung, die dem ein Vorspiel vorausgehen lassen, wie Internet und Kontaktanzeige, wenig Anziehungskraft auf ihn aus. Am liebsten trägt er seine Haut auf Single-Partys in Discotheken zu Markte, weil dort die Zahl seiner potenziellen Bewunderinnen meist unermesslich ist. Oft verlässt er den Ort des Geschehens aber wieder, ohne Beute gemacht zu haben. Sein Problem besteht darin, dass er regelmäßig den ersten Schritt nicht wagt und es bestenfalls bis zum intensiven Blickkontakt mit dem Objekt seiner Begierde reicht. Schafft es der André jedoch zum Flirtgespräch, hat er fast schon gewonnen, kann er doch nun geschickt seine Komplimente plazieren, denen fast jede Evastochter erliegt.

Zum Liegen mit seiner Herzdame in spe kommt er am selben Abend meist aber noch nicht, weil er nur ganz selten gleich aufs Ganze geht. Mit One-Night-Stands hat er nur wenig am Hut, und gut Ding will bei ihm Weile haben. Beim Sex ist der André anfangs ein wenig nervös, was mitunter Nullnummern nach sich zieht. Die minimieren sich aber auf Normalmaß, sobald er seine intimen Versagensängste abgelegt hat.

Der Narzissmus der Namensträger macht jedoch auch nicht vor dem Schlafzimmer halt, dessen Decke nicht selten mit einem überdimensionalen Spiegel ausgestattet ist. Damit sich der Blick hinein lohnt, lässt sich der André einiges an bizarren Stellungen und Praktiken einfallen. Ein absolutes Must beim Geschlechtsverkehr stellen für ihn Rollenspiele dar. Besonders »krankenschwesterliche« Fähigkeiten bei seinen intimen Gespielinnen sind fraglos von größtem Vorteil.

PARTNERSCHAFT: LET'S MAKE THINGS BETTER

Da der André anfangs so manchen Schiffbruch in Sachen Liebe erleidet, kennt seine Dankbarkeit keine Grenzen, wenn er endlich seine Seelenpartnerin trifft. In den ersten Jahren der Beziehung trägt er seine Herzdame förmlich auf Händen und liest ihr jeden Wunsch von den Augen ab. Dass er diesen Level hernach nicht ganz halten kann, ist völlig normal. Aber niemals wird von seiner Seite aus eine ähnliche Gleichgültigkeit Einzug in die Zweisamkeit halten, wie er sie als Schreckgespenst von seinen Eltern her kennt. Dagegen wehrt er sich mit Händen und Füßen. Vieles ist der André bereit zu ertragen, aber niemals wieder partnerschaftliche Gefühlskälte.

Um der Liebe Frischepunkte zu verschaffen und einer Entfremdung vorzubeugen, legen die Namensträger viel Wert auf gemeinsame Unternehmungen. Dabei wird immer wieder Neues ausprobiert, was nach sozialwissenschaftlichen Erkenntnissen die Leidenschaft des Paares anzufachen vermag.

An der Hausarbeit beteiligt sich der André zwar, aber sie geht ihm nicht leicht von der Hand. Gerne überlässt er sie seiner Frau und übernimmt dafür die handwerklichen Arbeiten in Haus und Hof oder kümmert sich um den Nachwuchs. Ganz anders als sein Vater hat er zu ihm ein enges Verhältnis. Das mag auch ein Stück weit daran liegen, dass der André erst verhältnismäßig spät »Papa« wird und die Freude darüber dann umso größer ist. Hier zeigen sich eindeutige Parallelen zum Finden seines partnerschaftlichen Glücks.

Versuchungen, den Pfad der ehelichen Treue zu verlassen, widersteht der André meist mit Bravour. Ihm genügt es meist schon, seine Eitelkeit zu befriedigen, indem er spürt, dass auch andere Frauen ihn noch interessant finden.

Trennung: Blinde Wut

Auch beim André kann die Liebe trotz aller gegenteiligen Bemühungen vergehen, und zudem gehören auch immer vier nackte Beine ins Ehebett. Wenn zwei davon unbedingt gehen wollen, nützt es nur wenig, dass die andern beiden bleiben wollen.

Ringt sich das Paar mehr oder weniger einvernehmlich zu der Erkenntnis durch, dass die Beziehung keine Chance mehr hat, können Trennung und Scheidung meist ruhig über die Bühne gebracht werden. Setzt seine Frau dem André aber einen anderen Kerl vor die Nase, sieht er aufgrund seiner Eifersucht regelmäßig rot. Nicht selten sucht er seinen Nebenbuhler auf und setzt ihn verbal unter Druck oder lässt seine Fäuste sprechen. Auch schreckt er nicht vor Gewalt gegenüber Dingen zurück. So manch ein per Messer »tiefergelegtes« Auto ist Ausdruck seines verletzten männlichen Stolzes.

Pflegetipps:

Musts:

* Besuche von Rennwochenenden, Einkaufsbummel, hausgemachte Kohlrouladen

No-Gos:

* Promi-Klatsch, »funktionale« Unterwäsche, blinder Aktionismus

Ideale Namenspartnerinnen:

Wenig Grund zur Eifersucht geben dem André die nur wenig Fremdflirt-intensiven Anjas, Ankes sowie die »Kat-Frauen« (Kathrin/Katharina/Katja). Tough genug, um für ihn im Schlafzimmer die dominante Krankenschwester zu geben, sind neben der Vanessa auch die Marion, die Silke und die Tina. Letztere betrachtet sich beim Sex auch gerne im Spiegel, weil sie ähnlich narzisstisch veranlagt ist wie der André.

Viel auf Achse werden die Namensträger mit der unternehmungslustigen Trias Nadine, Verena und Meike sein, die zudem seinen ästhetischen Vorstellungen entsprechen.

ARNE

Nach außen wirkt der Arne, als könnte ihn nichts erschüttern. Tatsächlich meistert er die Stürme des Lebens mit stoischer Gelassenheit, allerdings ist er aber auch ein Sensibelchen, das sich harsche Kritik sehr zu Herzen nimmt. Meist tritt er danach den Rückzug in sein Schneckenhaus an, um das Gesagte zu verarbeiten und die richtigen Schlüsse daraus zu ziehen.

Die Feinfühligkeit, gepaart mit einem Sinn für Ästhetik, prädestiniert den Arne für kreativ-künstlerische Berufe. So kann er als Architekt oder Designer ebenso reüssieren wie als Bildhauer oder Maler. Weniger anfreunden kann er sich mit Professionen, in denen er ständig im Mittelpunkt steht, weshalb er selten auf Theaterbühnen zu bewundern ist. Die Schauspielerei verlangt ihm zudem ein zu hohes Maß an verbaler Kommunikation ab, mit der er gewöhnlich eher sparsam umgeht. Der Arne ist kein Mann der vielen Worte, sondern der großen Worte. Er gibt nicht viel von sich, aber das, was er von sich gibt, hat Hand und Fuß.

Da die Namensträger über eine treffliche Übersicht und Antizipationsfähigkeit verfügen, können sie vor allem in Mannschaftssportarten ganz weit nach vorne kommen, wie der frühere Fußball-Nationalspieler Arne Friedrich. Leibesertüchtigung spielt aber nicht nur für die Cracks unter ihnen eine große Rolle, sondern auch für die Normalos; haben sie doch das »Konzept« verinnerlicht: »In einem guten Körper wohnt ein guter Geist.«

In seinem Freundes- und Bekanntenkreis wird der Arne wegen seiner Geradlinigkeit, Loyalität und Aufrichtigkeit geschätzt. Zudem hat er eine ausgeprägte soziale Ader, die ihn nicht selten zu karitativem Wirken anspornt.

Optik und Outfit: Mister Bombastic

Trotz ihrer recht markanten Gesichtszüge verfügen Arnes meist über eine warme, weiche Ausstrahlung, die leicht ihre Sensibilität erkennen lässt. Da das Antlitz der Namensträger von einer ausgesprochenen Harmonie geprägt ist, zu der sich noch ein großer, schlanker Körper von meist weit über 1,80 m Länge gesellt, sind die besten Voraussetzungen für eine Model-Karriere gegeben. Allerdings wäre damit wieder zu viel Publicity verbunden.

Optisches Gemeingut neben der genannten Attribute stellt die Fülle des Haupthaares dar, das häufig ein wenig kraus daherkommt.

Auf gediegene Kleidung und Körperpflege legt der Arne viel Wert, ohne dabei ein eitler Fatzke zu sein. Vielmehr sieht er darin eine gewisse Selbstverständlichkeit. Das Spektrum seines Kleiderschrankes reicht von klassisch-konservativ bis sportlich-leger.

Verführung und Sex: Keine Panik auf der Titanic

Wie bei seinen Worten legt der Arne bei seinen weiblichen Kontakten mehr Wert auf Qualität denn auf Quantität. Daher ist es ihm nicht wichtig, sein Adressbuch bei jeder Gelegenheit um mindestens einen Frauennamen zu erweitern. Wenn ihm in der Kneipe oder auf einer Fete keine Evastochter zusagt, so bleibt er eben in seiner Männergruppe und kann den Abend auch ohne Flirt genießen. Seine stoische Gelassenheit gibt ihm die Gewissheit, dass die Richtige schon irgendwann seinen Weg kreuzen wird. Ist dieser Augenblick da, lässt er sich seine Chance aber auch nicht entgehen, sondern versucht, völlig unaufgeregt ins Gespräch mit seiner Herzdame in spe zu kommen. Die Pfunde, mit denen der Arne beim Anbandeln wuchern kann, sind neben seiner glänzenden Optik die Ruhe und die Sicherheit, die er ausstrahlt. Das schwache Geschlecht fühlt sich bei ihm sofort geborgen wie in Mutters Schoß. Apropos Schoß, der stellt nun wahrlich nicht gleich das erste Ziel des Arne bei seiner neuen Bekanntschaft dar. Erstens ist er kein Draufgänger, und zweitens muss sich Intimität für ihn schrittweise entwickeln. Aber natürlich kann ihn die Lust bisweilen auch überrollen.

Stößt der Arne die Schlafzimmertür auf, erwartet seine Partnerin dahinter ein einfühlsamer, zärtlicher Liebhaber mit phantastischen Streichelhänden, dem allerdings ein wenig die Zügellosigkeit fehlt. Im Bett rächt sich nun die »Anständigkeit« der Namensträger, die ihre Scham- und Ekelgrenzen recht eng gefasst hat. Schon gegen den Liebessaft ihrer horizontalen Gefährtin empfinden sie meist eine ziemliche Abscheu, so dass Cunnilingus kaum je zu ihrem intimen Repertoire gehört. Stellungen mit »Beschmutzungspotenzial«, wie Analverkehr, praktizieren sie allenfalls mit Kondom.

Partnerschaft: Slave to love

Wegen seiner Gutmütigkeit schwebt über dem Arne in der Liebe stets das Damoklesschwert der Unterdrückung und Ausnutzung.

Gerät er an eine dominante Partnerin, die den Braten riecht, wird er nicht selten zum Lakaien degradiert. »Madame« macht sich tagsüber, während ihr braver Göttergatte arbeitet, einen schönen Tag, und nach Feierabend darf er noch die Hausarbeit verrichten, die ihr liegen geblieben ist. Gründe dafür findet sie genug, angefangen von der »enormen Überlastung durch die Kinder«, bis hin zu ihrer »schrecklichen Migräne«, die sie wieder malträtiert hat. Ihre Ausreden bekommt der Arne häufig aber stark zeitverzögert präsentiert, weil die Herzdame bei seiner Rückkehr noch unterwegs ist, angeblich um irgendwelche »Erledigungen« zu machen. Im besten Fall bestehen die noch aus Kaffeeklatsch mit ihrer Freundin, im schlechtesten überzieht sie gerade wieder einmal das gemeinsame Konto beim Shopping oder trifft sich mit Machoman zum lustigen Schäferstündchen.

Bis der Arne beginnt sich zaghaft gegen die häusliche Situation zur Wehr zu setzen, steht er meist schon kurz vor dem Burnout, aber die Machtverhältnisse sind dann längst in Stein gemeißelt, so dass es keine Umkehr mehr gibt.

Oft bleibt nur noch die Alternative, sich entweder mit dem Status quo zu arrangieren oder die Koffer zu packen. Gewöhnlich ergibt sich der Arne seinem Schicksal, weil er befürchtet, dass seine Frau sonst die Geheimnisse, die sie über ihn weiß, an die Öffentlichkeit bringen und ihn finanziell ruinieren könnte. Nimmt er das Wort »Auszug« nur in den Mund, droht sie ihm auch ganz offen damit.

Die Kinder, die die elterliche Dynamik mit zunehmendem Alter immer besser verstehen, begegnen ihrem Vater mit einer Mischung aus Mitleid und Verachtung.

Trennung: Nimmermehr

Ebenso wie der Arne eine Partnerschaft fast nie leichtfertig eingeht, gehört auch eine Trennung für ihn nicht zum Tagesgeschäft. Selbst wenn das gemeinsame Leben schon destruktive Züge aufwies, leidet er nun enorm darunter, morgens wieder allein aufwachen zu müssen.

Hat der Arne in der Zweisamkeit allzu traumatische Erfahrungen gemacht, hindert ihn womöglich sein Unterbewusstsein zukünftig daran, wieder eine feste Bindung einzugehen. Seine Vermeidungsstrategie liegt meist darin, Frauen aus dem Weg zu gehen. Nicht selten gerät er deshalb sogar in den Ruch a- oder homosexuell zu sein.

Professionelle Hilfe nimmt der Arne fast nie in Anspruch, weil er zu introvertiert ist und – typisch Mann – glaubt, seine Probleme alleine lösen zu müssen. Allenfalls einem sehr guten Freund öffnet er sich mitunter ein wenig.

Pflegetipps:

Musts:

* Fußmassagen, Joe-Cocker-Konzerte, gehobene Esskultur

No-Gos:

* Rassismus, Fernsehmarathons, Aufdringlichkeit

Ideale Namenspartnerinnen:

Mit dem Dreigestirn Johanna, Lisa und Sophie verbindet den Arne sowohl der Tiefsinn als auch die Liebe zur Ästhetik, während er unter den »Kat-Frauen« (Katharina/Kathrin/Katja) seine erotische Seelenpartnerin findet. Bei ihnen stößt er auf Resonanz bezüglich seines Wunsches nach Zärtlichkeit, und sie überfordern ihn auch nicht mit allzu »feuchten« Phantasien. Wenig Neigung, die Gutmütigkeit des Arne auszunutzen, weisen die Martina und die Anette auf, während das Trio Angela/Christiane/Kirsten am ehesten seinen optischen Geschmack trifft.

Axel

Basics: Highway to hell

Der Name Axel hat kaum je brillante Köpfe hervorgebracht und wird wohl auch kaum je brillante Köpfe hervorbringen, was in erster Linie daran liegt, dass für seine Träger die Schulung ihres Geistes nur selten hohe Priorität genießt. Als Kapitalisten in Reinkultur sind sie vielmehr darauf erpicht, Geld zu scheffeln, bis sie darin baden können wie Onkel Dagobert. Um in diesen Genuss zu kommen, räumen sie mit brachialer Gewalt alles zur Seite, was sich ihnen in den Weg stellt. Ohne mit der Wimper zu zucken, treiben sie geschäftliche Konkurrenten in den Ruin und schalten Gegner durch üble Machenschaften aus. Von der Berufssparte her finden sie sich häufig als (unseriöse) Investmentbanker, Autohändler oder Vermögensberater.

Seine Skrupellosigkeit hat sich der Axel nicht erst »mühsam« erworben, sondern sie wurde ihm praktisch in die Wiege gelegt. Schon als Kind ist er ein übler Flegel, der seine Eltern in den Wahnsinn treibt und vor allem durch seinen maßlosen Egoismus »glänzt«. In der Schule mobbt er unliebsame Mitschüler an den Rand eines Nervenzusammenbruchs, zumindest aber schafft er es mitunter, dass sie die Klasse wechseln müssen. Dabei hält er sich oft vornehm hinter den Kulissen und lässt seine Schergen die Drecksarbeit verrichten. So erteilt er zwar den Auftrag, Klassenkameraden zu verprügeln, verprügelt sie aber kaum je selbst. Auf diese Weise kommt er meist ungeschoren davon, während die Mitglieder seiner Gang vor dem Direx antreten müssen.

Unter Einsamkeit hat der Axel trotz seiner Schurkenhaftigkeit auch im Erwachsenenleben fast nie zu leiden, weil er stets einen Hofstaat von Günstlingen und Speichelleckern um sich schart, der sich gerne in seinem Erfolg sonnt.

Optik und Outfit:
Eismann + Biedermann = Brandstifter

Manchen Axels steht das Unsympathentum förmlich schon ins Gesicht geschrieben, weist es doch gefährlich scharfe Konturen auf und ist von der eiskalten Aura eines Killers umgeben. Andere wirken durch ihre rundliche Kopfform, gepaart mit einer gemütlichen Ausstrahlung, trügerisch harmlos. Ihre charakterliche Zweifelhaftigkeit lässt sich allenfalls an einem verschlagenen Blick ablesen. Figürlich sind die markanten Namensträger oft recht schmal, bei einer stattlichen Körpergröße um die 1,85 m, gehen aber fast nie in die leptosome Richtung. Die deutlich kleineren und gedrungenen Vertreter können dagegen eindeutig dem pyknischen Konstitutionstypus zugeordnet werden.

Interessanterweise unterscheidet sich auch die Garderobe der »Eismänner« und »Biedermänner« signifikant dergestalt, dass Erstere das Yuppie-Outfit bevorzugen, während Letztere ziemlich nachlässig »gewandet« daherkommen.

Verführung und Sex: Die Flirtshow

Bei der Pirsch nach Miss Perfect kommt der Axel häufig auf Samtpfoten daher. Er gibt den Frauenversteher und leiht dem Objekt seiner Begierde stundenlang sein Ohr, obwohl ihm das innerlich zutiefst widerstrebt. Viel lieber möchte er eigentlich schnell zum Absch(l)uss kommen, wie er das im Geschäftsleben praktiziert. Meist schweifen seine Gedanken im Flirtgespräch auch ständig ab, indem er im Kopf seine nächsten wichtigen Kundentermine durchgeht, doch erweist er sich kommunikativ als so gewieft, dass die andere Seite dessen nicht gewahr wird. Verpasst er bei seiner »Methode des selektiven Zuhörens« tatsächlich einmal eine wichtige Aussage, bittet er sein weibliches Gegenüber, sie zu wiederholen, weil angeblich akustische Verständigungsprobleme vorgelegen hätten. Was die Dame leider nicht weiß: Sie ist nur eine von vielen, bei der der Axel gleichzeitig sein Glück versucht. Er glaubt nämlich, dass er nach dem Gesetz der Wahrscheinlichkeit nur genügend Amorpfeile abfeuern müsste, damit einer sein Ziel findet.

Anders als viele seiner Geschlechtsgenossen versucht der Axel, Frauen nicht vorrangig »flachzulegen«, sondern auf die Knie zu zwingen, damit sie ihn oral befriedigen. Besonderen Genuss bereitet es ihm, wenn seine erotischen Gespielinnen beim Blowjob im Stehen zu ihm heraufschauen müssen. Lässt er sich indes im wahrsten Sinne des Wortes dazu herab, ihnen geschlechtlich beizuwohnen, zieht er sein Ding ähnlich wie der Frank gnadenlos durch, rollt sich dann zufrieden auf die Seite und schläft den Schlaf der Ungerechten. Nicht selten beschreitet der Axel beim Sex die Via brutalix, indem er die neunschwänzige Katze oder die Brustklemmen auspackt.

PARTNERSCHAFT: ICE AGE

Auch jenseits des Schlafzimmers hat die Partnerin des Axel nicht viel zu lachen, höchstens, sie hat eine ausgeprägt devote Veranlagung. Ihre Aufgabe besteht seiner Auffassung nach darin, ihn nach Gutsherrenart von vorne bis hinten zu bedienen und ihm Vorzeigekinder in die Welt zu setzen. Auch wenn er das öffentlich nie zugeben würde, stellen Frauen für ihn Menschen zweiter Klasse dar, die nur dazu geboren sind, einen Mann glücklich zu machen. Selbst finanziell kann sich seine bessere Hälfte kaum je frei entfalten, obwohl die gemeinsamen Konten überquellen. Sie erhält ein streng limitiertes Haushaltsgeld, von dem sie meist noch die eigenen Klamotten kaufen muss, während sich ihr Göttergatte auf Geschäftsreisen schon die eine oder andere Annehmlichkeit gönnt, angefangen von der erotischen Thai-Massage, über das Fünfsternehotel bis hin zum exklusiven Luxusleihwagen. Nicht selten begleitet ihn dabei seine Sekretärin, die in Personalunion auch seine Geliebte ist. Persönliche Geschenke macht er allenfalls ihr, damit sie ihm nicht vom Haken geht, um eine offizielle Liaison einzugehen. Seine Frau, deren er sich sicher wähnt, bekommt dagegen zu Weihnachten à la Familie Heinz Becker den Dampfkochtopf und zum Geburtstag die notorische Topfpflanze, beides natürlich ohne Glückwunschkarte als Beigabe. Oft macht er aus seinen Affären auch gar keinen großen Hehl, da er weder etwas Schlimmes dabei findet noch ihn die verletzten Gefühle seiner Frau sonderlich berühren.

Die einzige nennenswerte partnerschaftliche Stärke des Axel besteht oft darin, dass er seine Angetraute im mittleren Alter gegen ein junges Hühnchen austauscht und sie damit von ihrem unsäglichen ehelichen Joch befreit.

TRENNUNG: WARRIORS OF THE WASTELAND

Nach dem Ende der Zweisamkeit spottet der Axel seinem Namen, der aus dem Hebräischen übersetzt so viel wie »Vater des Friedens« bedeutet, indem er eine regelrechte Schlammschlacht mit seiner Ex initiiert. Um nicht ein Iota an Wohlstandsverlust zu erleiden, kämpft er gegen jeden Cent Unterhalt, den er an sie und die Kinder zu überweisen hätte.

Als Selbständiger fährt er sein offizielles Einkommen häufig so weit herunter, dass er am Selbstbehalt liegt. Kommt er mit seinen Machenschaften »hierzulande« nicht durch, setzt er sich bisweilen ins Ausland ab. Meist hat er bereits während der Ehezeit genug Geld beiseitegeschafft, um dort sorgenfrei leben zu können.

Manipulationsversuche des Axel in Richtung der gemeinsamen Sprösslinge scheitern gewöhnlich, weil sie fest auf der Seite ihrer Mutter stehen und zu ihm nur wenig Bezug haben.

Pflegetipps:

Musts:

* Fußmassagen, perfektes Styling, Statussymbole

No-Gos:

* Offener Widerspruch, Fremdflirten, Esoterik

Ideale Namenspartnerinnen:

Die gehörige Portion Masochismus und Devotie, die es für eine Beziehung mit dem Axel braucht, legt häufig das Dreigestirn Anita/Melanie/Anette an den Tag, das aber mit zunehmendem Alter immer mehr gegen seine Unterdrückung aufbegehrt. Von seinem Wohlstand beeindrucken lassen sich die materialistisch angehauchten Kirstens, Nadines sowie Nicoles, bis sie merken, dass sie wenig davon haben, weil er darauf sitzt wie die Glucke auf dem Ei. Wenig Anstoß an der Ellenbogenmentalität des Axel nehmen neben den Ninas sowohl die Jennifers als auch die Tinas, die selbst eine gesunde Härte schätzen.

Benjamin / Ben

Basics: Das Wunder von Ben

Ein »Kind des Glücks«, wie die Übersetzung des Namens bedeutet, stellt der Benjamin für seine Eltern zumindest bis ins dritte Lebensjahrzehnt wahrlich nicht dar, sondern eher ein Sorgenkind. Schon in der Grundschule beginnt er, den Unterricht zu stören, lässt sich aber von seinen Lehrern mit der richtigen Ansprache recht einfach wieder zur Räson bringen. Ab der Förderstufe ist er dann wegen wilder Raufereien und anderer Verhaltensauffälligkeiten schon häufiger Gast beim Direx.

Völlig aus der Bahn wirft ihn die Pubertät, in der er sich einer Clique anschließt, die regelmäßig mittelschwere bis schwere Delikte wie Kaufhausdiebstähle und Einbrüche verübt.

Nicht selten zieht der Benjamin früh von zu Hause aus, um nicht ständig mit dem erhobenen Zeigefinger seiner Erzeuger konfrontiert zu sein. Außerhalb ihrer Kontrolle beginnt sein totaler Niedergang, so dass der Weg unter die Brücke vorgezeichnet scheint. Meist geschieht aber in seinen späten 20er Jahren ein kleines Wunder, und er kommt zur Besinnung. Dabei spielen häufig eine Frau, in die er sich verliebt, sowie die positiven Impulse aus einer Therapie die entscheidende Rolle.

In dieser Zeit holen die Namensträger nicht selten ihren Schulabschluss nach als Voraussetzung, um eine Lehrstelle zu finden. Da es ihnen weder an Intelligenz noch an Phantasie mangelt, gelingt es ihnen nach der Ausbildung, sogar mitunter sich erfolgreich selbständig zu machen, etwa als Kaufmänner verschiedener Couleur oder als Kreative.

Privat schwört der Benjamin seinen »falschen Freunden« vollständig ab und wendet sich stattdessen »bürgerlichen« Kontakten zu. In seiner Freizeit beschäftigt er sich gerne mit Tieren, die ihm nicht zuletzt Seelentröster sind und helfen, seinen Tag zu strukturieren.

Optik und Outfit: Man in black

Am Aussehen des Benjamin gibt es nur selten etwas auszusetzen. Oft ist er sogar ein ausgesprochener Sunnyboy, wie der Fußballer Benjamin (»Benny«) Lauth, der allein durch seinen blonden Haarschopf ein wenig aus dem Muster fällt.

Gewöhnlich tragen nämlich die Namensträger einen natürlichen Kopfschmuck von dunkelbrauner bis schwarzer Farbe. Mit seinen 1,79 m Körperlänge sowie seiner sportlich-schlanken Figur liegt er indes wieder exakt im Mainstream. Ein besonders auffälliges Merkmal der »Glückskinder« stellt ihre schwache Körperbehaarung dar. In seiner »jugendlichen« Gangzeit kleidet sich der Benjamin gerne schwarz, fast schon gruftimäßig. Zwar bleibt er dem Motto »black is beautiful« in Klamottenfragen auch treu, wenn er sich später dem bürgerlichen Leben verschreibt, doch bringt er dann deutlich mehr Farbe und modischen Chic ins Spiel.

Verführung und Sex: Benny and Bonnie

Die Jugendliebe des Benjamin gehört häufig zu seiner Bande, und bisweilen kommt er ihr bei den Dingern, die sie gemeinsam drehen, näher. Die beiden bilden sozusagen ein Gangsterpärchen à la Bonnie und Clyde.

Ihre zukünftige Frau lernen die Namensträger indes nicht selten im Rahmen einer Reha-Maßnahme kennen. Entweder ist sie selbst Teilnehmerin oder als Mitarbeiterin daran beteiligt. Ebenso gut kann ihnen aber auch eine junge Abendschullehrerin den Kopf verdrehen, während sie ihren Schulabschluss nachholen.

Beim Anbaggern auf freier Wildbahn imponiert der Benjamin dem weiblichen Geschlecht durch seine Abgeklärtheit und Weisheiten aus jahrelanger Therapieerfahrung, so dass es den Weg, der das Ziel ist, hernach gerne an seiner Seite gehen möchte. Aber auch jenseits von Konfuzius und Co. zeigt er sich, da ausgesprochen diskussionserprobt, um keine Antwort verlegen. Hat er erst eine Frau in seinen Fängen, gibt es meist kein Entrinnen mehr. Allenfalls verscherzt er es sich noch, indem er allzu selbstbewusst, ja manchmal sogar ein wenig großkotzig herüberkommt.

Die gewisse Überheblichkeit nimmt der Benjamin auch mit ins Schlafzimmer, wo er glaubt, er sei die Reinkarnation von Casanova und Don Juan in Personalunion. Tatsächlich lässt er sich einiges einfallen, um seine intime Gespielin zu beglücken, aber an seine vermeintlichen »Urväter« reicht er bei weitem nicht heran. Bisweilen fehlt ihm schmerzlich die Fähigkeit, von sich aus die Grenzen der anderen Seite zu erspüren, und tritt daher in so manches Fettnäpfchen. Horizontale Zuckerstückchen des »Bennys« stellen hingegen seine Handarbeit sowie sein Zungenspiel dar.

PARTNERSCHAFT: DIE SCHATTENFRAU

Eine gewisse Restlabilität begleitet den Benjamin zeitlebens. Deshalb erweist es sich als beinahe unerlässlich, dass seine Partnerin mit Beständigkeit aufwarten kann und ihm den Rücken freihält. Der Spruch »Hinter jedem erfolgreichen Mann, steht eine starke Frau« scheint geradezu für ihn gemacht zu sein.

»Entlastung« bedeutet für die Namensträger, dass ihre bessere Hälfte sie zumindest von Erziehungsaufgaben hinsichtlich der gemeinsamen Sprösslinge entbindet und nicht über Gebühr mit Hausarbeit behelligt. Für den Nachwuchs nehmen sie aber recht gerne die Rolle des Spielepapas ein, bieten ihnen doch »Memory« und Co. die Möglichkeit, selbst noch einmal Kind zu sein.

Solange sie sich ausreichend um ihn kümmert, lässt der Benjamin seiner Herzdame viele Freiheiten. Weder versucht er, ihren Aktionsradius einzuschränken, noch redet er ihr bei Entscheidungen, die nur sie betreffen, hinein. Fraglos hat das bisweilen aber auch mit Wurstigkeit zu tun und dem Wunsch, potenziellen Konflikten in der Zweisamkeit aus dem Weg zu gehen. Zwar kann er selbst handfesten Streit recht gut aushalten, aber oft bedeutet er ihm schlichtweg zu viel Energieaufwand. Eine Frau, die ständig die Auseinandersetzung sucht, um sich zu spüren, ist bei ihm völlig fehl am Platze. Überhaupt sollten die familiären Probleme nicht überhandnehmen, weil der Benjamin psychisch recht schnell an die Grenzen seiner Belastbarkeit stößt. Wenn ihm alles zu viel wird, flüchtet er sich in die innere Emigration oder macht sich gleich ganz davon. Nicht selten wartet bereits eine Geliebte als Seelentrösterin auf ihn. Mit der Treue nimmt er es nämlich kaum je allzu genau.

Trennung: Out of order

Wird der Benjamin von seiner Frau verlassen, läuft er oft ziemlich neben der Spur, weil er dadurch den Halt verliert und die Verantwortung für sein Leben selbst wieder in die Hand nehmen muss. Nicht selten greift er in der akuten Phase des Trennungsschmerzes zur Flasche, so dass er im Alltag kaum noch funktioniert. Mitunter gerät sogar seine berufliche Existenz in Gefahr. Bevor er den sozialen Abstieg erleidet, zieht er sich aber meist am eigenen Schopf aus dem Schlamassel, indem er sich auf die Techniken besinnt, die er einst in seinen Therapien erlernt hatte. Wenn das nicht ausreicht, nimmt er erneut therapeutische Hilfe in Anspruch.
Ein relativ spannungsfreies Verhältnis zu seiner Ex bekommt der Benjamin nur selten hin. Das Gefühl, von ihr im Stich gelassen worden zu sein, wird er nie wirklich los.

PFLEGETIPPS:

Musts:

* Videospiele, Bewunderung, »Krankenpflege« total

No-Gos:

* Nikotinentzug, Geräusche in der Dunkelheit, Paella

IDEALE NAMENSPARTNERINNEN:

Sowohl Unterstützung als auch Halt findet der Benjamin bei den ebenso stabilen wie hilfsbereiten Helenas, Jeanettes und Danielas. Viel Verständnis für ihn bringen auch die Beate sowie die Anita auf, während die toleranten Anettes seinen gelegentlichen Anflügen von Größenwahn mit einem milden Lächeln begegnen. Mehr als zufrieden mit den sexuellen Leistungen der Namensträger gibt sich das Duo Kirsten / Nadine. Fun, nicht nur im Bett, sondern allenthalben garantieren dem Benjamin die Party-Girls Juliane und Vanessa.

BERND / BERNHARD

BASICS: EIN SCHELM, DER BÖSES DAHINTER VERMUTET

Beim Bernd ist der Name, der sich vom althochdeutschen »bero« und »hart« ableitet, was so viel wie »bärenstark« bedeutet, Programm. Meist verkörpert er nämlich eine ausgesprochen kraftvolle Persönlichkeit. Schlappmachen stellt für ihn ein Fremdwort dar, weil er über eine Ausdauer wie ein Pferd verfügt. Allerdings gehört er nicht zur Spezies der notorischen Workaholics. Regelmäßig gönnt er sich auch seine Auszeiten, in denen er sich sanften Träumen hingibt oder der Wellness frönt.

Seine Schulzeit durchläuft der Bernd meist recht unauffällig. Zwar heckt er recht gerne Streiche aus, doch sind die in der Regel so witzig, dass selbst die Lehrer herzhaft darüber lachen müssen. Für bösartige Spitzbübereien, bei denen andere zu Schaden kommen könnten, hegt er indes viel zu viel Respekt vor seinen Mitmenschen.

Ehrenrunden während ihrer Pennälerzeit drehen die Namensträger höchstens, wenn sie bei den Bundesjugendspielen herausragende Leistungen erbringen.

Da der Bernd nicht sonderlich gerne lernt, zumindest aus Büchern, strebt er nur selten das Abitur oder gar ein Studium an, sondern geht nach der mittleren Reife in die Lehre. Seine berufliche Orientierung weist eine große Streubreite auf. Gehäuft findet er sich aber als technischer Angestellter, Landschaftsgärtner sowie im Finanzwesen wieder. Mitunter ist sein Humor derart ausgeprägt, dass er sich als Clown oder Comedian seine Brötchen verdient, wie Bernhard Paul und Bernd Stelter. Die eigenwilligeren, bedingt teamfähigen Vertreter machen sich gerne mit Einmannunternehmungen selbständig.

Seine Mußestunden verbringt der Bernd gerne an der frischen Luft, indem er Pilze sammelnd durch die Wälder streift oder im Freibad Ausschau nach hübschen Frauen hält.

Optik und Outfit: Die Kopfsache

Die Anatomie des Bernd weist insofern ein proportionales Problem auf, als sein Schädel im Verhältnis zum Rumpf bisweilen entweder etwas zu groß oder zu klein geraten ist. Meist handelt es sich dabei aber lediglich um eine Marginalie, die dem Laien überhaupt nicht auffällt. Sofort ins Auge sticht das geringe Längenwachstum der Namensträger. Häufig liegen sie bei spärlichen 1,70 m oder nur einige Zentimeter darüber und wirken figürlich leicht gedrungen. Die kleine Fraktion der Einsachtziger kann indes gewöhnlich mit Idealgewicht aufwarten. Dünner, das heißt von feinerer Struktur, sind bei ihr interessanterweise auch die Kopfhaare.

Modisch hinkt der Bernd den aktuellen Trends oft jahrelang hinterher, was daran liegt, dass er nur alle Schaltjahre einmal zum Klamottenkauf ins Städtchen aufbricht.

Verführung und Sex: The fast and the furious

Schließt sich der Bernd einem Single-Club an, sondiert er in der Regel nicht lange die Lage, sondern versucht ziemlich unverzüglich sein Glück bei den Frauen, die ihm gefallen. Nicht selten erfolgen seine Flirtoffensiven, ohne dass er zuvor auch nur ein einziges positives Signal von der anderen Seite empfangen hat, und somit werden sie zu einem reinen Vabanque-Spiel. Die eine oder andere blutige Nase ist dadurch natürlich vorprogrammiert. Besonders heftig läuft er auf, wenn das Herz des Objekts seiner Begierde längst schon für einen Konkurrenten schlägt.

Eine spezielle Jagdstrategie verfolgt der Bernd fast nie. Weder packt er die Komplimentezauberkiste aus noch besticht er durch außergewöhnliche Aufmerksamkeit. Allenfalls durch seinen gewissen Machismo, gepaart mit einer ruhigen, sachlichen Art, vermag er beim weiblichen Geschlecht zu punkten. Das Zünglein an der Waage bildet aber häufig seine weit überdurchschnittliche optische Attraktivität.

Ein spannendes Detail im Balzverhalten der Namensträger besteht darin, dass die Miniaturausgaben unter ihnen erheblich draufgängerischer agieren als die größeren Vertreter, womit sie vermutlich ihren Längennachteil zu kompensieren versuchen.

Im Bett zeigt der Bernd wieder ein homogenes Gesicht. Am ehesten in geschlechtliche Wallung bringen ihn als Augenmensch die optischen Reize seiner Partnerin. Das schönste Geburtstagsgeschenk kann sie ihm machen, indem sie einen eigens für diesen Anlass eingeübten Striptease zur Aufführung bringt. Intime Grenzen kennt der Bernd kaum je.

Ob eine Praktik deviant ist, tangiert ihn nur peripher, solange sie das Lustempfinden aller Beteiligten steigert.

Partnerschaft: Das Gesetz bin ich

In der Zweisamkeit zeigt der Bernd Macho-Attitüden, so dass seine Partnerin bereit sein sollte, sich ihm ein Stück weit anzupassen. Zu allen Fragen etwa der Kindererziehung oder Haushaltsführung hat er eine klare Meinung, von der er sich aufgrund seines gewissen Scheuklappendenkens auch nur schwer abbringen lässt. Schlägt die Angetraute einen anderen Kurs ein als den von ihm vorgegebenen, entspinnen sich zum Teil heftige Konflikte. Nicht selten handelt es sich bei den Beziehungen der Namensträger um anale Kollusionen, will heißen, das Thema Macht nimmt bei der Interaktion der Partner eine zentrale Rolle ein.

Die Aufgabenverteilung in den trauten vier Wänden ist meist so justiert, dass der Bernd die Regeln aufstellt, die seine Herzdame dann auszuführen hat. Er vertritt sozusagen die legislative, sie die exekutive Gewalt, wobei Überschreitungen des eigenen Kompetenzbereiches seinerseits allerdings an der Tagesordnung sind. Glaubt er zum Beispiel, die Kindererziehung laufe aus dem Ruder, wird er, ohne zu zögern, den Zuchtmeister geben. Umgekehrt fühlt er sich pikiert, wenn ihm die andere Seite ins Handwerk pfuscht.

Unter dem Gefühl von Vernachlässigung wird die Angetraute des Bernd kaum je leiden, ist er doch relativ »partnerschaftlich« eingestellt. Fraglos braucht er auch seine Ausflüge aus dem ehelichen Nest, bei denen er die Spiele der großen Jungen spielt, aber weder mutiert er je zum Vereinsmeier noch zum Vagabunden. Voller Stolz führt er seine hübsche Ehefrau zum gepflegten Essen, Konzert- oder Kinobesuch aus. Ebenso zeigt er sich gerne mit ihr an textilfreien Orten, da es ihn sexuell anturnt, wenn seine bessere Hälfte von anderen Männern angeschmachtet wird.

TRENNUNG: WEISSE WESTEN

Mit Psychologie hat der Bernd nicht allzu viel am Hut. Aufgrund dessen ist ihm der inzwischen fast zum Gemeinplatz gewordene Satz »An einer Trennung trägt nie einer alleine die Schuld« meist fremd. Nicht selten neigt er zu einseitiger »Berichterstattung«, wenn er im Nachhinein zu den Gründen für das Scheitern seiner Beziehung befragt wird. Dabei weist natürlich er die weiße Weste auf, während seine Ex eine »ach so unbotmäßige Ehefrau« war.

Nachdem sich der Bernd von aller Verantwortung reingewaschen hat, begibt er sich recht bald wieder auf die Piazza der einsamen Herzen, um für Ersatz zu sorgen. Und »Ersatz« ist hier buchstäblich zu verstehen, denn er sucht nicht eine neue Partnerin, sondern unbewusst das Abbild seiner Verflossenen. Sobald seine weiblichen Kontakte dessen gewahr werden, nehmen sie gewöhnlich panisch Reißaus.

Pflegetipps:

Musts:

* Unterhaltungsmusik, Reizwäsche, Wildgerichte

No-Gos:

* Etepetetes, Indiskretionen, Kulturreisen

Ideale Namenspartnerinnen:

Auf die Prise Macho des Bernd stehen die eher subdominanten Anettes, Anitas und Melanies, die auch intim die Bereitschaft aufbringen, Grenzen mit ihm zu überschreiten und seinen Regieanweisungen zu folgen. Noch weitere Wege im Bett geht das Duo Vanessa/Isabell, doch sind hier allenthalben Machtkämpfe an der Tagesordnung. Den optischen Ansprüchen des Augenmenschen Bernd genügen unter anderem die überaus attraktiven Carolines, Alexandras und Nicoles, während die Simones auch noch intellektuell haargenau zu ihm passen.

Björn

Basics: All together now

»Wat mut, dat mut«, sagte einst der schleswig-holsteinische Ministerpräsident Björn Engholm, als es darum ging, den SPD-Bundesvorsitz zu übernehmen. In der Tat sind Björns ausgesprochen pflichtbewusste Zeitgenossen, aber damit erschöpft sich die Liste ihrer Charakterstärken bei weitem noch nicht. Neben einem hohen Maß an Langmut können sie auch mit den Kardinaltugenden Bescheidenheit und Gerechtigkeit aufwarten. Ihre Liebe zur Justitia prädestiniert sie beruflich als Rechtspfleger, Richter oder Polizisten, während ihre Geduld eher in Lehrberufen gefragt ist. Da Geduld und Ausdauer Geschwister sind, erreichen nicht wenige Namensträger den Olymp in Sportarten, die ihnen genau diesen »langen Atem« abverlangen wie die Skilanglauf-Disziplinen. Hier bereiten ihnen besonders die Staffeln viel Freude, weil sie hochgradig teamfähig sind und für sie nach dem gemeinsam errungenen Sieg geteilte Freude doppelte Freude bedeutet.

Auch in ihrer Freizeit haben sich die Björns dem Teamwork verschrieben, indem sie etwa eine Funktion beim »Roten Kreuz«, bei der »DLRG« oder der freiwilligen Feuerwehr bekleiden. Dort streben sie aber nur selten eine Führungsposition an, weil sie mitunter schon beruflich nolens volens im Mittelpunkt stehen und das privat nicht auch noch brauchen. Narzisstische Tendenzen sind bei ihnen quasi Fehlanzeige.

Unter Einsamkeit wird der Björn kaum je leiden, sucht er doch die Nähe zu seinen Mitmenschen, aber noch mehr suchen seine Mitmenschen die Nähe zu ihm. In seinem Dunstkreis fühlt es sich einfach heimelig an, und die Worte, die er spricht, sind allenthalben Balsam für die Seele.

Optik und Outfit: Es geht mir gut

Björn heißt übersetzt »Bär«, aber mit einer gedrungenen Statur wie Meister Petz sind nur die wenigsten Namensträger ausgestattet. Vielmehr liegen sie meist (noch) im schlanken Bereich. Allenfalls ein kleines Wohlstandsbäuchlein wächst ihnen im Laufe der Jahre heran, das selbst bei »bester Ernährung« nie Trommelausmaße annimmt. Von der Körpergröße her lassen sich die Björns gewöhnlich auf die geringe Spanne von 1,77 bis 1,83 m reduzieren. Ihr Antlitz ist eben und zeigt wenige Besonderheiten, abgesehen davon, dass es Gutmütigkeit ausstrahlt, bisweilen auch ein wenig gelangweilt wirkt.

Auf ein stylisches Outfit legt der Björn wenig Wert. Seine Garderobe passt am besten in die Schublade bürgerlich-leger. So trägt er zwar bevorzugt Jeans, jedoch fallen die nur selten durch XXL-Löcher oder einen exorbitant »ungeraden« Schnitt aus dem Rahmen.

Verführung und Sex: Die Streichelakademie

Der Björn kann weder Klavier spielen noch ist er ein Flirter par excellence und doch hat er Glück bei den Frauen. In der Kunst der Kontaktanbahnung fehlt im bisweilen das Gefühl für das richtige Timing. Einmal trägt er das Kind zu Tode, indem er zwar Blickkontakt zu einer Evastochter aufbaut, aber den direkten Angriff so lange hinauszögert, bis das Objekt seiner Begierde enttäuscht den Ort des Geschehens verlässt. Das nächste Mal geht er vielleicht zu überhastet vor, weil er die Pleite bei seiner letzten Pirsch noch im Hinterkopf hat. Dass der Björn dennoch mit außergewöhnlichen Jagderfolgen aufwarten kann, gründet sich darauf, dass Frauen wegen seiner angenehmen Art gerne um ihn herumschwirren und dem Charme seiner süßen braunen Kulleraugen nur schwer widerstehen können. Von den Lokalitäten des Kennenlernens erweisen sich für die

Namensträger diejenigen als am fruchtbarsten, bei denen es nicht unbedingt auf den einen richtigen Zeitpunkt ankommt, weil sich die Liebe hier eher schrittweise organisch entwickelt. Die höchste Bindungsquote werden hier wohl der Arbeitsplatz, Kurse im Sportstudio oder an der VHS sowie das private Umfeld bieten.

Im Schlafzimmer zeigt sich der Björn ausgesprochen zärtlich und verschmust. Manchmal stundenlang krault er seiner Partnerin den Rücken, ohne dabei auch nur die leiseste sexuelle Absicht zu hegen. Auch beim Akt selbst steht er eher auf das Prinzip der behutsamen Einführung als auf wilde Rammelei. Die Damen, mit denen sich der Björn im Bett vergnügt, dürfen ihm gegenüber ruhig ein paar Jahre Altersvorsprung haben. Einem reiferen Körper vermag er mitunter erheblich mehr abzugewinnen als einem jugendlichen, da ihn gewisse Gebrauchsspuren gehörig anturnen.

Partnerschaft: Frauen an die Macht

Da der Björn in der Zweisamkeit eher subdominante Persönlichkeitszüge aufweist, überlässt er seiner Partnerin dort gerne ein Stück weit die Führung. Das kommt besonders dann zum Tragen, wenn sie erheblich älter ist als er. Konkret zeigt sich seine »Unterwürfigkeit« weniger darin, dass er zusätzlich zu seiner Berufstätigkeit noch die gesamte Hausarbeit und Kinderpflege aufgedrückt bekommt, sondern vielmehr darin, dass seine Göttergattin die wichtigen Entscheidungen fällt. Zum Glück ist sie aber meist klug genug, den Björn nicht durch ihre »Herrschaft« zu demütigen. Zum reinen Wackeldackel ohne jegliches Vetorecht wird er sich nämlich kaum je degradieren lassen.

Im Bezug auf Initiativen für gemeinsame Freizeitaktivitäten stehen die Namensträger ihrer besseren Hälfte kaum nach. Alleine schon durch ihre Vereinszugehörigkeiten ergeben sich immer wieder Möglichkeiten wie Feiern oder Fahrten, zu deren Teilnahme auch der Anhang eingeladen ist. Nicht selten sind auch Besuche bei der Herkunftsfamilie des Björn angesagt, zu der er gewöhnlich ein enges Verhältnis pflegt. Besonders seiner Mutter bleibt er zeitlebens tief verbunden.

Die Kirschen in Nachbars Garten interessieren den Björn kaum, hat er sich doch schon die Hörner abgestoßen, bevor er in den Hafen der Ehe einläuft. Um davon zu naschen, müsste er von seiner Frau schon jahrelang komplett auf sexuellen Entzug gesetzt sein und zudem noch einen alkoholbedingten Kontrollverlust erleiden. Da er sich aber der Nüchternheit verschrieben hat, besteht hier praktisch keinerlei Gefahr.

Eine partnerschaftliche Schwäche des Björn besteht allerdings darin, dass er fast schon verletzend wenig Eifersucht an den Tag legt.

Trennung: Auf Blindflug

Der Björn gibt seiner Frau freie Hand bezüglich der Finanzen, was sich unmittelbar vor oder nach dem Zerbrechen der Zweisamkeit mitunter bitter rächt, indem sie die gemeinsamen Konten leerräumt und das Geld beiseiteschafft.

Aber selbst das ist häufig noch nicht Grund genug für ihn, den Fehdehandschuh in den Ring zu werfen. Oft lässt er es sogar darauf beruhen und startet einen finanziellen Neuanfang.

Mit dem Alleinsein kommt der Björn überhaupt nicht gut zurecht, weil ihm nun ein wenig die führende Hand fehlt. In der ersten Zeit fühlt er sich orientierungslos, wie auf einem Blindflug. Um das nun entstandene Vakuum in seinem Leben zu füllen, begibt er sich alsbald wieder auf die Suche nach Ersatz für seine Verflossene. Währenddessen kommen seine Kinder regelmäßig zu kurz.

Pflegetipps:

Musts:
* Verbalerotik, Wind um die Nase, Überraschungseier

No-Gos:
* Strandurlaub, Sklaventreiberei, Hinterfotzigkeit

Ideale Namenspartnerinnen:

Die Gerechtigkeitsliebe teilt der Björn mit der Laura, der Sarah und der Lisa. Bei diesen Verbindungen steht häufig auch gemeinsames karitatives Engagement auf der Tagesordnung. Eher auf Kuschelsex wie der Björn stehen die Anita sowie die Johanna, während Silke, Yvonne und Lena eine kräftige Portion Führungsstärke in die Beziehung einzubringen vermögen. Eine relativ geringes Risikopotenzial, dass die Gutmütigkeit der Namensträger ausgenutzt wird, birgt das Duo Jeanette / Martina.

Boris

Basics: Das Kind im Manne

Zwei Herzen ach schlagen in der Brust des Boris. Beruflich wird er häufig der Bedeutung seines Namens gerecht und ist ein »ruhmreicher Kämpfer«, während er privat oft eher dependente Persönlichkeitszüge aufweist. Im Elternhaus besteht eine starke Abhängigkeit zur Mutter, deren Rolle im Erwachsenenalter häufig seine Angetraute übernimmt. So richtig erwachsen wird der Boris jedenfalls nie. Irgendwie bleibt er immer ein Kind. Das macht sich auch im Job bemerkbar, obwohl er sich dort durchbeißen muss. Vielleicht holt er sich als Comic-Zeichner sein Schaukelpferd zurück oder er spielt den lieben langen Tag Tennis, indem er den »weißen Sport« professionell betreibt wie einst Boris Becker. Dessen Spitzname »Bobele« klingt bezeichnenderweise schon fast mehr als infantil.

Wenn er nicht seine Brötchen damit verdient, so daddelt der Boris zumindest in der Freizeit gerne herum. Stundenlang hängt er vor dem Computer und »siedelt auf Catan« oder verliert sich in der »World of Warcraft«. Die Teilnahme an den virtuellen Kriegsszenarien sagt aber wenig über seinen Charakter aus, ist er doch ein ziemlich verträglicher Zeitgenosse. So geht ihm etwa schon die »Treterei« auf dem Bolzplatz gehörig gegen den Strich, weshalb er dort kaum je seine Aufwartung macht. Fairness stellt für ihn bei der Leibesertüchtigung das höchste Gebot dar.

Themen, mit denen man den Boris überhaupt nicht hinter dem Ofen hervorholen kann, sind Politik, Religion und Esoterik, auch lässt sein Kunstsinn sehr zu wünschen übrig. Sein Interesse gilt eher der lebenden Kreatur. So bevölkert sein Haus beziehungsweise seine Wohnung regelmäßig Hund, Katze, Maus. Mitunter betreibt er mit seinen Haustieren auch Sport, indem er Schlittenhunderennen fährt oder reitet.

Optik und Outfit: Simply Brown

Mit seinem roten Schopf steht Boris Becker ziemlich allein auf weiter Flur. Ansonsten ziert eher eine mittel- bis dunkelbraune Haarpracht den Kopf der Namensträger. Mit seiner Größe und Figur »schwimmt« die Tennislegende allerdings im Mainstream, da Borisse oft stattliche Erscheinungen sind. Die überwiegend blauen oder blaugrauen Augen stellen einen reizvollen Kontrast zu ihrem natürlichen Kopfschmuck dar. Kennzeichnend ist auch ein verschmitztes Lächeln, das die Offenheit für so manchen Schabernack erahnen lässt.

Interesse für Mode entwickelt der Boris erst ab dem vierten Lebensjahrzehnt, wobei aber angemerkt werden muss, dass sich dafür häufig seine bessere Hälfte hauptverantwortlich zeigt, die ihn sozusagen mit der Nase auf stylische Klamotten und Accessoires stößt. Je besser ein Boris über dreißig gekleidet ist, desto wahrscheinlicher ist er bereits in festen Händen.

Verführung und Sex: Stairways to heaven

Bevor der Boris versucht, das Objekt seiner Begierde auf sich aufmerksam zu machen, beobachtet er es zunächst ausgiebig mit seinen Adleraugen. Erst wenn er das Gefühl hat, die Luft ist rein und kein Nebenbuhler meldet »Besitzansprüche« an, beginnt er damit, Blickkontakt aufzubauen. Bis zum direkten Vorstoß vergehen hernach nicht selten noch ein bis zwei Stunden. Minutiöse Vorbereitung stellt für ihn die erste Bürgerpflicht beim Anbandeln dar, nachdem er sich als junger Spund so manche Blessur bei Blitzangriffen einhandelte.

Hat der Boris seine Herzdame in spe erst am Wickel, gibt es aber meist kein Entrinnen mehr. Besonders mit seinem spitzbübischen Charme wickelt er fast jede Frau um den kleinen Finger, und seine imposante Erscheinung tut ihr Übriges. Geht er auf körperliche Fühlungnahme, wird der bei der Kontaktanbahnung noch recht bedächtige Boris zum ICE-Zug. Nimmt ihn seine zukünftige Gespielin dann mit nach Hause, reißt er ihr mitunter schon im Flur die Kleider vom Leib und begattet sie im Treppenhaus zum Schlafzimmer. Beim Akt zeigt er ihr männliche Kraft, indem er sie mit seinem Körper fest gegen das Treppengeländer drückt, während er ihre Handgelenke schraubstockartig umklammert. Seine Partnerin in der Gewalt zu haben bereitet dem Boris den ultimativen Kick. Oft benutzt er dazu auch Fesseln. Ein Bett ohne Stangen oder Intarsien am Kopfteil als Befestigungsmöglichkeit ist für ihn fast undenkbar. Für gemeinsames Swingen sind die Namensträger trotz ihrer überbordenden sexuellen Phantasien gewöhnlich nicht zu haben. Zwar nehmen sie sich gelegentlich die Freiheit heraus, in fremden Töpfen zu naschen, gestehen aber ihrer Herzdame – ganz Macho – das gleiche Recht nicht zu.

Partnerschaft: Domi vulpes foris leones

In der Liebe möchte der Boris gerne ein Stück weit der »Bestimmer« sein, und eine kluge Frau tut gut daran, ihm das Gefühl zu vermitteln, dass er es ist. Besonders in der Öffentlichkeit sollte sein Herzblatt tunlichst vermeiden, ihn zu maßregeln oder ihm offen zu widersprechen. Die »Rache« dafür folgt zwar nicht unbedingt auf dem Fuße, aber sie folgt so sicher wie das Amen in der Kirche. Mit seiner vermeintlichen Dominanz, die sich mitunter in ausgeprägtem Macho-Verhalten äußert, versucht der Boris meist, Komplexe aus seiner Kindheit zu kompensieren, in der er als Muttersöhnchen von seinen Spielkameraden nie so richtig ernst genommen, bisweilen sogar gehänselt wurde.

Hinter den Kulissen sind die Namensträger indes ausgesprochen manipulierbar, am besten über die Dynamik von selbsterfüllenden Prophezeihungen. Erzählt ihnen ihre bessere Hälfte lange genug, dass sie unübertreffliche Hausmänner und Familienväter seien, so werden sie auch unübertreffliche Hausmänner und Familienväter. Dasselbe Prinzip funktioniert natürlich aber auch genau umgekehrt bei ihnen.

Auch ist der Boris beziehungsintern kein Basta-Typ, sondern lässt sich bei kontroversen Entscheidungen fast immer auf Kompromisse ein. Oft werden sogar die Ideen der anderen Seite eins zu eins umgesetzt, wenn sie so geschickt ist, sie ihm als seine zu verkaufen.

Langweilig wird das Leben mit dem Boris nie, weil er großes Augenmerk darauf legt, nicht in das spießige Schema seines Elternhauses abzurutschen. Das kann aber wie alles, das ins Gegenteil verkehrt wird, auch leicht zwanghafte Züge annehmen. So mutet es fast schon grotesk an, nur deshalb nicht an die Nordsee oder in den Schwarzwald zu fahren, weil als Kind die Familienurlaube dort verbracht wurden.

Trennung: Baby come back

Nach dem Zerbrechen der Zweisamkeit versucht sich häufig die Mutter des Boris wieder ins Spiel zu bringen, die von seiner Partnerin während der Beziehung mühsam auf Abstand gehalten wurde. Nicht selten schüttet die Frau Mama nun Jauche über die Ex aus und legt ihrem »verlorenen Sohn« nahe, doch zurück ins Elternhaus zu ziehen, was der Boris aber dankend ablehnt. Seine Selbständigkeit aus Bequemlichkeit wieder aufzugeben stellt für ihn in keiner Weise eine Option dar.

Mit dem neu erworbenen Single-Status kommen die Namensträger gewöhnlich mehr schlecht als recht zurecht, weil sie die warme Haut und den Rat ihres Herzblatts bei wichtigen Entscheidungen doch schmerzlich vermissen. Meist fackelt der Boris auch nicht lange, eine neue Liaison einzugehen. Fürs Alleinsein fühlt er sich nämlich allemal nicht gemacht.

Pflegetipps:

Musts:
* Sexspielzeuge, deftige Hausmannskost, chic ausgehen

No-Gos:
* Outdoor-Aktivitäten bei Schmuddelwetter, Mundgeruch, Spaßbremsen

Ideale Namenspartnerinnen:

Verständnis für das enge Verhältnis des Boris zu seiner Mutter werden noch am ehesten die ebenfalls stark familienbezogenen »Kat-Frauen« (Katharina / Kathrin / Katja) nebst den Astrids aufbringen. Den Hang der Namensträger zum nicht ganz Alltäglichen teilen die Sarah, die Miriam sowie die Denise, mit denen zum Beispiel die Idee für ein gemeinsames Tierasyl reifen könnte. Resonanz hinsichtlich seines spielerischen Elements findet der Boris bei dem Quartett Antje / Marie / Franziska / Isabell, wobei die Spiele im Schlafzimmer durchaus auch »fesselnd« sein dürfen.

CARSTEN / KARSTEN

BASICS: MONEY FOR NOTHING

Als Lebemann liebt der Carsten chice Autos, edle Klamotten und Luxusreisen neben all den anderen Annehmlichkeiten, die man für Geld erwerben kann. Sein einziges Problem besteht darin, dass er dafür möglichst wenig oder, noch besser, gar nichts tun möchte.

Schon in der Schule trägt er oft, sponsored by mum and dad, den feinsten Zwirn des ganzen Jahrgangs und stellt morgens als Einziger einen Sportwagen auf dem Schülerparkplatz ab. Um ihn mit Ach und Krach durchs Gymnasium zu peitschen, lassen seine Eltern nicht selten ihren Einfluss spielen. Mitunter wird er aber auch von einigen seiner Lehrer mit durchgeschleppt, weil er über »Inselbegabungen« verfügt. So könnte er etwa durch einen längeren Auslandsaufenthalt im Englischunterricht glänzen und/oder der Lehranstalt als außergewöhnliches Schauspieltalent viel Ehre einbringen.

Leider setzt der Carsten später genau dieses Schauspieltalent mitunter dazu ein, anderen Menschen in betrügerischer Absicht ihr Erspartes aus der Tasche zu ziehen. Meist reicht nämlich die Arbeit, der er dann nachgeht, beileibe nicht aus, seinen exklusiven way of life zu finanzieren. Fliegen die krummen Machenschaften der Namensträger auf, gelingt es ihnen mittels ihrer Eloquenz und Wendigkeit aber regelmäßig noch, ihren Kopf aus der Schlinge zu ziehen. Darüber hinaus reichen ihre Netzwerke häufig bis in die Justiz.

Zu einer großen Persönlichkeit wird sich der Carsten kaum je entwickeln, weist er doch nur unwesentlich mehr Rückgrat auf als eine Molluske. Ist er politisch aktiv, dann weniger aus Überzeugung, sondern vielmehr weil er sich davon einen handfesten Vorteil verspricht.

Optik und Outfit: Dreamboy

Das Einzige, wofür sich der Carsten allenthalben quält, ist sein Body. Nicht selten frequentiert er mehrmals pro Woche ausgiebig das Fitness-Studio und geht joggen, wodurch er aber regelmäßig Eulen nach Athen trägt, verfügt er doch schon naturgegeben über »Traummaße«. Da er meist auch noch das Gesicht eines Adonis aufweist, sieht er aus wie »Germany's next Topmodel« in männlich. Mit seinen 1,87 m dürfte der Schauspieler Carsten Speck nur unwesentlich über der durchschnittlichen Körperlänge der Namensträger liegen. Die meistverbreitete Haarfarbe stellt dunkelbraun dar und bildet oft einen interessanten Kontrast zu den stahlblauen Augen. Aus dem Gesichtausdruck spricht indes eine gewisse Naivität. Kleidungstechnisch bevorzugt der Carsten den Dandy-Look; gerne kombiniert er einen grauen Nadelstreifenanzug mit Schirmmütze, Schal und schwarzen Lackschuhen.

Verführung und Sex: Talk Talk

Als Typ, der in der Lage wäre, Beduinen für teuer Geld Sand zu verkaufen, fällt es dem Carsten nun wahrlich nicht schwer, eine Frau um den kleinen Finger zu wickeln. Wenn er sich an das Objekt seiner Begierde herangepirscht hat, um sie im Zuge seines Werbefeldzuges mit einem unsäglichen Redeschwall zu bombardieren, hisst sie mitunter weniger aus Verliebtheit denn aus Verzweiflung die weiße Flagge. »Qualitativ« tragen sowohl seine blumige Sprache als auch sein sprichwörtlicher Charme zum Gelingen seiner Unternehmung bei. Leider leiden nicht wenige Namensträger auch am Münchhausen-Syndrom, so dass sie ihrer Herzdame in spe Geschichten aus tausendundeiner Nacht über angebliche geschäftliche Erfolge und bestandene Abenteuer auftischen.

»Medial« nutzen die Lügenbarone gerne das Internet in der Funktion eines Testballons, anhand dessen sie vor einem Rendezvous abchecken, ob die andere Seite naiv genug ist, ihre Räuberpistolen zu schlucken. Speed-Dating kommt ihnen dahingehend entgegen, als sie während der kurzen Dialoge, die dort ablaufen, kaum je schon in den Ruch der Hochstapelei geraten.

Intim wird dem Carsten nicht selten zum Verhängnis, dass er nicht mit sich im Reinen ist und von einer starken inneren Unruhe geplagt wird. Daher wirkt er beim Geschlechtsverkehr mitunter ein wenig überhastet, was in Extremfällen zu einer Ejaculatio praecox, also einem vorzeitigen Samenerguss führen kann. Seine Hibbeligkeit macht er jedoch durch sein breites erotisches Repertoire mehr als wett. Eine Spezialität des Carsten stellen Rollenspiele dar. Besonders gerne lässt er sich von seiner horizontalen Gespielin im »Army of lovers«-Krankenschwesterkostüm »verarzten«.

Partnerschaft: Let's go out tonight

Da der Carsten nach dem Motto »Sehen und gesehen werden« lebt, sollte seine bessere Hälfte sich gerne im Lichte der Öffentlichkeit bewegen. Nur selten lässt er nämlich ein Wochenende verstreichen, an dem er nicht irgendeine exklusive Tanzveranstaltung oder Society-Party besucht. Und in diesem Zusammenhang möchte er natürlich die schöne Frau an seiner Seite vorzeigen. Auch die Geburt von Kindern bedeutet kaum je den Rückzug des Paares aus der Öffentlichkeit. Meist auf Drängen des Carsten hin wird alsbald eine Nanny eingestellt, die weitgehend die Hege und Pflege des Nachwuchses übernimmt. Sobald die Sprösslinge das Schulalter erreichen, werden sie häufig auf ein Internat oder längere Auslandsaufenthalte geschickt. Ein tiefes emotionales Band knüpfen die Namensträger zu ihnen ebenso wenig wie zu ihrer Frau. Oft ahmen sie damit unbewusst das Muster ihres eigenen Vaters nach.

Im Haushalt hilft der Carsten nach Lust und Laune, sucht sich aber stets die Zuckerstückchen heraus. Mal den Tisch decken oder das Geschirr abtrocknen ist durchaus drin, während ihn regelmäßig Rückenschmerzen plagen, sobald es ans Reinigen der Toiletten geht. Beim Baumfällen steht er hingegen wieder an vorderster Front, weil er dabei der hübschen, jungen Nachbarin mit seinen ausdefinierten Apfelbizepsen imponieren kann.

Apropos Nachbarschaft: Die Kirschen in Nachbars Garten lassen den Carsten beileibe nicht kalt. Versagt ihm seine Frau innerhalb oder jenseits des Schlafzimmers die angemessene Bewunderung, so holt er sie sich mitunter in fremden Betten. Was für ihn recht ist, muss allerdings für seine Göttergattin nicht automatisch billig sein. Setzt sie ihm Hörner auf, nimmt er sie dafür auf selbige.

TRENNUNG: JUNGBRUNNEN UND HÖLLENQUALEN

Beim Carsten läuft meist der Klassiker ab: Mit Anfang 50 gerät er in seine zweite, diesmal noch heftigere Midlife-Crisis als die in den 40er Jahren. Beruflich ist er über den Zenit, und in seiner Ehe sieht er keine Perspektiven mehr. Der Wunsch, das Rad der Zeit zurückzudrehen, treibt ihn in die Arme einer erheblich jüngeren Frau. Nicht selten setzt er als Beweis seiner unverminderten Manneskraft sogar noch einmal Nachwuchs in die Welt und präsentiert ihn nebst seiner hübschen, knackigen Mama stolz aller Welt.

Von seiner Noch-Gemahlin hat er nicht viel Verständnis zu erwarten, weil sie sich benutzt und weggeworfen fühlt wie ein alter Putzlappen. Ganz im Gegenteil versucht sie häufig ihr Mütchen zu kühlen, indem sie ihm im Rahmen der Scheidungsfolgesachen die Hölle heißmacht.

PFLEGETIPPS:

Musts:

* Shopping-Touren, Schuldnerberatung, Mozartkugeln

No-Gos:

* Papierkram, Ausdünstungen, Ärzteserien im TV

IDEALE NAMENSPARTNERINNEN:

Die Vorliebe des Carsten für einen gehobenen Lebensstil teilen die Alexandra, die Kirsten sowie die Nadine. Alle drei eignen sich auch optisch trefflich als Repräsentationsobjekte für ihn. In Krankenschwesterkluft, um ihm im Schlafzimmer einschlägige »Pflegemaßnahmen« zuteilwerden zu lassen, schlüpft gerne das Duo Yvonne/Michaela.

Tief beeindruckt von der Weltläufigkeit der Namensträger zeigen sich die Nicoles, Tinas und Tanjas, solange sie sich nicht als Luftnummer entpuppt, während die Juliane sehr ihre Partylaune zu schätzen weiß.

CHRISTOPH / CHRISTOPHER

BASICS: CAFÉ GRÖSSENWAHN

In seiner Kindheit dient der Christoph nicht selten zur Belustigung seiner Spielkameraden, indem er merkwürdige Geräusche von sich gibt oder Gassenhauer singt. Dabei merkt er aus dem zwanghaften Verlangen, im Mittelpunkt zu stehen, und einem gerüttelt Maß an Naivität oft noch nicht einmal, dass er verhohnepipelt wird, sondern hält sich für einen begnadeten Entertainer. Seine Arglosigkeit rührt meist von einem überbehütenden Elternhaus her, das ihn in Watte packt und damit blind für die Fährnisse des Lebens macht. Gewöhnlich verschwindet diese Schwäche gegen Ende der Pubertät weitgehend, wobei aber stets eine Rest an Gutgläubigkeit bestehen bleibt. Anstatt ihrer entwickelt sich beim Christoph die Fähigkeit, sich selbst in einem günstigen Licht erstrahlen zu lassen. Hinter dem glänzenden Schein, den er nach außen hin repräsentiert, verbirgt sich häufig weniger Sein. Zum Glück erntet er aber als Erwachsener nur ein mildes Lächeln von seinen Mitmenschen, wenn die Fassade zu bröckeln beginnt, da er abgesehen von seinem leichten Größenwahn eigentlich ein liebenswerter und überaus hilfsbereiter Geselle ist.

Durch seinen fraglosen Unterhaltungswert nebst einer ausgeprägten musischen Begabung landet der Christoph beruflich nicht selten als Dirigent im Konzertsaal oder als Regisseur auf den Brettern, die die Welt bedeuten, wie das verstorbene Multitalent Christoph Schlingensief. Gewisse Entertainment-Qualitäten sind natürlich heutzutage auch im Lehramt gefragt, wo das Klassenzimmer die Bühne darstellt. Dass sein Durchsetzungsvermögen zu wünschen übrig lässt, vermag er im Job meist gut zu überspielen.

In der Freizeit dösen die Namensträger gerne vor sich hin, sporteln halbherzig und besuchen gesellige Veranstaltungen.

Optik und Outfit: Aus Mangel an Männlichkeit

Der Humor und die Lebensfreude des Christoph prägen sein Antlitz gewöhnlich weniger als sein gelegentlicher Hang zur Gedankenbrüterei, so dass es häufig recht ernst wirkt, wie das des Schauspielers Christoph Maria Herbst. Allenfalls aus den Augen springt bisweilen ein wenig der Schalk hervor. Echte Frauentypen sind die Namensträger nur selten, weil es ihnen ein wenig an männlicher Markanz ermangelt, sowohl von den Gesichtszügen als auch von der Ausstrahlung her. Figürlich »sprießt« ihnen im Laufe der Jahre aufgrund ihres guten Appetits regelmäßig ein kleines Wohlstandsbäuchlein, das sich jedoch nur bei gleichzeitigem Bewegungsmangel zu einer regelrechten Trommel auswächst.

Die Aufmachung des Christoph fällt kaum je aus dem bürgerlichen Rahmen. Schließlich muss sie auch im Erwachsenenalter stets noch dem kritischen Blick der Frau Mama standhalten können.

Verführung und Sex: Mama was my first love

Bis zu seinem Abitur zeigt der Christoph praktisch null Interesse am anderen Geschlecht, so dass fast schon der Eindruck entsteht, er sei asexuell. Bei den Jagdzügen seiner Kumpels in Richtung der holden Weiblichkeit fungiert er höchstens als passiver Mitläufer, der natürlich auch nicht laut »hier« schreit, wenn es an die Verteilung der Beute geht. Nicht selten ist es die Mama, die ihn noch in der Jugend mit ihrer Affenliebe so stark an sich bindet, dass er keine Lust auf andere Frauen hat.

Zu Beginn seines Studiums oder seiner Ausbildung zeigt der Christoph zumindest erste Anzeichen von Paarungslust, indem er einige vorsichtige Flirtsignale aussendet. Bei der verbalen Fühlungnahme zeigt er aber einerseits zu wenig Biss und erweist sich andererseits auch als ziemlich ungeschickt.

Allzu deutlich ist ihm als »Spätberufenem« die mangelnde Balzerfahrung anzumerken. Bisweilen übertreibt er es wieder mit der Selbstdarstellung, während seine Komplimente oft linkisch wirken. Daneben fehlt ihm regelmäßig das Gefühl fürs richtige Timing, so dass er entweder zu früh zum körperlichen »Angriff« übergeht oder viel häufiger das Kind diesbezüglich zu Tode trägt.

Im Bett mit einer Frau landet der Christoph nicht selten, weil sie ihn mit dem Zaunpfahl k. o. geschlagen und dorthin verschleppt hat. Kommt es dort zum Ringelpiez mit Anfassen, sollte seine »Entführerin« keine allzu hohen Erwartungen an ihn stellen. Weder wird er ein Feuerwerk an Leidenschaft abbrennen noch begibt er sich gerne auf unbekannte Pfade der Lust. Dafür hat er jedoch wundervolle Streichelhände, mit denen er seine Partnerin ins Nirwana des Wohlgefühls liebkosen kann, und ist ein Kuschler vor dem Herrn.

Partnerschaft: Eine tragende Persönlichkeit

Über der Zweisamkeit des Christoph schweben gleich zwei Damoklesschwerter, nämlich zum einen seine Mutter und zum anderen sein Narzissmus. Gelingt es ihm, die Frau Mama aus seinen Beziehungen herauszuhalten und die Hürde von der Selbstliebe zur Fremdliebe zu überspringen, so ist er meist ein Bilderbuchpartner. Wichtige Entscheidungen trifft der Christoph stets im Einklang mit seiner Herzdame; überhaupt sind ihm Absprachen eminent wichtig. Autokratische Alleingänge unternimmt er selbst kaum je, erwartet dasselbe aber auch von der anderen Seite. Massives Agieren hinter seinem Rücken stellt für ihn einen kaum wiedergutzumachenden Vertrauensbruch dar. Bezüglich gemeinsamer und getrennter Unternehmungen findet er gewöhnlich einen guten Mittelweg.

Gerät seine bessere Hälfte in eine Notlage, indem sie etwa schwer erkrankt, wird der Christoph seiner Namensbedeutung als Christusträger gerecht und trägt sie. Wie selbstverständlich übernimmt er dann neben ihrer Pflege die komplette Hausarbeit, obwohl er ansonsten eher für die handwerklichen Tätigkeiten zuständig ist. Zwar knirscht anfangs häufig noch ein wenig der Sand im Getriebe, doch nach einigen Ladungen buntgewaschener Weißwäsche bekommt er die Sache fest in den Griff.

Tragischerweise bleibt ausgerechnet der Christoph als echter Kindernarr verhältnismäßig häufig kinderlos, weil er die Partnerin, mit der er sich Sprösslinge vorstellen könnte, entweder zu spät kennenlernt oder seine Angetraute das Nachwuchsthema aus Karrieregründen so lange zurückstellt, bis ihre biologische Uhr abgelaufen ist. Da er und seine Frau darunter häufig sehr leiden, beschreiten sie nicht selten den Weg der Adoption.

Trennung: Oceans of tears

Der Christoph ist ein außergewöhnlich gefühlsduseliger Vertreter der Männlichkeit. Daher versinkt er nach dem Ende der Zweisamkeit regelmäßig in einem Tränenmeer und scheut sich selbst in der Öffentlichkeit nicht, seinem Schmerz »feuchttraurig« Ausdruck zu verleihen.

Oft sieht seine Mutter just in diesem Moment ihre Chance gekommen, wieder mehr Einfluss über ihn zu gewinnen. Sie suggeriert ihm, die Ex, die »sowieso nie viel taugte«, möglichst schnell zu vergessen. Anstatt ihrer dient sie sich als Haushälterin und Bezugsperson an. Um ein Liebes-Comeback des Christoph mit seiner Frau zu verhindern, gießt sie bei der Regelung der Scheidungsfolgesachen nicht selten (zusätzliches) Öl ins Feuer. Zudem versucht sie, ihre Enkel gegen die eigene Mutter in Stellung zu bringen, indem sie sie als seelisch grausam gegenüber ihrem Vater brandmarkt.

PFLEGETIPPS:

Musts:

* »Kuschelrock« mit Kuscheln, Ahnenforschung, Tiramisu

No-Gos:

* Kriegsbemalung, Intoleranz, Liebesentzug

IDEALE NAMENSPARTNERINNEN:

Die Gefahr, die generative Phase zu verpassen, besteht für den Christoph an der Seite der Silkes, Jeanettes und Tanjas kaum je, weil sie meist recht früh Mutter werden, zumindest aber ihre biologische Uhr nicht ablaufen lassen. Sie teilen auch neben dem Duo Martina/Astrid seinen Wunsch nach einem intensiven Familienleben. Bereitschaft, sich mit seiner Mutter zu arrangieren, zeigen die anpassungsfähigen Anitas sowie Anettes, wohingegen ihn die toughen Sarahs eher zur Abnabelung von ihr drängen. Die musische Begabung des Christoph teilen sowohl die Sophie als auch die Johanna.

CLEMENS / KLEMENS

BASICS: MILD BOYS

Als Kind träumt der Clemens häufig davon, Wildhüter in Afrika zu werden, bis er einsehen muss, dass ihm hierfür gänzlich die praktischen Fähigkeiten fehlen. Schließlich lernt er schon kaum je, sich die Schuhe eigenhändig zu binden, geschweige denn, einen Geländewagen notdürftig zu reparieren. Immerhin bleibt von dem Projekt so viel übrig, dass er gelegentlich seine ausgebüxten Schildkröten todesmutig wieder einfängt. Die angestrebte Sportlerkarriere mündet indes in einige Jogging- oder Radkilometer, die er im Erwachsenenalter fast täglich zwecks Psychohygiene herunterspult. Ansonsten liest er zum Ausgleich gerne Comics, schreibt selbst lustige Bücher und sauniert.

In der Schule ist der Clemens fast nie ein Überflieger, kommt aber durch seine überdurchschnittliche Intelligenz, gepaart mit rhetorischem Geschick, relativ problemlos über die Runden. Allein die Herren Pythagoras und Newton bereiten ihm Alpträume und können ihn ausnahmsweise sogar an den Rand einer Ehrenrunde bringen. Folgerichtig nimmt er nach der Reifeprüfung ein rein geisteswissenschaftliches Studium an der Uni auf oder erlernt einen sozialen Beruf. Weil er so angenehme Erinnerungen an seine Pennälerzeit hegt, wechselt er häufig von der Schulbank hinters Lehrerpult. Oft versucht er auch als Psycho-Onkel, gleichermaßen seinen eigenen wie den Defiziten seiner Mitmenschen Herr zu werden.

Apropos Defizite: Der Clemens leidet unter enormen Stimmungsschwankungen von himmelhoch jauchzend bis zu Tode betrübt und ist ein Chaot vor dem Herrn. Ständig sucht er fluchend wie ein Rohrspatz in seiner Unordnung Verschüttgegangenes oder Verlegtes. Den Auftrag seines Namens, der aus dem Lateinischen über-

setzt »mild, gnädig« bedeutet, erfüllt er insofern, als er schnell verzeiht und seinen Mitmenschen viel Wohlwollen entgegenbringt. In
puncto Hilfsbereitschaft zeigt er allerdings zwei Gesichter: Beruflich
lässt er sich ausnutzen bis aufs letzte Hemd, während privat eher er
derjenige ist, der nimmt.

Optik und Outfit: Gepflegtes Mittelmass

Kraft seiner gottgegebenen optischen Attribute sticht der Clemens
nur selten aus der breiten Masse hervor, was auch seine für einen
Mann eher geringe Durchschnittsgröße von etwa 1,76 m betrifft.
Mitunter verkörpert er sogar die berühmte »graue Maus«, während
sich echte Glanzlichter und Frauenschwärme nach Machart des
Fußballers Clemens Fritz oder des Autors Clemens Beöthy ungefähr so selten finden wie Regenwürmer in der Wüste. Den leicht ver-
geistigten Lehrertypen unter den Namensträgern fehlt es oft ein wenig an Körperspannung und -dynamik. Auch das Antlitz drückt
gewöhnlich eher Sanftmut als wilde Entschlossenheit aus. Die Denkerstirn mündet meist in einen beständigen, vollen Haarschopf un-
spezifischer Farbe.
Durch seine Aufmachung vermag der Clemens das Ding ebenso
wenig zu reißen, verdient doch sein Kleidungsstil bestenfalls das
Attribut ordentlich. Geradezu pingelig zeigt er sich hingegen in
puncto Körperpflege.

Verführung und Sex: Schlaf, Kindlein, schlaf

Am liebsten unter den institutionalisierten Medien der Kontaktanbahnung nutzt der Clemens Gesprächszirkel für Singles. Bei
dieser behutsamen Art des Beschnupperns ist er nicht wie beim er-
wartungsschwangeren Einzel-Date auf eine Frau fixiert, sondern

kann relativ locker über einen längeren Zeitraum mit verschiedenen Kandidatinnen plaudern und ergründen, wes Geistes Kind sie sind. Hier kommen ihm auch seine Sprachgewandtheit sowie sein Einfühlungsvermögen zugute, so dass sein leichter optischer Nachteil am Ende weitgehend in den Hintergrund tritt. Verpaarungsversuche über Single-Clubs, Kontaktanzeige oder Internet unternehmen die Namensträger indes nur sporadisch, wobei ihnen das World Wide Web meist zu labyrinthisch erscheint. Ansonsten gehen sie ihrer Pirsch nach Miss Perfect bevorzugt auf freier Wildbahn nach, wo sie allerdings fast nie eine Attacke reiten, ohne zuvor via Blickkontakt das Go erhalten zu haben. Ins Flirtgespräch selbst knüpfen sie durchaus geschickt das eine oder andere »treffende« Kompliment ein, erweisen sich also als nicht einmal uncharmant.

Beim Ringelpiez mit Anfassen steht der Clemens eigentlich auf das, worauf so ziemlich alle Männer stehen: Dessous, Brüste, Oralverkehr … Aber auch deviante Praktiken zieht er immer wieder gerne aus dem Köcher und versucht, sie seiner intimen Gespielin schmackhaft zu machen. Beißt sie nicht an, vermag er sie damit gelegentlich ganz schön zu nerven. Besonders in der Jugend gibt er sich häufig Partnertausch-Phantasien hin, die er – meist alkoholgeschwängert – mitunter sogar realisiert. Die größte Stärke des Clemens beim Sex liegt in seiner Hemmungslosigkeit, seine größte Schwäche im schnellen Einschlafen danach.

Partnerschaft: Die Leiden des jungen Clemens

In der Zweisamkeit rächt sich, dass der Clemens in seiner Herkunftsfamilie häufig das Nesthäkchen war. Als dessen klischeehafte Verkörperung erwartet er von seiner Angetrauten wie einst bei Muttern die »Prinzenrolle« nebst grenzenloser Verwöhnung. Damit er seine Ziele erreichen kann, hat sie ihre eigenen zurückzustellen und ihm den Rücken freizuhalten. Zwar wird der Clemens des Lei-

densdrucks, den seine bessere Hälfte durch ihre mangelnde Selbstverwirklichung im Laufe der Zeit entwickelt, schon gewahr, doch
hindert ihn sein typisch männliches Scheuklappendenken daran, zu
ihren Gunsten von seinem Weg ein Stück weit abzugehen. Stattdessen fährt er eine Vertröstestrategie, indem er ihr spätere Unterstützung verspricht. Zuerst muss er nur noch dringend dieses und jenes
Projekt beenden, dem aber sofort wieder dieses und jenes Projekt
folgt, das er dringend beenden muss. Irgendwann findet sich seine
Göttergattin frustriert damit ab, immer nur die zweite Geige zu
spielen, zumal ihr Herzbube regelmäßig den sterbenden Schwan
gibt und eine Jammerorgie abzieht, wenn sie dagegen aufbegehrt.

Noch schwieriger wird die Situation, sobald Sprösslinge geboren
werden, schenkt ihnen der Clemens doch oft mehr Beachtung als
seiner Frau. Dahinter steckt der Wunsch, wenigstens als Vater nicht
so kläglich zu versagen wie als Ehemann, wobei natürlich auch seine
große Kinderliebe eine entscheidende Rolle spielt.

Allerdings findet die Geschichte häufig ein Happy End. Nicht selten,
ausgelöst durch ein gravierendes gesundheitliches Problem im mittleren Alter, kommt der Clemens zu der Einsicht, dass »nur die Liebe
zählt«, und mutiert vom partnerschaftlichen Saulus zum Paulus. Sogar die Kirschen in Nachbars Garten würdigt er dann keines Blickes
mehr.

Trennung: Bis dass der Tod uns scheidet

Wenn der Clemens eines nicht ist, dann konsequent. Daher zeigt er
sich nach der Trennung auch häufig zur Rolle rückwärts bereit. Was
Streit und Verletzungen angeht, hat er nämlich ein kurzes Gedächtnis und denkt stattdessen schnell wieder an die »fetten« Jahre der
Beziehung zurück gemäß der ungarischen Liedzeile »Csak a szépre
emlékezem« (Ich denke nur an das Schöne zurück). Nach einigen
Comeback-Versuchen kommt der Clemens gemeinsam mit seiner

Frau aber meist an den Point of no return, wo beide Seiten einsehen, dass partnerschaftlich nichts mehr geht. Dennoch wird oft einvernehmlich oder zumindest in stillem Einverständnis eine Scheidung hintangestellt, um sich doch noch ein Hintertürchen offenzuhalten. Bei finanziellen Regelungen macht der Clemens seiner Noch-Frau aus schlechtem Gewissen für jahrelange Vernachlässigung mitunter weitreichende Zugeständnisse.

Pflegetipps:

Musts:
* Kopfstreicheln, Comedy, Köstritzer Schwarzbier

No-Gos:
* Unsachliche Kritik, Dreistigkeit, Kulturreisen

Ideale Namenspartnerinnen:

Die unerhörte Leichtigkeit des Schweins im Bett kann der Clemens auf / unter / neben den lüsternen Vanessas, Melanies und Yvonnes zelebrieren. Nicht nur horizontal, sondern auch im Alltag verwöhnt ihn das »mütterliche« Duo Jeanette / Helena, während die Anja ihre Zuständigkeit eher darin sieht, seine berufliche Karriere zu befördern. Viel Verständnis für die Hypochondrie und partielle Wehleidigkeit des Clemens legen neben der Anita sowohl die Laura als auch die Martina an den Tag. Die Franziska und die Johanna, die seine Lust am Fabulieren teilen, könnten ein Buch über ihn schreiben mit dem Titel »Mein Mann, der Clemens, und wie ich ihn wieder losbekomme«.

DANIEL

BASICS: DUCK TALES

Der Daniel teilt häufig das Schicksal seines Namensbruders, des verrückten Erfinders und Comic-Helden Daniel Düsentrieb, der sich von seinen Entenhausener Mitbürgern schamlos ausnutzen lässt. Dass er für andere sein letztes Hemd gibt, liegt aber weniger an Naivität, sondern vielmehr an seiner Gutmütigkeit. Ähnlich dem Dirk will ihm das Wörtchen »nein« einfach nicht über die Lippen kommen. Da er durch dieses Defizit auf seine eigenen Wünsche und Bedürfnisse zu wenig Rücksicht nimmt, schadet er sich regelmäßig selbst. Übt der Daniel einen Beruf aus, in dem Abgrenzungsfähigkeit eine unabdingbare Voraussetzung darstellt, wie Pädagoge oder Krankenpfleger, zeigt er sich chronisch Burnout-gefährdet.

Wird er tatsächlich davon erfasst, gibt es für ihn meist keinen Weg mehr zurück an seinen alten Arbeitsplatz. Nicht selten macht er dann eine Umschulung in der EDV-Branche. Langfristig unterkriegen lassen sich die Namensträger durch solche Schicksalsschläge aber kaum je, was allein schon ihr (Galgen-)Humor, gepaart mit unbändigem Optimismus, verhindert.

Mitunter wird eine gewisse Religiosität zum Fallschirm und zum Rettungsboot in der Not.

In seiner Freizeit geht der Daniel als geselliger Mensch gerne unter die Leute, wobei er auch Massenveranstaltungen keinesfalls scheut. Selbst im engsten Gedränge, etwa auf einem Popkonzert, behält er gewöhnlich die Ruhe. Hysterische Hühner à la Daniel Küblböck zu DSDS-Zeiten stellen eher die »pränominale« Ausnahme dar. Neben seinen sozialen Aktivitäten, die auch Vereinszugehörigkeiten beinhalten, liest der Daniel breit gestreut und kultiviert seine eigene Kreativität, indem er textet, filmt oder singt.

Last but not least ertüchtigt er mehrmals pro Woche seinen Leib. Allerdings trifft man ihn dabei eher im Fitness-Studio als auf einsamen Waldwegen an.

Optik und Outfit: Mysterious boy

Abgesehen davon, dass der Daniel fast schon zu lieb wirkt, wie der Harry-Potter-Darsteller Daniel Radcliffe, stellt er optisch meist ein Sahneschnittchen dar. Nicht selten hat er als Hingucker leuchtend blaue Augen aufzuweisen, die einen interessanten Kontrast zu seinen dunklen Haaren bilden, oder er verkörpert gleich komplett den Latin-Lover-Typus.

Bisweilen umgibt ihn auch eine leicht geheimnisvolle Aura. Hinsichtlich ihres Körperbaus gehen die Namensträger bei einem durchschnittlichen Höhenwuchs von etwa 1,78 m meist in die athletische Richtung. Ein Special bieten regelmäßig ihre wohlgeformten Streichelhände, die sie, nebenbei bemerkt, trefflich einzusetzen wissen.

Die Aufmachung des Daniel zeigt viel Liebe zum Detail, legt er doch Wert darauf, dass bis zum kleinsten Accessoire alles stimmt. Weniger Sorgfalt verbietet ihm seine Eitelkeit.

Verführung und Sex: Die anatomischen drei

Da der Daniel aufgrund seiner Einfühlsamkeit extrem gut mit Frauen kann, hat er oft mehrere Busenfreundinnen, die an seinem Liebesglück basteln, indem sie versuchen, ihn zu verkuppeln. Das erspart ihm zwar einerseits den nicht immer ganz leichten ersten Schritt auf das andere Geschlecht zu, kann ihm aber andererseits in Phasen, in denen er eigentlich keine Bindung eingehen möchte, auch gehörig auf den Wecker gehen. Die Erfolgsquote derartiger Verpaarungsaktionen ist jedenfalls mehr als dürftig, legen die Namensträger doch meist einen sehr eigenen Geschmack an den Tag, den Dritte kaum je zu treffen vermögen.

Als erheblich effektiver erweist sich für den Daniel neben der Brautschau am Arbeitsplatz die Jagd auf freier Wildbahn, weil hier die Kandidatinnen gleich sinnlich erfahrbar sind und daher weniger böse Überraschungen auf ihn warten. Bei der verbalen Kontaktaufnahme lässt er oft ein wenig den nötigen Biss vermissen, so dass die potenziellen Herzdamen sich bisweilen fragen, ob sie es mit einem absichtslosen Flirt oder einem zielgerichteten Balzversuch zu tun haben.

Im Bett braucht der Daniel ein wenig, bis er in Fahrt kommt, läuft aber dann mit der Zuverlässigkeit eines Schweizer Uhrwerks. Von seiner Potenz her ist er meist in der Lage, seine Intimpartnerin mehrmals pro Tag zu befriedigen. Allerdings steht er mehr auf Qualität als auf Quantität und hegt keinerlei Ambitionen, irgendwelche Beischlafrekorde zu brechen. Dem Einsatz von technischen Hilfsmitteln zwecks Luststeigerung steht der Daniel aus einer gewissen Befangenheit heraus eher zurückhaltend gegenüber. Statt auf Vibrator und Co. verlässt er sich doch lieber auf die Trias seiner anatomischen Lustspender: Penis, Zunge, Hände.

PARTNERSCHAFT: MILDE SORTE

In seinen frühen Partnerschaften kommt der Daniel nicht selten unter die Räder, weil er Toleranz mit Anarchie verwechselt, indem er seine Herzdame schalten und walten lässt, wie sie möchte. Damit öffnet er natürlich die Schleusen für Respektlosigkeiten jedweder Couleur. Eine einigermaßen symmetrische Beziehung aufzubauen gelingt ihm erst, wenn er zu verstehen beginnt, dass Ich-Grenzen nicht Ausdruck von Zurückweisung, sondern von Liebe sind.

Mit der Frau, die der Daniel nach einigen Irrungen und Wirrungen in der Jugend schließlich ehelicht, setzt er meist genau zwei Sprösslinge in die Welt, weder mehr noch weniger. Als Vater verdient er sich gewöhnlich sehr gute Noten in fast allen Disziplinen, angefangen von der Hege und Pflege, über die Erziehung bis hin zur Förderung des Nachwuchses. Die Kinder selbst lieben ihn aber vor allem dafür, dass er stets zu Späßen aufgelegt ist und viel Herzenswärme ausstrahlt. Wenn sie etwas ausgefressen haben, wenden sie sich häufig zuerst an ihn, weil er gewöhnlich relative Milde walten lässt, zumindest aber nicht zu drakonischen Strafen neigt. Heftige Strafaktionen, wie tagelange Kommunikationsverweigerung infolge eines Streits, sind dem Daniel auch im Umgang mit seiner Angetrauten fremd. Wenn ihm etwas gegen den Strich geht, bringt er es offen zur Sprache, aber nachdem die Kontroverse ausgetragen ist, wird das Kriegsbeil seinerseits immer gleich wieder begraben. Ohnehin lebt er viel lieber im Zustand »zweisamer« Harmonie, gehört er doch nicht zu den Typen, für die Dispute einen Quell der Inspiration darstellen, sondern vielmehr tragen sie zu seiner inneren Erosion bei. Wirklich aus der Haut fährt der Daniel nur, wenn er Hörner aufgesetzt bekommt.

Trennung: Daniel in der Löwengrube

Nach dem Ende der Zweisamkeit legt der Daniel nicht selten masochistische Tendenzen an den Tag. Hat seine Ex bereits einen Neuen, fährt er zu ihrem Haus, um zu schauen, ob sein Auto vor der Tür steht, oder er sucht Örtlichkeiten auf, an denen er mit ihr glücklich war. Bisweilen unternimmt er auch Rückeroberungsversuche, indem er zum Beispiel seine Schwiegermutter dazu einspannt, bei ihrer Tochter ein gutes Wort für ihn einzulegen. Der Schuss geht natürlich fast immer nach hinten los, weil Frauen nur eines noch mehr hassen als direkte Manipulation, nämlich indirekte Manipulation.

Bei der Regelung der Scheidungsfolgesachen muss der Daniel aufpassen, dass er nicht aufgrund seiner Arglosigkeit von der anderen Seite komplett zerfleischt wird. Vor diesem Schicksal bewahren ihn aber gewöhnlich seine Advokaten. Nichtsdestotrotz zieht er finanziell meist den Kürzeren.

Pflegetipps:

Musts:

* Kuschelmarathons, Picknicken, Liebeskomödien

No-Gos:

* Üble Gerüche, horizontale »Anfeuerungsrufe«, Volksmusik

Ideale Namenspartnerinnen:

Die »Grundtugenden« einer Partnerschaft, Treue, Verlässlichkeit, Ehrlichkeit, die der Daniel verkörpert, wissen sehr die »Kat-Frauen« (Katharina / Kathrin / Katja), die Jeanettes sowie die Sabrinas zu schätzen. Nicht gleich den ganzen Arm reißt ihm das dankbare Duo Anita / Anette aus, wenn er ihm den kleinen Finger gibt. An der glänzenden Erscheinung der Namensträger delektieren sich neben der Nadine sowohl die Juliane als auch die Nicole, während die Martina und die Tanja sein prinzipielles Harmoniebedürfnis teilen.

DAVID

BASICS: SOME GUYS HAVE ALL THE LUCK

Der David entstammt häufig dem Bildungsbürgertum, und in seinem Elternhaus werden die Talente, die ihm in die Wiege gelegt wurden, optimal gefördert. Daher gelingt ihm nicht selten in seiner Disziplin der Sprung ganz an die Spitze, wie dem Geiger David Garrett. Zudem genießen die Namensträger eine Erziehung zu kritischen und mündigen Staatsbürgern, die ihnen das Selbstbewusstsein gibt, mitunter gegen den Strom zu schwimmen. Schon in der Schule bieten sie mit ihrer dezidierten Meinung so manchem Lehrer Paroli, was ihnen die Bewunderung vieler ihrer Klassenkameraden einbringt. Relativ häufig bekleiden sie auch das Amt des Klassensprechers. Top-Noten hat der David meist nur in Fächern, in denen ihm aufgrund seiner Begabung alles in den Schoß fällt. Dort, wo er für gute Zensuren etwas tun müsste, kommt er kaum je über das Mittelmaß hinaus. Sorgen um einen Numerus clausus muss er sich ohnehin nicht machen, da er nach dem Abitur einen kreativ-künstlerischen Weg einschlagen möchte, bei dem eher Aufnahmeprüfungen zu bestehen sind, die er mit links schafft. Einen typischen David-Beruf stellt der des Designers in allen seinen Facetten dar, aber auch eine Medienkarriere liegt absolut im Bereich des Möglichen, ein Handwerksberuf hingegen so fern wie die Andromedagalaxie.

Nach dem Motto »Some guys have all the luck« steckt im David oft auch noch ein hervorragender Sportler, der besonders in Funsportarten wie Snowboarden oder Kitesurfen Erfolge feiern kann. Zur Leseratte mutiert er hingegen nur selten, fehlt ihm doch hierfür das notwendige Sitzfleisch. Allenfalls das eine oder andere Hörbuch, welch segensreiche Erfindung für ihn, zieht er sich beim Joggen rein.

Optik und Outfit: God's own name

Der Name David kommt aus dem Hebräischen und bedeutet »Liebling Gottes«. Dass die Namensträger unter der Gunst himmlischer Mächte stehen, zeigt sich abgesehen von ihren vielfältigen Talenten auch in optischer Hinsicht. Meist sind sie nämlich mit einer außergewöhnlichen Attraktivität gesegnet, die sie nicht selten zu Models oder Schauspielern prädestiniert. So stand der Fußballer David Beckham, einer der größten Frauenschwärme unserer Zeit, jahrelang bei dem Mode-Label Giorgio Armani unter Vertrag. Er bildet die Synthese aus einem hohen Maß an Perfektion und Charisma.

Ihrem glänzenden Aussehen geben die Davids häufig noch mit einer stylischen Garderobe den letzten Schliff. Dabei hecheln sie nicht dem aktuellen Look hinterher, sondern setzen selbst Modetrends, was sich auch häufig auf ihre spektakulären Frisur- und Bartkreationen bezieht.

Verführung und Sex: Die Qual der Wahl

»Ich bin, also verführe ich« könnte das Motto des David beim Suchen und Finden der Liebe lauten, reicht doch meist alleine schon seine Präsenz aus, um das schwache Geschlecht in Wallung zu bringen. Sein Charisma lockt die Aspirantinnen auf den Platz an seiner Seite an wie das Licht die Motten. Oft wird er sogar förmlich von Verehrerinnen heimgesucht, was bis hin zu handfestem Stalking geht. Mitunter haben die Namensträger deshalb eine Fassade der Unnahbarkeit um sich herum aufgebaut. Ihre Umwelt interpretiert das nicht selten als Arroganz fehl. Haben sie indes Gefallen an einer Frau gefunden und lassen ihren Schutzpanzer fallen, geben sie sich ausgesprochen zugänglich.

Da der David ohnehin schon ein Luxusproblem hinsichtlich weiblicher Kontakte hat, bedeutete es, »Eulen nach Athen zu tragen«, wenn er etwa im Internet nach weiteren fischte. Medien des Kennenlernens sind also für ihn nicht nur überflüssig wie ein Kropf, sondern sie verschärfen sein Kreuz mit der Qual der Wahl noch.

Intim erweist sich der David ein wenig als uneingelöstes Versprechen. Seinen Facettenreichtum vermag er meist nicht komplett aus dem Alltag ins Schlafzimmer hinüberzuretten, was viele Frauen von ihm erwarten. Nichtsdestotrotz ist er immer noch ein überdurchschnittlich phantasiebegabter Liebhaber, aber eben kein genialer. Meisterschaft erreicht er währenddessen in der Disziplin Streicheln, wofür er die idealen Hände hat; nicht zu zart, aber auch nicht allzu klobig. Auch seine Küsse schmecken gewöhnlich zuckersüß und zeugen von viel Erfahrung.

Das Heft des Handelns überlässt der David im Bett ganz gerne seiner horizontalen Gespielin. Nicht selten zeigt er sogar auffällig devote Züge.

Partnerschaft: I am looking for freedom

Mit einem Künstlertypen wie dem David zusammenzuleben gestaltet sich nicht immer ganz einfach. Zum einen mangelt es ihm bisweilen an der rechten Verlässlichkeit, und zum anderen ist er extremen Stimmungsschwankungen von himmelhoch jauchzend bis zu Tode betrübt ausgesetzt. In seinen Depri-Phasen möchte er sich am liebsten in ein Mauseloch verkriechen und von niemandem behelligt werden, während er seine Familie mit dem Tempo überfordert, das er anschlägt, wenn sich das Blatt in Richtung Euphorie wendet. Bisweilen kann sich seine Göttergattin auch darauf gefasst machen, dass er irgendwann sein Coming-out hat, bei dem er ihr seine Homo- beziehungsweise Bisexualität offenbart.

Ein enormes Plus des David in der Zweisamkeit stellt seine Emanzipiertheit dar. Fast immer gesteht er die Rechte, die er sich herausnimmt, gleichermaßen seiner besseren Hälfte zu. Außerdem lässt er kaum je den Macho heraushängen und sich alles vor den Hintern tragen. Im Gegenteil, beteiligt er sich fast pari an der Hausarbeit, wobei er vor allem am Herd gerne das Zepter schwingt. Hier erweist er sich als derart innovativ, dass er locker ein eigenes Kochbuch herausgeben könnte.

Mit seinen Kindern verbringt der David »gezwungenermaßen« viel Zeit, weil seine Angetraute als unabhängige Frau genauso wie er häufig in eigenen Angelegenheiten unterwegs ist. Der Nachwuchs erlebt seine Eltern fast schon häufiger als »Alleinerziehende«, als dass ihm gemeinsame Brutpflege zuteilwird. Bei den Extratouren der Partner hängen oft die Kirschen in Nachbars Garten nicht hoch. Sofern das Paar sich gegenseitig den einen oder anderen Seitensprung zugesteht, wird aus der Untreue auch kein allzu großer Hehl gemacht.

Trennung: Enduring risk

Das Experiment, eine mehr oder weniger offene Ehe zu führen, erweist sich regelmäßig als ein Spiel mit dem Feuer insofern, als immer die Gefahr besteht, dass sich einer der Partner in seine Affäre verliebt. Aus diesem Grund gehen auch der David und seine Partnerin häufig auseinander. Mitunter haben sich zum Zeitpunkt der Trennung bereits beide Seiten neu orientiert, was die Regelung der Scheidungsfolgesachen aus emotionaler Sicht natürlich meist vereinfacht. Doch selbst wenn einer das Nachsehen hat, entspinnt sich kaum je ein Drama um Eifersucht und Hass, hat sich doch das Paar am Ende meist schon vollkommen auseinandergelebt.

Die Aufzucht der gemeinsamen Kinder erfolgt weiterhin paritätisch. Allerdings werden oft keine klaren Besuchsregelungen vereinbart, was gelegentlich zu Missverständnissen und Konflikten führt.

PFLEGETIPPS:

Musts:

* Konzertbesuche, sinnliche Dessous, Fernreisen

No-Gos:

* Philistertum, Schnarchen, Zahnfehlstellungen

IDEALE NAMENSPARTNERINNEN:

Resonanz auf kreativem Gebiet findet der David bei den Franziskas, Johannas und Janas. Mit ihnen kann er gemeinsam Musik machen, ein Designerbüro oder eine Schauspielschule eröffnen, aber auch einfach »nur« Kultur genießen. Ein hohes Maß an Libertinage bezüglich ehelicher Untreue bringt das Dreigestirn Vanessa/Helena/Denise auf, das ebenfalls gerne in fremden Töpfen nascht. Langmut gegenüber den Stimmungsschwankungen des David bringen die verständnisvollen Anitas, Anettes und Lauras auf, während die Tanja seine Qualitäten als Liebhaber zu schätzen weiß.

DENNIS

BASICS: NO MERCY

Der Dennis ist körperlich oft ein totaler Haudegen. Beim Sport geht er regelmäßig dorthin, wo es weh tut, und zeichnet sich durch eine enorme Kampfkraft aus. Als Handballtorhüter wirft er sich heldenmütig Tempogegenstößen entgegen, während er sich als Basketballer im Rebound so manche blutige Nase holt, wie der frühere NBA-Superstar Dennis Rodman. Bezüglich der zwischenmenschlichen Kontaktaufnahme legen aber bei weitem nicht alle Namensträger eine solche Harakiri-Mentalität an den Tag. Manche von ihnen sind sogar ausgesprochen zurückhaltende Vertreter und brauchen lange, bis sie sich einer neuen Bekanntschaft öffnen können. Ihr letztes Geheimnis wird indes kaum je ein Mitmensch erfahren, tragen sie doch stets ein gewisses Misstrauen in sich.

In Konfliktsituationen geht der Dennis einen geradlinigen Weg. Wenn ihn etwas an seinem Gegenüber stört, sagt er es ihm offen ins Gesicht, wobei er nur selten die sachliche Ebene verlässt. Flippt er allerdings einmal wirklich aus, sollten alle Anwesenden tunlichst den Kopf einziehen. An den Rand eines Nervenzusammenbruchs bringt ihn allenthalben penetrante Besserwisserei.

Die Schullaufbahn des Dennis endet meist mit dem Fachabitur, dem sich eine Ausbildung im handwerklich-technischen Bereich, etwa als Dachdecker oder Feinoptiker, anschließt. Nicht selten erwirbt er in seinem Beruf den Meisterbrief, um sich hernach selbständig zu machen. Leider rinnt ihm aber der oft reichliche Gewinn aus seiner Unternehmung durch die Finger, weil er nicht mit Geld umgehen kann. Zudem betreibt er in seiner Freizeit neben konventionellen recht kostenintensive Trendsportarten wie Paragliding oder Kitesurfen und tritt als Sponsor in Erscheinung.

Optik und Outfit: High tension

Der Blick des Dennis wirkt hoch konzentriert, wie der eines Adlers, der kurz davor ist, sich auf seine Beute zu stürzen, zumindest aber verrät er lebhafte Anteilnahme am Geschehen um ihn herum. Ein Stück weit mag das daran liegen, dass seine sportlichen und beruflichen Aktivitäten meist seine volle Aufmerksamkeit erfordern. Oft drückt sich diese ständige Fokussierung auch in einer recht hohen Grundkörperspannung aus, die wiederum den Energieumsatz befeuert. Infolgedessen haben die Namensträger kaum je mit überschüssigen Pfunden zu kämpfen. Meist sind sie schlank, manchmal sogar spindeldürr. Aber selbst als Striche in der Landschaft verfügen sie regelmäßig über Bärenkräfte.

Bezüglich seines Outfits legt der Dennis schon großen Wert darauf, im Trend zu liegen. Oft kombiniert er Bluejeans mit einem coolen T-Shirt unter einer Kapuzenjacke.

Verführung und Sex: Drei sind keiner zu viel

Da der Dennis vom Aussehen her meist ein Sahneschnittchen ist, laufen ihm die Mädels scharenweise hinterher. Betreibt er einen Mannschaftssport, verfügt er meist über einen eigenen Fan-Club von Verehrerinnen. Besonders in jungen Jahren hat er ähnlich wie der David eher das Problem, sich das andere Geschlecht vom Hals zu halten, als mit ihm auf Fühlungnahme zu gehen. Seine Eltern sind mitunter schier verzweifelt, dass ständig irgendwelche jungen Dinger vor dem Haus herumlungern oder »Telefonterror« betreiben. »Tragischerweise« wird die optische Wirkung des Dennis meist noch durch seinen Charme verstärkt. Komplimente gehen ihm fast ebenso geschmeidig von den Lippen wie einem Latin Lover, dem er übrigens auch durch seinen südländischen Einschlag mit dunklem Hautton und Haarschopf ähnelt.

Auf Medien der Kontaktanbahnung können die Namensträger meist gänzlich verzichten, selbst wenn ihr früherer sportlicher »Ruhm« als Middleager langsam zu verblassen beginnt. Noch immer reicht alleine ihre Attraktivität dafür aus, bei allen möglichen Gelegenheiten ins Visier der holden Weiblichkeit zu geraten. Mitunter nutzen sie aber Internet und Co. just for fun, um flirttechnisch am Ball zu bleiben.

Im Bett hat der Dennis aufgrund seiner einschlägigen intimen Erfahrungen einiges zu bieten, erwartet aber auch einiges von seiner Partnerin. Mit einer Frau, die beim Sex nur daliegt wie ein Brett, wird er vermutlich kurzen Prozess machen und sie bei der nächstmöglichen Gelegenheit in die Wüste schicken. Bezüglich der Belegung seines Schlafzimmers hegt er häufig Phantasien von Triolen, Partnertausch und Orgien, die seine Gespielin teilen sollte. Drei sind für ihn nicht einer zu viel, sondern damit fängt der Spaß erst an.

PARTNERSCHAFT: EVERYBODY GETS A SECOND CHANCE

Eine Ehe, die der Dennis in seinen 20er Jahren schließt, ist nur selten von Bestand, weil er sich seine Hörner in dieser Dekade gewöhnlich noch nicht komplett abgestoßen hat und seine Angetraute am laufenden Band betrügt. Meist setzt er sich aber als Twen noch erfolgreich gegen eine Heirat zur Wehr, indem er auf Zeit spielt.

Wie auch immer, den »Bund fürs Leben« im buchstäblichen Sinne des Wortes geht er erst gegen Mitte oder Ende seines vierten Lebensjahrzehnts ein. In dieser Verbindung wird der Dennis seinem Namen gerecht, der sich vom griechischen Gott der Fruchtbarkeit, Dyonisos, ableitet, und setzt mindestens zwei, oft sogar drei oder vier Kinder in die Welt. Weil er jedoch meist nicht mehr die Geduld dazu aufbringt, überlässt er nach dem Motto »Vater werden ist nicht schwer, Vater sein dagegen sehr« die Aufzucht des Nachwuchses seiner um etliche Jährchen jüngeren Gattin. Überhaupt schwören die

Namensträger eher auf die klassische Rollenaufteilung: er als Jäger und Sammler, sie als Hausfrau und Mutter.

Mit der Versorgung der Familie tut sich der Dennis indes bisweilen recht schwer, ist doch sein Berufsleben von einigen Höhen und Tiefen geprägt. Nicht selten durchläuft er Phasen der Arbeitslosigkeit, oder sein Geschäft steht am Rande der wirtschaftlichen Existenz. Die daraus erwachsenden finanziellen Engpässe führen natürlich häufig zu Spannungen in der Zweisamkeit. Trotzdem vermag der Dennis immer wieder positive Kontrapunkte zu setzen, indem er seine bessere Hälfte mit verrückten Ideen wie einer Einladung zum Dinner in the dark überrascht. Im Gegensatz zu vielen anderen Männern weiß er auch, dass »Beuys« nicht der Plural von »boy« ist, wodurch er Ansätze von Kulturtauglichkeit unter Beweis stellt.

Trennung: Leere Worte

»Die Reise ins Ich«, um Seelenforschung zu betreiben, unternimmt der Dennis nur selten. Daher zeigt er auch kaum je Bereitschaft, sich intensiv mit den eigenen Anteilen am Scheitern der Zweisamkeit und dem Schmerz, den er dadurch erleidet, auseinanderzusetzen. Das Vergangene versucht er stattdessen schnell abzuhaken, indem er Floskeln wie »Das Leben muss weitergehen« oder »Jedes Ende ist ein neuer Anfang« bemüht. Der Katzenjammer kommt häufig erst viele Jahre später, wenn all seine Beziehungsleichen aus dem Keller hervorkommen.

Für die rechtlichen Regelungen rund um die Scheidung bringt der Dennis wenig bis überhaupt kein Interesse auf. Initiativen für gemeinsame Anwalts- oder Mediationsgespräche ergreift fast immer nur seine Ex, während er bestenfalls als Mitläufer fungiert.

Pflegetipps:

Musts:
* Dirty Talk, Lagerfeuerromantik, Nudelaufläufe

No-Gos:
* Tranfunzeln, Endlosdiskussionen, Schema F

Ideale Namenspartnerinnen:

Vor dem Charme des Dennis förmlich dahin fließen die Sabrina, die Christiane sowie die Beate. Gegen eine Öffnung des Schlafzimmers für dritte Personen haben die sexuell promisken Vanessas, Michaelas und Julianes ganz und gar nichts einzuwenden, während die Jeanette seine überbordende Potenz eher zur Familiengründung nutzt. Mit der Geradlinigkeit des Dennis korrespondiert das Zweiergespann Eva/Lisa. Beide werden auch nicht gleich von Panikattacken ergriffen, wenn es durch seine beruflichen Schwierigkeiten finanziell einmal klemmt.

Dirk

Basics: Taxi zum Klo

Mit dem Willen zur Macht, wie sein Vorname insinuiert, der aus dem Althochdeutschen übersetzt »der Mächtige im Volk« bedeutet, ist der Dirk kaum je ausgestattet. Um zu herrschen, müsste er direktiv in die Existenz seiner Mitmenschen eingreifen, was ihm aber völlig widerstrebt, hat er sich doch dem Motto »Leben und leben lassen« verschrieben. Aufgrund seiner Gutmütigkeit geht die Toleranz bei ihm mitunter so weit, dass er keinen oder zu spät Einhalt gebietet, wenn andere seine Ich-Grenzen überschreiten.

Angelegt wird dieser Mangel an Abgrenzungsfähigkeit gewöhnlich schon in der frühen Kindheit des Dirk, in der er die ständigen Gängeleien und Verletzungen seitens seiner Eltern als »Normalität« zu verstehen beginnt. Einmal deutlich »nein« zu sagen erlernt er häufig erst mühsam im Erwachsenenalter, was ihn aber nicht davor schützt, immer wieder Schnorrern und Schmarotzern anheimzufallen. Manche Namensträger bauen zur Abwehr von derartigem Volk eine leicht zynische oder ironische Fassade um sich herum auf, wie der Moderator, Schauspieler und Comedian Dirk Bach.

Sowohl schulisch als auch beruflich bleibt der Dirk oft deutlich unter seinen Möglichkeiten, weil er in seinem Elternhaus zu wenig Förderung erfährt. Nach dem Haupt-, bestenfalls Realschulabschluss absolviert er eine Handwerkslehre, der sich mitunter eine Verkaufstätigkeit im Außendienst anschließt. Sein sozialer Touch prädestiniert ihn außerdem für Tätigkeiten im pflegerischen Bereich.

Zu einer Sportlerkarriere fehlen ihm die entsprechenden Voraussetzungen. Meist ist er weder mit einer besonderen Schnellkraft noch mit einer überdurchschnittlichen körperlichen Ausdauer gesegnet.

Schon zur Fortbewegung nutzt er lieber motorisierte Hilfsmittel als seine eigenen Füße.

Optik und Outfit: Gebunden hui, alleine pfui

Mit seinem Aussehen haut der Dirk nur selten jemanden vom Hocker, hat er doch häufig unter »kleinen« Schönheitsfehlern zu leiden. Mal ist seine Nase zu breit, mal zeigt sich das Kinn in doppelter oder dreifacher Ausführung. Daher stehen echte Sahneschnittchen wie der Basketball-Bundestrainer Dirk Bauermann ziemlich allein auf weiter Flur. Das gilt übrigens auch für seine stattliche Körpergröße von 1,87 m, bei der die Wahrheit der Namensträger näher bei den kurzen 1,68 m eines Dirk Bach liegt. Das Farbspektrum des Haarschopfes liegt zwischen Straßenköterblond und Dunkelbraun. Feuerköpfe sind praktisch Fehlanzeige.

Die Garderobe des Dirk hängt stark von seinem Bindungsstatus ab. Als Single kleidet er sich nachlässig, während er im Ehestand unter dem Einfluss seiner Göttergattin regelmäßig zu einem feschen Kerlchen mutiert.

Verführung und Sex: Venus und Orion

Das Drehbuch für den Film »Was Frauen wollen« hätte gewiss kein Dirk schreiben können, bleiben den meisten Namensträgern doch die Wünsche des anderen Geschlechts zeitlebens ein Buch mit sieben Siegeln. Um dennoch beim Balztanz zu reüssieren, stecken sie nicht selten Unsummen an Geld in Flirtseminare und ziehen sich alle möglichen Tipps zur Kontaktanbahnung aus dem Internet. Die Dirks neigen auch dazu, regelmäßig den Rat einer guten Freundin in Anspruch zu nehmen, die ihnen ein Verhaltensfeedback gibt. Da die Dirks aber nichtsdestotrotz auf freier Wildbahn nur selten den direkten Angriff in Richtung des Objekts ihrer Begierde wagen, lassen sie kaum ein Medium der Entsingelung ungenutzt. Die beste Aussicht auf Erfolg bieten ihnen fraglos mittelbare Vehikel wie das World Wide Web oder die Kontaktanzeige. Hier haben sie nämlich die Möglichkeit, vor dem persönlichen Beschnuppern ein schriftliches sowie fernmündliches Aufwärmtraining zu absolvieren. Live sammeln sie häufig Sympathiepunkte aufgrund ihrer Großzügigkeit. Ein weibliches Date, das im Restaurant oder Café auf seiner Rechnung sitzenbleibt, muss vermutlich erst noch geboren werden. Auf dem Feld der Lust erweist sich der Dirk als fleißiger Arbeiter, so fleißig, dass er gut und gerne in einem Pornofilm mitwirken könnte. Aber nicht nur quantitativ, sondern auch qualitativ hat er seiner horizontalen Gespielin einiges zu bieten. Damit er bezüglich der neuesten Sex-Trends auf dem Laufenden bleibt, besucht er regelmäßig Erotikmessen, pflegt intimen Erfahrungsaustausch im Web und blättert im Beate-Uhse- oder Orion-Katalog. Gleichermaßen dient ihm der Swinger-Club als Hort der Inspiration.

PARTNERSCHAFT: FALLSCHIRM UND RETTUNGSBOOT

Dass der Basketball-Superstar Dirk Nowitzki vor einigen Jahren aufgrund seiner Liaison mit einer mehrfach vorbestraften Dame großes Aufsehen erregte, ist beileibe kein Zufall, greifen doch die Namensträger bei der Partnerinnenwahl mit geradezu schlafwandlerischer Sicherheit in die braune Masse. Anders als das »German Wunderkind« laufen aber viele Dirks sehenden Auges ins Verderben oder bleiben zumindest auch dann noch am Ball, wenn ihnen schon gewahr geworden ist, dass sie sich einen Pflegefall an die Backe geklebt haben. Nicht selten kommen sie immer und immer wieder für die Schulden ihrer Herzdame auf und/oder versuchen, sie aus einem zwielichtigen Milieu zu holen. Was sie betreiben, stellt längst schon keine Beziehungs-, sondern vielmehr Sozialarbeit dar.

Da häufig massivste psychische Probleme die andere Seite in die Lage gebracht haben, in der sie sich befindet, besteht kaum je Hoffnung auf Besserung. Im Gegenteil, bisweilen versinken die vermeintlichen Retter selbst mit in dem Sumpf aus Lug, Trug und Gewalt.

Logistisch prägen oft schon nach wenigen Monaten On-off-Phasen das Bild, deren Wechsel zeitlich immer kürzere Abstände einnehmen. Regelmäßig ist es die sexuelle Abhängigkeit des Paares voneinander, die die Geschichte kurzfristig wieder zum Laufen bringt, während enttäuschte Erwartungen erneut zu ihrem vorläufigen Ende führen.

Sofern aus den intimen Verbindungen des Dirk Kinder hervorgehen, übernimmt er weitgehend ihre Hege und Pflege. Oft stellt er sogar für etwaige Stiefkinder eher die Bezugsperson dar als die eigene Mutter, die viel zu selten ihrer Verantwortung gerecht wird. In puncto häuslicher Ordnung sollte sich der Nachwuchs aber besser nicht am Dirk orientieren.

Trennung: Lehrgeld

Emotional sowie finanziell geht der Dirk oft ziemlich gerupft aus seinen Beziehungen. Allerdings verkörpert er kaum je den Typus Mann, der seinen Investitionen hinterher nachweint und womöglich vehement Geld zurückfordert, das ihm seine Verflossene schuldig geblieben ist. Vielmehr bucht er das Vergangene als Erfahrung ab, aus der er lernen kann. Wenn die Namensträger nach dem Beziehungs-Aus noch Kontakt zur Ex suchen, dann um Streit aus der Welt zu schaffen oder mit einigem Abstand gemeinsam die Gründe für die Trennung zu analysieren. Ohne für sich Frieden gefunden zu haben, können sie nämlich nur schlecht zu neuen Ufern aufbrechen, wofür sie ohnehin ziemlich lange brauchen. Bis den Dirks überhaupt erst wieder der Sinn nach einer festen Bindung steht, gehen – unterbrochen von kleinen intimen Intermezzos – gewöhnlich zwei bis drei Jahre Single-Daseins ins Land.

Pflegetipps:

Musts:
* Laszivität, Wind um die Ohren, Gemütlichkeit

No-Gos:
* Übermütter, Minizoos, Marathon-Spaziergänge

Ideale Namenspartnerinnen:

Ständig auf intime Weiterentwicklung bedacht wie der Dirk zeigen sich die Vanessa, die Isabell sowie die Yvonne. Außerhalb des Bettes kann allerdings nur ein verhältnismäßig starker Namensvertreter neben den vorgenannten Frauen bestehen. Das Engagement des Dirk in der Partnerschaft zu schätzen wissen sowohl die Sabrina als auch die Angela, während die Marion kommunikativ auf einer Wellenlänge mit ihm funkt. Vorsichtige Schubse, sein Potenzial besser zu nutzen, verpasst ihm das ehrgeizige Trio Christiane/Eva/Meike.

Dominik / Dominic

Basics: To die for justice

Der Fall des Dominik Brunner, der den Versuch, vier jüngere Schüler vor der Gewalt von zwei älteren zu schützen, mit dem Leben bezahlte, ist symptomatisch für die Namensträger. Überall, wo ihren Mitmenschen massiv Unrecht geschieht, greifen sie beherzt ein. Die Zivilcourage wurde den Dominiks ganz offensichtlich bereits in die Wiege gelegt, denn schon in ihrer Kindheit tun sie sich als Streitschlichter hervor und riskieren dabei mitunter Kopf und Kragen. Als Erwachsene leben sie ihre ethischen Grundsätze nicht selten als Richter, Religionslehrer oder Polizeibeamte aus. Aufgrund ihres Wagemuts machen sie sich aber auch häufig selbständig und gewinnen regelmäßig Preise für ihre soziale Unternehmensführung. Leicht nervig kann der Dominik werden, wenn er zum Moralapostel mutiert, der glaubt, jeden mit der Nase auf seine Verfehlungen hinstoßen zu müssen. Abgesehen von dieser möglichen Schwäche, ist er aber ein überaus angenehmer Zeitgenosse. Besonders seine Zugewandtheit, Verbindlichkeit und Neugierde öffnen ihm so manches Herz. An einem Mangel an sozialen Kontakten leidet er jedenfalls kaum je.

In seiner Freizeit treibt der Dominik als Bewegungsnaturell gerne Outdoor-Sport, wobei er seinen Körper nicht unbedingt schont, sucht er doch bisweilen den ultimativen Kick. Den verschaffen ihn zum Beispiel Tiefseetauchen oder Gleitschirmfliegen. Nichtsdestotrotz hat er keine Hummeln im Hintern, so dass er durchaus mit einem Roman von über 500 Seiten auf der heimischen Couch zu chillen vermag.

Tiere beobachtet der Dominik lieber bei ausgiebigen Spaziergängen und Wanderungen in ihrem natürlichen Lebensraum, als dass er sie zu Hause hält. Was er liebt, das lässt er frei. Dieser Grundsatz gilt bei ihm für jedes Gottesgeschöpf.

Optik und Outfit: Personal touch

Zwei Parameter gehören fast schon zum äußeren Erscheinungsbild des Dominik wie der Sand in der Wüste, nämlich braune Haare und eine schlanke Figur. Das Wachstum haben die Namensträger meist bei einer guten mittleren Größe von etwas unter 1,80 m eingestellt. Aus dem Gesicht, das markant, aber nicht herb ist, stechen meist tiefblaue Augen hervor, die einen interessanten Kontrast zum eher dunklen Hautton bilden. Das relativ stark ausgebildete Kinn drückt Willensstärke aus, kann aber auch von einer gewissen Härte zeugen, die sich aber kaum je Bahn bricht.

Während der Dominik optisch ziemlich genormt erscheint, schwimmt er bezüglich seines Outfits nur selten im Mainstream, sondern zeigt eine stark persönliche Note bis hin zur Extravaganz. Schmuck spielt dabei aber eine untergeordnete Rolle gegenüber anderen Accessoires.

Verführung und Sex: Und es war Sommer

Der Dominik erobert das Herz seines zukünftigen Augensterns mit der einfachsten Brautwerbungsstrategie der Welt, nämlich indem er Interesse an ihr bekundet. Und wie kann Mann besser Interesse an Frau bekunden als durch Fragen. Aber der Dominik stellt nicht nur irgendwelche, sondern verblüffende Fragen, die die andere Seite beim Dating noch nie gehört hat. Schon die banale Frage nach dem Traumberuf in der Kindheit kann beispielsweise zum Bringer werden, weil kaum ein Vertreter der Männlichkeit darauf kommt.

Die Eröffnung des Flirtgesprächs gelingt dem Dominik aufgrund

seiner Offenheit, gepaart mit der Eloquenz des Berufskommuni-
kators, immer und überall. Auch an Aufhängern für den verbalen
»Infight« ermangelt es ihm fast nie. Medien des Kennenlernens, auf
die er eigentlich getrost völlig verzichten könnte, nutzt er dennoch
sporadisch. Dabei legt er großen Wert auf unmittelbare persönliche
Fühlungnahme, die ihm unter anderem Single-Clubs, -Gesprächs-
gruppen oder -Reisen bieten.

Über Sex wird im Elternhaus des Dominik, das mitunter einen reli-
giösen Touch aufweist, nur selten offen gesprochen. Daher erweist
sich der Dominik zunächst als recht unbedarft gegenüber dem anderen Geschlecht. Nicht selten wird er von einer älteren, zumindest
aber erfahreneren Partnerin in die Geheimnisse der körperlichen
Liebe eingeweiht. Da er auch im Bett offen für alles Neue ist und die
notwendige Phantasie mitbringt, dauert es nicht lange, bis er seine
Lehrmeisterin überflügelt. Dann öffnet der Dominik ihr Türen der
Lust, die ihr bisher verschlossen blieben. Gelegentlich bringt er eine
sadomasochistische Note ins Intimleben, wobei ihn meist die devote
Rolle als Kompensation zu seiner Macht im Beruf reizt.

Partnerschaft: Suum cuique

»Machtspielchen« wie im Bett wird es im Beziehungsalltag des Dominik kaum je geben. Beide Partner haben ihre klaren Kompetenzbereiche, in die der jeweils andere nicht hineinpfuscht. Gewöhnlich
findet sich dabei eine »klassische« Rollenaufteilung. Die Namensträger sind für die handwerklichen Tätigkeiten in und um das Haus
herum sowie die Regelung der finanziellen Angelegenheiten zuständig, während sich ihre bessere Hälfte um die Hausarbeit kümmert.

In die Kinderaufzucht »mischt sich« der Dominik insofern »ein«,
als er viel alleine mit dem Nachwuchs unternimmt. Das beginnt
schon im Säuglingsalter, indem er ihn stolz mit dem Kinderwagen
durchs Städtchen schiebt, und endet im Teenager-Alter mit gemein-

samen Konzertbesuchen. Dadurch verschafft er seiner Frau Oasen der Erholung, frei vom Geschrei respektive pubertärem Gezicke der Sprösslinge.

Eheliche Konflikte trägt der Dominik, obwohl es ihm nicht am notwendigen Standing fehlt, nur selten bis zum letzten Blutstropfen aus. Bevor die Auseinandersetzung womöglich destruktiv wird, sucht er in aller Regel den Kompromiss oder überlässt seiner Frau, wenn es gar nicht anders geht, das Feld. Allerdings sollte sie sich keineswegs auf seine Nachgiebigkeit verlassen und versuchen, ihm auf dem Kopf herumzutanzen. Wo der Bartel den Most holt, weiß der Dominik nur allzu gut. Nachgeben hat für ihn weniger mit Schwäche als vielmehr mit Klugheit zu tun.

»Frischepunkte« für die Liebe sammelt der Dominik, indem er seine Herzdame immer wieder mit Ideen für spontane Unternehmungen überrascht. Das kann ebenso eine Rennsteig-Wanderung sein wie der Besuch des Käsemarkts in Alkmaar.

Einen Fehler sollte sein Herzblatt indes nie begehen, nämlich sich seiner zu sicher zu fühlen ...

Trennung: No way back

Eine Trennung, wie überraschend sie auch für ihn kommen mag, wirft den Dominik nur selten aus der Bahn. Dafür zeigt er sich innerlich zu gefestigt. Versuche, seine Ex zur Rolle rückwärts zu bewegen, unternimmt er nur eher selten. Das verbietet ihm zum einen sein Stolz, und zum anderen vertritt er die Auffassung »Reisende soll man nicht aufhalten«. Klingt nach ziemlicher Gleichgültigkeit, entspringt aber eher dem Wissen, dass Frauen zwar lange abwägen, bis sie beziehungstechnisch das Handtuch werfen, aber ihre Entscheidung fast immer endgültig ist, wenn sie sich erst dazu durchgerungen haben.

Die Scheidungsfolgesachen lassen sich mit dem Dominik einvernehmlich klären, sofern seine Verflossene nicht versucht, ihn über den Löffel zu balbieren, oder ihm den Zugang zu den gemeinsamen Kindern verwehrt.

Pflegetipps:

Musts:

* Bettgeflüster, Walking in the summerrain, Nusstorte

No-Gos:

* »Komm ich heut nicht, komm ich morgen«-Mentalität, Quassel-strippen, Hardcore-Ökos

Ideale Namenspartnerinnen:

Hand in Hand karitativ tätig werden kann der Dominik mit den »Kat-Frauen« (Katharina/Kathrin/Katja), der Nathalie und der Franziska, die wie er sowohl das Helfergen tragen als auch von äußerster Gerechtigkeitsliebe beseelt sind. Auf seine spontanen Ideen für gemeinsame Freizeitaktivitäten geht das Dreigestirn Nadine/Marie/Tina ein, während die frühreifen Vanessas, Melanies und Denises ihn in die Liebeskunst einführen. Davon profitieren wird später unter Umständen die Nicole, die nichts anderes als einen »fertigen« Lover erwartet.

Erik / Eric

Basics: Broken home

Der Erik stammt nicht selten aus schwierigen Familienverhältnissen, in denen sich die Eltern heftig bekriegten. Schon sehr früh musste er lernen, ihre Stimmungen zu lesen, um sie nicht auf dem falschen Fuß zu erwischen und so selbst ins Kreuzfeuer zu geraten. Diese somit schon früh entwickelte Empathiefähigkeit prädestiniert ihn später für jedwede Art von sozialen Berufen. Besonders häufig ist er aber im therapeutischen Bereich tätig, etwa als Psychiater, Homöopath oder Masseur.

Wegen der fehlenden Anerkennung im Elternhaus – dafür waren seine Erzeuger viel zu sehr mit sich beschäftigt – kann beim Erik auch das Thema Leistung überwertig geworden sein. Ewig angetrieben vom kompensatorischen Wunsch nach Lob und Bewunderung, strebt er dann in höchste Höhen und wird führender Wirtschaftsmanager oder Spitzensportler, wie der ehemalige Radprofi Erik Zabel. Das oft aufkommende Gefühl von innerer Leere ·versuchen die Namensträger bisweilen mit Alkohol und Psychopharmaka zu betäuben. Oder sie joggen, so weit die Füße tragen, um sich einen Endorphin-Kick zu verschaffen.

Körperliche Betätigung ist dem Erik in der Freizeit aber ohnehin wichtig. Muss er stundenlang sitzen, melden sich seine Hummeln im Hintern. Daneben hört er in seinen Mußestunden gerne Musik, liest oder trifft sich mit seinen wenigen, aber guten Freunden zum Kneipenbummel. Sein seelisches Gleichgewicht findet er auch beim Saunanachmittag wieder, bei dem nicht immer Begleitung erwünscht ist; braucht der Erik doch auch viel Zeit für sich alleine. Dabei gerät er mitunter in Gefahr, sich zu vergrübeln und allzu lange in seiner selbstgewählten Isolation zu verharren. Der beste Trick, ihn wieder daraus hervorzulocken, besteht dann darin, seine Hilfe bei irgendeinem Problem zu erbitten.

Optik und Outfit: Very special

Trotz der nordischen Herkunft seines Namens weist der Erik meist einen dunklen Haarschopf auf, der ihm, abgesehen vielleicht von Geheimratsecken, bis ins hohe Alter erhalten bleibt. Die Wellenbewegung seines Lebens spiegelt sich nicht in seinem natürlichen Kopfschmuck wider, hat er doch in der Regel glatte Haare. Figürlich ist der Erik häufig fast schon ein wenig hager, was von seinem enormen Bewegungsdrang herrührt. Das Antlitz charakterisieren markante Züge; der Blick wirkt ein wenig melancholisch mit einem Hauch von Schalk. Fraglos verkörpert der Erik von der Optik her eine interessante Erscheinung, frei von Nullachtfünfzehn-»Attitüden«.

Die Kleidung der Namensträger zeigt sich erlesen, kommt aber mitunter zu förmlich daher, was zu leichten Abzügen im »künstlerischen Wert« führt. Gewisse Accessoires wie Schals oder Taschen sind fast schon ihr Markenzeichen.

Verführung und Sex: »Grounding«

Die berufliche Kontaktsicherheit des Erik überträgt sich nur sehr bruchstückhaft auf sein Privatleben. Jagdtechnisch schätzt er weniger die Pirsch auf freier Wildbahn, sondern nutzt eher Medien, mittels derer er zunächst ein wenig »vorglühen« kann, wie Internet und Kontaktanzeige. »Per Mausklick« wird er der Bedeutung seines Namens gerecht, der so viel wie »Edelmann« bedeutet, und schwört auf die »Nobelmarken« unter den Internet-Vermittlern.

Bei der direkten Tuchfühlung mit dem schwachen Geschlecht punktet der Erik nebst hohem beruflichem Status mit Empathie und tro-

ckenem Humor. Auch sein Charme ist durchaus nicht unterent-
wickelt.

Im Bett offenbart sich wie sonst nirgends die Näheangst des Erik,
was einen allzu ausgiebigen Geschlechtsakt fast schon verunmög-
licht. Nicht selten bricht er das Liebesspiel auch in der größten Hitze
des Gefechts ab, wenn er das Gefühl hat, die Kontrolle über die Situation zu verlieren und daher von Panikattacken befallen wird. Auf
eine Frau, die ihn nicht kennt, kann das ebenso befremdlich wie verletzend wirken. Im Rahmen seiner eingeschränkten Möglichkeiten
setzt der Erik aber alles daran, seine horizontale Gespielin zu befriedigen. So versucht er, ihr etwa durch Cunnilingus höchste Wonnen
zu bereiten. Den größten Pluspunkt hierbei stellen fraglos die Geschmeidigkeit seiner Zunge und ihre Unerschrockenheit dar, selbst
in die tiefsten Tiefen der weiblichen Lustgrotte vorzudringen. Da
der Erik beruflich fast schon über den Dingen schwebt, empfindet er
es als »angenehmen« Ausgleich, wenn er im ehelichen Schlafzimmer »gewaltsam« auf den Boden der Tatsachen zurückgebracht
wird, und zwar buchstäblich.

PARTNERSCHAFT: LIEBE IST EIN KIND DER FREIHEIT

Das A und O in der Zweisamkeit mit dem Erik sind Freiheiten. Auf
Klammern und Bevormundung reagiert er äußerst allergisch, meist
indem er verletzend wird.

Wird er jedoch an der langen Leine gelassen oder besser noch überhaupt nicht in seiner Bewegungsfreiheit eingeschränkt – was natürlich fast schon eine Utopie darstellt –, erweist er sich als ausgesprochen angenehmer Gefährte. Er unterstützt seine Herzdame bei
der Erreichung ihrer beruflichen Ziele, indem er ihr mit Rat und Tat
zur Seite steht sowie einen beträchtlichen Teil der Hausarbeit übernimmt. Oder es wird eben eine Haushaltshilfe eingestellt, wenn der
Erik selbst im Job stark engagiert ist. Keinesfalls wünscht er sich eine

Frau als reines Anhängsel, denn die wäre wieder viel zu sehr auf ihn fixiert. Seine Emanzipiertheit ist also ein gutes Stück weit Eigennutz.

Da der Erik körperlich getrieben ist, wird es mit ihm Phasen des reinen »Wohnens« kaum je geben. Gemeinsame sportliche Betätigungen oder zumindest ausgedehnte Spaziergänge mit viel Kommunikation gehören fast schon zum ehelichen Pflichtprogramm. Dabei können dann auch die Probleme des Alltags angesprochen werden.

Konfliktsituationen begegnet der Erik gewöhnlich mit Sachlichkeit. Schleicht sich Zynismus in die Auseinandersetzung ein, so ist das ein Zeichen dafür, dass er sich in die Ecke gedrängt fühlt.

Mit kleinen Kindern kann der Erik relativ wenig anfangen. Erst wenn sie »vernünftig« werden, kann er einen echten Bezug zu ihnen aufbauen, was an seiner eigenen eher rationalen Ausrichtung liegt.

Trennung: Déjà vu

Wird der Erik verlassen, leidet er wie ein Hund, da Trennungen bei ihm Kindheitserinnerungen wachrufen. Nicht selten hatte nämlich ein Elternteil den jahrelangen Krieg, der zu Hause herrschte, nicht mehr ausgehalten und war gegangen. Bisweilen verfällt der Erik nach dem Beziehungs-Aus sogar in eine handfeste Depression, die eine stationäre Reha-Maßnahme notwendig macht.

Bei der Aufteilung von Geld und Gut schweben die Namensträger regelmäßig in akuter Gefahr, über den Tisch gezogen zu werden, weil sie psychisch noch zu angeschlagen sind. Oft billigen sie der Ex auch mehr oder freiwillig den Löwenanteil zu, um einfach wieder in Ruhe ihre Wunden lecken zu können.

Bis der Erik wieder bereit ist, eine langfristige Bindung einzugehen, gehen mindestens zwei Jahre ins Land.

Musts:

* Sexspiele mit Handschellen, Männerabende, gemeinsame Konzertbesuche

No-Gos:

* Kalkweiße Frauenhaut, Lästerschwestern, Genital-Piercing

IDEALE NAMENSPARTNERINNEN:

Psychologisieren kann der Erik vortrefflich mit den »Kat-Frauen« (Katharina/Kathrin/Katja), der Franziska und der Johanna. Mitunter werden diese Kombinationen sogar eine Gemeinschaftspraxis als »Seelenheiler« eröffnen. Den Hang zum Perfektionismus teilt der Erik unter anderem mit der Christiane und der Alexandra, während ihn die »erdige« Daniela daran hindert, sich in seiner geistigen Welt zu verlieren. Nett im Bett ist es mit dem Trio Isabell/Nina/Jennifer, das es liebt, vom Erik oral verwöhnt zu werden.

FABIAN

BASICS: LEFT OUTSIDE ALONE

In der Schule gerät der Fabian regelmäßig in den Fokus marodieren-
der Mitschüler, die ihn wegen seiner Strebsamkeit und Angepasstheit
mobben. Dabei müssen es aber nicht immer die außergewöhnlichen
schulischen Leistungen sein, die sich für eine gewisse Randstellung
im Klassenverband verantwortlich zeichnen. Häufig ist es auch eine
besondere musische oder sportliche Begabung, wie bei dem Turner
Fabian Hambüchen, die Neid und Argwohn hervorruft.

Trotz seiner Talente schafft der Fabian im Erwachsenenleben nur
selten den Sprung ganz an die Spitze, weil er sich nicht gerne auf den
Jahrmarkt der Eitelkeiten begibt. Das ist zum einen seiner Bescheidenheit geschuldet und zum anderen seiner Introvertiertheit, die
teilweise Folge der kindlichen Hänseleien ist. Bisweilen hat er aber
das Glück, »zufällig« entdeckt zu werden oder einen Förderer zu
finden. Behält die Kunst des Fabian Amateurstatus, ergreift er oft
einen Beruf, in dem er sie ein Stück weit ausleben kann, etwa als
Restaurator oder Grafiker.

Aufgrund ihres Misstrauens gegenüber den Mitmenschen bleibt der
Freundes- und Bekanntenkreis der Namensträger stets überschaubar. Außer ihren Eltern und vielleicht noch den Geschwistern, die
ihnen in schwierigen Phasen Halt geben, lassen sie kaum jemanden
ganz nah an sich heran. Ihre intimsten Geheimnisse wird vielleicht
höchstens noch ihre Ehefrau erfahren.

Die politische Einstellung des Fabian ist, korrelierend zu seinem
Wesen, moderat. Eigentlich sind ihm schon »die Grünen« zu extrem, obwohl er mit ihren ökologischen Zielen durchaus sympathi-
siert. Auf die Frage nach dem gerechten Gott antwortet der Fabian
mit »nein«, weil er sich schon zu oft von ihm allein gelassen fühlte.

Optik und Outfit: Furious eyes

Von seinem Aussehen her zeigt sich der Fabian relativ unspezifisch. Es finden sich unter den Namensträgern lange Schlakse genauso wie zu kurz geratene, gedrungene Vertreter. Allerdings gehen sie nur extrem selten völlig aus dem Leim, weil sie den lukullischen Genüssen nur wenig abgewinnen können, sprich, sie sind eher »schlechte« Esser.

Auch die Haarfarbe umfasst das gesamte Spektrum von Michel-Hellblond über Pumuckl-Feuerrot bis hin zu Black-Beauty-Pechschwarz, wobei der Hautton selbst bei den Kupferköpfen fast nie kalkweiß daherkommt. In den Augen spiegelt sich häufig noch die Wut aus den traumatischen Erfahrungen der Kindheit und Jugend wider.

Das Outfit des Fabian verrät gewöhnlich wenig Wagemut. Sein Kleidungsstil ist durchaus nicht farblos, und das buchstäblich, doch scheut er sich davor, den Mainstream des gängigen Modegeschmacks zu verlassen.

Verführung und Sex: Bestellung beim Partnerinstitut

Da der Fabian in der Pubertät stark mit Komplexen bezüglich seiner Optik belastet war, fand er nur selten Mut, Annäherungsversuche in Richtung des anderen Geschlechts zu unternehmen. Die fehlenden elementaren Flirterfahrungen aus dieser Zeit vermag er im Erwachsenenalter nie völlig zu kompensieren, und seine Pirsch nach Miss Perfect bleibt immer von einer gewissen Ungeschicklichkeit geprägt. Vor allem das richtige Timing will ihm einfach nicht gelingen. Entweder er zögert zu lange, bis er den Angriff auf das Objekt seiner Begierde wagt, oder er agiert überhastet, indem er einfach losstürmt, ohne sich die Einladung per Blickkontakt geholt zu haben. Aus diesem Grund reüssiert der Fabian auf freier Wildbahn nur selten. Er kommt vielmehr dann zum Zuge, wenn ihm das Herzblatt in spe sozusagen auf dem goldenen Tablett serviert wird, sei es als neue Kollegin in seinem Büro oder als Sitznachbarin auf einer Familienfeier. Weibliche Kontakte »frei Haus« bekommt er aber auch von Vermittlungsinstituten, deren Hilfe er verhältnismäßig häufig beim Suchen und Finden der Liebe in Anspruch nimmt.

Auch im Bett bleibt die Frau für den Fabian mehr oder weniger das unbekannte Wesen. Welche Knöpfe er bei seiner Intimpartnerin drücken muss, um sie in Fahrt zu bringen, wird er wohl nie vollständig ergründen. Da er aber sehr darauf bedacht ist, ihr zum Höhepunkt zu verhelfen, zieht er alle Register seines leider etwas eingeschränkten erotischen Repertoires. Ein Bonbon des Fabian bei der Geschlechtlichkeit stellt fraglos seine Lernwilligkeit dar. Von einer erfahrenen Liebhaberin lässt er sich gerne auf Felder der Lust führen, von denen er selbst noch nicht einmal zu träumen gewagt hätte.

Partnerschaft: Solid like a rock

Das Zusammenleben mit einer Frau bedeutet für den Fabian eine ziemliche Kraftanstrengung, weil es ihm so schwer fällt die Bedürfnisse des anderen Geschlechts zu erkennen und noch mehr sie zu befriedigen. Auch muss er stets auf der Hut sein, nicht verbal in irgendein Fettnäpfchen zu treten. Um sich von dieser permanenten Anspannung zu erholen, braucht der Fabian Oasen des Rückzugs, in denen er seinen Hobbys nachgeht oder einfach nur vor sich hin träumt. Ihn in seinem kleinen Paralleluniversum zu stören sollte seine bessere Hälfte tunlichst vermeiden, weil er ansonsten ungewohnt giftig reagieren kann. Im Gegenzug legt er aber selbst großen Wert darauf, ihre Grenzen zu respektieren. Aus schmerzlicher Erfahrung weiß er, welch tiefe Wunden übergriffiges Verhalten schlägt.

Zwar hat sich seine Herzdame mit dem Fabian keinen geschmeidigen Charmeur geangelt, aber dafür ist er eine Bank in Verlässlichkeit und Hilfsbereitschaft. Stets wird er ihr bei allen Verrichtungen in und um das Haus herum zur Seite springen. Da er die Ordnung liebt, liegt es in seinem ureigensten Interesse, dass das gemeinsame Anwesen nicht im Chaos versinkt. Seinen Kindern geht der Fabian mitunter ganz schön auf die Nerven, indem er sie ständig dazu anhält, ihr Zimmer aufzuräumen. Heftige Konflikte trägt er mit ihnen aus, sobald sie in ihre »pubertäre Verwahrlosungsphase« geraten. Überhaupt gestaltet sich die Beziehung zu den Sprösslingen nie sonderlich intensiv, weil die kindliche Urwüchsigkeit der Strukturiertheit des Fabian diametral entgegensteht.

Kirschen aus Nachbars Garten naschen die Namensträger fast nie, sind sie doch dafür fast schon zu arglos.

Trennung: Apocalyptic mood

Wenn die Frau des Fabian mit den gemeinsamen Kindern geht, wird es meist ziemlich ruhig um ihn, hatte er doch während der Beziehung seine sonstigen sozialen Kontakte ziemlich schleifen lassen. Die Einsamkeit, die ihn nun befällt, führt nicht selten zu einer Weltuntergangsstimmung bei ihm.

Mitunter schlüpft er zwischenzeitlich wieder bei seinen Eltern unter, die ihm den nötigen Halt geben, sich aus seinem depressiven Loch zu befreien. Um nicht länger allein zu sein, geht der Fabian häufig eine Ban-Beziehung (= Besser als nichts) ein, die aber scheitert, weil keine echte Liebe im Spiel ist. Und bis zur nächsten festen Bindung erlebt er noch einige andere partnerschaftliche Blindgänger.

Bei der Regelung der Scheidungsfolgesachen hat seine Ex nicht mehr vom Fabian zu erwarten, als das, was ihr zusteht.

PFLEGETIPPS:

Musts:

* Spieleabende, Pfannekuchen, Städtereisen mit Konzertbesuch

No-Gos:

* Nacktbadestrand, Verschwendung, Schreiorgien

IDEALE NAMENSPARTNERINNEN:

Die Sabrina, die Antje und die Kirsten werden den Fabian sexuell nicht überfordern, weil auch sie nicht unbedingt das Zeug haben, das Kamasutra neu zu schreiben. Besonders die Kirsten gibt sich mit der Hausmannskost, die er im Bett bietet, allemal zufrieden. Eine Zweisamkeit, die von einem hohen Maß an Vertrauen geprägt ist, kann der Fabian mit den »Kat-Frauen« (Katharina/Kathrin/Katja) sowie der Martina führen, was gleichermaßen auch für die Franziska gilt. Seinen Ordnungssinn teilt das Dreigestirn Tanja/Christiane/Astrid.

Felix

Basics: Overthinkers anonymous

Entgegen der Bedeutung seines Namens ist der Felix kein Schoß-kind des Glücks, sondern muss sich seinen Erfolg hart erarbeiten. Ebenso wenig kann er mit einer Sunnyboy-Ausstrahlung aufwarten. Meist wirkt er eher grüblerisch, wie der ehemalige Fußball-National-spieler und heutige Bundesligatrainer Felix Magath. Nicht selten lässt sich sogar eine depressive Grundneigung beobachten, die aus einer gewissen Einsamkeit in der Kindheit herrührt. Selbst wenn der kleine Felix gleichaltrige Spielkameraden hatte, gehörte er nie so richtig dazu, vielleicht weil er mit seinen Gedanken ganz woanders war, nämlich bei seinen eigentlichen Interessen oder in seiner Traum-welt.

Auch im Erwachsenenalter stehen die Namensträger nur selten im Mittelpunkt des Geschehens, nehmen aber zumindest keine Rand-stellung mehr ein, sind sie doch nun ein wenig zugänglicher gewor-den. Ein gerüttelt Maß an Vorsicht und Zurückhaltung gegenüber ihren Mitmenschen bleibt nichtsdestotrotz stets ihr Markenzeichen. Freundschaften schließen sie nur selten in ihrem Leben, dafür aber beständige mit Tiefgang.

Wenn der Felix sich »leiblich ertüchtigt«, dann bevorzugt er klar Individualsportarten wie Ski alpin oder Judo. Sich beim Tischtennis-doppel auf einen Mitspieler einzulassen bereitet ihm ebenfalls noch keine allzu großen Schwierigkeiten. Unbehaglicher fühlt er sich in Teams oder Gruppen ab vier bis fünf Mitgliedern.

Beruflich ist der Felix aufgrund seines technisch-analytischen Ver-standes und seiner »Bastelleidenschaft« häufig als Ingenieur in der Konstruktion tätig, aber auch im Architektur- sowie Bankwesen fühlt er sich meist pudelwohl.

Optik und Outfit: Very special

Von seinem Aussehen her ist der Felix selten ein Nullachtfünfzehn-Typ. Meist vermag er einen Charakterkopf mit einer ausgeprägten Denkerstirn aufzuweisen, in die das viele Grübeln tiefe Furchen gegraben hat. Seine Haare indes rauft er sich weniger vor Ärger aus, als dass sie ihm aufgrund der genetischen Disposition verlustig gehen. Ein signifikantes Merkmal der Namensträger stellt auch häufig ihr markantes Riechorgan dar, das entweder weit aus dem Antlitz herausragt oder stark in die Breite geht.

Ihre interessante Optik unterstreichen die Felixe häufig noch durch außergewöhnliche Accessoires und eine nicht alltägliche Garderobe. Zumindest aber treten sie stets auf, wie aus dem Ei gepellt. Mangelnde Körperhygiene und insbesondere schlechte Gerüche sind ihnen ein Greuel sowohl bei sich selbst als auch bei anderen.

Verführung und Sex: In der Ruhe liegt die Kraft

Die Kunst der Kontaktanbahnung zeigt sich beim Felix stark tagesformabhängig. An guten Tagen überzeugt er durch seinen unaufdringlichen Charme und sein entwaffnendes Lächeln, während er an schlechten nur schleppend wie ein Schwerschiff in Fahrt kommt. Wie auch immer ist seine Balzstrategie nicht auf den »sudden success«, den unvermittelten Erfolg, angelegt, sondern folgt vielmehr dem Prinzip »Steter Tropfen höhlt den Stein«. Mit Engelsgeduld macht der Felix seinem Herzblatt in spe mitunter monatelang den Hof.

Am ehesten ihrer kontinuierlichen Methode der Brautwerbung kommen den Namensträgern als »Jagdreviere« der Arbeitsplatz sowie der private Freundes- und Bekanntenkreis entgegen, weil es hier regelmäßig zu Begegnungen mit Flirtpotenzial kommen kann. Das erinnert ein wenig an die britische Komödie »Vier Hochzeiten und ein Todesfall«, in der sich Hugh Grant und Andie Mac Dowell wiederholt bei Eheschließungen sowie auf einer Beerdigung begegnen, wo ihre Liebe füreinander entflammt.

Intim gelingt es dem Felix etwas besser, aus sich herauszugehen, als im Alltag, jedoch löst er im Schlafzimmer fast nie ein stärkeres Erdbeben aus. Auf der Richterskala erreicht er höchstens eine Vier. Sein Bonbon beim Liebesspiel liegt eher in der Fähigkeit, die Wünsche der anderen Seite zu erspüren und auf sie einzugehen. Das Orgasmustagebuch seiner Geschlechtspartnerin wird daher kaum je leere Seiten aufweisen. Nicht selten enthalten die Einträge sogar mehrere Vermerke höchster fleischlicher Lust.

Merkliche Abzüge im künstlerischen Wert ergeben sich für den Felix in der Disziplin Küssen, da sein Zungenspiel ein wenig zu mechanisch ist.

PARTNERSCHAFT: VOM KRÖTENSCHLUCKEN

Der Felix hat insofern Glück, als er meist mit einer äußerst verständnisvollen Frau in Zweisamkeit lebt, die bereit ist, so manche Kröte zu schlucken, die er ihr vorsetzt. Sicher das größte Problem für seine bessere Hälfte besteht darin, an ihn heranzukommen, wenn er in die innere Emigration abtaucht. Oft schweigt er dann wie ein Grab und sucht auch räumliche Distanz von der Familie.

Kehrt der Felix aus seiner selbstgewählten Isolation ins »Wolfsrudel« zurück, zahlt er seiner Herzdame allerdings ihre Rücksichtnahme auf Heller und Pfennig zurück, indem er sie nach besten Kräften im Haushalt und bei der Kinderaufzucht unterstützt. Denn schließlich ist ihm voll bewusst, dass Partnerschaft keine Einbahnstraße des Nehmens darstellt, sondern nur über das Prinzip der Gegenseitigkeit funktioniert. Am besten ist der Felix als Koch zu gebrauchen, indem er ein geschicktes Händchen dafür zeigt, ständig neue Gerichte zu kreieren. Allerdings sieht die Küche nach seinem

Einsatz am Herd oft so aus, als hätte dort gerade eine Bombe eingeschlagen. Der Fairness halber muss aber betont werden, dass er die Verwüstungen, die er anrichtet, auch selbst wieder beseitigt.

In seinen »offenen Phasen« kann seine Gefährtin durchaus lange, angeregte Gespräche mit dem Felix führen. Kommunikative No-Gos stellen für ihn Klatsch und Tratsch sowie Small Talk dar. Ungeduldig wird er auch, wenn eine Diskussion so gar nicht zu einem Ergebnis führen will.

Mehrgleisig fährt der Felix aus dreierlei Gründen fast nie: Erstens ist er zu anständig dafür, zweitens hat er keine Lust, am laufenden Band irgendwelche Lügengeschichten zu erfinden, und drittens weicht er schon jeder Versuchung aus.

Trennung: Das Trauerschneckenhaus

Die Trennungen des Felix verlaufen meist so unspektakulär ab, wie die Gründe dafür waren. Gewöhnlich hat sich das Paar auseinandergelebt, oder durch den Alltagstrott sind die Gefühle füreinander auf der Strecke geblieben.

Eine Schlammschlacht mit gegenseitigen Schuldzuweisungen und Diffamierungen unmittelbar nach dem Beziehungs-Aus ist mit dem Felix kaum möglich, da er sich zunächst vollkommen in sein Schneckenhaus zurückzieht. Stehen anschließend die Regelungen rund um die Scheidung an, verhält er sich meist so passiv, wie es seine Ex erlaubt. Am liebsten würde er alles nur über sich ergehen lassen.

Die Seelenpein, die mit dem Zerbrechen der Familie verbunden ist, machen die Namensträger fast immer mit sich selbst aus. Besonders zu knapsen haben sie an ihrem neuen Status als Besuchspapa. Das Abgeben der Kinder bei der Mutter jeden zweiten Sonntagabend stellt für ihn stets ein Drama dar.

Pflegetipps:

Musts:

* Seelenmassagen, perfekt gebügelte Kleidung, (edle) Vollmilch-Nuss-Schokolade

No-Gos:

* Bevormundung, Menschenmassen, Tiger-Leggins

Ideale Namenspartnerinnen:

Die einfühlsame Art des Felix im Bett zu schätzen wissen die sensiblen Melanies, Christianes und Lauras. Gemeinsam mit ihnen schwört er hinsichtlich freundschaftlicher Kontakte auch eher auf das Prinzip »Klasse statt Masse«. Auf kommunikativer Ebene finden die Namensträger ihre Seelenpartnerin in der Martina sowie in der Franziska, die zudem viel Verständnis für seine Rückzugsphasen aufbringen. Das gilt keinen Deut weniger auch für die »Kat-Frauen« (Katharina / Kathrin / Katja) nebst der Sophie. Eine auf fast allen Gebieten erfreuliche Verbindung wird sich mit dem Duo Lisa / Anita ergeben.

Florian

Basics: Edel, hilfreich und gut

Beim Forian ist nomen omen. Seiner Namensbedeutung »glänzend, prächtig, blühend« gemäß, präsentiert er sich in den leuchtendsten Farben. Wo immer er auftaucht, verbreitet er einen Hauch von Glamour, ohne dabei affektiert zu wirken. Seine Pracht hat ihm der liebe Gott sozusagen schon in die Wiege gelegt.

Nicht selten sind Floriane Multitalente, wie der Moderator, Sänger und Schauspieler Florian Silbereisen. Mit seiner Berufswahl liegt er auch im Mainstream der Namensträger, die sich bevorzugt in expressiven Professionen tummeln. Dabei häufig im Mittelpunkt zu stehen wird zwar durchaus nicht als unangenehm empfunden, stellt aber nur sehr selten die Motivation für das künstlerische Schaffen dar.

Im Privatleben findet der Florian Anerkennung aufgrund seiner guten Manieren und seines Edelmuts. Galant hilft er der alten Dame über die Straße oder trägt ihr die schweren Einkaufstaschen bis vor die Wohnung im vierten Stock. Vollkommen in seinem karitativen Element ist er während seines freiwilligen sozialen Jahres, bei dem er häufig in der Pflege eingesetzt wird. Durch sein sonniges Gemüt, gepaart mit einer gehörigen Prise Humor, reißt er regelmäßig die ganze Station mit, während sich sein Abschied meist tränenreich gestaltet.

Einen Ausgleich zu seinem einerseits befriedigenden, andererseits aber auch anstrengenden Job findet der Florian am ehesten, indem er sich auf seinem Motorrad den Wind um die Ohren blasen lässt. Zudem relaxt er gerne mit seiner Clique in der Sauna oder führt sich auf der heimischen Couch eine spannende DVD zu Gemüte. Nicht zuletzt hält er sich gerne Haustiere. Für die Lektüre von dicken Schmökern fehlt dem Florian ein wenig das dafür nötige Sitzfleisch.

Optik und Outfit: Sweetie

Der Spitzname »Flo« für den Florian kommt bestimmt nicht von seiner geringen Körpergröße, andererseits sind die Namensträger von ihrem Wuchs her aber auch keine »Himmelsstürmer«. Meist liegt das Ende der Fahnenstange um die 1,80 m herum. Zu der guten Hälfte der Deutschen, die Übergewicht aufweisen, gehört der Florian gewiss nicht. Eher fehlen ihm sogar ein paar Pfunde auf den Rippen, und er wirkt fast schon ein wenig hager. Das Gesicht, aus dem bevorzugt strahlende braune Augen und ein leicht überdimensioniertes Riechorgan herausstechen, weist selten herbe Züge auf. Insgesamt ist der Florian trotz kleiner Schönheitsfehler ein süßes Kerlchen.

Die angenehme Optik unterstreicht der Florian noch durch eine sportlich-chice Garderobe, gepaart mit perfekter Pflege seiner leiblichen Hülle.

Verführung und Sex: Die »nackte Kanone«

Beim Suchen und Finden der Liebe hat der Florian doppeltes Glück. Zum einen vermag er mit seinem Charme jede Frau um den Finger zu wickeln, und zum anderen hat er häufig in seinem Beruf freie Auswahl. Als Künstler bieten sich ihm seine Bewunderinnen förmlich an. Ergreift er indes, wie nicht selten, einen Pflegeberuf, ist er häufig der einzige Hahn unter lauter Hennen. Zudem werden ihm noch potenzielle Herzdamen in Gestalt von Patientinnen frei Haus (ein)geliefert. Doch auch auf jedwede andere Art hat er überhaupt keine Schwierigkeiten mit dem anderen Geschlecht, das sich von ihm verstanden und respektiert fühlt, ins Gespräch zu kommen. Job und freie Wildbahn reichen dem Florian als Jagdreviere völlig aus, so dass es überhaupt keine Notwendigkeit für ihn gibt, spezielle Vehikel der Kontaktanbahnung wie etwa Speed-Dating zu nutzen.

Höchstens just for fun begibt er sich auf eine Reise der einsamen Herzen, wenn sie nicht maßlos überteuert ist, oder besucht eine »Fisch sucht Fahrrad«-Fete.

Hat der »Fisch« erst sein »Fahrrad« gefunden und »besteigt« es zur Begattung, wird die Fahrt rasant. Auch sonst schon keine Schlaftablette, mutiert der Florian nämlich im Bett zu einem echten Temperamentsbolzen. Bei der Penetration dringt er so heftig in seine Partnerin ein, dass es ihr durch Mark und Bein geht. Wenn er ihr dabei Schmerzen zufügt, dann nicht aus sadistischer Lust, sondern aus ungezügelter Leidenschaft. »Zweifelsfreie« Glanzlichter des Florian beim Sex stellen seine geschmeidige Zungenarbeit sowie seine geringe Refraktärzeit dar. Seine intime Gespielin kommt meist nicht aus dem Staunen heraus, wie zügig seine »nackte Kanone« nach dem Abschuss wieder einsatzbereit ist.

Partnerschaft: The family man

Da der Florian viele Freizeitinteressen hat, die auch die holde Weiblichkeit begeistert, ist die Zweisamkeit mit ihm von vielen gemeinsamen Unternehmungen geprägt. Komplette Samstage verbringt er mit seinem Herzblatt im Städtchen zum Schuhe- und Klamottenkauf, oder es wird einfach nur ausgiebig gebummelt. Bei der Erweiterung seiner Garderobe kann sich das Paar gegenseitig beraten, hat doch auch der Florian einen exquisiten Modegeschmack. Am Sonntag steht häufig Wellness in Form des »kollektiven« Saunanachmittags auf dem Programm.

Auch auf dem Gebiet der partnerschaftlichen Kommunikation herrscht selten Funkstille. Der Florian gehört nämlich nicht zu der Spezies Männer, die ihr gesamtes Pulver in der Öffentlichkeit verschießen, indem sie große Reden hält und dann zu Hause nichts mehr zu sagen hat. Häufig offenbart sich aber auch ein stilles Verständnis zwischen den Liebenden, was besonders in der Erziehung der gemeinsamen Kinder einen unschätzbaren Vorteil bedeutet, wenn eine klare Linie erkennbar ist. Apropos Kinder: Zu seinem Nachwuchs baut der Florian schon von Geburt an ein enges Verhältnis auf. Niemals lässt er es sich nehmen, dem freudigen Ereignis beizuwohnen und dem Neugeborenen höchstselbst die Nabelschnur zu durchtrennen. Beim Windelwechseln und Co. liegt er hernach fast gleichauf mit seiner Göttergattin.

Bezüglich der ehelichen Treue sollte man für die Namensträger nicht unbedingt die Hand ins Feuer legen. Zwar sind sie keine chronischen Fremdgänger, wie etwa die Markusse oder Renés, aber schweben sie doch in permanenter Gefahr, den zahlreichen Versuchungen besonders an ihrem Arbeitsplatz zu erliegen. Leider macht beim Florian mitunter Gelegenheit (verbotene) Liebe.

Trennung: Flachpassspiel

Für Trauerorgien nach dem Beziehungs-Aus ist der Florian nicht zu haben. Gewöhnlich beteiligt er sich schon bald wieder am geselligen Leben und hält Ausschau nach einer neuen Liebe, denn schließlich fristet er nur sehr ungern allein seine Tage. Natürlich holt er sich dabei so manche Blessur, weil die Damen, die er umgarnt, spüren, dass ihm seine Ex noch in den Knochen steckt und sich nicht als Lückenbüßer für sie missbrauchen lassen wollen.

Die Aufteilung der materiellen Besitztümer im Rahmen der Scheidungsfolgesachen läuft mit dem Florian in aller Fairness ab, wenn seine Frau nicht querschießt. Aber selbst dann versucht er, die Bälle möglichst flachzuhalten.

Meist geht es ihm darum, die neue Zweisamkeit, die er bereits eingegangen ist, sowie die gemeinsamen Kinder nicht durch einen unsäglichen Rosenkrieg zu belasten.

Pflegetipps:

Musts:
* Nackenmassage, edle Parfüms, XXL-Portionen beim Mittagessen

No-Gos:
* St.-Florians-Prinzip, Piercings, Ignoranz

Ideale Namenspartnerinnen:

Gemeinsam um Hund, Katze und Co. kümmern kann sich der Florian mit dem Trio Michaela/Denise/Miriam, das ebenso tierlieb ist wie er. Seine gesunde Härte im Bett wissen die Meike, die Manuela sowie die Jennifer zu schätzen.

Die »Kat-Frauen« (Katharina/Kathrin/Katja) nebst der Martina werden Zeuginnen, wie der Florian einer alten Dame über die Straße hilft, und laden ihn vor Rührung zum Kaffeetrinken ein, das schlussendlich vor dem Traualtar endet. An der Seite der kernigen Lena gibt's viel zu lachen.

HEIKO

BASICS: LET'S DANCE

»In der Ruhe liegt die Kraft« könnte das Lebensmotto des Heiko lauten. Will nicht heißen, dass er zu der Spezies Männer gehört, der man beim Laufen die Schuhe besohlen kann, sondern vielmehr, dass sein Handeln von Besonnenheit geprägt ist. Bis er eine Entscheidung trifft, wägt er oft ausgiebig das Für und Wider ab, aber hat er sie erst einmal getroffen, steht er auch hundertprozentig zu ihr. Erweist sich der gewählte Weg als Einbahnstraße, verbietet ihm seine Korrektheit, anderen die Schuld dafür in die Schuhe zu schieben.

Politisch schlägt das Herz der Namensträger meist ebenso links wie anatomisch, weil ihnen der soziale Gedanke am Herzen liegt. Mehrheitlich fühlen sie sich der Sozialdemokratie verbunden oder sind sogar stramme »Parteisoldaten«, wie der saarländische Ministerpräsident Heiko Maas. Karitativ engagieren sie sich oft für benachteiligte Kinder aus der Dritten Welt, indem sie zum Beispiel eine Patenschaft bei World Vision übernehmen.

Beim Einstieg in Gruppen verhält sich der Heiko außerordentlich geschickt. Bevor er sich ins Geschehen einmischt, beobachtet er zunächst aufmerksam das Verhalten der übrigen Mitglieder und bekommt dadurch ein Gefühl für den adäquaten Umgang mit ihnen. Obwohl er regelmäßig große Beliebtheit erlangt, strebt er fast nie eine Führungsrolle an, hält er sich doch viel lieber im Hintergrund auf. Zudem fehlen ihm gänzlich die Alphatiergene sowie ein wenig auch die rhetorischen Fähigkeiten. Beruflich landet der Heiko aufgrund dessen nur selten in Sparten, in denen die Sprache im Vordergrund steht. Bevorzugt arbeitet er als Ingenieur im Maschinenbau, aber auch in der EDV-Branche findet sich eine auffällige Häufung. Entspannung vom Job finden die Vertreter dieses Namens sowohl

beim gepflegten Paartanz als auch bei der Lektüre von schier endlosen Schmökern.

Optik und Outfit: Ungetrübte Wasser

Die Solidität, die der Heiko verkörpert, strahlt er meist schon aus.
Nicht selten wirkt er so, als könnte er kein Wässerchen trüben, was
sich gewöhnlich an seinem arglosen Blick festmachen lässt. Abgesehen davon, dass ihm das Auge des Tigers fehlt, ist er jedoch ein recht
ansehnlicher Bursche. Fast immer weist er eine stattliche Figur von
über 1,80 m Länge auf, und mitunter erreicht er sogar die fast schon
hünenhaften 1,90 m, wie der Fußball-Nationalspieler Heiko Wester-
mann. Zu punkten beim weiblichen Geschlecht vermag er auch
durch seine volle, dunkle Haarpracht, welche über einem ebenen
Antlitz thront.
Bezüglich seines Outfits legt der Heiko viel Wert auf Qualität. Da
ihm jegliche Art von Wegwerfmentalität widerstrebt, kauft er
grundsätzlich keine Klamotten nach dem Motto »Dreimal waschen,
einmal Tonne«.

Verführung und Sex: Heimlich und Co.

Gut Ding braucht für den Heiko auch beim Suchen und Finden der
Liebe Weile. Daher kommen ihm besonders Vehikel der Kontaktanbahnung entgegen, die vom Prinzip her auf mehrmaliges Beschnuppern angelegt sind, wie Single-Clubs oder -Reisen. Dort kann er via
Beobachtung, Blickkontakt und unverbindlichen »Vorgesprächen«
zunächst gründlich seine Flirtchancen ausloten, bevor er zum Gene-
ralangriff auf das Objekt seiner Begierde bläst. Feldstudien zu den
Anbandelversuchen der Namensträger lassen sich aber kaum je betreiben, finden sie doch fast nie coram publico, sondern vielmehr in

einer »gepflegten« Zweierkonstellation statt. Oftmals verläuft ihre Brautwerbung derart kryptisch, dass selbst das nächste Umfeld vor Erstaunen Maulaffen feilhält, wenn sie »plötzlich« eine »Verlobte« an ihrer Seite präsentieren.

Pfunde, mit denen der Heiko auf der Piazza der einsamen Herzen punkten kann, sind seine unaufgeregte, souveräne Art, die dem weiblichen Gegenüber das Gefühl von Geborgenheit vermittelt, und natürlich seine Tanzkünste. Gewiss gereicht es ihm auch nicht zum Nachteil, dass er aufgrund seiner Genügsamkeit über ein dickes Bankkonto verfügt.

Intim besticht der Heiko eher durch Einfühlsamkeit als durch wilde Leidenschaft. Im Gegensatz zum Gros seiner Geschlechtsgenossen beherzigt er das Prinzip der »absichtlosen Zärtlichkeit«. Das heißt, seine Streicheleinheiten sind nicht zwangsläufig auf Sex ausgerichtet, sondern erfolgen mitunter um ihrer selbst willen. Ein gewisses entsetztes Staunen macht sich oft im Schlafzimmer breit, wenn der Heiko erstmals die Unterhose lüftet, ist er doch genital bestückt wie ein Hengst.

Partnerschaft: Chaosoasen

Der Name Heiko ist eine Kurzform von Heinrich und bedeutet so viel wie »Herr im Haus«. Tatsächlich aber strebt der Heiko fast nie die Rolle des Patriarchen an, sondern möchte auf einer Augenhöhe mit seiner Partnerin liegen. Dazu gehört für ihn in erster Linie Respekt, sowohl vor ihr als Mensch als auch vor ihren Leistungen. Niemals käme ihm in den Sinn, sie als reine »Putze« zu degradieren oder die Hausarbeit, die sie leistet, abzutun. Da er sich eifrig an den Pflichten in und um das traute Heim herum beteiligt, weiß er nur zu genau, wie anstrengend es alleine schon ist, rund um die Uhr für die Kinder da zu sein.

Um die Liebe frisch zu halten, versucht der Heiko, sich und seiner

Frau immer wieder Oasen der Zweisamkeit im ganz normalen Chaos des Familienlebens freizuschaufeln. Regelmäßig gönnt er sich gemeinsam mit ihr Wellness-Wochenenden und Städtetouren und engagiert für die Zeit der Abwesenheit eine Kinderfrau. Zur Silberhochzeit steht nicht selten eine Weltreise auf der Agenda.

Eine partnerschaftliche Schwäche der Namensträger besteht darin, dass sie Probleme recht gerne unter den Teppich kehren und sich mitunter um notwendige Auseinandersetzungen herumzulavieren versuchen. Gewöhnlich steckt dahinter die Furcht, bei einer Eskalation des Konflikts völlig die Kontrolle über die Situation zu verlieren. Besonders überbordenden Emotionen ihrer Angetrauten stehen sie meist völlig hilflos gegenüber. Leider ist der Heiko auch ein wenig nachtragend. Bis er tiefe Verletzungen wirklich verzeiht, fließt oft einiges Wasser den Rhein hinunter.

Damit er Untreue verzeiht, müsste das Wasser allerdings den Rhein hinauflaufen.

Trennung: Hundejahr(e)

Der Heiko braucht eine Zeitlang, bis er sich verliebt, und er braucht noch länger, bis er sich entliebt. In der Akutphase nach der Trennung grübelt er viel über das Warum nach und hat nicht selten mit depressiven Verstimmungen zu kämpfen. Neigt sich die Trauerzeit dem Ende zu, kommt er so langsam aus seinem Schneckenhaus hervor, um neue soziale Kontakte zu knüpfen. Die Freunde, die ihm in seiner Not noch geblieben sind, passen nämlich sprichwörtlich auf ein Lot. Ihr Herz verlieren die Namensträger indes gewöhnlich erst wieder im dritten Jahr ihres unfreiwilligen Single-Daseins.

Aus der Scheidung von seiner Ex geht der Heiko finanziell fast nie als Sieger hervor, weil er um des lieben Friedens willen oft übergroße Zugeständnisse macht. Jedoch sollte sich die andere Seite vor dem

Versuch hüten, ihm den ganzen Arm auszureißen, wenn er ihr den kleinen Finger reicht.

Pflegetipps:

Musts:
* Realitätssinn, gepflegtes Schuhwerk, Pasta-Gerichte

No-Gos:
* Illoyalität, Gekeife, Nikotinsklavinnen

Ideale Namenspartnerinnen:

Die Unterstützung des Heiko beim Waschen, Putzen und Co. wissen sehr die Simones, Meikes sowie Alexandras zu schätzen, die wahrlich nicht darauf brennen, im Haushalt eine One-Girl-Show abzuziehen. Einen ähnlich hohen Kuschel- und Schmusefaktor wie er weist das Duo Miriam/Laura auf, während die Vanessa vor Lust fast die Besinnung verliert, wenn sie seinen mächtigen Penis ganz tief in sich spürt. Die Nächte durchzutanzen vermag der Heiko mit den taktsicheren Christianes, Kirstens und Tanjas.

Henning / Hendrik

Basics: Deutschlandreise

Der Henning wirkt nach außen wie ein Baum; mächtig und fest verwurzelt, als könnte ihn nichts erschüttern, doch innerlich wird er häufig von Selbstzweifeln und Versagensängsten geplagt, die ihn zeitweise förmlich bei seinem Tun lähmen. Nichtsdestotrotz meidet er meist den Gang auf die Psychocouch.

Global gesehen, hadert der Henning als politischer Mensch mit den Ungerechtigkeiten dieser Welt und engagiert sich im Rahmen seiner Möglichkeiten gegen sie. Da er wahrlich kein Leisetreter ist, eckt er bei seinen Mitmenschen oft mächtig an. Die möglichen Konflikte, die er damit provoziert, vermag er aber gut auszuhalten, ist er doch sturmerprobt. Gegen körperliche Angriffe wappnet er sich, indem er fernöstliche Kampfsportarten erlernt. In Wirklichkeit stehen hier natürlich andere Aspekte, wie Selbstdisziplin, Fairness und Spaß an der Bewegung, im Vordergrund.

In seiner Freizeit betreibt der Henning auch gerne Ballsportarten, allerdings hat er interessanterweise ausgerechnet mit Fußball keinen Vertrag. Außerdem liest er in seinen Mußestunden recht gerne, aber kaum je lange am Stück, weil ihn dabei schon bald seine Hummeln im Hintern zu körperlicher Aktivität antreiben. Um glücklich zu sein, braucht er nicht unbedingt Fernreisen. Wegen seiner Heimatverbundenheit verbringt er »die schönste Zeit des Jahres« indes lieber in angestammten Gefilden.

Neben der Liebe zur vertrauten Scholle stellt die Eingebundenheit in ein »gesundes« soziales Umfeld einen Grundparameter im Leben des Henning dar. Dazu gehören seine Familie und Freunde, auf die er sich bedingungslos verlassen kann. Einen Menschen, der ihn massiv enttäuscht, wird er niemals mehr nah an sich heranlassen.

Optik und Outfit: Sadness in your eyes

Von der Körperlänge her ist der Henning häufig ein Hüne und ragt an die 1900 Millimeter in den Himmel. Der Durchschnitt dürfte in etwa bei 1,83 m liegen. Dabei weist er gewöhnlich Normalgewicht auf. Fast nie gehen die Namensträger ähnlich in die Breite wie in die Höhe, was mit ihrem hohen Maß an körperlicher Agilität zusammenhängt.

Die Augen wirken ein wenig melancholisch und geben Aufschluss über die Verletzlichkeit ihrer »Besitzer«, die einen Kontrast zu der äußeren Bärennatur bildet. Meist krönt das Antlitz ein leicht gewellter Haarschopf, dessen Farbspektrum von Mittelblond bis Dunkelbraun reicht.

Charakteristisch für den Kleiderschrank des Henning ist die klare Dominanz von coolen Sweat- und T-Shirts sowie ausgewaschenen Bluejeans gegenüber Anzügen, Hemden und Bundfaltenhosen. Zu besonderen Anlässen zwängt er sich bestenfalls noch in ein Sakko.

Verführung und Sex: Read my body

Bei der Jagd auf freier Wildbahn hält sich der Henning gerne im Hintergrund auf. Um einen Vorstoß zu wagen, braucht er schon viel Ermunterung von weiblicher Seite. Auch wenn er bereits auf verbale Tuchfühlung gegangen ist, sollte sein Gegenüber tunlichst darauf achten, ihm positives Feedback zu geben und das Gespräch mit am Laufen zu halten. »Vornehme Zurückhaltung« ist beim Henning völlig unangebracht, neigt er doch dazu, sie als Desinteresse fehlzuinterpretieren und sich infolgedessen wieder diskret zurückzuziehen.

Eine Trumpfkarte der Namensträger beim Anbandeln besteht darin, dass sie hervorragend auf ihr Herzblatt in spe eingehen können. Ihr Charme hingegen kommt eher ein wenig spröde daher. Mit

Komplimenten werfen sie ebenso wenig um sich wie mit roten Rosen.

Medien der Kontaktanbahnung nutzt der Henning nur äußerst selten, weil ihm das zu unnatürlich erscheint. Zudem fehlt ihm dabei die Romantik. Allenfalls dem Running Dinner und Single-Reisen bringt er noch gewisse Sympathien entgegen.

Beim Liebesspiel setzt der Henning ausgiebig seine sanften Streichelhände ein, womit er seine Partnerin in Wallung bringt. Beim Geschlechtsakt selbst variiert er zwischen zügelloser Leidenschaft und »Zärtliche-Cousinen-Sex«. Intim glücklich wird er nur mit einer Frau, die ein ebenso gutes Gefühl für seinen Körper hat wie er für ihren. Befriedigt ihn etwa seine Herzdame oral oder manuell, muss sie ein feines Gespür für den idealen Druck haben, den sie auf seinen Penis ausübt. Andernfalls staut sich beim Henning nicht nur der Samen, sondern auch die Wut der Enttäuschung auf. Eine andere erogene Zone neben dem Genitalbereich stellt bei ihm der Nacken dar.

PARTNERSCHAFT: STAND BY

Die größte Stärke des Henning in der Zweisamkeit besteht fraglos in seiner Loyalität. Für ihn hat der Trauspruch »In guten wie in schlechten Tagen« absolut bindende Wirkung.

Wird seine bessere Hälfte krank, kümmert er sich aufopferungsvoll um sie. Auch das Thema Treue nimmt der Henning gewöhnlich sehr ernst. Nicht einmal, wenn die Beziehung schon an allen Ecken und Enden knirscht, zeigt er sich anfällig für die Kirschen aus Nachbars Garten. In Konfliktsituationen springt er seiner Angetrauten stets zur Seite, erwartet dasselbe aber auch von ihr. Ein Vertrauensbruch schlägt bei ihm fast unheilbare Wunden.

Da die Namensträger aus dem Elternhaus nicht gleich mit einer Freundin zusammenziehen, sondern sich zunächst eine eigene Bude nehmen, lernen sie, ihren Haushalt selbständig zu führen, wovon ihre spätere Ehefrau stark profitiert. Denn schließlich gehören sie nicht zu der Spezies Mann, denen noch in der Hochzeitsnacht wie von Zauberhand ihre Fähigkeiten in Küche und Co. verlustig gehen. Wie selbstverständlich beteiligt sich der Henning auch an allen Pflichten der Kinderaufzucht und baut so ein enges Verhältnis zum Nachwuchs auf, das gewöhnlich für immer erhalten bleibt. Sein Erziehungsstil ist aber häufig ein wenig zu lasch, so dass seine Göttergattin korrigierend eingreifen muss. Besonders seine Töchter wissen ganz genau, wie sie ihren Papi um den Finger wickeln können.

Trotz seines heimischen Engagements ist der Henning nicht nur auf die Familie fixiert, sondern braucht auch Zeit für sich, in der er mit Freunden einen draufmacht, grübelt oder einfach nur relaxt. Fluchtartig aus dem Kreis seiner Liebsten zieht er sich zurück, wenn ihm dort Konflikte zu heftig werden.

Trennung: Wenn der Vater mit den Kindern

Jede Trennung befeuert die Selbstzweifel des Henning. Besonders wenn seine Ehe zerbricht, stellt er sich in Frage, betrachtet er doch dadurch seine Mission als gescheitert, sie tatsächlich bis zum Tode zu führen, wie er und seine Frau es sich bei der Trauung versprochen hatten. Nicht selten führen ihn die düsteren Gedanken, mit denen er sich herumschlägt, in eine depressive Verstimmung.

Da materielle Werte für den Henning keine übermäßige Rolle spielen, lassen sich die Scheidungsfolgesachen meist einvernehmlich mit ihm lösen. Verhältnismäßig häufig bleiben vor allem die halbwüchsigen Kinder bei ihm, wenn die Mutter gegangen ist. Das stellt keine allzu große Umstellung für ihn dar, hat er sich doch immer schon sehr intensiv um den Nachwuchs gekümmert. Allerdings fehlt nun der strengere Elternteil im Haus.

Pflegetipps:

Musts:

* Überholspur, Fernsehdokus, selbstgemachter Pudding

No-Gos:

* Katzen als Haustiere, Keifern, Menschenmassen

Ideale Namenspartnerinnen:

Äußerst loyale Partnerinnen findet der Henning in der Martina, der Anja und der Helena. Alle drei garantieren ihm auch ein erfülltes Sexualleben. Durch die Anerkennung, die ihm sowohl die Anette als auch die Anita schenken, wird sein fragiles Selbstwertgefühl gestärkt. Wenige Sorgen wegen der körperlichen Waghalsigkeit des Henning als Kampfsportler machen sich die Daniela, die Meike sowie die Sarah, weil sie selbst nicht allzu zart besaitet sind. Die straighte Silke kompensiert seine »schwachen Momente« bei der Kindererziehung.

Ingo / Ingolf

Basics: Sachen zum Lachen

Wenn dem Ingo ein Talent in die Wiege gelegt wurde, dann ist es das komödiantische. Nicht umsonst reiht sich im Promibereich, ansonsten eher arm an Namensträgern, ein Comedian an den nächsten, angefangen von Ingo Appelt, über Ingolf Lück bis hin zu Ingo Oschmann. Besonders aufgrund seiner lebhaften Mimik erweist sich der Ingo aber auch hervorragend geeignet zum Clown oder Pantomimen. Schon als kleiner Steppke bringt er auf Familienfeiern die ganze Verwandtschaft zum Lachen, um dann in der späten Schulzeit einem Laientheater beizutreten. Zum Berufsbespaßer entwickelt er sich überwiegend autodidaktisch, was aber weniger daran liegt, dass er ungern etwas von anderen annimmt, sondern vielmehr daran, dass er sehr aus sich selbst schöpfen kann.

Jenseits der Humorsparte entwickelt der Ingo nur selten übermäßigen Ehrgeiz. Leibesertüchtigung betreibt er allenfalls in Maßen, oft hegt er sogar eine regelrechte Aversion dagegen nach dem Motto »Sport ist Mord«. Auch zu extremen geistigen Höhenflügen und Tiefgängen setzt er kaum je an, obwohl er intellektuell das Potenzial dazu hätte. Manchmal plagt ihn sogar eine gewisse Denkfaulheit.

Privat liegt für den Ingo als Gemütsmenschen die Kraft in der Ruhe. Die Hibbeligkeit, die mitunter in jungen Jahren zu beobachten ist, wächst sich mit zunehmendem Alter regelmäßig aus. An sozialen Kontakten mangelt es dem Ingo fast nie, weil er die Geselligkeit sucht. In sein Schneckenhaus zieht er sich bloß kurzfristig zurück, wenn ihm ein Tort angetan wurde. Infolge seiner Hypersensibilität und seines fragilen Selbstwertgefühls braucht es dazu allerdings nicht viel. Um Verletzungen zu vermeiden, geht er Konflikten gerne aus dem Weg.

Optik und Outfit: Alles, nur nicht spiessig

Der Ingo ist meist durch drei optische Merkmale gekennzeichnet: Erstens ziert gewöhnlich ein längen- und/oder breitenmäßig überdimensioniertes Riechorgan sein Antlitz, welches ihm Markanz verleiht. Zweitens weist er einen leicht ironischen, aber freundlichen Gesichtsausdruck auf und drittens trägt er fast immer einen glatten braunen Haarschopf von großer Beständigkeit. Der Höhenwuchs des Ingo umfasst bei einem gewöhnlich schlanken Körperbau eine recht weite Spanne von gut 1,70 bis knapp 1,90 m. Modell für die Namensträger könnte der Schauspieler Ingo Naujoks gestanden haben.

Das Outfit darf beim Ingo alles sein, nur nicht spießig. Damit er sich in einen Nullachtfünfzehn-Nadelstreifenanzug von C&A zwängt, müsste ihm schon Gewalt angedroht werden, während er abgefuckte Jeans und Schuhe neben weiten Shirts liebt.

Verführung und Sex:
Auf der Suche nach der verlorenen Chance

Das Hauptproblem des Ingo beim Suchen und Finden der Liebe besteht darin, dass er häufig nicht den entscheidenden Schritt in Richtung seiner potenziellen Herzdame wagt. Nicht selten baut er intensiven Blickkontakt zu ihr auf, verlässt die Location aber wieder, ohne auch nur ein einziges Wort mit ihr gewechselt zu haben. Mitunter gehört er dann zu der bedauernswerten Spezies Männer, die verzweifelte Suchanzeigen in Tageszeitungen schalten nach dem Muster: »Ich habe Dich am blablabla in der Disco blablabla gesehen, ... Bitte melde Dich«.

Kommt der Ingo indes durch glückliche Zustände wie gemeinsame Bekannte mit dem Objekt der Begierde ins Gespräch, läuft meist alles wie von selbst. Nachdem er seine anfängliche Befangenheit überwunden hat, vermag er durch seinen Humor und Sprachwitz zu überzeugen. In der Regel kann er sich den Jagderfolg dann nur noch vermasseln, indem er in die Albernheit abrutscht und somit für das Gegenüber seine maskuline Note verliert.

Um gleich zielstrebig auf das Bett zuzuarbeiten, ist der Ingo weder berechnend genug noch verfügt er über einen ausgeprägten Killerinstinkt. Bis es zum Ultimativen kommt, lässt er oft einige Wochen verstreichen, so dass seine neue Bekanntschaft teilweise schon ungeduldig wird. Allerdings lohnt sich das Warten, denn wenn die Namensträger im Bett erst loslegen, gibt es meist kein Halten mehr. Meist stehen sie nämlich nicht nur für intime Raffinesse, sondern auch für hemmungslose Leidenschaft. Eine weitere große Stärke liegt in ihrer Genussfähigkeit. Wo der Klaus fleht »Moment verbleibe doch, du bist so schön«, saugt ihn der Ingo mit allen seinen Sinnen auf.

PARTNERSCHAFT: DER STEIN DES ANSTOSSES

In der Partnerschaft spielt der Ingo häufig die Rolle des tragischen Helden. Gerade wenn er unter unsäglichen Umständen aufgewachsen ist, möchte er nach dem Schema »Anders als« seiner Göttergattin und den Kindern ein liebevoller Ehemann beziehungsweise Vater sein. Nicht selten lacht er sich zur Familiengründung eine Frau an, die in ihren früheren Beziehungen, vorsichtig ausgedrückt, nur wenig Glück hatte und von der er hofft, dass sie gerade deshalb seine guten Absichten zu schätzen weiß. Meist tritt aber genau das Gegenteil ein, indem sie den Ingo zum Sündenbock für seine Vorgänger stempelt. Lange versucht er, ihr um des lieben Friedens willen alles recht zu machen, kann ihr aber schon aus Prinzip nichts recht machen, weil er per se ein rotes Tuch für sie darstellt. Die Sinnlosigkeit seiner Bemühungen erinnert stark an Sisyphos, dem der Felsblock, den er als göttliche Strafe einen steilen Berg hinaufrollt, jedes Mal kurz vor dem Erreichen des Gipfels wieder entgleitet und zum Fuße des Berges zurückrollt, infolgedessen er mit seiner Arbeit von neuem beginnen muss. Der kleine Unterschied besteht nur darin, dass Sisyphos keinerlei Möglichkeit hat, seinem Schicksal zu entrinnen, während der Ingo irgendwann beginnt, sich dagegen aufzulehnen. Gewöhnlich wird dann aus einer narzisstischen Kollusion, in der die Namensträger um ihre Herzdame herumtanzen wie um das Goldene Kalb, eine anale, in der das Thema Macht dominiert. Denn natürlich kann und will die andere Seite den Ausstieg des Ingo aus der Opferrolle nicht kampflos hinnehmen und versucht, ihn daher »gewaltsam« an seinem »angestammten« Platz in der Zweisamkeit zu halten. Das Ende vom Lied, nachdem sich das Paar »genüsslich« zerfleischt hat, ist meist die Trennung.

Trennung: Nach dem Krieg ist vor dem Krieg

Die Machtkämpfe, die der Ingo mit seiner Frau in der Partnerschaft ausgefochten hat, kommen nach der Trennung zunächst zur Ruhe, weil er in ein tiefes emotionales Loch fällt. Dass sein Traum von einer glücklichen Familie wie eine Seifenblase geplatzt ist, empfindet er als den Super-GAU seines Lebens. Recht häufig nimmt er eine stationäre Reha-Maßnahme in Anspruch, um nicht völlig den Boden unter den Füßen zu verlieren.

Der Waffenstillstand zwischen den Ex-Partnern endet gewöhnlich wieder mit der Regelung der Scheidungsfolgesachen. Dabei schaffen sich die angestaute Wut und Enttäuschung meist Luft über Sorgerechtsauseinandersetzungen sowie einen Kleinkrieg um jeden Cent gemeinsamen Vermögens, wobei auch die Kinder schwer in Mitleidenschaft gezogen werden.

Pflegetipps:

Musts:

* Taktgefühl, Musik von ABBA bis Zappa, Carbonara

No-Gos:

* Reisen in die Tropen, Pingeligkeit, Schlafentzug

Ideale Namenspartnerinnen:

Genug Feingefühl, um die Hypersensibilität des Ingo handeln zu können, bringen die Anja, die Laura sowie die Martina auf. Ein lustiges Treiben im Bett garantiert ihm das Duo Angela/Helena, welches besonders in puncto sexueller Genussfähigkeit auf einem Level mit ihm steht. Die Sehnsucht der Namensträger nach einem intensiven, harmonischen Familienleben teilen die Jeanettes, Astrids und Evas, während an der Seite der Lena das Haus vor gemeinsamem Lachen erbebt. Intellektuell dürfte die Anita den Ingo kaum je überfordern.

JAN

BASICS: WECHSELFÄLLE DES LEBENS

Der Jan fällt in der Kindheit und Jugend durch eine gewisse Sprödigkeit und Eigenwilligkeit auf, die ihn nicht gerade zum Liebling seiner Eltern macht. Besonders der Vater zeigt, teils aus Gleichgültigkeit, teils aus beruflicher Überlastung, nur wenig Bereitschaft, sich auf seinen alles andere als pflegeleichten Sohn einzulassen sowie ihm eine Reibungsfläche zu bieten. Die fehlende Auseinandersetzung mit seinem Erzeuger in der Phase der Ablösung vom Elternhaus versucht der Jan, zeitlebens zu kompensieren, indem er gegenüber anderen Autoritäten renitentes Verhalten oder zumindest ein mehr als gesundes Misstrauen an den Tag legt.

Weil er dadurch natürlich meist seinerseits auf Widerstand stößt, kommt nicht selten ein Teufelskreis aus Ablehnung in Gang. Beruflich hat das nicht selten zur Folge, dass er entweder die Flucht vor seinen Chefs in die Selbständigkeit ergreift oder sich, sofern er den Absprung verpasst, an ihnen aufreibt und irgendwann ein Burnout-Syndrom erleidet. Die Gefahr des Ausbrennens besteht bei ihm ohnehin aufgrund seines exzessiven Charakters, gepaart mit einer depressiven Grundneigung. Spartenmäßig prädestiniert den Jan seine außerordentliche Inspiration häufig für künstlerische Berufe, wie den flämischen Maler Jan Brueghel der Ältere oder den Musiker Jan Delay. Als Angestellter findet er regelmäßig als Industriedesigner und als Werbetexter seine Erfüllung. Aber wo immer er auch landet, leidet er in den Phasen der Schwermut wie ein Hund unter seiner mangelnden Kreativität. In ihren Mußestunden genießen die Namensträger gerne die schöpferischen Ergüsse ihrer Mitmenschen, indem sie Konzerte besuchen, sich niveauvolle Filme anschauen oder architektonische Meisterwerke jedweder Couleur bewundern.

Optik und Outfit: Spurlos geschunden

Die Aufs und Abs in seinem Leben sind dem Jan interessanterweise nur selten ins Gesicht geschrieben, so dass es weder von tiefen Sorgenfalten noch von melancholischen Zügen geprägt ist. Andererseits wirkt er nach außen hin aber auch selten wirklich fröhlich, sondern eher ein wenig angespannt. Obwohl der Name aus nördlichen Gefilden stammt, weisen seine Träger einen überwiegend dunklen Haarschopf auf, wobei die Farbnuancen Hell bis Mittelbraun dominieren. Vom Wuchs her erweisen sich die Jans kaum je als Himmelsstürmer. Der Schauspieler Jan Sosniok »greift« mit seinen 1,84 m schon überdurchschnittlich weit »nach den Sternen«, liegt aber dafür mit seiner schlanken Figur wieder im Mainstream.

Seine interessante Optik pointiert der Jan meist nicht mehr zusätzlich durch eine besondere Note seines Outfits. Allenfalls weist er bisweilen noch einen Schuhtick auf.

Verführung und Sex: Der Mann, der Frauen provoziert

Bei seinen Eroberungsfeldzügen in Richtung des anderen Geschlechts setzt der Jan nicht selten auf das Prinzip Provokation. Das erstreckt sich von der harmlosen Neckerei bis hin zu Aussagen, die nur knapp an der Beleidigung vorbeischrammen. Natürlich bewegt er sich damit auf dem schmalen Grat zwischen Faszination und Pikiertheit auf Seiten seiner »Angriffsziele«, was er aber gerne in Kauf nimmt, weil er das Risiko liebt. Unter den Vehikeln der Kontaktanbahnung erweisen sich für den Jan fraglos jene als am effizientesten, die konzeptionell auf Mehrmaligkeit des Beschnupperns angelegt sind, wie Single-Reisen oder Tanzkurse. Dort kann sich die Damenwelt langsam an seine etwas eigenwillige Art des Paarungstanzes gewöhnen. In Gesprächszirkeln für Einspänner imponiert er so manchem weiblichen Mitglied durch seinen Nonkonformismus, indem er die Vorgaben des Moderators kritisch in Frage stellt, sofern sie ihm zweifelhaft erscheinen. Fast chancenlos ist er hingegen bei flüchtigen Gelegenheiten, etwa an der Tankstelle; braucht doch seine Strategie der kleinen Nadelstiche Zeit.

Durch die Scharmützel mit dem Objekt seiner Begierde kumuliert häufig eine erotische Spannung, die sich nach einigen Rendezvous in einer Art intimem Urknall entlädt. Allerdings flacht beim Jan gewöhnlich die Leidenschaft des Anfangs recht bald merklich ab. Seine horizontalen Dauerbrenner stellen indes die Verderbtheit sowie Phantasiebegabtheit dar, Letztere allerdings nur, sofern er nicht gerade unter einer Schaffenskrise leidet. Besonderen Reiz auf die Namensträger übt der weibliche Busen aus, wobei interessanterweise seine Größe kaum je eine entscheidende Rolle spielt.

PARTNERSCHAFT: BEDIENUNGSANLEITUNG JAN

Eine Frau, die an der Seite des Jan bestehen möchte, sollte mindestens einen Doktor in Psychologie aufweisen, um ihn adäquat handeln zu können. Sein Verhaltensrepertoire in der Zweisamkeit umfasst extreme Fluchttendenzen aufgrund von Bindungsängsten, neben Bissigkeit bei Missachtung seiner Rückzugsräume sowie eine gewisse Mimosenhaftigkeit. Glücklicherweise findet er aber spätestens ab dem fünften Lebensjahrzehnt mehr zu seiner inneren Mitte, was den Umgang mit ihm erheblich erleichtert. Eigentlich wären ihm eine feste Bindung und Familiengründung überhaupt erst in dieser Dekade zu empfehlen.

Apropos Familiengründung: Der Jan mag zwar Kinder, versucht sich auch auf sie einzulassen, wird aber bisweilen von der Vorstellung geplagt, sie saugten ihn emotional aus wie Vampire. Fast schon überwertigen Charakter gewinnt dieses Schreckgespenst, wenn er sich in einer seiner depressiven Phasen ohnehin schon saft- und kraftlos fühlt. Realiter besteht die Gefahr eines Burnouts durch den Nachwuchs kaum je, erbringt doch meist seine Angetraute den Sprösslingen gegenüber den Löwenanteil an affektiver Zuwendung, während er sie eher mental fördert.

Im Haushalt schwingt der Jan als passionierter Hobbykoch gerne den Kochlöffel, lässt sich jedoch nur sehr ungern in den Topf gucken. Am besten, die ganze Familie räumt das Feld, sobald er sein kulinarisches Gewerk beginnt. Unbehelligt kann er sich beim Bereiten der Speisen fast ebenso gut entspannen wie an einem Saunanachmittag. Übrigens ist seine Angetraute gut beraten, ihm nicht allzu oft die Gefolgschaft in die finnischen Schwitzkabinen zu verweigern, weil ihm die vielen nackten »Evas« dort eine Sünde wert sein könnten.

TRENNUNG: PENANCE

Geht seine Frau mit den Kindern, werden beim Jan häufig die Kindheitsgefühle von Verlassenheit und Ausgegrenztheit reaktualisiert. Nicht selten erleidet er dadurch einen depressiven Schub, mit dem eine Art Schuldwahn einhergeht dergestalt, dass er sich bezüglich der Verantwortung für die Trennung zwanghaft Asche aufs Haupt streut. Als Teil seiner Selbstkasteiung verzichtet er mitunter auf alles, wenn die Verteilung von Hab und Gut im Rahmen der Scheidungsfolgesachen ansteht. Das volle Ausmaß des finanziellen Schadens, der ihm infolge seines autodestruktiven Amoklaufs entstanden ist, überblickt er meist erst, nachdem sich die dunklen Schatten von seiner Seele verzogen haben und er wieder klar denken kann. Oft versucht er dann, zu retten, was noch zu retten ist, womit er natürlich bei seiner Ex nicht gerade offene Türen einrennt.

PFLEGETIPPS:

Musts:

* Verruchtheit, Eigenständigkeit, Saufgelage

No-Gos:

* Ehekäfig, Schlagermusik, motivierende Hinterntritte

IDEALE NAMENSPARTNERINNEN:

Die Kreativität des Jan im Schlafzimmer, oder wo auch immer sonst er seine intimen Lustbarkeiten veranstaltet, wissen hochgradig die Lisa, die Helena und die Laura zu schätzen, während das Duo Manuela / Vanessa eher auf seine intime Zügellosigkeit abfährt. Gemeinsame geistige Höheflüge verheißen ihm neben den Franziskas, vor allem die Johannas.

Mit der komplizierten Gebrauchsanleitung für den Jan kommen sowohl die Anja als auch die »Kat-Frauen« (Katharina / Kathrin / Katja) blendend zurecht.

JENS

BASICS: ROCKSTAR

Der Jens lebt nicht, um zu arbeiten, sondern er arbeitet, um zu leben. Niemals würde er für seinen Job die Gesundheit aufs Spiel setzen oder auf Dauer zulassen, dass dafür sein Privatleben total auf der Strecke bleibt. Mit dem Geld, das er verdient, gönnt er sich einigen Luxus und lässt es partymäßig so richtig krachen. Wer auch immer den im Alltag zwar humorvollen, aber doch seriös wirkenden Jens das erste Mal beim Abfeiern erlebt, staunt nicht schlecht, zu welchen Exzessen er in der Lage ist. Meist fließt der Alkohol in Strömen, und auch die Damenwelt kommt nicht zu kurz. Die nächtlichen Aktivitäten der Namensträger beschränken sich allerdings gewöhnlich auf das Wochenende. Um nächsten Tags übernächtigt, mit einem schweren Kater im Büro zu erscheinen, sind sie dann doch wieder zu gewissenhaft.

Den sozialen Kontakten des Jens mangelt es oft an Tiefe. Er hat zwar einige Kumpels, mit denen er regelmäßig um die Häuser zieht, richtige Freunde sind indes oft Fehlanzeige. Das liegt in erster Linie daran, dass er aus Furcht vor Enttäuschung nur sehr wenige Menschen wirklich nah an sich heranlässt, wobei er sich seiner Problematik häufig noch nicht einmal bewusst ist. Nabelschau hält er nämlich nur ausgesprochen selten.

Mit geistigen Themen setzt sich der Jens ebenfalls eher extensiv auseinander, so dass er sich regelmäßig zum Generalisten entwickelt. Das heißt, er weiß von vielem wenig. Als Sachbuchautor wäre er folglich denkbar ungeeignet, während er als Journalist oder Radiomoderator, wo das jeweilige Sujet eher nur gestreift wird, trefflich reüssieren könnte. In diesen Professionen kommt ihm auch seine Schlagfertigkeit, gepaart mit einer kräftigen Portion Sprachwitz, zugute.

Optik und Outfit: Mr. Babyface

Der Name Jens stellt die dänische und friesische Kurzform von Johannes dar und bedeutet so viel wie »Gott ist gnädig«. Bei der Verteilung der optischen Vorzüge hat der Allmächtige seinen Günstling aber offensichtlich ein wenig übersehen. Echte Beaus wird man nämlich unter den Namensträgern ziemlich vergeblich suchen. Nicht selten haben sie ihr Höhenwachstum bereits bei etwa 1,70 m eingestellt, wie der ehemalige Skisprung-Olympiasieger Jens Weissflog, sind aber im Gegensatz zu ihm häufig von leicht gedrungener Statur. Ebenso wenig punkten können sie mit ihren blonden Haaren und Bübchengesichtern, da das weibliche Geschlecht in der Regel markante, südländische Männer bevorzugt.

Leider holt der Jens die Kohlen auch nicht durch seine Aufmachung, die häufig von einer gewissen Nachlässigkeit geprägt ist, aus dem Feuer.

Verführung und Sex: Santa Claus is coming

Durch seine witzigen Einfälle erobert der Jens das Herz seiner Angebeteten im Sturm. Gut möglich, dass er ihr eine Orange, »verziert« mit einem Smiley und seiner Telefonnummer, unter den Scheibenwischer klemmt oder als Nikolaus verkleidet in ihrem Büro aufläuft, um ihr ein kleines Präsent zu überreichen. Seine Live-Auftritte untermalt er noch durch Komplimente, die sich regelmäßig als Volltreffer erweisen, weil sie genau auf das Gegenüber zugeschnitten sind. Auf Standardsprüche aus der Konserve würde er indes niemals zurückgreifen, weil ihm das alleine schon die »Baggerehre« verbietet. Lieber lässt er eine Chance vorüberziehen, als nur Abgeschmacktheiten von sich zu geben.

Der Jens ist ein derart versierter Flirter, dass er selbst im flüchtigsten Moment noch den Gesprächseinstieg schafft. Ihm gelingt sogar das

Kunststück, sein »Opfer« aus der Fußgängerzone heraus in ein Café zu locken, indem er etwa vorgibt, eine Umfrage zum Thema Singles zu machen. Selbst wenn er dort angekommen sogleich eingesteht, dass es sich dabei doch eher um eine private »Recherche« handelt, geht ihm die Dame kaum noch vom Haken, weil er seine kleine Notlüge so charmant rechtfertigt.

In der Regel fackelt der Jens auch nicht lange, bevor er vom verbalen zum körperlichen »Infight« übergeht. Stark triebgesteuert, geht er mit einer neuen Bekanntschaft häufig noch am ersten Abend in die Horizontale über. Langes Vorgeplänkel ist dann auch im Bett nicht unbedingt sein Ding, huldigt er doch dem »Prinzip der sofortigen Bedürfnisbefriedigung«. Sein Vorspiel besteht allenfalls darin, per Zunge das Terrain zu erkunden, das er hernach mit seinem besten Stück in Beschlag zu nehmen gedenkt.

PARTNERSCHAFT:
WER REITET SO SPÄT DURCH NACHT UND WIND

Da der Jens etwa in der Journaille bei seinen Recherchen viel im »Außendienst« ist, lernt er natürlich ständig neue Damen kennen. Sucht er seine Interviewpartnerinnen zu Hause auf, werden ihm nicht selten Schlafzimmertüren geöffnet, in die er nur allzu gerne eintritt. Es sind aber nicht nur die Gelegenheiten, die Diebe machen, vielmehr kreiert der Jens auch bewusst seine Chancen, um Kirschen in Nachbars Garten zu naschen. Bisweilen legt er sich für seine Eskapaden sogar extra ein Hobby zu, in dem ein außergewöhnlich hoher Frauenanteil herrscht. So reitet er nicht selten als Mitglied eines Reiterhofes mit einer Stallgenossin durch Nacht und Wind und verschwindet mit ihr hernach im Heu geschwind.

Seine Frau kommt ihm lange nicht auf die Schliche, weil er tunlichst darauf achtet, dass aus seinen »kleinen Ausrutschern« keine ausgedehnten Rutschpartien werden. Häufig ist die Göttergattin aber auch ähnlich gestrickt wie er, so dass sozusagen ein Gentlemen's Agreement bezüglich ehelicher Treue beziehungsweise Untreue besteht.

Der Jens gehört nicht in die Kategorie der chronischen Fremdgänger, die zu Hause Graubrot bieten und bei ihren »Auswärtsspielen« den Champagner aus dem Köcher ziehen. Im Gegenteil wird für ihn die Hege und Pflege seiner Kernbeziehung immer oberste Priorität besitzen. »Frischepunkte« für die Liebe sammelt er mit phantasievollen Überraschungen, wie einem selbstverfassten Liebesgedicht, das er in einen Stein gemeißelt hat.

Seine Sprösslinge vergöttern den Jens förmlich, weil er ständig verrückte Dinge mit ihnen unternimmt und lustige Geschichten für sie erfindet. Im Grunde seines Herzens ist er selbst ein Kind geblieben, das sich beharrlich gegen das Erwachsenwerden sträubt.

TRENNUNG: DIE NÄCHSTE BITTE

Nach dem Zerbrechen der Zweisamkeit fällt der Jens fast nie ins Bodenlose, allein schon weil er ein ganzes Buch voller Frauenadressen hat, welches er nun wieder hervorkramen kann. Bei einer seiner alten Bekanntschaften findet er bestimmt Trost, der sich nur selten allein in guten Worten erschöpft. Allerdings bleibt er nur vereinzelt bei seiner ersten Station hängen, die kaum mehr als ein Zwischenhäppchen für ihn bedeutet, sondern genießt nun wieder seine Freiheit als Single in vollen Zügen.

Die Kinder kommen in dieser wilden (Paarungs-)Zeit häufig ein wenig zu kurz, und noch weniger steht dem Jens der Kopf danach, nun ausgerechnet die Scheidungsfolgesachen zu regeln. Seine Noch-Frau muss ihn diesbezüglich schon ganz schön an die Kandare nehmen, sonst zieht sich das gesetzliche Ende der Ehe bis zum Sankt-Nimmerleins-Tag hin.

Pflegetipps:

Musts:

* Spontaneität, launige Neckereien, verspielte Dessous

No-Gos:

* Extreme Kurzhaarschnitte, feuchte Küsse, Vorurteile

Ideale Namenspartnerinnen:

Die Vanessa, die Isabell und die Yvonne werden heiter über die Seitensprünge des Jens hinwegsehen, wenn auch er ebenso heiter über ihre Seitensprünge hinwegsieht. Darüber hinaus übt die Verruchtheit des genannten Damentrios magische Anziehungskraft auf ihn aus. Den Phantasiereichtum der Namensträger in allen Lebenslagen weiß neben der Jana die Lisa überaus zu schätzen. Mit der lebenslustigen Tina kann der Jens die Puppen tanzen lassen, während die Michaela, die Denise und die Miriam nicht nur intellektuell auf Augenhöhe mit ihm liegen, sondern auch seine Tierliebe teilen.

JÖRG

BASICS: TWO IN ONE

Wohl kaum ein anderer Name ist von größerer charakterlicher Zwiespältigkeit geprägt als der Jörg. Einerseits zeichnet seine Träger eine enorme Hilfsbereitschaft, Empathie sowie soziales Engagement aus, andererseits haben sie zeitlebens mit ihrer mangelnden Impulskontrolle zu kämpfen; nicht wenige sind regelrechte Choleriker. Unzweifelhafte Lichtgestalten, wie die Moderatoren Jörg Pilawa und Jörg Bombach, bilden eher die Minderheitsfraktion unter ihnen. Die Janusköpfigkeit des Jörg lässt es privat oft recht einsam um ihn werden, zeigen doch nur die wenigsten Freunde und Bekannten dauerhaft Bereitschaft, seine Wutausbrüche und Launenhaftigkeit über sich ergehen zu lassen. Zumindest einen echten Spezi vermag er kaum je aufzuweisen.

Als Alphatierchen strebt der Jörg beruflich oft nach Spitzenpositionen oder in die Selbständigkeit, vor allem um sich nicht mehr dem Diktat irgendeines Vorgesetzten unterwerfen zu müssen. Wie auch immer, ist er im Job meist unzufrieden, weil er die fehlende Effizienz seiner Kollegen beziehungsweise Mitarbeiter bemängelt. Ihre »gefühlte« Schluffigkeit und Gleichgültigkeit gegenüber dem Job treibt ihn regelmäßig an den Rand des Wahnsinns. Spartenmäßig bevölkert er ein breites Spektrum, vom hochqualifizierten Handwerker über das Finanzwesen bis hin zum Uni-Professor verschiedenster Couleur. Trotz seiner häufig exponierten Position bleibt der Jörg stets der Primus inter Pares und mutiert weder zum reinen Befehlsgeber noch zum abgehobenen Schnösel, sondern malocht fleißig mit, was ihm erhebliche Sympathiepunkte einbringt. Auch verzichtet er fast immer auf Statussymbole als sichtbare Zeichen von Macht und Wohlstand.

In seiner Freizeit widmet sich der Jörg gleichermaßen seinen Haustieren, wie er für seine Mitmenschen »durchs Feuer geht«, indem er eine Funktion im freiwilligen Brandschutz bekleidet.

Optik und Outfit: Slimpathic

Die Theorie, dass mit zunehmender Körperfülle die Gemütlichkeit kommt, läuft beim Jörg regelmäßig ins Leere. Im Gegenteil, sind oft die leicht gedrungenen Vertreter die Choleriker vor dem Herrn, während die schlanken, wie der Chefredakteur des WDR, Jörg Schönenborn, viel Herzenswärme und Charme ausstrahlen. Aufnahme bei den »Langen Kerls« der preußischen Leibgarde (ab 1,88 m) hätte der Jörg kaum je gefunden, überschreitet er doch nur selten die 1,80 m wesentlich. Der Tatort-Kommissar Jörg Schüttauf dürfte mit seinen 1,75 m etwa die Durchschnittsgröße verkörpern. Der Hit »Blue eyes« von Elton John ist gewiss keinem Namensträger gewidmet. Interessanterweise verraten sich die HB-Männchen unter den Jörgs auch anhand ihrer Garderobe, die meist erheblich konservativer ausfällt als die der Sympathieträger.

Verführung und Sex: Vorsicht Brandgefahr

Aufgrund seiner Schwierigkeit mit Autoritäten und seiner Ungeduld meidet der Jörg Vehikel der Kontaktanbahnung, die der Direktion eines Moderators unterliegen und/oder auf ein behutsames Kennenlernen angelegt sind. Darunter fallen etwa Speed-Dating, Running Dinner sowie Gesprächszirkel für Solitäre. Übrig bleiben für ihn neben der Pirsch nach Miss Perfect auf freier Wildbahn Single-Partys, die ihm ein Höchstmaß an Autonomie gewährleisten. Interessanterweise begibt er sich nicht selten in die Hände eines klassischen Eheanbahnungsinstitutes, dessen Aufgabe er alleine darin sieht, ihm Dates zu vermitteln, wobei er verkennt, dass auch dort – mitunter sogar strenge – Verhaltenskodices herrschen, was die Zusammenarbeit oft nicht ganz einfach macht.

Bei der persönlichen Fühlungnahme setzt der Jörg auf Sachlichkeit. Weder versucht er, die Herzdame in spe durch Komplimente einzulullen, noch breitet er beim Verlassen des Restaurants galant seinen Mantel vor ihr am Boden aus, damit sie keine nassen Füße bekommt. Auf diese »Strategie« fahren natürlich am ehesten Frauen ab, die von einem gesunden Misstrauen gegenüber schmierigen Anmachertypen erfüllt sind.

Leider trägt sich die Nüchternheit des Jörg auch ins Schlafzimmer fort. Dort legt er zwar eine enorme Potenz, aber nur wenig Romantik an den Tag. Zündet seine erotische Gespielin zum Schäferstündchen eine Kerze an, hebt er womöglich warnend seinen Zeigefinger wegen der Brandgefahr. Zur Ehrenrettung des Namens muss erwähnt werden, dass die Fraktion der charakterlich einwandfreien Vertreter intim völlig diametral tickt, indem sie sie auf »Kuschelrock« und Co. schwört. Ein Special der Jörgs jedweder Couleur stellen indes ihre Dirty-Talk- und Massagequalitäten dar.

PARTNERSCHAFT: PERFECT PROVIDER

Die beste Nachricht zuerst: Der mehrfachen »Bigamie« wie einst (?) der Wettermoderator Jörg Kachelmann hat sich kaum je ein Namensträger verschrieben. Vielmehr ist der Jörg meist schon froh, wenn er neben seinem enormen Engagement an der Arbeit und in den diversen Vereinen, denen er angehört, noch eine Beziehung halbwegs vernünftig pflegen kann. Zumindest bemüht er sich, die verbleibende Zeit möglichst komplett in seine Familie zu investieren, vor allem aber ihr als Kompensation für seine häufige Aushäusigkeit ein guter Versorger zu sein. Tatsächlich braucht sich seine Angetraute nur selten Sorgen darüber zu machen, dass die finanzielle Situation in eine Schieflage gerät. Selbst bei Jobverlust hat der Jörg immer noch genügend Möglichkeiten, »schwarz« Geld zu verdienen, indem er etwa einem Freund in seinem Betrieb aushilft. Außerdem verfügt er meist über ein breites berufliches Netzwerk, mit dessen Hilfe er fast übergangslos wieder in Brot und Lohn gelangt.

Zu seinem Nachwuchs baut der Jörg von Beginn an bewusst ein sehr intensives Verhältnis auf, möchte er ihm doch das eigene Kindheitsschicksal, nämlich nur die Rolle einer Randfigur im Arbeitsablauf seiner Eltern zu spielen, ersparen. Bisweilen mutiert er aus diesem Grund sogar zu einem regelrechten Übervater, der besonderes Augenmerk auf die optimale Förderung seiner Sprösslinge legt.

Ist die Ehe des Jörg bis ins mittlere Alter noch nicht zerbrochen, besteht eine große Wahrscheinlichkeit, dass sie erst durch den Tod geschieden wird; entweder weil es ihm als Middleager gelingt, seine Impulsivität und Ungeduld unter Kontrolle zu bringen, oder weil sich seine Frau nolens volens damit abgefunden hat.

Trennung: Fatal error

Verlässt seine Frau den Jörg, womöglich noch an der Seite eines anderen Mannes, kühlt er anfangs sein Mütchen, indem er sie in seinem sozialen Umfeld diskreditiert. Sobald aber die Emotionen wieder ein wenig heruntergekocht sind, kehrt er peu à peu auf eine sachliche Ebene zurück, von der aus es ihm möglich ist, die Trennungsumstände ein wenig differenzierter zu betrachten. Nichtsdestotrotz bleibt seine Ex für ihn stets mit dem Makel der Undankbarkeit behaftet, glaubt er doch, in der Beziehung alles Menschenmögliche für sie getan und sich keiner gravierenden Verfehlung schuldig gemacht zu haben. Dabei verkennt er auf tragische Weise, dass auch steter Tropfen den Stein höhlt.

Ein pflegliches nacheheliches Verhältnis des Jörg zu seiner Verflossenen ist nur dann möglich, wenn sie nicht versucht, ihm die Kinder zu entziehen oder ihn finanziell zu rupfen.

PFLEGETIPPS:

Musts:
* Entspannungsbäder, Fruchttorte, Gartenarbeit

No-Gos:
* Zickigkeit, Bequemlichkeit, FKK-Urlaube

IDEALE NAMENSPARTNERINNEN:

Um die Familie zu erhalten, schauen die eher gutmütigen Melanies, Helenas und Martinas lange über die Impulsivität des Jörg hinweg. Eher der Wunsch, weiterhin materiell gut versorgt zu sein, lässt hingegen die Tinas sowie Jennifers an seiner Seite ausharren, wobei sich die beiden aber auch trefflich gegen ihn zur Wehr setzen können. Im Bett gibt das Trio Marion/Lena/Simone ebenso wie der Jörg einer stattlichen Kerze zur genitalen Beglückung eindeutig den Vorzug gegenüber einer brennenden Kerze am Nachttisch, während die Anja optimal seinen beruflichen Aufstieg unterstützt.

Johannes / Johann

Basics: A bissel mehr geht immer

Zwar hat der Name Johannes eine Vielzahl an Geistesgrößen der Kragenweite eines Johannes Gutenberg, des Erfinders der Buchdruckkunst, eines Johannes Brahms, des Komponisten, oder eines Johannes Kepler, des Astronomen, hervorgebracht, doch könnten es noch erheblich mehr sein, wenn seine Träger ihr Potenzial voll ausschöpfen würden. Häufig verhält es sich nämlich bei ihnen ähnlich wie mit dem faulen Knecht im biblischen Gleichnis von den Talenten: Sie machen nichts oder nur zu wenig aus ihren gottgegebenen Begabungen. Manche Johannesse spielen zum Beispiel in ihrer Kindheit schon recht virtuos ein Instrument, geben das Musizieren aber auf, sobald sie sich in der Jugend für das andere Geschlecht zu interessieren beginnen und viel mit ihrem besten Freund herumziehen. Apropos Freunde: Ihre soziale Kompetenz verlieren die Namensträger bis ins hohe Alter nicht, so dass es fast nie einsam um sie wird. Allerdings sind sie privat eher keine Massenmenschen, sondern bevorzugen kleinere Einheiten ihrer Spezies. Für diejenigen, die ihnen am Herzen liegen, geben sie ihr letztes Hemd, manchmal noch mehr. Stets schwebt das Damoklesschwert der Ausnutzung über ihnen.

Der berufliche Ehrgeiz des Johannes erwacht häufig erst nach seiner Sturm-und-Drang-Phase, mitunter sogar erst, wenn er seine Lebensmitte erreicht, wobei allerdings nicht die Lebensmitte von Johannes Heesters gemeint ist. Da er nur eine geringe Affinität zu Bücherwissen hat, strebt er nach der Schule meist kein Studium an, sondern nimmt eine Tätigkeit auf, bei der neben seiner Kreativität sowohl sein Charme als auch sein rhetorisches Geschick gefragt sind, etwa als Radiomoderator, Repräsentant oder Pressesprecher.

Optik und Outfit:
Der blonde Hans von der Reeperbahn

Von seiner Ausstrahlung her wirkt der Johannes fast schon ein wenig brav. Meist verrät allenfalls sein spitzbübisches Lächeln, dass er es faustdick hinter den Ohren hat.

Ein auffälliges Merkmal der Namensträger stellt auch ihre bevorzugt helle Haarfarbe dar. Fast will es scheinen, als stünden sie in der Tradition von Hans Albers, dem »blonden Hans von der Reeperbahn«. Allerdings tragen seine »Nachfolger« gewöhnlich kein Toupet wie er. Mit seiner zu Lebzeiten stattlichen Größe von 1,84 m und seiner schlanken, fast schon schlaksigen Figur liegt der Schauspieler indes wieder im Mainstream.

Als ausgesprochen eitler Mensch achtet der Johannes akribisch auf seine Körperpflege sowie auf ein adrettes Outfit. Ungekämmt, mit zerknitterter Hose würde er das Haus höchstens verlassen, wenn es lichterloh in Flammen steht.

Verführung und Sex: Der Hans kann's

Der Name Johannes bedeutet »Gott hat Gnade erwiesen«, und wenn der Allmächtige ihm irgendwo rechte Gunst erwiesen hat, dann bei seinem Balzverhalten. Nicht selten ist er nämlich ein wahrer Flirtprofi. Charmeure alter Schule wie der Entertainer Johannes (»Joopie«) Heesters oder der Moderator Johannes B. Kerner stehen beileibe nicht allein auf weiter Flur unter ihresgleichen. Die Komplimente der Namensvertreter treffen mitten ins Herz, und wenn sie es darauf anlegen, sind sie in der Lage, das Objekt ihrer Begierde unter zwei Stunden »bettfertig« zu machen. Ihre Geschmeidigkeit gegenüber der holden Weiblichkeit stellen sie meist schon im Umgang mit ihrer ersten großen Liebe, der Mutter, unter Beweis. Nach allen Regeln der Kunst wickeln sie die Frau Mama um den kleinen Finger, indem sie ihr zu jeder Gelegenheit Geschenke in Form von ausgeschnittenen Herzen oder selbstgepflückten Blumen, untermalt durch ein hinreißendes Lächeln, darbringen. Ihre Freude am Schenken retten die Johannesse auch allenthalben ins Erwachsenenleben.

Nicht ganz umsonst ist der Penis in dem Spruch »Wie die Nase des Mannes, so sein Johannes« nach den Namensträgern benannt. Sie verkörpern sozusagen das Inbild des Phallischen. Diese Konnotation könnte daher rühren, dass das Genital des Johannes im Schlafzimmer einen schier unglaublichen Fleiß an den Tag legt. Wobei seinen Geschlechtsgenossen allenfalls ein mildes Lächeln angebracht scheint, wenn sie mit durchliebten Nächten renommieren, so handelt es sich bei ihm um die schiere Realität. Sein horizontales Gebaren zeichnet sich aber keinesfalls nur durch Quantität aus, sondern ist gleichermaßen von Phantasie, Tabulosigkeit und Hingabe geprägt.

PARTNERSCHAFT: RAUS AUS DEM HAUS

Auch außerhalb des Schlafzimmers braucht der Johannes viel Action. Tagelang nur mit seiner Partnerin alleine zu Hause herumhocken geht bei ihm höchstens in der Phase der Verliebtheit. Danach führt er sie regelmäßig aus, sei es, um gesellige Veranstaltungen zu besuchen oder um die Kneipen, Cafés und Restaurants der Stadt unsicher zu machen. Ebenso stehen Wochenendtrips regelmäßig auf der partnerschaftlichen Agenda. Für längere Urlaubsreisen zu exotischen Zielen fehlt hingegen bisweilen das nötige Kleingeld, weil der Johannes beim (gemeinsamen) Ausgehen viel Bares unter die Leute bringt, so dass, vorsichtig ausgedrückt, wenig Sparpotenzial bleibt. Besonders die gehobenen lukullischen Genüsse stellen für ihn Elementarbedürfnisse dar, an denen er keinesfalls sparen möchte.

Der Gesprächsstoff geht dem Johannes in der Zweisamkeit kaum je aus, nicht nur, weil er sich ständig Inspiration von außen holt, sondern auch, weil er per se für einen Mann ausgesprochen mitteilungsbedürftig ist. Auf die Idee, seine Herzdame aus Verärgerung mit Schweigen zu bestrafen, wie viele seiner Geschlechtsgenossen, kommt er erst gar nicht, würde er sich doch damit in erster Linie selbst bestrafen.

Was er allerdings hasst, sind Endlosdiskussionen, vor allem, wenn sich schon früh abzeichnet, dass sie zu keinem handfesten Ergebnis führen werden.

Im trauten Heim zeigt sich der Johannes fast schon pedantisch auf Ordnung bedacht. Daher nimmt er durchaus auch eigenhändig Staubwedel und Putztuch in die Hand und macht seiner Frau Konkurrenz. In der Küche bleibt es Johann Lafer zum Trotz meist beim Aufwärmen von Fertiggerichten.

Der Johannes liebt Kinder, und Kinder lieben den Johannes, da er als rechter Kindskopf ständig Späße mit ihnen macht. Bleibt ihm Nachwuchs verwährt, leidet er oft noch mehr darunter als seine Frau.

Trennung: The show must go on

Obwohl der Trennungsschmerz heftig in ihm bohrt, versucht sich der Johannes nach außen hin davon so wenig wie möglich anmerken zu lassen. Nicht selten verdrängt er sein Herzeleid auch, indem er sofort wieder eine neue Bindung eingeht. Jedenfalls ist er kaum je der Typ, der seiner Ex jahrelang hinterherweint, was ihm alleine schon sein überbordender Sexualtrieb verbietet. Die Geister der unverarbeiteten Vergangenheit kommen ähnlich wie beim Dennis häufig erst nach Jahren wieder zum Vorschein.

Scheidungs- und Umzugskosten bereiten den Namensträgern oft größere finanzielle Probleme, da sie kaum Geld auf der hohen Kante haben. Mitunter muss auf die Eltern zurückgegriffen oder eine Lebensversicherung aufgelöst werden, um sie zu stemmen. Trotz ihrer angespannten finanziellen Situation bleibt der Umgang mit der Ex meist pfleglich.

Pflegetipps:

Musts:
* Leben und leben lassen, Ausschlafen, Sinnlichkeit

No-Gos:
* Öko-Tussies, Schwarzmalerei, Spinnweben im Haus

Ideale Namenspartnerinnen:

Auf einem ähnlichen Aktivitätslevel wie der Johannes sowohl innerhalb als auch außerhalb des Schlafzimmers liegen die Meike, die Tina sowie die Isabell. Dasselbe gilt mental für das Duo Martina/Anja, das klug, aber kaum je vergeistigt ist. Großes Verständnis dafür aufbringen, dass die Namensträger beruflich etwas unter ihren Möglichkeiten bleiben, werden gleichermaßen die Anitas, Beates und Yvonnes, nicht zuletzt weil sie dieselbe Problematik aufweisen, während mit der Eva das Gespräch nie versiegt.

Kai / Kay

Basics: From zero to hero

Der Kai ist ein »Hoppla, jetzt komm ich«-Typ, was aber von seinen Mitmenschen nur selten als unangenehm empfunden wird, bringt er doch, wo immer er auftaucht, Stimmung in die Bude. Nicht selten verfügt er über ein riesiges Repertoire an Witzen und Anekdoten. Zudem weiß er dank seiner Schlagfertigkeit auf jede Frage eine lustige Antwort. Selbst Pointen, die unter die Gürtellinie gehen, werden ihm meist nachgesehen, weil er sie so sympathisch zum Besten gibt, dass man ihm einfach nicht böse sein kann.

Ebenso rasant, wie sich der Kai in Gemeinschaften zu integrieren vermag, verläuft mitunter auch sein beruflicher Aufstieg. So erlebte etwa der Journalist Kai Diekmann einen fast schon kometenhaften Aufstieg bis auf den Sessel des Chefredakteurs bei der Bild-Zeitung. Um den Olymp zu erreichen, schrecken die Namensträger aber mitunter auch nicht davor zurück, knallhart ihre Ellenbogen einzusetzen, was ein wenig im Widerspruch zu ihrer grundsätzlichen Hilfsbereitschaft und sozialen Gesinnung steht. Von der Berufssparte her finden sich die Kais gehäuft als Techniker oder Ingenieure im Anlagenbau, aber auch Professionen im Medienbereich üben einen starken Reiz auf sie aus, weil sie gewöhnlich mit viel Abwechslung und relativ wenig Tiefgang verbunden sind. Sich allzu intensiv auf ein Thema einzulassen ist nämlich kaum je ihr Ding.

In seiner Freizeit lässt es der Kai so richtig krachen. Auf feuchtfröhlichen Partys und in der Disco gehört er regelmäßig zu den letzten Gästen. Um seinen Body in Form zu halten, hat er sich oft einen kleinen Fitness-Raum in seinem Keller eingerichtet. Da er dort schon schwere Gewichte stemmt, bevorzugt er kulturell eher die leichte Kost.

Optik und Outfit: 8 x 4 Meter Badeschrank

Der Kai legt extrem viel Wert auf Körperpflege. Sein Badezimmer quillt oft über vor Cremes, Shampoos und Waschlotionen. Wenn er sich geschniegelt und gestriegelt hat, glänzt er bisweilen wie ein kleines Schweinchen. Für ein hippes Outfit treibt er sein Konto nicht selten in die roten Zahlen.

Optisch stellt der Kai gewöhnlich eine recht imposante Erscheinung dar. Sein Höhenwuchs unterschreitet kaum je merklich die 1,80 m, während er am oberen Ende des Spektrums gelegentlich an den zwei Metern kratzt. Die schon mehr als stattlichen 1,90 m des Moderators Kai Pflaume markieren also bei weitem noch nicht das Ende der Fahnenstange. Vom Konstitutionstyp her gehen die Namensträger eher in die athletische Richtung, weisen aber keine übermäßig markanten Gesichtszüge auf. Ihre bevorzugte Haarfarbe ist Braun.

Verführung und Sex: Irgendwo auf dem Damenklo

Obwohl der Kai auf den ersten Blick ein wenig polterig wirkt, vermag er sich doch verhältnismäßig gut in die weibliche Psyche einzufühlen. Meist steckt bei ihm nämlich hinter einem rauhen Kern eine weiche Schale. Dessen ungeachtet, bleibt seine größte Waffe bei der Pirsch nach Miss Perfect der ihm eigene Humor. Da mindestens 100 Prozent aller Frauen Männer lieben, die sie zum Lachen bringen, lieben mindestens 100 Prozent aller Frauen den Kai. Lässt sich die andere Seite darauf ein, entfacht er häufig auch ein Pingpongspiel, bestehend aus launigen Neckereien.

»Medial« ist für die Namensträger Speed-Dating wie gemacht, weil dabei ihre Schlagfertigkeit gefragt ist. Die maximal zehn Minuten Gesprächszeit pro Date reichen ihnen meist völlig aus, die andere Seite, wenn nicht von sich zu überzeugen, dann doch zumindest neugierig zu machen. Ziemlich gegen den Strich gehen ihnen hingegen Vehikel der Kontaktanbahnung, die sie ins stille Kämmerlein »verbannen«, wie das Internet. Stundenlang still vor dem Computer zu hocken, ohne auch nur eine potenzielle Kandidatin live zu Gesicht zu bekommen, bedeutet für sie wahrlich keine allzu verlockende Perspektive.

Der Kai möchte gleich heran an den Speck, und das im wahrsten Sinne des Wortes. Nicht selten vernascht er seine neuen Bekanntschaften noch am Ort des Kennenlernens. Lassen sich in einem Tanzlokal aus der Toilette verdächtige Geräusche vernehmen, so hat er es wieder einmal nicht geschafft, seine Geilheit bis ins heimische Bett zu zügeln. Dass Gott und die Welt Zeuge seines intimen Treibens werden, tangiert ihn in diesem Moment nur peripher. Beim Sex lebt er nach dem Motto »Catch as catch can and where ever you can«.

PARTNERSCHAFT: IN FREMDEN BETTEN

Da der Kai aufgrund seiner schwierigen Kindheit, die von Scheidungen der Eltern, Gewalt oder häufigen Umzügen geprägt war, oft über wenig inneren Halt verfügt, sucht er in seinen Partnerinnen den sicheren Hafen. Meist stellen sie die Inkarnation des soliden, charakterfesten Familienmenschen dar, also im Prinzip das genaue Gegenteil von ihm, so dass die Rechnung schon von vorneherein nicht aufgehen kann. Die brave »Mutti« schafft dem Kai zwar ein behagliches Nest und ist stets für ihn da, aber der gemeinsame Besuch eines Swinger-Clubs oder Sex an öffentlichen Orten liegt weit jenseits ihrer Vorstellungskraft. Davon abgesehen, kennt sie kaum je die intimen Wünsche ihres Herzbuben, schämt er sich doch meist schon, sie ihr gegenüber zu äußern. Eine Zeitlang gibt sich der Kai um des lieben Friedens willen mit der Hausmannskost im Schlafzimmer und dem ruhigen Familienleben zufrieden, aber dann brechen bei ihm alle Dämme. Er meldet sich in allen möglichen Schmuddelforen im Internet an und nutzt jede sich ihm bietende

Möglichkeit zur schnellen Nummer. Seine bessere Hälfte ist mitunter zu arglos, um ihm auf die Schliche zu kommen, oder verleugnet sein Treiben beharrlich. Kommt sie nicht mehr umhin, sich damit auseinanderzusetzen, weil es die Spatzen bereits von den Dächern pfeifen, arrangiert sie sich häufig mit der Situation, besonders wenn gemeinsame Kinder im Spiel sind.

Apropos Kinder: Seinen Sprösslingen ist der Kai stets ein fürsorglicher, gelegentlich sogar überfürsorglicher Vater. Vermutlich möchte er ihnen die Deprivationen, die er in seinem Elternhaus erleben musste, ersparen. Über die Hege und Pflege des Nachwuchses hinaus beteiligt sich der Kai jedoch nur recht spärlich an den häuslichen Pflichten.

TRENNUNG: WAY OF NO RETURN

Setzt seine Angetraute dem Kai aufgrund seiner Eskapaden den Stuhl vor die Tür oder bricht er selbst aus dem gefühlten Ehegefängnis aus, genießt er zunächst das freie Leben, indem er alles vögelt, was nicht bis drei auf den Bäumen ist. Die Trauer über den Verlust seines geborgenen Nestes setzt oft ein wenig zeitverzögert ein, wenn er zu der Erkenntnis gelangt, dass er vollkommen die Orientierung und den Boden unter den Füßen verloren hat. Nicht selten versucht er dann die Rolle rückwärts, die aber gewöhnlich misslingt, weil ihm seine Noch-Frau nicht mehr über den Weg traut beziehungsweise glaubt, sie sei möglicherweise nur ein Notnagel für ihn.

Ist die Scheidung unvermeidlich, sollte seine Ex tunlichst vermeiden, sich finanziell das größere Stück des Kuchens unter den Nagel zu reißen. Der Kai neigt nämlich häufig zu Futterneid.

Pflegetipps:

Musts:

* Eigenes Bad, Oralverkehr, Schnitzel wie Wagenräder

No-Gos:

* Fromme Helenen, Extrem-Couching, Jazz-Musik

Ideale Namenspartnerinnen:

Die absolute Traumpartnerin der Liebe für den Kai ist die Jeanette. Sie weist genügend innere Stabilität auf, ihm Halt zu geben, verfügt über ein recht hohes Maß an Anpassungsfähigkeit und schaut großzügig über den einen oder anderen sexuellen Ausritt hinweg. »Für gelegentliche Treffs« hervorragend geeignet sind die Michaela, die Denise sowie die Juliane, die es selbst nicht sonderlich genau nehmen mit der Treue und kaum je Besitzansprüche stellen. Förmlich im Humor des Kai baden kann sich das »Trio humorale« Tina/ Yvonne/Lena, während die Miriams und Sabrinas seine Tierliebe teilen.

Lars

Basics: Der Schattenmann

Wenn es einen Platz gibt, der für den Lars prädestiniert ist, dann ist es der in der zweiten Reihe. Das liegt aber nicht daran, dass ihm das Talent dafür fehlt, den Sprung auf die große Bühne zu schaffen, sondern an seinem Hang, bevorzugt hinter den Kulissen zu agieren. Beim Radio etwa arbeitet er lieber redaktionell den Moderatoren zu, als selbst on air zu gehen. Die außergewöhnlichen Fähigkeiten des Lars bleiben seinen Vorgesetzten oft lange verborgen, weil er dazu neigt, sein Licht unter den Scheffel zu stellen, und nicht selten dem Ideenklau seiner Kollegen ausgesetzt ist. Dass andere mit seinen geistigen Ergüssen vorpreschen, kommt ihm oft sogar ziemlich gelegen, vermag er doch so, weiter im Stillen vor sich hin zu werkeln. Fraglos spielt aber auch seine Gutmütigkeit eine tragende Rolle dabei, die Dinge so laufen zu lassen, wie sie laufen.

In seinem Privatleben hat der Lars gewöhnlich eine große Passion, die fast seine gesamte Zeit in Anspruch nimmt. So läuft er mitunter Marathon, ist ein Musik-Freak oder verbringt den Großteil seiner Mußestunden mit der Hege und Pflege von Haustieren. Da er die Hobbys, denen er frönt, oft alleine ausüben kann, braucht er keine Tausende von Leuten um sich. Wenige handverlesene Freunde reichen ihm vollkommen aus. Ohnehin ist er nicht der Typ, der jedem gleich um den Hals fällt. Bis er sich wirklich öffnet, dauert es schon eine ganze Weile.

Allenthalben geschätzt wird der Lars wegen seiner Geradlinigkeit und angenehmen, unaufdringlichen Art. Seine Hilfsbereitschaft stellt indes fast schon wieder eine Schwäche dar, hadert er doch mitunter damit, nicht »nein« sagen zu können und sich nur allzu gerne ausnutzen zu lassen.

Optik und Outfit: A little bit of Lars

Der Lars wirkt häufig ein wenig unauffällig und sticht daher kaum aus der Masse hervor. Das liegt zum einen daran, dass er nicht mit einem exorbitanten Höhenwuchs gesegnet ist – manche Vertreter sind sogar ziemlich kleine Hüpfer –, und zum anderen, dass ihm das rechte Charisma abgeht. Nicht selten schrammt der Lars ähnlich wie der Clemens nur knapp an einem »Graue-Maus-Image« vorbei. Wirklich punkten kann er nur mit seinen vollen, häufig gewellten Haaren und seinen zarten Streichelhänden, während er sich figürlich ein wenig zu schmächtig präsentiert.

Leider macht sich der Lars zu wenig aus seinem Aussehen, als dass er versuchen würde, es mit einem hippen Outfit aufzupeppen. »Funktional« ist der Ausdruck, der seinen Stil am besten kennzeichnet. Dazu gehören natürlich weder Accessoires noch »beständiger« Körperschmuck wie Tattoos oder Piercings.

Verführung und Sex: Überraschung

Da der Lars nur wenig Selbstvertrauen gegenüber dem anderen Geschlecht hat, wagt er auf freier Wildbahn nur selten den Angriff. Meist scharwenzelt er ein wenig um das Objekt seiner Begierde herum und zieht dann unverrichteter Dinge wieder ab. Seine Chancen, Miss Perfect über ein Medium der Kontaktanbahnung kennenzulernen, halten sich ebenfalls in bescheidenen Grenzen. Besonders dann, wenn nicht a priori ein mehrmaliges Beschnuppern damit verbunden ist, hat der Lars schlechte Karten. Beim Speed-Dating, das stark über die körperliche Attraktivität funktioniert, reicht ihm das jeweils kurze »Vorstellungsgespräch«, welches er mit den anwesenden Damen führt, fast nie aus, um sie von seinen inneren Werten zu überzeugen.

Am ehesten können die Namensträger ihren optischen Nachteil

noch am Arbeitsplatz wettmachen, indem sie der Kollegin ihres Herzens bei Problemen hilfreich zur Seite springen oder sie mit kleinen Brautwerbungsgeschenken in Verzückung versetzen.

Im Bett erlebt die Partnerin des Lars eine faustdicke Überraschung mit ihm. Wenn das Eis erst gebrochen ist, wird er zum Sexzyklon, und seine überbordende erotische Phantasie treibt ihn ständig an, neue Stellungen und Praktiken auszuprobieren. Dazu kommt seine enorme Gelenkigkeit, die es ihm erlaubt, sich förmlich mit seiner Partnerin zu verknoten. Ein weiteres horizontales Sahnehäubchen des Lars stellt zweifelsfrei sein manuelles Geschick dar. Eine Frau, die er einmal mit seinen Zauberhänden genital beglückt hat, wird sich in Zukunft nie mehr wünschen, es sich selbst zu besorgen; schade nur insofern für ihn, als er es liebt, der holden Weiblichkeit beim Masturbieren zuzuschauen.

Partnerschaft: Mit Geduld und ohne Spucke

In der Zweisamkeit zeigt der Lars Licht und Schatten. Zwar ist er kein Pascha wie etwa der Axel, der sich von seiner Herzdame alles vor den Hintern tragen lässt, doch große hauswirtschaftliche Ambitionen legt auch er nicht an den Tag. Bestenfalls die »Hilfsarbeiten« wird er übernehmen, indem er die Wäsche aufhängt oder den Abwasch nach dem Kochen übernimmt. Probiert er sich selbst am Herd, besteht akute »Verbrennungsgefahr« im besten Fall noch nur für das Essen. Im handwerklichen Bereich vermag der Lars aber seine Talentfreiheit in Küche und Co. ein wenig zu kompensieren. Um eine kaputte Klospülung zu reparieren, muss nicht gleich ein Profi ins Haus. Die Service-Hotline wird erst in Anspruch genommen, wenn kompliziertere Elektrogeräte ihren Geist aufgeben. Mit Gartenarbeit hat der Lars wiederum wenig am Hut. Zum körperlichen Ausgleich für einen Sitzjob ertüchtigt er seinen Leib lieber sportlich.

Einen Glanzpunkt der Namensträger stellt ihre Langmut dar. Bis sie aus der Haut fahren, muss ihre bessere Hälfte schon steppend auf ihrem Kopf herumtanzen. Wenn dann jedoch das Fass übergelaufen ist, heißt es, allseits den Kopf einziehen. Nachdem der Lars sein Donnerwetter losgelassen hat, geht er aber rasch wieder zur Tagesordnung über. Obwohl der Lars keinesfalls auf Kinder verzichten möchte, fällt es ihm anfangs recht schwer, seine zeitraubenden Hobbys für sie aufzugeben oder zumindest zurückzufahren. Später versucht er häufig, die Sprösslinge für seine Passion zu begeistern, indem er ihnen zum Beispiel als Fischzüchter ein kleines Ablaichbecken für Guppys einrichtet.

Trennung:
Dann wünsch ich mir mein Steckenpferd zurück

Der Lars gibt gerne, aber er hasst es, wenn ihm etwas gewaltsam weggenommen wird. Respektiert seine Ex diesen »wunden Punkt«, steht einer einvernehmlichen Lösung bei der Aufteilung von Geld und Gut im Rahmen der Scheidungsfolgesachen nichts im Wege. Räumt sie dagegen in einer Nacht-und-Nebel-Aktion die gemeinsamen Konten leer, so versteht der Lars das als Kriegserklärung.

Emotional wirft eine Trennung die Namensträger nur selten so aus der Bahn, dass sie im Alltag nicht mehr funktionieren. Meist widmen sie sich dann wieder verstärkt ihren Steckenpferden, bis ihnen erneutes Liebesglück winkt.

Auch nach dem Zerbrechen der Familie bleibt sich der Lars seiner Verantwortung als Vater bewusst. Nie wird er ein Besuchswochenende leichtfertig ausfallen lassen oder seinen Nachwuchs gegenüber ihrer »Stiefmutter« hintanstellen.

Pflegetipps:

Musts:
* Nusstorte, Chi-Stimulator, Couching

No-Gos:
* Soaps, Auswandern, Sex im Auto

Ideale Namenspartnerinnen:

Ähnlich kreativ im Bett wie der Lars sind die Denise, die Helena sowie die Isabell. Die beiden Letztgenannten befriedigen auch den Voyeurismus der Namensträger, indem sie vor ihren Augen masturbieren oder einen verführerischen Striptease hinlegen. Wenige narzisstische Tendenzen zeigen die Laura, die Astrid und die Anita, so dass der Lars nicht in ihrem Gefolge ins Scheinwerferlicht gezerrt wird. Trefflich sporteln lässt es sich mit der Verena, die sich auch an einen Marathon herantraut, während das Duo Eva/Antje eher für gemeinsamen Mannschaftssport zu begeistern ist.

LUKAS

BASICS: OUT OF THE DARK INTO THE LIGHT

Aus dem Griechischen hergeleitet, bedeutet Lukas »ins Licht hinein-
geboren«. Geistig gesehen, sind die Namensträger tatsächlich ausgesprochen »helle«, so dass sie regelmäßig Gelehrte aus ihren Reihen
hervorbringen, wie den deutschen Philosophen Lukas Meyer. Aber
auch musisch können sie oft glänzen, indem sie in einem niveauvollen Chor singen oder auf literarischem Niveau schreiben.

Schon in der Schule wimmeln die Zeugnisse des Lukas von Einsern.
Nichtsdestotrotz ist er ähnlich wie der Sebastian kein überehrgeizi-
ger Streber, der nur auf sein eigenes Fortkommen achtet, sondern
behält gleichermaßen seine schwächeren Mitschüler im Blick, die er
mit Rat und Tat unterstützt. Seine Pfiffigkeit, gepaart mit sozialer
Intelligenz, macht ihn häufig zum Liebling des Lehrerkollegiums.
Nach dem Abitur studiert der Lukas bevorzugt Geschichte, Ger-
manistik oder Medizin, schnuppert jedoch dabei immer wieder in
andere Fächer hinein, um sich eine breite Wissensbasis zu schaffen.
Seine umfangreiche Allgemeinbildung nutzt er später beruflich zum
Beispiel als Wissenschaftsjournalist.

Da sich der Lukas dem Prinzip »Mens sana in corpore sano« verschrieben hat, treibt er in der Freizeit viel Sport. Zwar hängt er seine
Spikes oder Fußballschuhe spätestens mit Anfang 20 – mitunter aus
Verletzungsgründen – an den Nagel, doch dafür widmet er sich
ausgiebig den triathletischen Disziplinen Schwimmen, Radfahren,
Laufen, allerdings jeweils in separaten Einheiten. Die dazwischen-
liegenden Ruhephasen nutzt er zum Musikhören und Lesen.

Eine entschieden religiöse Orientierung weist der Lukas trotz eines
Evangelisten in seinen Reihen kaum je auf. Meist verliert er im Erwachsenenalter den Glauben seiner Jugend.

Optik und Outfit: China in your face

Das Antlitz des Lukas wirkt häufig ein wenig zerknautscht, wie das eines Chow-Chows, was aber meist goldig aussieht und ihm eine interessante Note verleiht. Allerdings spiegelt sich darin auch eine gewisse Traurigkeit wider. Die bevorzugte Haarfarbe stellt trotz des fernöstlichen Einschlags Blond in seinen verschiedenen Abstufungen dar. Vom Körperbau her gehen die Namensträger nahezu immer in die athletische Richtung, wobei ihr Höhenwuchs fast nie gigantische Ausmaße annimmt. Mit seinen 1,82 m liegt der Fußball-Nationalspieler Lukas Podolski bereits ziemlich am oberen Ende des Spektrums.

Der Kleidungsstil des Lukas präsentiert sich gewöhnlich betont lässig. Freizeittechnisch bestimmen meist weite Sweater, Bluejeans und Turnschuhe das Bild. Zu Schmuck besteht kaum je eine größere Affinität. Oft wird sogar schon auf eine Uhr verzichtet.

Verführung und Sex: Man at work

In der Jugend hat der Lukas noch regelmäßig das Nachsehen gegenüber seinen Geschlechtsgenossen, weil er beim Kontakten mit der holden Weiblichkeit ein wenig zögerlich zu Werke geht. Seine gewisse Zurückhaltung hängt mitunter damit zusammen, dass er von Komplexen bezüglich seines Aussehens geplagt wird. Oft weiß er auch noch gar nicht so recht, ob er überhaupt schon eine feste Freundin möchte. Mindestens genauso wichtig sind ihm die Schule und sein Sport.

Diese Ambivalenz löst sich aber spätestens zu Beginn seiner Studentenzeit auf, so dass er sich alsbald beim gemeinsamen Büffeln in eine Kommilitonin verliebt, deren Herz er durch seinen spitzbübischen Charme gewinnt. Da diese Verbindung in den seltensten Fällen bereits zum Traualtar führt, muss sich der Lukas jenseits der Uni meist noch einmal neu orientieren. Seine spätere Ehefrau lernt er bevorzugt an seinem Arbeitsplatz kennen. Dort wird er nicht zuletzt aufgrund seiner Bilderbuchkarriere zum begehrten Objekt für die heiratswilligen Kolleginnen. Oft entspinnt sich sogar ein regelrechter Kampf um seine Gunst. Seine Zukünftige trägt den Sieg davon, indem sie ihn zu sich nach Hause zum Essen einlädt und ihn dabei nach allen Regeln der Kunst verführt.

Im Schlafzimmer, oder wo immer sonst ihn gerade der Geschlechtstrieb übermannt, kann der Lukas seine ganze Phantasie ausleben. Er verwöhnt seine intime Gespielin mit allem, was ihm gerade in die Hände fällt, seien es eine Banane, eine elektrische Zahnbürste oder eine Feder. Aber auch seine geschmeidige Zunge stellt einen Lustspender par excellence dar. Mit ihr erforscht er genussvoll jede, wirklich ausnahmslos jede Körperöffnung der anderen Seite.

Partnerschaft: Lucky with Luke

Mit dem Lukas hat seine bessere Hälfte mindestens einen Fünfer im Partnerschaftslotto gezogen, denn abgesehen von einer gewissen Sturheit, weist er kaum je eklatante Mankos auf. Allenfalls noch erwähnenswert wäre, dass er vielleicht einen Tick zu nüchtern ist, was allerdings fast nie beziehungsbedrohliche Ausmaße annimmt und vermutlich auch nur einer extrem emotionalen Partnerin auffällt.

Eindeutig auf der Habenseite des Lukas stehen seine hausmännischen Fähigkeiten, die er aus seiner Studentenzeit mitbringt. In der Küche führt er nicht selten das Regiment über den Herd, weil er erheblich besser kochen kann als seine Herzdame. Mindestens aber fällt regelmäßig die Zubereitung der Festtagsgerichte unter seine Ägide. In der Nachwuchsfrage lebt er nach dem Motto »Weniger ist manchmal mehr«. Daher setzt er meist nur ein bis zwei Sprösslinge in die Welt, denen er dann die nötige Fürsorge schenkt.

Kindsvernachlässigung stellt nämlich ein absolut rotes Tuch für ihn dar.

Kommunikativ erfüllen die Namensträger allemal ihre »ehelichen Pflichten«, indem sie sich auf intensive Paargespräche und Diskussionen einlassen, gelegentlich gar über den Bart des Propheten. Aus ihren Seminaren an der Uni sind sie meist dialektisch mit allen Wassern gewaschen, so dass sie dabei nur selten einknicken oder ihre Stimme merklich erheben müssen. Wenn es ihnen zu bunt wird, machen sie der anderen Seite unmissverständlich klar, dass sie die Konversation nun beenden möchten.

Die Kirschen in Nachbars Garten lassen den Lukas kalt, solange er mit einer Frau Tisch und Bett teilt. Vor Affären schützt ihn gewöhnlich alleine schon seine Geradlinigkeit.

Trennung: I don't like sundays

Für einen eher rationalen Menschen reagiert der Lukas nach der Trennung verhältnismäßig emotional. Häufig verdrückt er sich so manches Tränchen, wenn er an die gemeinsamen Zeiten mit seiner Frau zurückdenkt. Unsägliche Seelenpein bereitet ihm der »Verlust« der Kinder, die er nun gewöhnlich nur noch jedes zweite Wochenende und in den Ferien sehen darf. Jedes Mal nachdem er sie sonntags wieder bei seiner Ex abgeliefert hat, fällt er in ein tiefes Loch. Anfangs betäubt er seinen Schmerz mit Alkohol, sieht aber bald ein, dass er sich dadurch allenfalls neue Probleme schafft.

Sind die Sprösslinge schon ein wenig größer, versucht der Lukas, mit ihrer Mutter eine flexible Besuchsregelung auszuhandeln, die es ihnen ermöglicht, relativ frei zwischen den Eltern zu pendeln. Meist lässt sie sich auch darauf ein, weil es für sie selbst eine Entlastung bedeutet.

Pflegetipps:

Musts:

* Kuschelabende, Bildungsreisen, Apfelstrudel

No-Gos:

* Bevormundung, Fäkalsprache, Diätwahn

Ideale Namenspartnerinnen:

Mit der Franziska, der Laura und der Sophie kann der Lukas ein literarisches Quartett bilden. Alle drei sind natürlich auch als Partnerinnen trefflich für ihn geeignet. Die Kommunikations-, besonders aber die Diskussionsfreudigkeit der Namensträger wissen neben den Alexandras die Christianes sehr zu schätzen, während die Verena seine Verspieltheit im Bett teilt. Auf der sozialen Schiene wie der Lukas fahren die »Kat-Frauen« (Katharina/Kathrin/Katja), die Martina sowie die Johanna, die ihn zudem intellektuell befruchten.

MAIK / MEIK / MIKE

BASICS: KING OF THE ROAD

Eine Harley unterm Hintern, ein »kühles Blondes« auf dem Tresen, am Wochenende das ewig wiederkehrende Hypen um das runde Ding auf dem grünem Rasen. Der Maik mag es »typisch männlich«. Er dartet in den Kneipen, besucht Autorennen und pflegt das Rudelleben seiner Geschlechtsgenossen mit all seinen archaischen Ritualen.

Das Rad neu erfunden wird indes gewiss nicht von einem Maik, sind doch die Träger dieses Namens weder sehr innovativ noch mit übermäßiger Schöpferkraft ausgestattet. Beruflich bekleiden sie meist einen Handwerksberuf, wie etwa Maurer, Monteur oder Dachdecker. Nicht selten gehören sie aber auch als Trucker zum »fahrenden Gewerbe«, was ihrem Wunsch nach Freiheit und Ungebundenheit geschuldet ist. Das heißt aber nicht, dass der Maik ein Wandervogel wäre, der ständig den Drang hätte, umzuziehen. Mit seiner heimischen Scholle fühlt er sich schon tief verbunden. Höchstens eine ferne Liebe oder ein notwendiger Arbeitsplatzwechsel kann ihn aus seinem gewohnten Umfeld herauseisen.

Fraglos ist der Maik ein Kumpeltyp, mit dem man gut um die Häuser ziehen kann, doch zum besten Freund eignet er sich weniger. Nur allzu ungern gibt er den Kummerkasten für schwerwiegende Probleme ab, geschweige denn, lässt er sich nachts aus dem Bett klingeln, um mögliche Pannenhilfe für einen liegengebliebenen Spezi zu leisten. Dafür ist ihm sein Schlaf doch zu heilig, und der Begriff Hilfsbereitschaft steht gewöhnlich nicht unbedingt an erster Stelle seiner Charakterstärken.

Religion und Politik interessieren den Maik so sehr wie eine Kuh das große Einmaleins. Viel lieber beschäftigt er sich mit den praktischen

Dingen des Alltags. Um sich seine Meinung zu bilden, reicht ihm in der Regel der schnelle Blick in die Zeitung mit den vier großen Buchstaben.

Optik und Outfit: Jeans on

Hünen von über 1,90 m Körpergröße wird man unter den Maiks kaum je finden. Meist erstreckt sich ihr Höhenwachstum von gut 1,70 m bis knapp 1,80 m. Vor einem figurmäßigen Brummidasein schützt die Namensträger ihr Handwerksberuf, in dem meist viel körperliche Bewegung auf der Agenda steht.

Maiks sind überdurchschnittlich häufig mit einem hellen Schopf ausgestattet, der aber schon ab dem vierten Lebensjahrzehnt erste »Ausfallserscheinungen« zeigt. Das Antlitz kommt nicht selten ein wenig grob daher und lässt meist wenig Feinsinn bei seinem Besitzer vermuten.

Vom Outfit her ist der Maik eher der klassische Jeanstyp. In feinen Zwirn muss er in der Regel förmlich hineingeprügelt werden. Der Monatsetat für Klamotten liegt gewiss unter dem von Kippen.

Verführung und Sex: Don't touch me now

Moderne Vehikel der Kontaktanbahnung wie Internet oder gar Speed-Dating nutzt der Maik nur ausnahmsweise. Meist lernt er sein Herzblatt auf Dorffesten oder in der Stammkneipe kennen. Dort fühlt er sich sicher genug, um auf Tuchfühlung mit dem Objekt seiner Begierde zu gehen. Bisweilen hilft auch ein wenig Alkohol über die Hemmschwellen bei der Kontaktanbahnung hinweg. Der sollte dann aber schon beidseitig im Spiel sein, ansonsten fängt sich der Maik mitunter deftige Körbe ein, weil er nicht immer spürt, wie viel Maß des guten Gerstensafts noch hilfreich beim Anbaggern ist und ab wann er eine gegenteilige Wirkung beim anderen Geschlecht entfaltet.

Im Bett geht's bei den Maiks aber dann auch ohne jedwede flüssigen oder festen Hilfsmittel recht gut, wenn das Eis erst einmal gebrochen ist. Weder leiden sie an einem Mangel an Standfestigkeit noch kennen sie gravierende Tabus.

Die Sexualität des Maik lebt aber weniger von Raffinesse als von Libido und Potenz. Eine Frau, die gerne die verschiedensten Spielarten der Lust zelebriern möchte, stellt gewiss eine Fehlbelegung in seinem Bett dar. Genauso wenig wird eine Schmusekatze auf ihre Kosten kommen. Gut möglich, dass der Maik nach verrichteter »Arbeit« alsbald aufsteht und den Ort des Geschehens in Richtung Balkon verlässt, um sich dort frei von weiblichem Getätschel die Zigarette danach reinzuziehen. Im erotischen Tagebuch ihrer intimen Gespielinnen werden die Namensträger vermutlich mit der Note Drei bis Vier bedacht. Weder tragen die Damen beim »körperlichen Infight« T-Shirts mit der Aufschrift »Ich bin nur noch da, weil du auf mir liegst« noch erleben sie multiple Orgasmen am Fließband bei beziehungsweise unter den Maiks.

Partnerschaft: Stone age

Von seinem Wesen her konservativ, schwört der Maik in der Zweisamkeit auf die klassische Rollenverteilung. Er zerrt das erlegte Mammut vor die Höhle, und seine Gefährtin bereitet es zu. Auch bei der Versorgung des Nachwuchses hält er sich mehr oder weniger vornehm zurück. Erst wenn die Kinder größer sind, geht der Maik auch mal ins Kino oder spielt Fußball mit ihnen, aber alles ohne rechte Leidenschaft. Familiengründung gehört zwar für ihn bei einer Partnerschaft dazu, doch kann er das Thema nie so recht mit Inhalt füllen.

Verständnis für die Psyche seiner Frau wird der Maik fast nie entwickeln. Dafür fehlt ihm schlicht das Einfühlungsvermögen, und eigentlich hat er auch überhaupt kein Interesse daran. Durchaus erweist er sich als alltagstauglich, aber in die Rolle des Seelenpartners vermag er nur äußerst selten zu schlüpfen.

Den Mangel an emotionalem Tiefgang gleicht der Maik ein wenig durch seinen kernigen Humor sowie seine Unternehmungslust aus. Langweilig wird es mit ihm selten, ist er doch gerne unterwegs und knüpft immer wieder neue Kontakte, wovon auch die Partnerschaft profitiert. Zur Festung wird das eheliche Domizil vermutlich nie umfunktioniert, daran hindert ihn alleine schon seine Geselligkeit.

Kirschen aus Nachbars Garten nascht der Maik fast nie, obwohl es ihm nicht allzu schwerfällt, zumindest absichtslos mit dem anderen Geschlecht ins Gespräch zu kommen. Vielleicht liegt seine Treue aber auch ein Stück weit darin begründet, dass er aus Arglosigkeit die möglichen erotischen Signale seiner weiblichen Bekannten nicht peilt. Ein »Knipser« in Liebesdingen ist der Maik nun wahrlich nicht.

TRENNUNG: MIT NETZ UND DOPPELTEM BODEN

Männer gehen fast immer nur, wenn bereits eine andere Frau auf sie wartet. Da eine Außenbeziehung beim Maik aber wahrscheinlich nie den Trennungsgrund darstellt, ist gewöhnlich er der Verlassene. Wird ihm eröffnet, dass er sich zukünftig seine Socken selbst stopfen muss, verkennt er häufig den Ernst der Lage genauso wie bei den Warnschüssen, die dem vorausgingen.

Der große Katzenjammer kommt meistens erst, nachdem seine bessere Hälfte tatsächlich mit dem Koffer in der Hand die Haustür von außen zugemacht hat. Die nachfolgenden Rückeroberungsversuche des Maik sind halbherzig, und seine Lippenbekenntnisse, sich zu bessern, stoßen fast immer auf taube Ohren.

Trotz dieser Frustration verhält er sich in puncto Scheidungsfolgesachen verhältnismäßig konstruktiv. Sein Besuchsrecht lässt der Maik jedoch zum Leidwesen der gemeinsamen Kinder oft ein wenig schleifen, weil er es eher als eine Besuchspflicht ansieht und nicht als Herzensangelegenheit.

PFLEGETIPPS:

Musts:
* Gutbürgerliche Küche, Karten für Formel-1-Rennen, Hinterntritte zum Aufräumen und sonstiger Hausarbeit

No-Gos:
* Esoterik, Diskussionen über den Bart des Propheten, Wellness-Orgien

IDEALE NAMENSPARTNERINNEN:

Am ehesten noch in das klassische Rollenmuster als Hüterin von Haus und Kindern werden sich zumindest vorübergehend die Anette sowie die Anita einfügen. Intellektuell keine Höhenflüge werden die drei großen M's Manuela/Michaela/Marion vom Maik erwarten. Auch kann er mit ihnen seine Unternehmungslust kultivieren, wobei die Manuela durchaus ihre phlegmatischen Phasen hat. Hervorragend mit der kernigen Art des Maik kommen die Daniela und die Silke zurecht, während sowohl die Yvonne als auch die Vanessa seine sexuelle Potenz sehr zu schätzen wissen.

MANUEL

BASICS: MANN, WER HÄTTE DAS GEDACHT?

Der Manuel ist eines der am meisten unterschätzten Wesen des Universums. Schon in der Schule besticht er zunächst nicht mit außergewöhnlichen Leistungen, um dann am Ende ziemlich überraschend mit einem Abitur von Einskomma das Gymnasium zu verlassen. Von der Uni geht er, kaum ein Kommilitone oder Professor hätte es von ihm je geglaubt, mit einem Doktortitel in der Tasche ab, um sich dann bei der Bank, in der er anheuert, heimlich, still und leise zum Vorstandsmitglied hochzuarbeiten. Der Grund, warum dem Manuel zu wenig zugetraut wird, besteht darin, dass er kein großes Tamtam um seine Fähigkeiten macht. Außerdem gilt er gemeinhin als zu soft für die rauhe Luft, die in den Chefetagen herrscht.

Seine Ellbogen setzt er tatsächlich nur sehr ungern ein, um nach oben zu kommen und um oben zu bleiben. Genauso wenig verkörpert er den Typus Kriecher, der seinen Erfolg auf die Protektion von Vorgesetzten gründen möchte. Einzig seine Leistung ist es, die ihn voranbringt. Allenfalls noch glückliche Umstände gesellen sich bisweilen dazu, dergestalt, dass sich der Manuel zur richtigen Zeit am richtigen Ort befindet.

Im Privatleben werden die Namensträger gleichermaßen wie im Job wegen ihrer unaufdringlichen Art sowie ihrer Geradlinigkeit geschätzt. Kaum je werden sie ihr soziales Umfeld mit ihrer Präsenz in irgendeiner Form erdrücken oder sich an Intrigen beteiligen. Wenn ihnen an einem Mitmenschen etwas nicht passt, so sagen sie es ihm offen ins Gesicht, ohne dabei die Regeln des Taktes zu verletzen. Die behutsame Art, mit der sie Kritik vorbringen, macht es einfach, sie anzunehmen.

Die Freizeitinteressen des Manuel sind breit gefächert, angefangen von Kultur, bis hin zu mäßiger Leibesertüchtigung.

Optik und Outfit: Like a candle in the sun

Der einzige optische »Makel« des Manuel besteht vielleicht darin, dass er zu perfekt aussieht. Meist von kerzengeradem Wuchs, liegt seine durchschnittliche Körpergröße bei knapp 1,85 m. Nicht selten kratzt er sogar an den fast schon hünenhaften 1,90 m, wie der Fußball-Nationalspieler Manuel Friedrich (1,89 m). Das Gesicht ist markant, ohne je hart zu wirken, und wird immer mal wieder von einem Dreitagebart verziert. Um sich dauerhaft ein dermatologisches Sommerfeeling zu erhalten, muss regelmäßig der »Teutonenbräter« Dienst tun.

Ihr blendendes Aussehen unterstreichen die Namensträger regelmäßig noch – der Teufel scheißt eben auf den dicksten Haufen – durch ein adrettes Outfit. Dazu gehören unter anderem legere Sakkos mit chicen Hemden darunter sowie das eine oder andere hippe Accessoire.

Verführung und Sex: Und es hat bums gemacht

Wäre der Manuel von seiner äußeren Erscheinung her eine Kellerassel, müsste man sich flirttechnisch ernste Sorgen um ihn machen. Im Umgang mit dem anderen Geschlecht erweist er sich nämlich häufig als zu nett und gehört eigentlich zu der Kategorie Männer, bei denen sich Frau nur auskotzt, aber nicht isst. Da er aber optisch eine Ia-Sahneschnitte ist, von der gerne genascht wird, bleibt ihm auch die Schlafzimmertür der holden Weiblichkeit nur selten verschlossen.

Auf Beutezug nach Miss Perfect muss der Manuel meist überhaupt nicht gehen, weil sich seine Partnerschaften zufällig ergeben. Entweder fällt ihm das Herzblatt in spe bei einem Konzert von Robbie Williams ohnmächtig in die Arme oder es dätscht sein Auto auf dem Kaufhausparkplatz so heftig mit seinem an, dass Telefonnummern ausgetauscht werden »müssen«. Nicht selten landen die Namensträger aber auch schon mit ihrer Jugend- oder Uniliebe vor dem Traualtar.

Im Bett packt der Manuel seine Partnerin mitunter zu sehr mit Samthandschuhen an, wo eigentlich eine gesunde Härte gefragt ist. Dahinter steckt die Angst, der anderen Seite beim Geschlechtsverkehr Schmerzen zuzufügen. Die Erkenntnis, dass etwa leichte Schläge auf den Po das »Orgasmusvermögen« steigern können, scheint noch nicht bis zu ihm durchgedrungen zu sein.

Ansonsten zeigt sich der Manuel als ausgesprochen entwicklungsfähiger Lover. Besonders aus Sexratgebern holt er sich ständig Anregungen für neue Variationen der Lust. Seine intimen Grenzen liegen meist dort, wo dritte Personen ins Spiel kommen. Für Partnertausch oder Sexorgien ist er dann doch eine Nummer zu brav.

PARTNERSCHAFT: EAT, TALK, LOVE

Mit dem Manuel hat sich seine bessere Hälfte einen echten Traumpartner der Liebe eingefangen. Dass er über einen ziemlich hohen beruflichen Status verfügt und ein hervorragender Versorger der Familie ist, stellt ein nicht zu verachtendes, aber bei weitem noch nicht sein größtes Bonbon dar. Auch auf der Kommunikationsebene wird sich seine Herzdame kaum je über ihn beschweren können, redet er doch angemessen viel und erlangt häufig Meisterschaft im Zuhören. In dieser Hinsicht kommen ihm auch seine Schulungen im Job zugute, etwa als Lehrer, Sozialpädagoge oder Psychologe.

An den häuslichen Verrichtungen beteiligt sich der Manuel völlig selbstverständlich, kann er sich doch seine gewerbliche Arbeitszeit nicht selten mehr oder weniger frei einteilen oder kommt schon mit-

tags nach Hause. Besonders der Herd, an dem er regelmäßig Großtaten vollbringt, übt magische Anziehungskraft auf ihn aus. Die
lukullischen Genüsse übernehmen auch in der Freizeitgestaltung
mit seiner Ehefrau eine tragende Rolle. So lädt das Paar oft Freunde
ein, um sie zu bekochen, und geht bei jeder sich bietenden Gelegenheit gemeinsam lecker essen. Daneben steht jedes Jahr der Besuch
von mehreren Weinfesten auf dem Programm.

Auf Nachwuchs möchten die Namensträger nur ungern verzichten,
allerdings setzen sie nur ausnahmsweise mehr als einen Sprössling in
die Welt. Ein ganzer Stall voller Kinder würde sie zu sehr in ihrer
Handlungsfreiheit einschränken.

Ein gewisses Gefahrenpotenzial für den Manuel in der Zweisamkeit
besteht darin, dass seine Angetraute ein Stück weit den Respekt vor
ihm verliert, weil er es versäumt, rechtzeitig auf den Tisch zu hauen,
wenn Dinge massiv aus dem Ruder laufen.

Trennung: Homo Faber

Da der Manuel ein bewusster Mensch ist und den Status seiner Beziehung regelmäßig reflektiert, mitunter auch gemeinsam mit seiner
Partnerin im Rahmen von Paargesprächen, kann ihn eine Trennung
kaum je wirklich überraschen. »Kalt erwischt« wird er höchstens,
wenn die andere Seite in einer Nacht-und-Nebel-Aktion ohne für
ihn nachvollziehbare Gründe geht oder sich Hals über Kopf neu verliebt. In diesem Fall trifft es den Manuel, der sein Leben gerne von A
bis Z durchplant, natürlich knüppelhart, und er fällt in ein emotionales Loch. Die Situation erinnert ein wenig an Max Frischs Roman
»Homo Faber«. Auch hier sieht sich ein rationaler Mensch plötzlich
mit dem Unvorhergesehenen konfrontiert.

Jedenfalls braucht der Manuel oft mehrere Jahre, bis er sich von dem
Schock erholt. In dieser Zeit unternimmt er auch keine nennenswerten Vorstöße in Richtung des weiblichen Geschlechts.

Pflegetipps:

Musts:

* Wellness, gute Allgemeinbildung, Toleranz

No-Gos:

* Junk Food, Keifen, Boxen und Motorsport

Ideale Namenspartnerinnen:

Trefflich gemeinsam den kulinarischen Genüssen zu frönen vermag der Manuel mit der »Troika« Helena/Sabrina/Tanja, die selbst auch gerne neue Geschmackskreationen am Herd entwirft. Intellektuell auf seiner Augenhöhe liegen neben der Franziska sowohl die Anke als auch die Antje. Nicht selten sind sie sogar Kolleginnen von ihm, etwa als Pädagoginnen oder Ärztinnen. Eine Korrespondenz zum eher milden Wesen des Manuel bilden die Anita, die Anette sowie die Martina, während die Christiane seinen Ehrgeiz teilt und ihn optisch am stärksten anturnt.

MARC / MARK / MARCO / MARCEL

BASICS: DER X-FAKTOR

Der Marc/k-Typus (dazu gehören die Namen Marc/k, Marco und Marcel) hat immer wieder illustre Persönlichkeiten der Weltgeschichte, wie den römischen Philosophenkaiser Marc Aurel, den venezianischen Händler und Seefahrer Marco Polo oder den französischen Schriftsteller Marcel Proust, hervorgebracht. Im späten 20. und frühen 21. Jahrhundert haben bisher schon unter anderem der deutsche Literaturkritiker Marcel Reich-Ranicki sowie der britische Musiker Mark Knopfler deutliche Spuren hinterlassen. Die kurze Aufzählung lässt bereits erahnen, dass es sich bei den Begabungen des Marc/k-Typus um ein globales Phänomen handeln könnte.

Die Normalo-Namensträger verdienen sich ihre Brötchen häufig in Zeitungs-, Fernseh- oder Radioredaktionen. Nicht selten treten sie aber auch als Moderatoren vor die Kamera beziehungsweise vors Mikro und erlangen dadurch wieder Promistatus. Abgesehen vom Medienwesen, findet sich eine Häufung an Marc/ks in technischen Entwicklungsabteilungen, wo gleichermaßen ihre Kreativität gefragt ist. In der EDV-Branche haben sie regelmäßig ihr Hobby zum Beruf gemacht, verbringen sie doch in der Freizeit recht viel Zeit vor dem PC, indem sie programmieren, daddeln, durchs Internet surfen und Kontaktpflege betreiben. Meist sind sie Mitglieder in verschiedenen sozialen Netzwerken.

Trotz seiner Computerleidenschaft ist der Marc/k-Typus absolut kein Stubenhocker. Im Gegenteil betreibt er gerne Outdoor-Sportarten, besucht Kumpels oder zieht mit ihnen durchs Städtchen. Seine soziale Ader lebt er weniger öffentlichkeitswirksam als vielmehr im Verborgenen aus. Gerät ein ihm nahestehender Mensch in Not, so kann er sich felsenfest auf die Unterstützung des Marc/k verlassen.

Optik und Outfit: Ein weites Feld

Männer des Marc/k-Typus sind zwar durchaus attraktive Vertreter ihres Geschlechts, doch fehlt ihnen ein wenig die maskuline Ausstrahlung. Im Film könnten sie eher den romantischen Liebhaber als den »Last Action Hero« verkörpern. Mitunter geht dem Antlitz auch die Symmetrie ab, indem es sich etwa nicht in drei gleich große Felder unterteilen lässt.

Das Kopfhaar des Marc/k-Typus, das in jungen Jahren zum Leidwesen der Erzeugergeneration oft bis zu den Schultern reicht, ist fast immer glatt und verhältnismäßig fein. Farblich findet sich fast jede Nuance, außer Pechschwarz und Kupferrot. An der Figur der Namensträger lässt sich kaum je etwas aussetzen.

Bezüglich seiner Garderobe präsentiert sich der Marc/k-Typus entweder nachlässig oder geschniegelt. Zwischen diesen beiden Extrempolen tut sich ein Vakuum auf.

Verführung und Sex: Two in one

Das Flirtverhalten des Marc/k-Typus erweist sich als relativ unspezifisch. Manche Vertreter agieren im Umgang mit dem anderen Geschlecht eher hölzern und treten in so manches Fettnäpfchen, während es andere mit der wilden Leidenschaft eines Latin Lovers umgarnen. Die übereifrigen Bemühungen der zweiten Gruppe lassen bei vorsichtigen Frauen nicht selten die Alarmglocken klingeln. Tatsächlich ist hier trau, schau, wem angesagt, geht es doch mitunter nur um das schnelle Matratzenabenteuer.

Um in Kontakt mit der Herzdame in spe zu treten, nutzen die weniger geschmeidigen Marc/ks gerne Medien wie das Internet, mit deren Hilfe sie sich ein wenig aufwärmen können, bevor es zur persönlichen Fühlungnahme kommt. Dabei werden relativ häufig auch seriöse Online-Vermittlungen in Anspruch genommen. Die

Charmebolzen unter den Namensträgern hingegen probieren bevorzugt auf freier Wildbahn ihr Glück, da sie kein langes »Vorgeplänkel« schätzen.

Fast schon erwartungsgemäß macht die Zweigeteiltheit der Marc/ks auch nicht vor der Schlafzimmertür halt. Die im Balzverhalten eher linkische Spezies kann zwar eine starke Potenz aufweisen und geht im Bett ziemlich heftig zur Sache, doch fehlt ihr hier die rechte Raffinesse. Auf ausgefeilte Sextechniken ihrerseits zu hoffen ist »Warten auf Godot«. Um geschliffene Spielarten der Lust zeigt sich die »Flirter-Fraktion« fast nie verlegen. In ihr steckt viel »Forschergeist«, sich ständig neue intime Wege zu erschließen. Ein Special aller Marc/ks stellt fraglos ihre Fingerfertigkeit dar. Den Körper ihrer Gespielin »beherrschen« sie fast ebenso virtuos wie Mark Knopfler seine E-Gitarre.

Partnerschaft: I am changing

Am Anfang der Zweisamkeit hat die Gattin des Marc/k es beleibe nicht einfach mit ihm. Allzu oft treibt er sich nächtelang mit seinen Kumpels in Kneipen herum und frönt mit ihnen buchstäblich Wein, Weib und Gesang. Bis er in den Hafen der Ehe einläuft, hat ihm seine zukünftige Gemahlin mitunter schon den einen oder anderen Seitensprung im Vollrausch verziehen. Da aber nun auch seine Saufkumpane so nach und nach vor den Traualtar treten, wird es immer mühsamer, gemeinsam auf Tour zu gehen. Spätestens nach der Geburt des ersten Kindes zieht sich das Netz zu, was aber für den Marc/k kein großes Problem darstellt. Schließlich möchte er als engagierter Vater besonders am Anfang möglichst viel Zeit mit dem Nachwuchs verbringen. Sein Umfeld staunt häufig nicht schlecht über seine Wandlung vom »Partylöwen« zum »Herdhocker«. Erst wenn die Sprösslinge aus dem Gröbsten heraus sind, geht der Marc/k auch mal wieder mit seinen Freunden gepflegt ein Bier trinken.

Ein Problem bleibt indes die Impulsivität der Namensträger. Bisweilen explodieren sie ohne ersichtlichen Grund oder aus geringfügigem Anlass. Das kann entweder im Zusammenhang mit einem leicht cholerischen Temperament oder einem introvertierten Charakter stehen, der die Probleme so lange in sich hineinfrisst, bis sie sich in einem unkontrollierten Wutanfall ihren Weg nach außen bahnen.

Als Heimwerker ist der Marc/k insofern kaum zu gebrauchen, als er meist zwei linke Hände hat, die er sich zudem nicht gerne schmutzig macht. Dafür hilft er aber im Haushalt eifrig mit, solange ihm kein besonderes Geschick abverlangt wird. So hängt er zwar die Wäsche noch problemlos auf, scheitert mit ihr hernach aber ziemlich kläglich am Bügeltisch.

Trennung: Leben und leben lassen

Auf einen gewissen Lebensstandard möchte der Marc/k-Typus auch nach der Scheidung keinesfalls verzichten. Daher sollte seine Verflossene zuvor nicht versuchen, ihn vielleicht aus Rache finanziell zu ruinieren und ihn von dem Einkommen, was ihm bleibt, auf den gesetzlichen Selbstbehalt herunterzudrücken. Ansonsten bricht sie womöglich einen Rosenkrieg vom Zaun. Bei den Regelungen rund um Geld und Gut ist also eine faire Lösung, die beiden Seiten Spielraum für ein menschenwürdiges Leben lässt, erste Bürgerpflicht.

Emotional erschüttert das Ende der Liebe den Marc/k selten bis ins Mark, verfügt er doch über gute Verarbeitungsmechanismen. Meist schüttelt er sich nur kurz und geht dann seinen Weg weiter. Gewöhnlich dauert es auch nicht allzu lange, bis er mit einer neuen Partnerin an seiner Seite gesichtet wird, die womöglich schon in Wartestellung stand.

Pflegetipps:

Musts:
* Schlagfertigkeit, Sprachwitz, weiches Frühstücksei

No-Gos:
* Behaarte Frauenbeine, Dreistigkeit, Prüderie

Ideale Namenspartnerinnen:

Heiße »Liebenächte in der Taiga« kann der Marc/k-Typus sowohl mit der Tanja als auch mit der Sonja verbringen, mit denen es sich bei Tage auch trefflich sporteln lässt. In puncto Kreativität stehen ihm die Nathalie, die Christiane sowie die Franziska kaum nach, während die Marion neben der Marie viel Verständnis für seine anfänglichen Alleingänge aufbringt. Von den Kirschen aus Nachbars Garten sollte er sich dabei aber tunlichst fernhalten. Launige Sprachscharmützel liefern dem Marc/k die wortgewandten Sarahs und Tinas.

Mario

Basics: A hero lies in you

Im Gegensatz zu seiner Namensschwester, der Maria, stellt der Mario eine recht unscheinbare Persönlichkeit dar. Meist ist er lediglich ein Spielball der Mächtigen und lässt sich aufgrund seiner Gutmütigkeit trefflich ausnutzen. Bekommt er einen Tritt in den Hintern, entschuldigt er sich mitunter noch dafür, dass sein Allerwertester gerade im Weg stand. Hochkaräter und Charakterköpfe wie der Schauspieler Mario Adorf finden sich selbst in der Promiszene kaum je.

Beruflich greift der Mario nur selten nach den Sternen, und wenn doch, verbaut er sich den Weg nach oben durch seine Zögerlichkeit. Bis er seine Bewerbung für eine höherdotierte Stelle abgibt, hat sie ihm ein Kollege schon längst vor der Nase weggeschnappt. Von der Sparte her landet er als Technik-Freak und geduldiger Berater häufig im Verkauf von Elektronikgeräten. Nicht selten ist er jedoch schon im Ingenieurswesen an deren Entwicklung und Bau beteiligt. Seine »Lizenz zum Tüfteln« nimmt der Mario regelmäßig mit nach Hause, wo er defekte alte Radios wieder zum Laufen bringt oder an seinem Computer herumbastelt. Seinen PC nutzt er auch gerne zum Spielen, bevorzugt natürlich »Super Mario«. Mit dem Protagonisten kann er sich durch die Vornamensgleichheit hervorragend identifizieren und so wenigstens virtuell einmal in seinem Leben zum Helden mutieren. Sportliche Höchstleistungen bannt der Mario allenfalls auf Zelluloid, da er hobbymäßig fotografiert, vollbringt sie aber fast nie höchsteigen. Die meisten seiner Lichtbildmotive entdeckt er auf seinen ausgedehnten Reisen ins Ausland. Die Armut, die er dort vielerorts antrifft, motiviert ihn oft zu karitativem Engagement, so dass er etwa die Patenschaft für ein Kind aus der Dritten Welt übernimmt.

Optik und Outfit: Doppel-d(ünn)

Die mangelnde physische und psychische Durchsetzungsfähigkeit des Mario dokumentiert sich oft in einer geringen Körperspannung. Zudem weist er regelmäßig eine ziemlich schmächtige Figur auf. Davon ausgenommen werden müssen allerdings Namensträger mit (teilweise) südländischen Wurzeln, wie der Fußballer Mario Gomez oder der »schlagkräftige« Schauspieler Mario Girotti alias Terence Hill. Die Haarfarbe der mitteleuropäischen Vertreter umfasst das Spektrum von Straßenköterblond bis Mittelbraun, wobei sich der Schopf meist früh ausdünnt oder etwa in Form von Geheimratsecken den Rückzug antritt.

Leider verleiht der Mario seiner eher blassen Erscheinung auch nur selten durch ein peppiges Outfit mehr Glanz. Da er sparsam ist, kauft er seine Klamotten eher bei Aldi oder Kik als in der angesagtesten Boutique der Stadt.

Verführung und Sex: Halbherzige Herzjagd

Der holden Weiblichkeit gegenüber verhält sich der Mario viel zu passiv, als dass er auf große Erfolge hoffen könnte. Das hängt zum einen mit Schüchternheit, aber zum anderen auch mit einer gehörigen Portion Desinteresse zusammen. Zumindest gewinnt das Thema Partnersuche selten oberste Priorität in seinem Leben. Allenfalls im World Wide Web plänkelt er als Computer-Freak ein wenig herum, wobei aus dem Schriftverkehr kaum je ein persönlicher, geschweige denn ein geschlechtlicher wird. Häufig fehlt ihm schon der Mut, via Mail nach der Telefonnummer seiner Internet-Bekanntschaft zu fragen. Bei vielen Medien der Kontaktanbahnung schrecken den Mario auch die Kosten ab. Nur über seine Leiche würde er vierstellige Beträge für eine Single-Reise oder die meist dubiosen Dienste einer klassischen Partnervermittlung hinblättern.

Kommen die Namensträger auf freier Wildbahn mit einer Evastochter ins Gespräch, fehlt ihnen meist das Geschick, von der allgemeinen Ebene des Small Talks auf die persönliche des Flirts zu wechseln, und selbst wenn, gelingt es ihnen aufgrund ihres mangelnden Bisses nicht, den Sack zuzumachen. Mitunter ist es schlussendlich seine Herzdame in spe, die ihn ins Bett zerrt, weil sie irgendwann die Geilheit »überfraut«.

Apropos Bett: Auch in seiner Liegestatt läuft der Mario eher ausnahmsweise als regelmäßig zur Höchstform auf, liegt doch seine Libido ungefähr auf dem Level einer Erdkröte in der Winterstarre. Hierbei ist jedoch wieder eine frappanter regionaler Unterschied zu beobachten dergestalt, dass die »Ossie«-Marios erheblich leidenschaftlicher und auch »praktischer veranlagt« sind als die »Wessie«-Marios.

PARTNERSCHAFT: MILKMAID

Seinem Namen, der sich vom römischen Kriegsgott Mars beziehungsweise vom lateinischen »mas« mit der Bedeutung »männlich« ableitet, wird der Mario in der Partnerschaft kaum je gerecht. Weder präsentiert er sich hier außergewöhnlich konfliktfreudig noch tritt er besonders maskulin auf. Im Gegenteil versucht er meist jeglicher Konfrontation aus dem Weg zu gehen, indem er zum Jasager mutiert, während er gleichzeitig versäumt, gelegentlich ein Machtwort zu sprechen. Egal ob er mit einer Ausländerin, die er auf einer seiner zahlreichen Auslandsreisen kennengelernt hat, oder mit einer Inländerin verheiratet ist, in jedem Fall gewinnt seine Göttergattin schnell die Überhand und verliert aufgrund seiner Bücklingsmentalität jeglichen Respekt vor ihm. Die Vorstellung des Mario, dass Friede, Freude, Eierkuchen herrschen, solange er ihr nur alles recht macht, erweist sich als ausgemachte Milchmädchenrechnung. Anfangs reagiert die Frau Gemahlin noch »lediglich« genervt auf seine Devotie; später beginnt sie ihn zu treten, wann immer er Speichelleckerei betreibt. Ihre Demütigungen gipfeln oft darin, dass sie ihm sowohl nach allen Regeln der Kunst Hörner aufsetzt als auch ihn in aller Öffentlichkeit bloßstellt. Dem Mario bleibt gewöhnlich nichts anderes übrig, als gute Miene zum bösen Spiel zu machen, da er zum einen nicht den Hintern in der Hose hat, ihr Paroli zu bieten, und zum anderen befürchtet, im Falle einer Scheidung die Kinder zu verlieren. Infolgedessen verschließt er geflissentlich die Augen vor den Eskapaden seiner Angetrauten oder malt sich die Realität schön, bis sie ihre Koffer packt, um an der Seite ihres bereits wartenden Lovers endgültig davonzurauschen. Verbleibt der Nachwuchs beim Mario, kommen noch mehr als zuvor seine ausgezeichneten Vaterqualitäten zum Tragen.

Trennung: Schluss mit lustig

Nachdem seine Frau gegangen ist, plagt sie nicht etwa das schlechte Gewissen, sondern vielmehr versucht sie, den Mario auch noch finanziell auszunehmen wie eine Weihnachtsgans. Diesmal allerdings hat sie die Rechnung ohne den Wirt gemacht, denn beim Thema Geld hört für ihn die Freundschaft auf. Zudem wird ihm mit ein wenig Abstand das Ausmaß seiner erlittenen Demütigungen bewusst, und er schwört sich, dass er nie wieder so tief sinken und von nun an um seine Rechte kämpfen wird. Den massiven Druck, den seine Ex zwecks Einschüchterung auf ihn ausübt, lässt er nicht zuletzt durch die Unterstützung seines Anwalts beziehungsweise seiner Anwältin fürderhin an sich abprallen.

Mit Hilfe des juristischen Beistands gelingt es ihm auch meist, einen akzeptablen Kompromiss bei der Regelung der Scheidungsfolgesachen herbeizuführen.

Pflegetipps:

Musts:

* Gepflegter Paartanz, Action-Filme, Eierlikörtorte

No-Gos:

* Vermüllte Autos, Zahnarztbesuche, Fußball-WM

Ideale Namenspartnerinnen:

Ausgiebige Auslandsreisen, allerdings mit Rückfahrtticket, kann der Mario an der Seite des Damendoppels Verena / Eva unternehmen. Die erste Frau nach der Bibel teilt auch seine »fotografische Leidenschaft«. Im Schlafzimmer werden die Kirstens ebenso wie die Antjes und Nadines keine Wunderdinge von ihm erwarten, weil sie dort selbst relativ gebremst agieren. Nur geringe Tendenzen, die Schwäche des Marios auszunutzen, indem sie ihn unterdrücken, legen die Martinas, Anitas und Anettes an den Tag, während die Marion nebst der Simone ähnliche Intelligenzwerte wie er aufweisen.

MATTHIAS / MATS

BASICS: MATT MATS

Der Matthias zeichnet sich häufig durch eine hohe Intelligenz und
eine Vielzahl an Begabungen aus. Leider ist er aber weder körperlich noch seelisch sonderlich stabil – wobei fraglos das eine ins andere spielt –, so dass sein Werdegang immer wieder von Krankheiten jedweder Couleur unterbrochen wird. Nicht selten muss er
schon während der Schulzeit mit einer Depression in psychologische Behandlung oder bekommt von seinem Hausarzt aufgrund
von allgemeinen Schwächezuständen eine Erholungskur verschrieben.

In seiner Klasse nimmt er mitunter eine – wenn nicht Außenseiter-,
dann zumindest – Randstellung ein, was meist mit seinem schrullen-
haften Benehmen zusammenhängt. Oft bemüht er sich aber auch
gar nicht sonderlich um Freunde, weil er seine Freizeit lieber alleine
oder mit seinen Eltern verbringt, die für seine gewisse Sonderlich-
keit verantwortlich zeichnen. Regelmäßig weisen sie nämlich bei der
Geburt des Matthias, der meist ohne Geschwister bleibt, schon ein
recht hohes Alter auf und lassen ihm aufgrund dessen eine unzeit-
gemäße Erziehung angedeihen.

Berufliche Toppositionen, etwa als Verlagsleiter, Staatssekretäre
oder Wissenschaftler, erreichen die Namensträger nur, wenn es ihnen gelingt, aus dem überbehütenden Nest zu fliehen. Außerdem
darf ihnen ihre Gesundheit keinen allzu großen Strich durch die
Rechnung machen. Fehlen diese günstigen Faktoren, landen sie
häufig in unterbezahlten und unterqualifizierten Hiwi-Jobs. Erwartungsgemäß korreliert gleichermaßen die Erlangung von sozialer
Kompetenz mit dem Grad der Emanzipation von zu Hause.

In seiner Freizeit liest der Matthias viel, beschäftigt sich mit dem PC oder tritt als Sammler hervor. Der gesellige Typus trifft sich gerne mit Kumpels und frönt der Kultur.

Optik und Outfit: Fragile

Als Ausdruck seiner mangelnden Vitalität wirkt der Matthias gewöhnlich ein wenig blass. Einen ausgesprochen rosigen Teint weist er jedenfalls nur äußerst selten auf. Auch figürlich vermittelt er mitunter den Eindruck von Fragilität, was nicht zuletzt damit zusammenhängt, dass er seinen Körper kaum je durch intensive Leibesertüchtigung stärkt. Das Höhenwachstum der Namensträger scheint fast schon auf 1,80 m genormt zu sein, die zum Beispiel der deutsche Schauspieler Matthias Schweighöfer misst. Die Haarfarbe ist ebenso wie die Augenfarbe unspezifisch; allein Rotschöpfe sind praktisch Fehlanzeige. Ein auffälliges Merkmal stellen hingegen häufig Zahnfehlstellungen dar, unter denen Überbisse dominieren.

Das Outfit des Matthias verliert erst nach der Lösung vom Elternhaus seinen leicht altbackenen Charakter.

Verführung und Sex: Two faces

Auf der Piazza der einsamen Herzen agiert der Matthias nicht immer sehr glücklich, mitunter sogar ausgesprochen ungeschickt, so dass er kaum ein Fettnäppchen auslässt. Zum Beispiel könnte er in einer Single-Gesprächsgruppe, umgeben von Rubens-Frauen, heftig über die mangelnde Essdisziplin beleibter Evastöchter herziehen, ohne ihre bereits gezückten Messer zu bemerken. Auch auf freier Wildbahn haben die Namensträger aufgrund ihrer Taktlosigkeiten und anderer Fauxpas regelmäßig das Nachsehen gegenüber der geschmeidigeren männlichen Konkurrenz. Leider vermag der Matthias seinen geringen Flirtfaktor weder durch seine Optik noch durch ein Übermaß an Großzügigkeit zu kompensieren, ist er doch eher ein Typ, der das Geld zusammenhält. Beim Daten macht er sich gelegentlich unbeliebt, indem er seiner potenziellen Herzdame noch nicht einmal den Kaffee spendiert. Am liebsten wäre es ihm natürlich, sie würde seinen noch mitbezahlen. Das Gesamtpaket seiner Wettbewerbsnachteile führt schließlich dazu, dass der Matthias nehmen muss, was übrig bleibt: Mauerblümchen, Bindungsschwierige und Megazicken.

Im Bett sollte die Partnerin des Matthias beileibe nicht allzu zart besaitet sein; bringt er doch teilweise intim mehr als nur eine gesunde Härte ins Spiel. Blaue Flecken sind bei seiner Geschlechtspartnerin durchaus an der Tagesordnung. In Form von Grobheit entladen sich bei ihm regelmäßig angestaute innere Spannungen und Lebensfrust. Andererseits kann der Matthias aber auch lammfromm sein, wenn er sich in einer ausgeglichenen Gemütslage befindet, und mutiert dann förmlich zu einem »Streichelinstrument«. Oft ist es gerade diese Janusköpfigkeit, die ihn für die holde Weiblichkeit zum Faszinosum macht.

Partnerschaft: Gute Seiten, schlechte Seiten

Bei den Herausforderungen, die sich in der Zweisamkeit ergeben, versucht der Matthias, seine Partnerin nach besten Kräften zu unterstützen, nur dass diese Kräfte eben ziemlich begrenzt sind. Besonders wenn er sich Mehrfachbelastungen ausgesetzt sieht, wirft er schnell das Handtuch, indem er sich unbewusst in Krankheiten flüchtet. Kritische Phasen stellen für ihn regelmäßig Hausbau, eine finanzielle Notlage und in vorderster Front die Geburt des ersten Kindes dar. Das Kapitel Nachwuchs ist für ihn danach fast immer abgeschlossen, weil ihm die zahllosen durchwachten Nächte in der Säuglingszeit sowie die völlige Umstellung seines Lebens jegliche Lust auf weitere Sprösslinge vergällen. Immerhin verweigert er sich, obwohl er oft unter einem regelrechten Erstkind-Schock leidet, der Babypflege nicht vollständig. Dasselbe gilt für Putzen, Waschen, Kochen, wohingegen für die defekte Spülmaschine aufgrund seiner mangelnden handwerklichen Begabung stets ein Fachmann gerufen werden muss.

Die emotionalen Bedürfnisse seiner Herzdame erfüllt der Matthias kaum je vollständig, findet er doch schon zu seiner eigenen Gefühlswelt nur selten wirklichen Zugang. Ein herzliches Lachen wird man aus seinem Mund meist ebenso wenig vernehmen wie ein tiefes Schluchzen.

Auf der partnerschaftlichen Habenseite der Namensträger sind indes fraglos ihre Hobbys und Freizeitinteressen zu verbuchen. Zwar sind sie keine formidablen Tänzer, dafür aber sind sie kulturell stets up to date. Gerne begleiten sie ihre Angetraute auf Vernissagen, Konzerte und sogar in die Oper. Auch bringen sie immer wieder interessante Themen auf den Tisch, weil sie außerordentlich breitgefächert lesen.

TRENNUNG: UND EWIG LOCKT DIE MAMA

Nachdem die Ehe des Matthias gescheitert ist, versucht ihn seine Mutter häufig wieder in ihren Dunstkreis zu ziehen, indem sie ihm eine freie Wohnung im Elternhaus anbietet oder Bereitschaft signalisiert, zukünftig seinen Haushalt zu führen. Nicht selten geht er darauf ein, weil er sich durch die Trennung anfangs zu waidwund fühlt, um sein Leben alleine zu managen. Für die selbständigeren Namensträger stellt das aber allenfalls eine Übergangslösung dar.

Bei der Regelung der Scheidungsfolgesachen gießt die Frau Mama regelmäßig Öl ins Feuer, wenn die (ungeliebte) Schwiegertochter vermeintlich überzogene Forderungen an ihren Sohn stellt. Aber auch vom Matthias selbst braucht sich die Ex keine übermäßige Kulanz zu erhoffen. Finanziell gibt er nur das, was er wirklich muss,

keinen Cent mehr. Oft wird auch das gemeinsame Kind zum Spielball der Parteien.

Pflegetipps:

Musts:
* Schläfenmassage, klare Ansagen, Süßspeisen

No-Gos:
* Geschwätzigkeit, Wellness, Verhohnepipelung

Ideale Namenspartnerinnen:

Das komplette Kulturprogramm geben sich an der Seite des Matthias die Anke, die Kirsten sowie die Franziska. Alle drei vermögen
ihm auch intellektuell in etwa auf Augenhöhe zu begegnen. Viel
Verständnis, wenn er aus dem Gefühl von Überforderung heraus
einmal wieder das Leiden Christi gibt, legt das langmütige Zweiergespann Anette/Martina an den Tag. Voll auf die Mischung zwischen Roheit und Zärtlichkeit des Matthias im Schlafzimmer stehen
neben der Yvonne sowohl die Meike als auch die Lena, während ihn
die Helena auf breiter Front betüttelt.

Max(imilian)

Basics: The Greatest

Beim Maximilian ist der Name, der sich von einer Erweiterung des lateinischen Begriffs »maximus« herleitet und übersetzt »der Größte« bedeutet, Programm, hat er doch in vielen Bereichen absolute Koryphäen hervorgebracht: Max Liebermann in der Malerei, Max Frisch in der Literatur und Max Planck in der Physik, um nur einige Vertreter ihrer Zunft von Weltruhm zu nennen. Für den Aufstieg zum Olymp zeichnen beim Maximilian neben seinem außergewöhnlichen Talent Ehrgeiz sowie Zähigkeit verantwortlich, während seine Ellenbogen nur selten zum Einsatz kommen. Fraglos kann man sich an seinen Ecken und Kanten stoßen, doch stößt er gewöhnlich nicht. Solange die Namensträger in Ruhe gelassen werden, sind sie regelrechte Gemütsmenschen. Werden sie jedoch gereizt, können sie so heftig lospoltern, dass kein Stein mehr auf dem anderen bleibt. Besonders versetzt es sie in Rage, wenn einem Mitmenschen Ungerechtigkeit widerfährt, und nicht selten sind sie auch karitativ für eine »bessere Welt« im Einsatz.

Charakteristisch für die »Maxis« ist auch ihr schwarzer Humor, gepaart mit Sprachwitz, den sie mitunter beruflich als Kolumnisten ausleben. Neben ihrer Affinität zur Journaille mischen sie wegen ihres ausgeprägten Machtbewusstseins aber auch häufig in der Politik mit oder streben Spitzenpositionen in der Verwaltung an.

In ihrer Freizeit frönen die Maximilians gerne den lukullischen Genüssen. Sie schlemmen in geselliger Runde und trinken dazu mehr als nur ein gutes Tröpfchen Wein. Den Heimweg treten sie hernach regelmäßig leicht bis mittelschwer schwankend an. Mit der »oralen« Disziplin ist es jedenfalls nicht sehr weit her mit ihnen. Von einer Suchtneigung zu sprechen wäre jedoch sicher übertrieben.

Optik und Outfit: El Pícaro

Auch von seiner Körpergröße her macht der Maximilian seinem Namen alle Ehre, ist sie doch häufig bei stattlichen 1,85 m angesiedelt oder übersteigt gar die hünenhaften 1,90 m. Mini-Maxis von unter 1,70 m sind quasi Fehlanzeige.

Trotz ihrer Lust an üppigen Mahlzeiten gehen die Namensträger nur selten übermäßig aus dem Leim. Allein das Gesicht geht mehr in die Breite als in die Länge, wodurch der Max eher einen Hang zum Quadratschädel als zum Eierkopf hat. Die Ausstrahlung des Antlitzes wirkt meist abgeklärt und weise, wobei aber ein leichter Schalk in den fast immer braunen Augen kaum zu übersehen ist. Schwund des üppigen Haupthaares findet sich kaum je.

Die Garderobe des Maximilian weist gewöhnlich eine konservative Note auf, die von wenig Probierfreude zeugt. Aktuelle Modetrends tangieren ihn auch nur peripher.

Verführung und Sex: Rubens-Buletten

Der Maximilian beeindruckt die holde Weiblichkeit durch Lebensklugheit und Humor. Mit seinem Sprachwitz und interessanten Anekdoten bringt er seine Angebetete zum Schmunzeln, was schon die halbe Miete auf dem Weg zu ihrem Herzen bedeutet. In puncto Komplimente setzt er eher auf Qualität als auf Quantität. Phrasenhafte Nettigkeiten am laufenden Band wie von einem schmierigen Papagallo widern ihn an, zumindest aber gehören sie nicht zu seinem Flirt-Repertoire. Die »Überrumpelungstaktik« zwecks schnellem Sex ist ihm auch deshalb fremd, weil er gewöhnlich ernsthafte Absichten hegt.

Die Pirsch nach Miss Perfect findet beim Maximilian bevorzugt auf freier Wildbahn statt. Gerne nutzt er ausgelassene Feten im Freundeskreis und öffentliche Veranstaltungen zur Brautschau, aber auch am Arbeitsplatz wagt er so manchen amourösen Vorstoß. Da sein Motto beim Anbandeln lautet »Ran an die Buletten«, verschmäht er mittelbare Medien wie Internet oder Kontaktanzeige. Besonders für das häufige Geplänkel im World Wide Web fehlt ihm die Geduld; zudem geht es ihm als geradlinigem Menschen auch ziemlich auf die Nerven.

Sexuell steht der Maximilian nicht selten auf Rubens-Frauen, weil er gerne etwas zum Anpacken hat. Von ihnen erwartet er sich im Bett auch barocke Sinnenfreude, was mit seinem Wunsch korrespondiert, keine Spielart der Lust auszulassen. Dabei überschreitet er häufig die Grenzen hin zur Perversion, indem er zum Beispiel beim Rollenspiel mit einer Domina dafür bestraft wird, dass er versucht, sie unsittlich zu berühren. Anatomisch gesehen, genießt für den Max der weibliche Po fast schon Fetischcharakter. Allein schon sein Anblick lässt regelmäßig die Säfte bei ihm steigen.

PARTNERSCHAFT: EIN »PFLEGEFALL«

In der Geschwisterfolge ist der Maximilian signifikant häufig der Letztgeborene. Seinen leiblichen Vater erlebt er frühzeitig bestenfalls als Besuchspapa, weil er die Familie nur wenige Jahre nach der Geburt seines jüngsten Sprösslings wegen einer anderen Frau verlässt oder vor die Tür gesetzt wird. Aus schlechtem Gewissen wird der kleine Max hernach von beiden Elternteilen noch mehr verwöhnt, als er es von seinem Status als Nesthäkchen ohnehin schon geworden wäre. Dazu kommt noch, dass er nicht selten ein Nachzügler ist, etwa weil er aus einer zweiten Beziehung der Mutter stammt, so dass er auch im Fokus der älteren Geschwister steht.

Aus dieser herkunftsfamiliären Konstellation bringt der Maximilian einerseits das Gefühl von Grandiosität und andererseits die Angst vor dem Verlassenwerden in die Zweisamkeit ein. Das äußert sich bei ihm konkret darin, dass er viel Bewunderung, Anerkennung und

Pflege von seiner Herzdame beansprucht, dabei aber nur wenig echte Nähe zulässt. Bis seine bessere Hälfte hinter die Gründe für seine narzisstische Störung kommt, hält sie sein Verhalten für typisches männliches Liebesgebaren.

Seine eigenen Kinder empfindet der Maximilian als Bereicherung und beteiligt sich an ihrer Aufzucht, wenn er seine Problematik in den Griff bekommt. Bleibt sie jedoch bestehen, wird er in Konkurrenz um die Zuwendung seiner Frau mit ihnen treten.

Obwohl die Namensträger im Gegensatz zu den meisten ihrer Geschlechtsgenossen entwicklungsfähig sind, mutieren sie kaum je zu einem Hausmann par excellence. Großtaten vollbringen sie allenfalls am Herd. Nicht wenige von ihnen sind nämlich begnadete Freizeitköche und -bäcker.

Trennung: Fliegender Wechsel

Wird das Ego des Maximilian dauerhaft nicht befriedigt, indem ihm die zentrale Stellung in der Familie verweigert wird, tritt er häufig in die Fußstapfen seines Vaters und geht. Meist wartet auf ihn bereits eine andere Frau, weil es ihm relativ schwerfällt, alleine zu sein. Außerdem versucht er, sich durch das Springen von einer Beziehung in die nächste unbewusst zu beweisen, dass er bindungsfähig ist.

Auch wenn es umgekehrt läuft und er sich in der Rolle des Verlassenen wiederfindet, hält der Maximilian sofort wieder Ausschau nach einer neuen Liebe, um sich nicht mit dem Trennungsschmerz auseinandersetzen zu müssen. Seine Suche gestaltet sich mitunter derart panisch und krampfhaft, dass er darüber seine Kinder, zu denen er ohnehin teilweise schon ein schwieriges Verhältnis hat, ein Stück weit vernachlässigt.

Pflegetipps:

Musts:

* Diskussionen, Individualismus, Himbeereis zum Frühstück

No-Gos:

* Fußballstadion, Leisetreter, Dorfleben

Ideale Namenspartnerinnen:

Beherzte Mitstreiterinnen für die Belange der Humanitas findet der Maximilian in der Sarah, der Lisa und der Franziska. Seine narzisstischen Bedürfnisse dürften neben der Anita am ehesten noch die Anja und die Anette befriedigen, wobei die Bewunderung der beiden Letztgenannten nicht bedingungslos ist. Von der Astrid wird er zwar etwas weniger auf einen Sockel gehoben, doch wird sie ihm dafür wie kaum eine andere den Rücken für seinen beruflichen Aufstieg freihalten. Versauten Sex kann er mit den hemmungslosen Helenas, Vanessas und Yvonnes erleben.

MORITZ

BASICS: KNIGGE JUNIOR

Es kommt nicht von ungefähr, dass mit Moritz Freiherr Knigge ein Namensträger das Vermächtnis seines Urahns Adolph übernommen hat und als Berater für Umgangsformen fungiert. Meist verfügt der Moritz nämlich über ausgezeichnete Manieren, die ihn allenthalben zu einem gerngesehenen Gast machen. Seine vornehme Zurückhaltung gegenüber den Mitmenschen ist allerdings weniger Produkt von Benimmregeln, als vielmehr einer gewissen Vorsicht, mitunter sogar Scheu geschuldet. Überhaupt wartet er viel lieber, dass die anderen den ersten Schritt auf ihn zumachen, als selbst die Initiative zu ergreifen. Das schelmische Element aus Wilhelm Buschs Lausbubengeschichten verkörpert der Moritz nur selten, da es ihm an der hierfür notwendigen Keckheit ermangelt. Niemals würde er sich zum Beispiel unrechtmäßig Besitz aneignen.

Beruflich bekleiden die Normalo-Moritze häufig Funktionen in der EDV-Branche, wo sie stundenlang alleine vor sich hin werkeln können. Zwar sind sie durchaus teamfähig, müssen aber zu ihrem Lebensglück nicht ständig Arbeitskollegen um sich herum haben. Wenn irgendwo ein Computer verrücktspielt, werden sie gerne wegen ihrer Sachkompetenz herangezogen, während ihnen die Geduld eher abgeht.

Im Freizeitbereich meidet der Moritz tunlichst größere Menschenansammlungen, von denen er sich psychisch erdrückt fühlt. Oft hat er nur ein bis zwei richtig gute Kumpel. Mit ihnen treibt er Sport, tüftelt an technischen Problemen oder geht ins Kino. Dort ist der einzige Ort, an dem der Moritz einen Filmriss erleben kann. Alkoholbedingt wird ihm dieses Schicksal wohl nie widerfahren, da er Suchtmittel jedweder Art meidet oder zumindest nur moderat konsumiert.

Optik und Outfit: Klein, aber fein

Aufnahme bei den »Langen Kerls« (ab 1,88 m) in der preußischen Armee hätte der Moritz kaum je gefunden, ist er doch meist nicht sehr hoch aufgeschossen. Mit seinen 1,73 m dürfte der Schauspieler Mortiz Bleibtreu knapp die Durchschnittsgröße markieren. Weit über 1,80 m ragen sie jedenfalls nur äußerst selten hinaus. Dafür können die Moritze meist mit einem schlanken Körper aufwarten, der fast nie auffällige Makel aufweist. Extreme Wirbelsäulenverkrümmungen oder Beinfehlstellungen stellen zum Beispiel die Ausnahme dar. Obwohl sich der Name von Maurus, »Mohr«, ableitet, sind seine Träger eher durch Hellhäutigkeit gekennzeichnet, korrelierend zu ihrer meist blonden Haarfarbe. Insgesamt gehört der Moritz optisch weniger in die Kategorie schöner als vielmehr interessanter Mann. Auch von seinem Outfit her zeichnet ihn eher die besondere Note aus.

Verführung und Sex: Wehe, wenn sie losgelassen

»Fast wie im richtigen Leben« erweist sich der Moritz auch beim Anbandeln wahrlich nicht als Draufgänger. Zum Glück fliegt ihm seine Herzdame aber oft förmlich zu. Die Metapher von der Jungfrau, die zum Kind kommt, lässt grüßen. Gelegentlich packt ihn etwa eine Arbeitskollegin am Wickel und hält ihn in ihren Klauen, bis er mit ihr vor dem Traualtar landet. Schließlich ist der Moritz keine schlechte Partie, kann er doch, abgesehen von seinen menschlichen Werten, auch mit einem guten beruflichen Status aufwarten. Begibt er sich selbst auf die Pirsch nach Miss Perfect, wirkt er gewöhnlich ein wenig unbeholfen. Sich bei der Balz auf die Bedürfnisse des weiblichen Geschlechts einzulassen fällt ihm ausgesprochen schwer. Seine ohnehin spärlichen Komplimente wirken eher hölzern, und mit seinen »Paarungsgeschenken« liegt er trotz großer

Mühe bei der Auswahl oft meilenweit daneben. Häufig fehlt ihm auch das rechte Feeling, wann was angesagt ist.

Als ideales Jagdrevier für den Moritz entpuppen sich neben dem Arbeitsplatz meist noch Single-Clubs. Hier kann er mit der holden Weiblichkeit über gemeinsames Tun auf Tuchfühlung gehen, ohne zu 100 Prozent auf seine Kommunikation angewiesen zu sein.

In Horizontallage mit einer Evastochter gerät der Moritz erst relativ spät, hegt er doch vor dem 20. Lebensjahr häufig noch kein übermäßiges Interesse an den intimen Lustbarkeiten. Ist er aber erst auf den Geschmack gekommen, entwickelt er sich oft zu einer »kleinen Raupe Nimmersatt« im Bett und fragt sich manchmal, wie er es nur so lange ohne Sex ausgehalten hat. Ein fleischliches Special des Moritz besteht in seinem geschickten Zungenschlag beim Küssen.

Partnerschaft: Solid like a rock

Der Moritz wird gerne von Evastöchtern genommen, die vorher schlechte Erfahrungen mit Hallodris gemacht haben, verkörpert er doch Elementartugenden der Zweisamkeit, wie Treue, Ehrlichkeit und Verlässlichkeit, in vorbildlicher Weise. Er ist sozusagen der Mann für die zweite Ehe, die an seiner Seite den sicheren Hafen, nicht das Abenteuerland bedeutet. Nicht selten beginnt für ihn der gemeinsame Lebensweg damit, dass er seiner Herzdame hilft, den Schuldenberg abzubauen, den ihr die Verflossenen hinterlassen haben. Nach der »Haushaltskonsolidierung« werden dem Paar finanzielle Probleme kaum je mehr schlaflose Nächte bereiten, weil der Moritz lieber einen Groschen für schlechte Zeiten auf die hohe Kante legt, als einen zu viel auszugeben. Ein Sparbrötchen ist er deshalb aber keinesfalls. Im Gegenteil, solange es das Familienbudget erlaubt, gibt er sich ausgesprochen großzügig, und ihm würde im Traum nicht einfallen, die Ausgaben seiner besseren Hälfte zu kontrollieren.

Ein absolutes No-Go in der Beziehung stellt für den Moritz Klammern dar. Eine Frau, die ständig an ihm hängt wie eine Klette, wird ihn auf Dauer in den Wahnsinn treiben. Besonders zuwider ist es ihm, wenn die andere Seite ständig glaubt, an ihm herumfummeln zu müssen. »Rot« sieht der Moritz auch bei Gängelei. Versuche, ihn in eine Richtung zu drängen, in die er nicht möchte, erweisen sich regelmäßig als Hornberger Schießen. Hier höhlt auch nicht steter Tropfen den Stein, sondern bringt das Fass zum Überlaufen in Form eines heftigen Wutausbruchs.

Beim Moritz selbst sollte die Angetraute heiter über seinen mangelnden Ordnungssinn sowie seine Ungeduld hinwegsehen.

Trennung: Child Welfare

Trennung und Scheidung vom Moritz laufen verhältnismäßig konfliktfrei ab, solange seine zukünftige Ex-Frau nicht versucht, ihn zu »Wohlverhalten« zu zwingen, indem sie ihm mit Kindsentzug droht. Werden nämlich die Sprösslinge zu Machtspielchen missbraucht, ist für ihn definitiv Schluss mit lustig. Sieht er ihre Unversehrtheit in irgendeiner Weise gefährdet, strebt er mitunter auch das alleinige Sorgerecht an. Dass er damit als Mann meist auf verlorenem Posten steht, interessiert ihn in dem Moment kaum.

Da der Moritz sich tief auf seine Beziehungen einlässt, hat er an ihrem Zerbrechen psychisch lange Zeit zu knabbern. Hilfe bei der Trauerbewältigung nimmt er allenfalls von seinem sozialen Umfeld an. Aber auch hier muss häufig ein wenig gebohrt werden, bis er sich öffnet. Therapeuten meidet er gewöhnlich aus Abneigung gegen den »Seelen-Striptease«.

Pflegetipps:

Musts:

* Kuschelabende vor der Glotze, Pasta, kaltblütige Haustiere

No-Gos:

* Badbesetzungen, Hysterie, Störungen zur Unzeit

Ideale Namenspartnerinnen:

Zu Beifallsstürmen für die Solidität des Moritz hinreißen lassen sich die Astrids, Silkes sowie Jeanettes, die in dieser Hinsicht aus ähnlichem Holz geschnitzt sind wie er. Mit allen dreien verbindet ihn auch der unbedingte Wunsch nach Familiengründung. Seiner Ungeduld genügend Gelassenheit entgegen bringt die Sabrina nebst der Johanna. Die »kleine Raupe Nimmersatt« Moritz im Bett zu befriedigen vermögen trefflich die Isabell und die Beate. Das trifft gleichermaßen auf das Duo Vanessa / Melanie zu, an dessen Seite die Zweisamkeit aber erst funktioniert, wenn es im mittleren Alter ruhigeres Fahrwasser erreicht hat.

Niklas / Nikolas

Basics: We're living like in a dolce vita

Als Mamas Liebling genießt der Niklas in seiner Herkunftsfamilie besondere Fürsorge, was nicht selten in handfeste Verwöhnung ausartet. Meist ist der mütterliche Erziehungsstil ihm gegenüber auch von Permissivität geprägt, das heißt, sie lässt (zu) viel durchgehen. Schickt sich der Vater an, seinen Sohn zu disziplinieren, versucht sie, ihn zu beschwichtigen, oder wirft sich »heldenhaft« dazwischen. Um einen Konflikt mit seiner Frau zu vermeiden, bläst er dann meist unverzüglich zum Rückzug. Da seine Versuche, Grenzen zu setzen, immer wieder im Sande verlaufen, unterlässt er sie irgendwann komplett und passt sich der »Weichspülmethode« seiner Göttergattin an. Die Schule durchläuft der Niklas aufgrund seiner Intelligenz relativ problemlos. Allenfalls seine Faulheit bringt ihn bisweilen in einigen Fächern an den Rand des Abgrunds. Wenn es hart auf hart kommt, gelingt es ihm aber meist gerade noch, den Kopf aus der Schlinge zu ziehen, indem er einen Gang zulegt. Einen leidlichen Ehrgeiz entwickeln die Namensträger indes erst im Job, wobei sie immer darauf achten, dass das Dolce Vita nicht zu kurz kommt. Anders als ihr Namenspatron, der heilige Nikolaus, beschenken sie eher sich selbst als andere mit schönen Dingen. So lieben sie die Haute Cuisine, chice Autos und stylische Klamotten. Außerdem sind sie sowohl dem Glücksspiel als auch der holden Weiblichkeit herzlich zugetan. Ihr recht ausschweifender Lebenswandel zeitigt natürlich nicht selten finanzielle Engpässe. Hier rächt sich, dass der Niklas in seiner Kindheit seitens der Eltern kaum je in die Schranken gewiesen wurde. Fatalerweise arbeitet er oft im monetären oder künstlerischen Bereich, wo seine allzu lockere Einstellung bezüglich Geld und Gut noch verstärkt wird.

Optik und Outfit: Scharfe Augen

Was haben Nicolas Sarkozy, der französische Staatspräsident, Nicolas Kiefer, der ehemalige deutsche Tennisspieler, und Nicolas Cage, der Hollywood-Schauspieler, optisch gemeinsam? Alle drei können mit einem Schlafzimmerblick aufwarten, der jeden Papagallo vor Neid erblassen lässt.

Bisweilen ist der lüsterne Gesichtsausdruck der Namensträger derart ausgeprägt, dass man den Eindruck gewinnt, sie hätten 24 Stunden am Tag einen Orgasmus.

Abgesehen von ihrem Mr. Lover-Lover-Charisma, zeigen die Niklasse von ihrem Äußeren her kaum eine einheitliche Linie. Allenfalls verdient noch Erwähnung, dass sie überdurchschnittlich attraktive Vertreter ihres Geschlechts sind, was sie fast immer durch ihre Aufmachung unterstreichen. Nicht selten heißen ihre besten Freunde Tommy (Hilfiger), Hugo (Boss) und Ralph (Lauren).

Verführung und Sex: Bitter Moon

Die Redensart »Was Hänschen nicht lernt, lernt Hans nimmermehr« läuft bezüglich der Flirtkompetenz des Niklas regelmäßig ins Leere. Zeigt er in der frühen Pubertät noch überhaupt kein Interesse am schwachen Geschlecht und gestalten sich seine ersten vorsichtigen Annäherungsversuche gegen Ende des Teenager-Alters noch ausgesprochen linkisch, so hat er irgendwann als früher Twen den Bogen heraus. Meist spielt dabei ein Aha-Erlebnis die tragende Rolle, durch welches ihm bewusst wird, dass seine Sterne bei der holden Weiblichkeit gar nicht so schlecht stehen, etwa indem zwei Mädels gleichzeitig um seine Gunst rangeln. Spätestens im vierten Lebensjahrzehnt ist er in der Lage, fast jede Frau um den Finger zu wickeln. Die Mittel der Wahl stellen dabei neben seinem Schmachtblick Großzügigkeit und Aufmerksamkeit dar. Die Brautwerbungsgeschenke, mit denen er um das Herz seiner Favoritinnen buhlt, sind alles andere als kleinlich. Außerdem versucht, er ihnen alle Wünsche von den Augen abzulesen. Zu einem Womanizer Casanova'scher Schule mutieren die Namensträger aber trotz zunehmender Jagderfolge kaum je, da sie nicht zu der Spezies gehören, die nur um der Eroberung willen erobern.

Treu bleibt der Niklas allerdings nur einer Partnerin, die ihm im Bett die nötige Abwechslung bietet und bereit ist, auf seine zum Teil bizarren Ideen einzugehen. Die Rollenspiele, die er inszeniert, erinnern mitunter ein wenig an Sequenzen in dem Polanski-Film »Bitter Moon«, die von extremer Demütigung geprägt sind. Als »strafender« Part kultiviert er damit nicht selten seine Rachephantasien aufgrund von früheren Abweisungen. Allerdings kann der Niklas durchaus auch soft sein, wenn seine romantische Ader die Oberhand gewinnt.

Partnerschaft:
Nik(o)la(u)s, hol den Kochlöffel heraus

Den Aufmerksamkeitslevel, den der Niklas in der Werbungsphase an den Tag legt, kann er in der Zweisamkeit bei weitem nicht halten. Seine Partnerin muss nun relativ bald wieder lernen, ihren Mantel im Restaurant selbst vom Garderobenständer zu fischen und die Autotür eigenhändig zu öffnen. Mitunter erfolgt der Abfall so abrupt, dass sich ihr der Verdacht aufdrängt, die Charmeoffensive ihres Herzbuben sei nur eine Masche gewesen. Auch die Großzügigkeit des Niklas bleibt nur rudimentär erhalten, wenn er die Katze erst einmal im Sack hat. Als Ehemann lässt er seiner Angetrauten zwar relativ freie Hand über ihre Ausgaben, aber auf großartige Geschenke außer der Reihe braucht sie nicht mehr zu hoffen. Ein Schmuckstück jenseits von Geburtstag und Weihnachten könnte allenfalls ein Indiz für schlechtes Gewissen sein. Womöglich hat er sich gerade im

Alleingang eine Harley zugelegt, die den Familienetat sprengt, oder er versucht, damit einen Seitensprung zu kompensieren.

Die »grobe« Hausarbeit überlässt der Niklas meist großzügig seiner Frau. Bittet sie ihn um Unterstützung, ist er gerade anderweitig viel zu beschäftigt. Allerdings nimmt er am Wochenende gerne einmal den Kochlöffel in die Hand und bereitet ein wahres Festtagsmenü, das bei der gesamten Familie Begeisterungsstürme auslöst.

Zum Thema Nachwuchs hat der Niklas ein ambivalentes Verhältnis. Einerseits bedeuten ihm die lieben Kleinen zu viel Verantwortung, weil er im Grunde seines Herzens selbst noch ein Kind geblieben ist, andererseits möchte er aber keinesfalls auf sie verzichten. Die Lösung des Problems liegt gewöhnlich darin, dass er die Rolle des Entertainers für die Kids übernimmt, während die ernsteren Dinge der Aufzucht an seiner besseren Hälfte hängenbleiben.

Trennung: Scheidungsanwalts Liebling

Der Niklas ist weder ein besonders sentimentaler Typ, der lange dem Vergangenen hinterhertrauert, noch macht er sich tiefschürfende Gedanken über die Ursachen für das Zerbrechen der Zweisamkeit. Er hat sich vielmehr dem Prinzip »hic et nunc« verschrieben, das heißt, er lebt im Hier und Jetzt, wobei ihm jeder Moment ein Maximum an Genuss verschaffen soll. Das birgt einerseits den Vorteil, dass er weitgehend von Gemütskrankheiten verschont bleibt, aber andererseits wird er dadurch auch kaum je beziehungsklug. Oft macht er in Liebesangelegenheiten immer wieder dieselben Fehler, und nicht selten stehen bei ihm mehrere Scheidungen zu Buche.

Die Regelung der nachehelichen Angelegenheiten empfindet der Niklas als ausgesprochen lästig, weil sie ihn dabei stören, zu neuen Ufern aufzubrechen. Soweit möglich, überlässt er sie komplett seinem Rechtsbeistand.

Pflegetipps:

Musts:

* Comedy, Meeresfrüchtesalat, Nackenmassage

No-Gos:

* Betschwestern, Sparbrötchen, Marathon-Telefonate

Ideale Namenspartnerinnen:

Die recht lockere Art der Lebensführung teilt der Niklas mit der
Jennifer, der Yvonne und der Juliane. Sexuell wird ihm das Dreigestirn Vanessa, Isabell, Denise auf seinen teilweise bizarren Wegen
folgen, was ein wenig eingeschränkt auch für die Manuela gilt. Die
Verantwortung für die Kindererziehung nehmen den Namensträgern neben den Jeanettes gerne die Silkes ab. Beide bilden gewisser-
maßen ein solides Gegengewicht zu ihnen, ohne dabei aber schon
spießig zu wirken. Heiter über die kleinen Sünden des Niklas hinweg schaut die tolerante Anita.

Nils / Niels

Basics: Music was my first love

Der Nils ist niemals so wie, sondern immer anders als. Das Schema, in das er gepresst werden könnte, muss erst erfunden werden. Nichtsdestotrotz lässt sich auch bei diesem Namen ein gewisser roter Faden erkennen. Als Gemeingut darf gewiss neben der naturwissenschaftlich-technischen Begabung ein hohes Maß an Musikalität angenommen werden. Nilse sind häufig hervorragende Tänzer und spielen virtuos ein Instrument, zumindest aber haben sie den Beat im Blut. Mitunter haben sie aus ihrer Leidenschaft für den coolen Sound einen Beruf gemacht, indem sie als DJ's arbeiten oder hippe Musiksendungen moderieren. Dabei kommen ihnen auch ihre lockeren Sprüche zugute, die ihnen regelmäßig Kultstatus verschaffen.

Hinter der Flapsigkeit der Namensträger verbirgt sich aber auch Tiefgang. Außerhalb des »Scheinwerferlichts« lassen sich durchaus intensive Gespräche und Diskussionen mit ihnen führen. Aber alles muss seine Grenze haben. Spätestens bei der allzu ausführlich erörterten Frage, wie viele Engel auf eine Nadelspitze passen, ist Schluss mit lustig.

Noch wesentlich allergischer reagieren sie allerdings auf »braune« Stammtischparolen, verfügen sie doch als Kosmopoliten über einen internationalen Freundes- und Bekanntenkreis. Nicht selten sind sie auch mit einer Ausländerin liiert. Bereits in ihrer Jugend haben die Nilse per Interrail halb Europa bereist, und spätestens mit 30 sind alle Kontinente »abgegrast«. Bei den Reisen rund um den Globus büffeln sie gerne Fremdsprachen, wofür ihnen aber keine ausgesprochene Begabung in die Wiege gelegt wurde.

Eine Schwäche des Nils liegt in seiner Unpünktlichkeit. Seine Lieben tun allemal gut daran, bei einer Verabredung mit ihm die Uhr um eine Viertelstunde zurückzustellen.

Optik und Outfit: Look like an angel

Nilse wirken optisch häufig wie der nette Junge von nebenan. Um für die Hauptrolle in einem Action-Film besetzt zu werden, fehlen ihrem Antlitz gewöhnlich die Herbheit und der Killerblick. Die Haarfarbe der Namensträger ist gemäß der nordischen Herkunft ihres Namens, der eine Kurzform von Nikolaus darstellt, meist Blond. Im Gegensatz dazu steht aber eine eher bescheidene Körperlänge von durchschnittlich 1,75 m, wobei die Figur aufgrund eines hohen Energieumsatzes, gepaart mit viel Bewegung, fast nie aus den Fugen gerät.

Das Outfit der Normalo-Nilse lässt sich am besten mit dem Attribut unprätentiös beschreiben. Am liebsten tragen sie ausgewaschene Jeans und ein »witziges« T-Shirt, vielleicht noch in ein legeres Sakko gehüllt. Schmuck und andere Accessoires in Übermaßen finden sie »affig«, während sich so mancher Vertreter durchaus zu einem Tattoo hinreißen lässt.

Verführung und Sex: Take it easy

Internet und Co. hat der Nils fast nie nötig zwecks Suchen und Finden der Liebe, weil er überall mit dem weiblichen Geschlecht ins Gespräch kommt, sei es in der Straßenbahn, an der Supermarktkasse oder im Wartezimmer eines Arztes.

Das Dilemma vieler Männer, die vor Hunderten von Zuhörern eine Rede halten können, angesichts einer attraktiven Frau aber augenblicklich zur Salzsäule erstarren, ist ihm völlig fremd. Der Unterschied besteht darin, dass er ziemlich erwartungsfrei und folglich unverkrampft an die Sache herangeht.

Beim verbalen »Infight« überzeugt der Nils vor allem mit seinem feinen Gespür für Situationskomik, mit der er jede, aber auch jede Frau zum Lachen bringt. Traumwandlerisch sicher bewegt er sich auf dem schmalen Grat zwischen Witzigkeit und Albernheit. Auf diesem folgt ihm das Objekt der Begierde gerne in sein Schlafgemach, wobei es wahrlich nicht immer die heimischen vier Wände sein müssen, zwischen denen sich die erotischen Stelldicheins der Namensvertreter abspielen. Gerne lassen sie ihr bestes Stück auch am FKK-Badestrand oder auf einer Waldlichtung noch einmal das Licht des Tages erblicken, bevor es in der völligen Dunkelheit der weiblichen Lustgrotte verschwindet. Drohen sie bei ihren erotischen Freiluftaktivitäten von herannahenden Dritten »erwischt« zu werden, weisen sie keinerlei Fluchttendenzen auf, sondern liegen das Problem vielmehr aus.

Die Offenheit des Nils erstreckt sich von den Örtlichkeiten gleichermaßen auf die Spielarten fleischlicher Begierde. Nichts lässt er unversucht, was ihm einen Versuch wert scheint. Wenig Bezug hat er alleine zu Sadomaso, aber er hält seiner »Herrin« auch den Popo hin, wenn's ihr guttut.

PARTNERSCHAFT: DOPPELTES GLÜCK

Eine Evastochter, die an der Seite eines Nils glücklich werden möchte, muss fraglos autonom und selbstbewusst sein. Sie soll ihr Leben im Griff haben und auch das Alleinsein genießen können. Keinesfalls wird er eine »Brauch-Beziehung« eingehen, die von einseitiger oder gegenseitiger Abhängigkeit geprägt ist. Bei seinen Alleingängen möchte der Nils nie das Gefühl haben, die andere Seite leidet darunter. Sein Motto in der Liebe lautet: »Eine glückliche Partnerschaft entsteht dort, wo zwei glückliche Menschen sich zusammenfinden, um einander noch glücklicher zu machen.«

Trotz seines enormen Freiheitsbedürfnisses bringt sich der Nils intensiv in das Familienleben ein. Besonders seinen Kindern ist er ein liebevoller, fürsorglicher Vater, und sie wissen seine Späße ebenso zu schätzen wie ihre Mutter.

Richtig erwachsen werden die Namensträger eigentlich nie. Ständig haben sie irgendwelche Flausen im Kopf. Einmal gelüstet es sie nach einer Öko-Farm in den schottischen Highlands, ein andermal möchten sie mit ihren Lieben als Straßenmusikanten durch die Welt tingeln. Meist lösen sich aber ihre Spleens ebenso schnell wieder in Wohlgefallen auf, wie sie ihnen in den Kopf gekommen sind.

Was sie an ihrem Nils hat, merkt seine Herzdame eigentlich erst wirklich, wenn bei ihr Land unter herrscht. Dann ist er Fels in der Brandung und sicherer Hafen in Personalunion.

Eheliche Konfliktsituationen versuchen die Namensträger durch ihre Kompromissbereitschaft zu deeskalieren, allenfalls verhalten sie sich passiv aggressiv, indem sie sich ihnen entziehen. Ein Thema dürfte aber fast nie eine Rolle spielen bei den Auseinandersetzungen, nämlich Untreue.

Trennung: Deep impact

Häufige Alleingänge in der Zweisamkeit bergen natürlich die Gefahr des Auseinanderlebens, und folglich ist auch das Risiko erhöht, dass sich ein Partner dabei anderweitig verliebt. Gewöhnlich wird es aber nicht der Nils sein, der dieser »Versuchung« unterliegt, weil er keinen Blick für andere Frauen hat, wenn er in einer festen Beziehung lebt.

Was auch immer die Gründe für die Trennung sein mögen, fast immer sind die Namensträger danach – nicht zuletzt zum Wohle der gemeinsamen Kinder – auf einen möglichst reibungslosen Umgang mit der Ex bedacht. Zeigt sie sich ebenfalls friedfertig, geht die Scheidung ausgesprochen geräuschlos und mit wenig zerbrochenem Porzellan über die Bühne.

Emotional trifft das Liebes-Aus den Nils schon tief, aber nach außen hin lässt er sich kaum etwas anmerken, sondern versucht, weiter zu funktionieren.

Pflegetipps:

Musts:
* Haarekraulen, Outdoor-Aktivitäten, Hightech-Stereoanlage

No-Gos:
* Teutonen-Grillen am Ballermann, kulinarische Monotonie, Putz-fimmel

Ideale Namenspartnerinnen:

Von ihrer Autonomie her korrespondieren die Eva, die Sarah und die Lena mit dem Nils. Besonders die beiden Letztgenannten werden ihm auch ziemlich »versaute« Liebesnächte bereiten, sind sie doch sexuell ähnlich tabulos wie er. Dasselbe gilt für das Duo Vanessa / Isabell, für die der Nils im Alltag aber fast schon ein wenig zu lieb ist. Seine Hilfsbereitschaft und Gutherzigkeit nicht überstrapazieren dürften indes die ähnlich gestrickten Melanies, Anitas sowie Lauras, während er an der Seite der Jana viel in der Welt herumkommt.

Oliver

Basics: Nicht Fisch und nicht Fleisch

Ebenso wenig wie die Herkunft des Namens Oliver geklärt ist, lässt sich festmachen, welchen Standpunkt seine Träger vertreten, wirken sie doch von ihrem Habitus her oft ein wenig schwammig. Ein klares Freund-Feind-Schema weisen sie kaum je auf. Ihr Motto im Berufs- und Privatleben lautet »Bloß nicht anecken und immer mit dem Strom schwimmen«. Politisch treten sie nur äußerst selten in Erscheinung, weil es ihnen an der Bereitschaft ermangelt, Meinungsführerschaft zu übernehmen. Als Schutzpanzer vor Verletzungen dient ihnen häufig eine Fassade aus Ironie und Wurstigkeit.

Olivers tummeln sich aufgrund ihrer Kreativität häufig in der Medienbranche, sind dort aber eher für die leichte, um nicht zu sagen seichte Unterhaltung zuständig, wie die Moderatoren Oliver Geißen und Oliver Pocher. Oliver (»Olli«) Dittrich wirkt dagegen mit seiner Kultfigur »Dittsche« fast schon philosophisch. Die Schwierigkeit der Namensträger im mentalen Bereich besteht darin, sich ernsthaft, langfristig und tiefgehend mit einem Sachverhalt auseinanderzusetzen, was an ihrer gewissen Oberflächlichkeit liegt. Fundiertes Fachwissen erwerben sie folglich nur sehr selten, verfügen dafür aber meist über eine breite Allgemeinbildung.

In seinen Mußestunden betreibt der Oliver gerne Mannschaftssportarten, wo er seine Fähigkeiten als Teamplayer einsetzen darf. Selbst in Disziplinen, die er gut auch alleine ausüben kann, wie das Inlineskaten, sucht er fast immer das Gruppenerlebnis. Auch bei seinen sonstigen Freizeitaktivitäten steht für ihn Geselligkeit im Vordergrund. Auf Kneipentour, Konzerte oder ins Kino geht er fast immer mit einer Clique von guten Kumpels. Zu echten Busenfreunden reicht es leider fast nie, was ihm jedoch keinen Leidensdruck bereitet.

Optik und Outfit: S. Oliver

Interessanterweise sind die Promi-Namensträger unter den Olivers oft recht unscheinbare, fast schon nichtssagende Typen nach Bauart des Moderators Oliver Welke, während das Gros der Normalos mit seiner Optik Glanz in jede Hütte zu bringen vermag. Den »feinen« Unterschied machen meist ihre im Vergleich zu den Showgrößen sportlichere Figur sowie das erheblich attraktivere Antlitz, aus dem besonders die leuchtenden Augen hervorstechen. Zu erheblichen Gewichtsproblemen neigen indes weder die einen noch die anderen. Auf ein chices, gepflegtes Outfit legt der Oliver stets großes Augenmerk. In der Rangliste der stylischsten Männer liegt er meistens ganz weit oben. Regelmäßig hegt er eine starke Affinität zu hochwertigen Uhren, Brillen und Schmuck. Seine Klamotten kauft er – na wo wohl – bei S. Oliver.

Verführung und Sex: All that she wants

Die größte Stärke des Oliver bei der Balz stellt seine Flexibilität dar. Wenn der Frauenversteher gefragt ist, holt er den Frauenversteher aus seiner Zauberkiste. Wenn Humor gefragt ist, gibt er den Bespaßer, und wenn Charme gefragt ist, zieht er das Komplimenteregister. Zudem findet er als häufiger Berufskommunikator fast überall einen Gesprächsaufhänger für den lockeren Plausch, den er meist spielend leicht in einen intensiven Flirt zu transformieren vermag. Seine Erfolgsquote auf der Piazza der einsamen Herzen beträgt nicht zuletzt auch aufgrund seiner glänzenden Optik fast 100 Prozent, was seine Selbstsicherheit im Umgang mit dem anderen Geschlecht natürlich noch zusätzlich steigert.
Institutionalisierte Methoden der Kontaktanbahnung sind für den Oliver eigentlich überflüssig wie ein Kropf, nichtsdestotrotz nutzt er sie gerne aus Neugierde und Probierfreude. Dabei bevorzugt er

eindeutig Möglichkeiten, die ihm die sofortige persönliche Fühlungnahme ermöglichen, wie Speed-Dating, Running Dinner oder
Single-Reisen, wohingegen ihm die Partnersuche im stillen Kämmerlein über Mausklick und Co. in der Regel zu ungesellig ist.

Im Bett lässt es der Oliver meist so richtig krachen, weil er keinerlei
Hemmungen hat, seine schmutzigen Phantasien auszuleben. Sein
Repertoire am intimen Praktiken und Stellungen ist schier uner-
schöpflich, am meisten aber fesseln ihn im wahrsten Sinne des Wortes Bondage-Spielchen. Dabei ist der Oliver fast immer der Top, also
derjenige Teil, der seine Partnerin »an die Kette« legt. Wird das
Setting umgedreht, befallen ihn aufgrund seiner oft chronischen
Bindungsängste heftige Panikattacken, so dass die Inszenierung regelmäßig ein jähes Ende findet.

Partnerschaft: Free Olli

Um mit dem Oliver eine Langzeitpartnerschaft zu führen, reicht es
meist schon nicht mehr aus, ihm die lange Leine zu geben, denn auch
die impliziert ja noch ein gewisses Maß an Restriktion, sondern vielmehr sollte Frau ihn gleich ganz frei laufen lassen. Eigentlich kann
die Sache nur funktionieren, wenn seine bessere Hälfte eine ähnliche
Bauart wie er aufweist und nur eine »Beziehung light« leben möchte, frei nach den Sätzen der Gestalttherapie: »Ich tu, was ich tu; und
du tust, was du tust. Ich bin nicht auf dieser Welt, um nach deinen
Erwartungen zu leben. Und du bist nicht auf dieser Welt, um nach
den meinen zu leben. Und wenn wir uns zufällig finden – wunder-
bar. Wenn nicht, kann man auch nichts machen.«

Kinder setzt der Oliver ebenso selten wie ungern in die Welt, weil sie
die Bindung zu seiner Frau in Stein meißeln. Selbst im Falle einer
Trennung bliebe er nämlich über sie in einer gewissen Weise mit
ihr verbunden. Und natürlich scheut er die jahrzehntelange Verantwortung und Einschränkung seiner Handlungsfreiheit, die die

Aufzucht des Nachwuchses selbst bedeutet. Werden nichtsdestotrotz Sprösslinge geboren, lässt sich der Oliver nur selten wirklich intensiv auf sie ein. Aufgrund seiner Ambivalenz ihnen gegenüber bleibt seine emotionale Handbremse immer ein Stück weit angezogen. In der Öffentlichkeit entsteht mitunter der Eindruck, dass sie ebenso wenig zu ihm gehörten wie seine Angetraute. Hier dient seine gewisse Wurstigkeit unbewusst dem Zweck, Distanz zu schaffen. Geradezu von sich weg treibt er die Mutter seiner Kinder, indem er provokativ offen Kirschen aus Nachbars Garten isst oder sie vor anderen relativ unverblümt der Lächerlichkeit preisgibt.

Trennung:
Die nächste Schlampe drüben an der Lampe

Da der Oliver nicht mit, aber auch nicht ohne Partnerin leben kann, bindet er sich nach der Trennung alsbald wieder.

Häufig steht direkt Ersatz parat, in dessen Arme er sich fallen lassen kann. Zeit zur Verarbeitung der Vorbeziehung braucht er ohnehin kaum je, kennzeichnete sie doch meist schon vor ihrem offiziellen Ende völlige Gleichgültigkeit. Vermutlich waren seinerseits, abgesehen von einem kurzen Strohfeuer am Anfang, auch nie allzu tiefe Gefühle im Spiel.

Die Regelung der nachehelichen Angelegenheiten tangiert die Namensträger gewöhnlich nur peripher. Meist versuchen sie, sich tunlichst davor zu drücken, indem sie ihrer Ex das Heft des Handelns aufzuhalsen versuchen. Sie selbst beschränken sich indes aufs Allernotwendigste. Seine Kinder lässt der Oliver zunächst ziemlich links liegen, um sich vollständig seinem neuen Herzblatt oder der Suche danach widmen zu können.

Pflegetipps:

Musts:

* Funsport, »tiefe Gläser«, gepflegte Bikinizone

No-Gos:

* Pistole auf der Brust, Kleinkariertheit, Urlaub auf Balkonien

Ideale Namenspartnerinnen:

Keine besonders hohen Erwartungen an das emotionale Engagement ihres Partners in die Beziehung hegen die Nadine, die Jana sowie die Tina und kommen damit dem Oliver sehr entgegen. Im Bett liefern sich ihm sowohl die Melanie als auch die Caroline gerne aus, indem sie sich an Ketten legen lassen, während die Vanessa – selbst kein Kind von Traurigkeit – »heiter« über seine Seitensprünge hinwegsieht. Die Lust des Oliver auf Geselligkeit teilt das Damenquartett Sonja / Juliane / Nicole / Tanja, das auch regelmäßig seinen hohen optischen Ansprüchen gerecht wird.

Patrick

Basics: Saint Patrick

Nomen est omen beim Patrick, dessen Name sich vom lateinischen »patricius« herleitet, was übersetzt »edel« bedeutet. Tatsächlich ist die Gesinnung der Namensträger von einer gewissen Noblesse geprägt. Stets springen sie ihren Mitmenschen helfend zur Seite, und Ehrenhaftigkeit stellt für sie weit mehr als nur eine leere Phrase dar. Ganz im Gegensatz zum Axel, auf dessen Wort man keinen Pfifferling geben kann, hat für den Patrick eine mündliche Zusage absolut bindende Wirkung. Tugenden wie Verlässlichkeit und Pünktlichkeit bedürfen eigentlich überhaupt keiner Erwähnung, weil sie zu seinen Grundcharakteren gehören. Seine Beständigkeit erlaubt es ihm, tiefe menschliche Bindungen einzugehen. Fast immer pflegt er einen engen Kontakt zu seiner Herkunftsfamilie, und seine Freundschaften halten oft bis ans Lebensende.

Beruflich tendiert der Patrick eher in den technischen Bereich. Eine auffällige Häufung findet sich im Ingenieurwesen sowie in der EDV. Da er ein Händchen für Kinder hat und gerne Wissen vermittelt, wird er nicht selten auch im Schuldienst glücklich. Als Künstler mit Promistatus bleibt er fast immer bodenständig, wie der viel zu früh verstorbene Schauspieler Patrick Swayze. Im Sport gelingt dem Patrick fast nie der ganz große Wurf, fehlt ihm doch dafür das letzte Fünkchen Ehrgeiz und noch mehr der Killerinstinkt. Aus seiner Freizeitgestaltung ist Leibesertüchtigung aber überhaupt nicht wegzudenken. Häufig geht er mehrmals pro Woche joggen, wobei ihn sein Hund begleitet, oder besucht das Fitness-Studio. Eine weitere Konstante in seinem Privatleben stellt soziales Engagement etwa im Katastrophenschutz dar. Um zu Hause abzuschalten, liest der Patrick ebenso gerne Thriller wie Romane mit historischem Hintergrund.

Patricks sind oft absolute Frauentypen. Nicht ganz zufällg erreichte mit dem Schauspieler Patrick Dempsey ein Namensträger drei Jahre in Folge (2005–2007) bei der Wahl zum »Sexiest Man Alive« der Zeitschrift »People« den zweiten Platz. Der Hollywood-Mime erweist sich neben seiner Attraktivität auch noch darin namenstypisch, dass er mit 1,79 m Körperlänge nicht allzu weit in den Himmel ragt. Die 1,80 m scheinen eine magische Grenze für die Patricks zu sein, an der sie regelmäßig knapp »scheitern«. Dafür können sie meist mit einem austrainierten Traum-Body und einem südländischen Hautton aufwarten. Die überwiegend braune Haarpracht verliert im Alter kaum je merklich an Fülle.

Die Aufmachung des Patrick lässt sich fast ausnahmslos als sportlich-leger bezeichnen. Trendige Jeans, Shirts und Sneakers prägen eindeutig das Bild.

VERFÜHRUNG UND SEX: DER FRAUENFLÜSTERER

Obwohl der Patrick oft in technischen Berufen arbeitet, interessiert er sich ähnlich wie der Martin auch für Frauenthemen, was es ihm erheblich erleichtert, mit dem schwachen Geschlecht ins Gespräch zu kommen. So liest er Bücher über Astrologie, Namensdeutung und alternative Heilmethoden, wenn sie ihm zufällig in die Hände fallen. Auch schämt er sich nicht, im Wartezimmer beim Arzt einen Blick in die eine oder andere Frauenzeitschrift zu werfen oder am Arbeitsplatz über die die aktuellen Ereignisse in Daily Soaps mitzudiskutieren. Apropos Arbeitsplatz: Zwischen morgendlichem und abendlichem Stechen der Stechuhr reüssiert der Patrick bei der holden Weiblichkeit am ehesten durch seine Ritterlichkeit und immerwährende Freundlichkeit.

Als ausgewiesener EDV-Fachmann hat er immer ein offenes Ohr

für die Software-Probleme seiner Mitarbeiterinnen, ist aber auch bei sonstigen Wehwehchen unter ihnen als verständnisvoller Ansprechpartner geschätzt. Wenn seine Kolleginnen schon liiert sind, verkuppeln sie ihn nur allzu gerne mit ihren Single-Freundinnen, da er ein echtes »Schnäppchen« ist.

Bekanntermaßen braucht Patrick vier Dinge im Bett: Einfühlsamkeit, Leidenschaft, Zärtlichkeit und Phantasie. Der Patrick gehört zu der glücklichen Spezies Männer, die das komplette Quartett der weiblichen Lustbefriedigung aufbieten kann. Nach dem Motto »Some Guys Have All The Luck« verfügt er darüber hinaus noch über eine hervorragende Potenz, was natürlich zum Teil auch aus seiner doch recht gesunden Lebensweise mit viel Sport und wenig Genussmitteln resultiert. Sein bestes Stück steht meist bis ins hohe Alter stramm wie ein preußischer Gardeoffizier.

Partnerschaft: Das Paar im Gespräch

Auch außerhalb des Schlafzimmers weiß der Patrick, was Frauen wünschen. Stundenlang begleitet er seine Herzdame auf ihren Shopping-Touren und gibt auch noch zu ihrem 134. anprobierten Paar Schuhe stoisch seine Meinung ab. Danach lädt er sie zu einem leckeren Imbiss in die Sushi-Bar ein, um mit ihr die Einkaufserlebnisse zu reflektieren.

Überhaupt spielt Kommunikation eine entscheidende Rolle in seiner Zweisamkeit. Auf die acht Minuten, die ein durchschnittliches deutsches Ehepaar pro Tag miteinander spricht, kommt der Patrick locker in einer Stunde. Nicht selten haben er und seine Angetraute gemeinsam das Buch »Die Wahrheit beginnt zu zweit« von Michael Lukas Möller durchgearbeitet und pflegen allwöchentlich das darin angepriesene Zwiegespräch. Wenn sich das Beziehungsschiff dennoch festfährt, scheut er sich im Gegensatz zu vielen seiner Geschlechtsgenossen auch nicht davor, professionelle Hilfe in Anspruch zu nehmen.

Da der Patrick ein regelrechter Kindernarr ist, stellt Familien-gründung einen festen Bestandteil seines Lebensentwurfs dar. Meist setzt er mindestens zwei Sprösslinge in die Welt, aber auch weiteren Nachwuchs empfindet er allenthalben als großen Segen. Mit den lieben Kleinen beschäftigen sich die Namensträger schon von Geburt an sehr intensiv, was sich kontinuierlich fortsetzt, bis sie flügge werden. Dabei geben sie nicht nur den lieben Spielpapa, sondern beteiligen sich auch am »Groben«, sprich der Erziehung und Aufzucht.

Im Haushalt unterstützt der Patrick seine Angetraute auch dann noch nach Kräften, wenn er einem Fulltime-Job nachgeht, während sie komplett als Familienmanagerin arbeitet.

Trennung: With a little help from my friends

Irgendwann kommt der Patrick von der Arbeit nach Hause und findet eine leere Wohnung vor. Seine Frau hat ihm einen Abschieds-brief hinterlassen, in dem sie ihren Auszug damit begründet, dass vielleicht alles zu perfekt war, und sie eine neue Herausforderung sucht. Den Kick der Veränderung verschafft sie sich zum Zeitpunkt der Trennung nicht selten bereits durch eine Affäre mit einem Kerl von zweifelhaftem Ruf.

Obwohl ihn der Verlust tief schmerzt, unternimmt der Patrick weder panische Rückeroberungsversuche noch verfällt er in eine de-pressive Lethargie. Oft wirkt er nach außen hin sogar überraschend gefasst, wobei fraglos die Unterstützung seines sozialen Umfeldes eine Rolle spielt. Ganz besonders aber »schützt« ihn die Verantwor-tung für die gemeinsamen Kinder davor, sich über einen längeren Zeitraum hängen zu lassen.

Pflegetipps:

Musts:

* Marathon-Spaziergänge, bequeme Schuhe, Theater

No-Gos:

* Rosenkrieg, Fremdflirten, Silly-Lillys

Ideale Namenspartnerinnen:

Den Traum von einer Ehe, die erst der Tod scheidet, träumt der Patrick gemeinsam mit den beständigen und stets auf Wachstum der Beziehung bedachten Sophies, Johannas und den »Kat-Frauen« (Katharina/Kathrin/Katja). Auch teilen sie ebenso wie die Silkes, Lauras und Anettes seinen unbedingten Kinderwunsch. Intim wird das leicht neurotische Duo Anke/Antje sehr von der Einfühlsamkeit des Patrick profitieren, während er die mitunter überdrehten Tinas und Lenas trefflich auf den Boden der Tatsachen zurückzuholen vermag.

Philipp

Basics: Universal love

Der Philipp ist nicht nur ein »Pferdefreund«, so die Übersetzung seines Namens, sondern liebt alle göttlichen Geschöpfe. Als Kind hört er bereits von seinen Eltern den Spruch »Quäle nie ein Tier zum Scherz, denn es fühlt wie du den Schmerz«, der für ihn zeitlebens zur Maxime wird. Aber auch ihren Mitmenschen gegenüber erweisen sich die Namensträger fast nie als ausgemachte Schurken oder Sadisten. Schon bei dem kleinsten »Verbrechen gegen die Menschlichkeit« meldet sich ihr schlechtes Gewissen und pocht auf Wiedergutmachung. Von ihrem Umfeld werden sie besonders wegen ihrer Hilfsbereitschaft und Bescheidenheit geschätzt.

Beruflich findet sich der Philipp häufig in Sparten, in denen seine guten Manieren gefragt sind. So kann er ebenso als Hotelmanager fungieren wie als Benimmlehrer oder Bankberater. Im sozialen Bereich besticht er indes durch sein außergewöhnliches menschliches Engagement, das ihm nicht immer nur Anerkennung einbringt, sondern mitunter auch den Argwohn der Kollegen hervorruft, weil ihm fälschlicherweise Karrierismus unterstellt wird. Seine wirkliche Schwäche liegt vielmehr in seiner privaten Schusseligkeit.

In Konfliktsituationen setzt der Philipp fast immer auf Ausgleich, obwohl er durchaus das Standing dazu hätte, seinen Standpunkt gnadenlos durchzusetzen. Mit der Faust auf den Tisch zu hauen stellt für ihn eher ein Zeichen von Schwäche und fehlenden Argumenten dar. Fuchsteufelswild wird er nur, wenn Leute glauben, sie müssten ihm etwas von Dingen erzählen, von denen sie nicht die leiseste Ahnung haben. Nichts hasst er nämlich mehr als anmaßendes Verhalten.

Seine Mußestunden verbringt der Philipp gerne in gemütlicher Runde mit Freunden oder indem er sich leiblich ertüchtigt.

Optik und Outfit: No reason to cry

Bei der Verteilung der Schönheit stand der Philipp leider nicht in der allerersten Reihe, ist er doch regelmäßig mit einigen optischen Mankos behaftet. Als relativ typisch erweist sich die Trias großer Mund, Überbiss und nicht ganz gelungene Kopfform. Das klingt fast schon nach einer Mischung aus Gebrüder Gibb und Coneheads, aber ganz so dramatisch zeigt sich die Lage dann doch nicht. Immerhin erreicht er auf der Attraktivitätsskala von –5 bis +5 eine +2, liegt also satt im positiven Bereich, was er unter anderem seinem jungenhaften Charme und seiner sportlichen Figur zu verdanken hat.

Der Kleidungsstil des Philipp kennzeichnet sich durch wenig Experimentierfreude. In seiner Freizeit trägt er Jeans, kombiniert mit Hemd oder T-Shirt, während er zu offiziellen Anlässen auch Sakko und klassische Bundfaltenhose aus dem Schrank hervorkramt.

Verführung und Sex: Aus der Tiefe des Raumes

Die Position des Fußballers Philipp Lahm im Spiel, der als Rechtsverteidiger meist in der Defensive zu finden ist, aber mitunter im rechten Moment den Vorstoß wagt, steht stellvertretend für das Balzverhalten der Philipps.

Grundsätzlich halten sie sich nämlich bei der Brautwerbung eher im Hintergrund auf und gehen erst in die Offensive, wenn sie glauben, sich genügend abgesichert zu haben. Dabei achten sie stark auf körpersprachliche Signale wie Zugewandtheit, Lächeln und Blickkontakt. Niemals würden sie sich in Harakiri-Manier auf das Objekt ihrer Begierde stürzen.

Beim verbalen »Infight« überzeugt der Philipp durch seinen entwaffnenden Charme, ähnlich dem des früheren Radio-Flirters, Philipp von Senftleben, gepaart mit einer ruhigen Ausstrahlungskraft, die Geborgenheit vermittelt. Nicht selten strahlt er ein derart hohes

Maß an Vertrauenswürdigkeit aus, dass ihn seine Herzdame in spe schon am ersten Abend mit zu sich nach Hause nimmt. Dort steht der Kaffee, auf den er noch eingeladen wird, aber meist tatsächlich für das koffeinhaltige Heißgetränk und nicht symbolisch für Sex.

Kommt es nach einigen Dates dann doch zum Ultimativen, ist die neue Liebe häufig bass erstaunt, mit welcher wilden Begierde der im Alltag so moderate Philipp zur Sache geht. Auch legt er gleich ein recht breites Repertoire an intimen Lustbarkeiten an den Tag. So dauert es etwa nicht lange, bis er mit seinem Kopf zwischen ihren Beinen »verschwindet«, um sie ausgiebig oral zu stimulieren, oder er streichelt während der genitalen Penetration gleich intensiv mit einem Finger ihre Rosette. Besonders horizontal in Fahrt bringen den Philipp verbale Anfeuerung, lautes Luststöhnen und Schreie beim Orgasmus.

Partnerschaft: Solid as a rock

Für Frauen, die gerne die Verantwortung delegieren, ist der Philipp der ideale Partner, sorgt er sich doch als Kümmerer um alle Belange der Familie. Pünktlich füllt er die gemeinsame Steuererklärung aus, solide tätigt er alle Bankgeschäfte und zuverlässig liefert er allmorgendlich die Kinder in der Schule ab. Dafür erwartet er aber von seiner Angetrauten Loyalität. »Als Dank« für sein Engagement möchte er nicht noch Vorwürfe von ihr hören, wenn ihm einmal ein Fehler unterläuft, sondern sie sollte ohne Murren mit dafür geradestehen.

Materielle Sorgen werden die Zweisamkeit des Philipp kaum je trüben, zum einen weil er über ein erkleckliches Einkommen verfügt, und zum anderen, weil er selbst sehr wenig zum Leben braucht. Häufig muss ihn seine bessere Hälfte förmlich dazu antreiben, sich die eine oder andere Annehmlichkeit zu gönnen. Langzeitwirkung zeitigt das allerdings nur selten. Dafür ist die Genügsamkeit des

Philipp zu ausgeprägt. Ein Übriges tut noch sein Altruismus, der das Gemeinwohl über das Eigenwohl stellt.

Freiwillige Kinderlosigkeit, um etwa die Zweisamkeit besser genießen zu können, stellt fast nie eine Option für die Namensträger dar. Entgegen dem Trend zum Einzelkind wünschen sie sich mindestens zwei Sprösslinge, gerne darf es aber auch ein ganzer Stall voll sein. Und wenn es mit dem eigenen Nachwuchs nicht klappt, werden eben Adoptiv- oder Pflegekinder angenommen, sofern die Möglichkeit dazu besteht. Bei der Aufzucht des Nachwuchses treten jedoch beim Philipp immer wieder kurze Schwächephasen auf, in denen er sich aus dem Wolfsrudel zurückzieht und seine Göttergattin das Ding mehr oder wenig alleine schaukeln muss.

Trennung: Heimlich, still und leise

Wird der Philipp von seiner Frau verlassen, zetert er anfangs ein wenig, findet aber zügig wieder auf eine ruhige Sachebene zurück. So wie er auch sonst wenig Aufhebens um seine Angelegenheiten macht, möchte er auch, dass seine Scheidung ohne große Nebengeräusche über die Bühne geht.

Um ihn dazu zu bringen, das Kriegsbeil auszugraben, muss seine Verflossene ihm schon komplett das Fell über die Ohren ziehen und ihn dabei noch mit Schmähungen demütigen.

Da der Philipp keine Schnellschüsse mag, bleibt er nach dem Beziehungs-Aus zunächst eine ganze Weile allein. Selbst Affären sind in dieser Zeit für ihn tabu. Mitunter äußert er – allerdings eher flapsig gemeint – im Freundeskreis oder unter Single-Leidensgenossen aufgrund seiner langen partnerschaftlichen »Trockenzeit« die Befürchtung, dass ihn ein neues Herzblatt sexuell erst wieder anlernen müsste.

Pflegetipps:

Musts:

* Spieleabende, ausschlafen lassen, Kopfmassagen

No-Gos:

* »Miesepetras«, Messies, Sadomaso-Praktiken

Ideale Namenspartnerinnen:

Die guten Manieren des Philipp sehr zu schätzen weiß das Dreigestirn Christiane/Caroline/Kirsten, und als weiteres Plus wird es
auch im Bett gewöhnlich nicht seine Phantasie überfordern. Den
Wunsch nach einem Stall voller Kinder teilen die Namensträger mit
den Silkes, Johannas und Jeanettes, während die häufig problem-
beladenen Melanies sich gerne die Verantwortung von ihm abneh-
men lassen. Intellektuell auf einer Augenhöhe liegt der Philipp mit
den klugen Meikes und Sophies, die sich allerdings davor hüten sollten, ihn zu beruflichem Fortkommen anzutreiben.

RENÉ

BASICS: THE WINNER TAKES IT ALL

Renés sind nur selten Intelligenzbestien. Dennoch schaffen sie beruflich häufig den Sprung an die Spitze, wie der Vorstandsvorsitzende der deutschen Telekom René Obermann.

Mitunter kommen auf ihrem Weg zum Olymp allerdings die Ellbogen zum Einsatz, da Rücksichtnahme nicht unbedingt zu den Maximen im Leben der Namensträger zählt. Für seinen Erfolg ist der René bereit, fast jeden Preis zu zahlen. Zur Not geht er auch über Leichen. Die Härte und Ambitioniertheit sieht man ihm aber fast nie an. Nach außen verkörpert er eher den Typus »großer Junge«, was sich auch in seinem Freizeitverhalten widerspiegelt. So mancher René ist Stammkunde bei Märklin und hat eine überdimensionierte Modelleisenbahn auf dem extra dafür ausgebauten Dachboden stehen. Beim Sport steht der Aspekt des Gewinnens im Vordergrund, während der Fun-Faktor eher eine sekundäre Rolle spielt. Soll aber nicht heißen, dass der René ein ständig unter Strom stehender Asket wäre. Den kulinarischen Genüssen ist er im Gegenteil herzlich zugetan, und auch das Dolcefarniente vermag er weidlich auszukosten.

Weil sich der Umgang mit ihm als schwierig erweist, bleibt der Freundeskreis des René meist sehr überschaubar. Nur die wenigsten Mitmenschen sind bereit, dauerhaft seine Launenhaftigkeit, gepaart mit Egoismus, zu ertragen. Wenn er einen schlechten Tag hat, mutiert er zur Motzkuh, und leider ist für ihn Nehmen auch seliger als Geben. Ebenso wenig lässt sich ein gewisser Narzissmus bei ihm von der Hand weisen.

Politisch kann sich der René am ehesten mit den Werten der Liberalen identifizieren, vertritt er doch die Auffassung, dass jeder seines Glückes Schmied ist.

Optik und Outfit: Mr. Nice Guy

Als es um die Verteilung der optischen Vorzüge ging, hat der René ziemlich laut »hier« geschrien. Meist weist er einen leicht südländischen Touch auf, der sich zu seinem Glück aber mit moderat-nordischer Körperlänge vereinigt hat. So liegt die Durchschnittsgröße der Namensträger bei recht stattlichen 1,80 m. Allerdings ist hier Vorsicht geboten, da kleiner geratene Vertreter durchaus nicht davor zurückschrecken, sich durch Plateauschuhe zu »erhöhen«.

Da der René ausgesprochen eitel ist, legt er Wert auf distinguierte Kleidung. Wenn es der Geldbeutel erlaubt, dürfen es schon das Sakko und der Schal aus Kaschmir sein, während auf seinem Pullover mitunter ein Polospieler prangt. Nicht selten dokumentiert er qua Outfit seinen Wohlstand. Selbst zu Hause läuft er fast nie im Jogginganzug herum; es könnte ihn ja jemand sehen. Ein Schelm, der Homosexualität dahinter vermutet.

Verführung und Sex: Games without frontiers

Aufgrund seiner Internet-Affinität hat der René meist bei mehreren Online-Partnerbörsen sein Eisen im Feuer, und wegen seines attraktiven Konterfeis wird sein Profil auch häufig angeklickt. Durch die gewisse Überheblichkeit, die er bei den per Mausklick initiierten Treffen an den Tag legt, relativiert sich allerdings seine Erfolgsbilanz. Allein die Frauen gehen ihm nicht vom Haken, die sich von seiner Optik und seinem hervorragenden beruflichen Status blenden lassen. Diese beiden Bonbons verschaffen ihm auch am Arbeitsplatz einen »Wettbewerbsvorteil«. Regelmäßig wird er von mehreren Kolleginnen angehimmelt. Seine Sekretärin gehört aber gewöhnlich nicht dazu, weil sie seine Darkside in Form von gelegentlichen cholerischen Ausbrüchen kennt; es sei denn, sie gehört zu der Spezies

Frauen, die glaubt, sie könnte durch ihre Liebe einen anderen Menschen aus ihrem Herzbuben machen.

Im Bett zeigt sich der René ungeheuer darauf bedacht, seine intime Gespielin zum Höhepunkt zu bringen. Ihr Orgasmus ist quasi seine Siegestrophäe bei der Matratzenakrobatik. Gern wird zur Erregungssteigerung Sexspielzeug eingesetzt, wodurch wieder das Kind im Manne beim René zum Vorschein kommt. Besonders geilt es die Namensträger auf, wenn sie die Lustgrotte ihrer Gefährtin mit einem Vibrator verwöhnen und dabei ihre körperlichen Reaktionen beobachten können. Häufig fordern sie die andere Seite auch auf, es sich in ihrem Beisein selbst zu besorgen. Fraglos weist der René einen stark voyeuristischen Hang auf, der aber vor der Eingangstür des Swinger-Clubs haltmacht. Seiner Frau beim Sex mit einem anderen Mann zuzuschauen verbietet ihm neben seiner Eifersucht die Furcht, dass jener sie in Dimensionen der Lust führen könnte, die ihm verschlossen bleiben.

Partnerschaft: Erotic Networks

Da der René relativ früh das elterliche Nest verlässt, muss er zunächst lernen, seinen Haushalt selbst zu führen. Als Macho in Reinkultur hat er aber wenig Freude daran und überlässt ihn »großzügig« seiner Gemahlin, wenn er erst verheiratet ist. Seine Sprösslinge sieht er abends meistens erst, wenn sie bereits im Bett liegen, hat er doch selten einen klassischen Bürojob, bei dem um 16 Uhr Feierabend ist. Die »Überstunden« verbringt der René aber nicht immer in der Arbeit, sondern vergnügt sich mit anderen Damen. »Geschäftsessen« finden bei ihm mitunter auch in der Striptease-Bar statt. Extrem liederliche Vertreter bauen sich förmlich ein erotisches Netzwerk im Internet auf. Wird ihre Frau dessen gewahr, ist sie geschockt, welch ein Sündenpfuhl sich da auftut. Insgesamt dürfte die Fraktion der treuen Namensträger kaum die 20-Prozent-Marke übersteigen. Eine offene Beziehung ist aber mit dem René nicht machbar, weil er bei jedem seiner sexuellen Kontakte Exklusivitätsanspruch für sich erhebt. Wird er selbst betrogen, kocht die Hölle.

Was seine Herzdame noch lange bei ihm hält, auch wenn sie bereits von seinen amourösen Eskapaden weiß, sind die traumhaften Reisen, die er mit ihr unternimmt. Schon nach wenigen Jahren Ehe hat er sie zu allen Topurlaubsressorts dieser Erde entführt. Oft verfolgt der René auch das Ziel auszuwandern, wenn er seine Schäfchen im Trockenen hat. Wird daraus Realität, ist es aber meist nicht mehr die Mutter seiner Kinder, die ihn dabei begleitet. Liebe für ein ganzes Leben lässt sich mit ihm kaum je machen. Dafür verliert er gewöhnlich zu schnell die Lust an dem, was er tut und hat.

Trennung: Das Imperium schlägt zurück

Das Beziehungs-Aus gestaltet sich beim René meist äußerst problematisch. Ewig belogen und betrogen und am Schluss womöglich noch gegen ein junges Hühnchen ausgetauscht worden zu sein zeitigt bei seiner Frau häufig unberechenbare Wut. Nicht selten startet sie infolgedessen einen Rachefeldzug, bei dem es darum geht, ihren Noch-Göttergatten finanziell zu ruinieren. Da der René aber nur sehr ungern mehr gibt, als er muss, kommt es zu einem erbitterten Kampf, unter dem vor allem die gemeinsamen Kinder leiden. Häufig werden die Sprösslinge auch aktiv in den Rosenkrieg hineingezogen, indem die Eltern sie gegen die jeweils andere Seite instrumentalisieren und von ihnen erwarten, dass sie einseitig Partei ergreifen. Emotional tangiert die Trennung den René kaum, weil er sich innerlich meist schon meilenweit von der Partnerschaft entfernt hat.

Pflegetipps:

Musts:

* Akkurat gebügelte Wäsche, Rührei mit Speck, Brustnuckeln

No-Gos:

* Teutonengrillen am Ballermann, Arschgeweih, Selbstmitleid

Ideale Namenspartnerinnen:

Das Globetrotter-Gen teilen die Nadine, die Nicole und die Sarah mit dem René. Bei Letzterer sollte er aber unbedingt treu sein, weil sie einen Seitensprung nie wirklich verzeihen kann. Optisch fährt der René am meisten auf die Jana und die Sonja ab, weil sie für ihn den größten Sex-Appeal ausstrahlen. An beiden schätzt er auch sehr, dass sie sich körperlich niemals gehenlassen. Die Anja und die Astrid werden dem René genügend Bewunderung entgegenbringen und ihre Bedürfnisse zu seinen Gunsten ein Stück weit zurückstellen, während das Trio Isabell / Helena / Anette seine voyeuristischen Tendenzen befriedigt.

RONALD / RONNY

BASICS: WER SONST NICHTS WIRD, WIRD WIRT

Von ausgesprochenen Ambitionen, Großtaten zu vollbringen, ist der Ronald fast nie beseelt. Selbst Ronald Reagan, als US-Präsident einst der mächtigste Mann der Welt, war nicht von übermäßigem Gestaltungswillen geprägt.

In der Schule erreichen die Normalo-Namensträger häufig nur mit Ach und Krach einen Haupt- oder Realschulabschluss, entweder weil sie von ihren Eltern zu wenig gefördert werden oder weil sie schon früh im elterlichen Betrieb mitarbeiten müssen. Nicht selten entstammen sie dem landwirtschaftlichen oder handwerklichen Milieu. Die Ronalds selbst erlernen aber kaum je einen Beruf, in dem ihnen besondere »Fingerfertigkeit« abverlangt wird. Gehäuft finden sie sich in der Gastronomie als Kneipenwirte oder im Verkehrswesen als Busfahrer. Ein wichtiger Faktor für ihre Zufriedenheit im Job stellen Abwechslung sowie eine gewisse Mobilität dar. Den ganzen Tag nur an einer Stelle zu hocken, etwa an einem Fließband, treibt sie auf Dauer in den Wahnsinn.

In der Freizeit kann Mann genauso wie Frau viel Spaß mit dem Ronald haben, da er ausgesprochen lebenslustig ist. Beim Weggehen macht er meist mächtig einen drauf und lässt so manche Lokalrunde springen. Das Geld rinnt ihm förmlich durch die Finger, so dass er nur selten nennenswerte Ersparnisse aufweisen kann. Eine Ausnahme bildet hier wie in vielem die kleine Fraktion der Banker.

Verbringt der Ronald seine Mußestunden zu Hause, chillt er vor dem Fernseher oder surft im Internet. Sport ist ihm indes ein regelrechter Greuel, weil er fast nur unangenehme Erinnerungen damit verbindet. Wegen seiner Ungelenkigkeit musste er in seiner Kindheit so manchen Spott von Mitschülern und Spielkameraden über sich ergehen lassen.

Optik und Outfit: SpongeBob

Das Haupterkennungsmerkmal des Ronald besteht in einem recht großen, meist auch kantigen Schädel. Von seiner Ausstrahlung her wirkt er eher ein wenig bieder, wie der Kanzleramtsminister Ronald Pofalla, von dem kaum jemand vermuten würde, dass er bereits zwei gescheiterte Ehen hinter sich hat. An körperlicher Größe mangelt es den Namensträgern nur selten, allerdings verrät oft bereits ihr Gang wenig Geschmeidigkeit. Mitunter könnte man meinen, sie hätten einen Stecken verschluckt.

»Keine Experimente«, lautete einst der Wahlkampfslogan der CDU, und dem hat sich auch der Ronald in Kleidungsfragen verschrieben. Oft trägt er Sakko, kombiniert mit einem konservativen Hemd und geradegeschnittenen Hosen. Den unteren Abschluss des Outfits bilden regelmäßig schwarze Schnürschuhe. »Hip« ist bei ihm allenfalls die Babynahrung.

Verführung und Sex: Die Olga von der Wolga

So locker sich der Ronald in der Clique im Umgang mit Frauen gibt, so befangen wirkt er beim Einzel-Date. Häufig bekommt er vor Aufregung den Mund nicht richtig auf oder tappt von einem Fettnäpfchen ins nächste. Beides ist aber mehr oder weniger seiner Aufregung geschuldet und gibt sich weitgehend, sobald das Eis zu tauen beginnt. Zu einem Charmeur alter Schule wird er nichtsdestotrotz kaum je mutieren. Dafür ermangelt es ihm dann doch an der nötigen Gewandtheit.

Eigentlich wäre das Internet als Vehikel der Kontaktanbahnung wie gemacht für den Ronald, weil er sich hier zunächst schriftlich ein wenig »warmlaufen« kann, bevor es zum Treffen kommt. Aber genau im Schriftlichen liegt sein Problem. Mitunter weisen sowohl seine Rechtschreibung als auch seine Grammatik derart gravierende Mängel auf, dass die andere Seite glauben könnte, sie korrespondierte mit einem gerade erst »geläuterten« Analphabeten.

Wenn es inländisch partout nicht klappen will mit der Pirsch nach Miss Perfect, wird als Ultima Ratio eine Auslandsvermittlung eingeschaltet und eine Olga aus Sibirien oder eine Mai-Lin aus Thailand »bestellt«.

Von den Katalogfrauen verspricht sich der Ronald auch mehr Willfährigkeit im Bett als von ihren deutschen Geschlechtsgenossinnen, denn meistens ist er »geil wie Nachbars Lumpi«. Um seinen Schniedel in Stand-by-Position zu bringen, reicht es ihm häufig alleine schon aus, die Witterung eines weiblichen Wesens aufzunehmen. Inspiration für ein abwechslungsreiches Sexualleben holt er sich als Stammgast bei Orion, Beate Uhse und auf Erotikmessen. Gerne besucht er auch Swinger-Clubs oder lädt befreundete Paare zum Ringelpiez mit Anfassen ein.

Partnerschaft: All inclusive

Nachdem die erste Ehe des Ronald vor allem an seiner Unzuverlässigkeit und der fehlenden Bereitschaft zur Familiengründung gescheitert ist, verbandelt er sich nicht selten mit einer deutlich älteren Partnerin, für die sich die »K-Frage« bereits erledigt hat. Hier fungiert er häufig als eine Art Kinderersatz, so dass er verwöhnt wird wie ein kleiner Prinz. Da die reifere Dame ständig in der Angst lebt, ihn an eine jüngere Rivalin zu verlieren, drückt sie oft auch noch ihr letztes Hühnerauge zu, wenn er über die Stränge schlägt.

Hilfe im Haushalt verlangt seine Herzdame natürlich in keiner

Weise vom Ronald. Wenn er nach der Arbeit die Haustür betritt, erwartet ihn Hotel mit Vollpension, was ihm mehr als entgegenkommt, leidet er doch gleichzeitig unter einer Koch-, Wasch- und Putzallergie. Allenfalls bei den Einkäufen, die er selbst recht gerne verrichtet, zeigt er regelmäßig Flagge, während ihn ausgiebiges Shopping wiederum auf die Barrikaden treibt. Abgesehen von Schuhkauf und Co., sind die Namensträger aber recht häufig mit ihrer besseren Hälfte im Städtchen unterwegs, etwa zwecks Kino-, Kneipen- oder Restaurantbesuch. Dabei ist ebenso wie im Bett ein hoher Fun-Faktor fast schon garantiert.

Enge verwandtschaftliche Bindungen pflegt der Ronald nur selten. Am liebsten hält er sich sowohl die eigene als auch die Sippe seiner Herzdame tunlichst vom Leib. Über die Pflichtbesuche an Geburtstagen und den großen Jahresfesten hinaus, geht kaum je etwas. Seine gewisse Affinität gegenüber Frauen aus fernen Ländern hängt vielleicht auch damit zusammen, dass ihm deren Eltern gewöhnlich nicht ständig auf der Matte stehen.

Trennung: Time goes by

Da der Ronald sich nur schlecht selbst versorgen kann und auch durch den sexuellen Entzug, der aus der Trennung resultiert, auf dem Zahnfleisch kriecht, begibt er sich unverzüglich auf die Pirsch nach Ersatz für seine Verflossene. Um schnell wieder eine Frau an seiner Seite zu haben, ist er gewöhnlich bereit, große Abstriche von seiner ursprünglichen Wunschvorstellung zu machen. Die überhastete Partnerwahl der Namensträger zeitigt natürlich regelmäßig völlige Fehlgriffe, so dass bis zur nächsten längeren Bindung häufig mehrere Beziehungsversuche ins Land gehen.

Große emotionale Betroffenheit verursacht das Ende der Liebe beim Ronald kaum je, verfügt er doch über eine psychische Bärennatur. Probleme jedweder Couleur prallen meist an ihm ab wie ein Gum-

miball von der Mauer. Den Begriff »Depression« kennt er bestenfalls in Form von einer Wirtschaftskrise.

Pflegetipps:

Musts:
* Videospiele, Berge von Süßigkeiten, Strapse

No-Gos:
* Spaziergänge über 50 Meter, Diskussionen, Komplexe

Ideale Namenspartnerinnen:

In puncto Geilheit und horizontaler Probierfreude können dem Ronald am ehesten die Nina, die Nathalie sowie die Vanessa das Wasser
reichen. Das gilt auch für die Isabell, solange keine dritten Personen
ins Spiel kommen, weil sie für Gruppensex und Co. prinzipiell zu
eifersüchtig ist.
Intellektuell erwarten sowohl die Manuelas als auch die Angelas keine Wunderdinge von den Namensträgern, während mit der überaus
lebenslustigen Juliane regelmäßig Partytime auf der partnerschaftlichen Agenda steht. Ausreichend betüttelt wird der Ronald von den
fürsorglichen Helenas und Anettes.

Sebastian / Bastian

Basics: Der erste Schüler

Die Karriere des Sebastian beginnt als Musterschüler, der aber nicht als Streber verschrien ist, weil ihm stets auch das Wohl seiner Mitschüler am Herzen liegt. Nicht selten gibt er den Schwächeren unter ihnen »Nachhilfe« und lässt sich zum Klassensprecher wählen. Wenn er beim Abitur einen Notendurchschnitt von 1,0 hinlegt, so liegt das nicht an einer »Inselbegabung«, sondern an seiner geistigen Vielseitigkeit, will sagen, er vermag in fast allen Fächern zu glänzen. Ein leichtes Übergewicht ergibt sich vielleicht im musischen und naturwissenschaftlich-technischen Bereich. In diese Richtung geht auch meist die Berufswahl des Sebastian. Da er mindestens ein Instrument virtuos beherrscht, studiert er vielleicht an einem Konservatorium Musik, um später Aufnahme in einem professionellen Orchester zu finden, während er als Absolvent des Fachs Medizin in die Pharmaforschung geht. Deutlich unterrepräsentiert sind die Namensträger in klassischen Handwerksberufen. Besonders für echte Knochenjobs fehlt ihnen, einmal ganz abgesehen von der geistigen Unterforderung, meist die notwendige Kraft.

Mit dem »Willen zur Macht« ist der Sebastian eher selten ausgestattet. Oft findet sich ein Mangel an Durchsetzungsvermögen, so dass mitunter Entscheidungen über seinen Kopf hinweg gefällt werden. Eine weitere kleine Schwäche seinerseits besteht darin, dass er nicht sonderlich wagemutig ist. Wenn er zum Beispiel der Leibesertüchtigung frönt, so vermeidet er trotz eines Sebastian Vettel gewöhnlich Risikosportarten. Das Lebensmotto des Sebastian könnte lauten: »Wer sich in Gefahr begibt, kommt darin um.«

OPTIK UND OUTFIT: POWERLESS

Der Sebastin kann regelmäßig mit einer stattlichen Körpergröße aufwarten, die um die 1,85 m liegt. Oft ist er dabei fast schon zu schlank geraten und mitunter von schlaksiger Statur. Die fehlende Körperspannung offenbart sich nicht selten schon in einem verhältnismäßig laschen Händedruck. Kraftpakete wie der Fußball-Nationalspieler Bastian Schweinsteiger stehen unter den Namensträgern ziemlich alleine auf weiter Flur. Mit seinem blonden Haarschopf liegt er dagegen wieder im Mainstream.

Ein makelloses Antlitz wurde dem Sebastian nur selten in die Wiege gelegt. Alleine schon fehlt ihm fast immer die männliche Markanz. Bezüglich des Outfits der Sebastians ist eine interessante Dichotomie zu beobachten: Die Blonden unter ihnen kleiden sich eher nachlässig, während eine angesagte Garderobe bei den wenigen dunkelhaarigen Vertretern einen enorm hohen Stellenwert genießt.

VERFÜHRUNG UND SEX: TAKEN

Korrespondierend zu seiner körperlichen Vorsicht, ist der Sebastian auch beim Anbandeln alles andere als ein Draufgänger. Oft scharwenzelt er nur um das Objekt seiner Begierde herum, ohne zum finalen Angriff überzugehen. Bis er sich dazu entschließt, hat ihm die Konkurrenz die Beute meist längst schon vor der Nase weggeschnappt, oder er hat den Bogen auf der anderen Seite überspannt. Die Redensart »Man soll das Eisen schmieden, solange es noch heiß ist« hat er leider nicht internalisiert.

Am besten beim anderen Geschlecht zu reüssieren vermag der Sebastian in einer gediegenen Zweierkonstellation, indem er die Herzdame in spe etwa zum Essen in ein gemütliches Restaurant einlädt. Dabei überzeugt er durch seine hohe Sprachkultur, sein dezent ins Gespräch eingebrachtes Wissen sowie seine angenehme, unaufdringliche Art, die ein sympathischer Hauch von Verlegenheit umweht. Nie gewinnt das Gegenüber den Eindruck, dass sich das Ganze um eine »Veranstaltung« handelt, die nur das Ziel verfolgt, noch am selben Abend gemeinsam in die Horizontale überzugehen.

Folgt die neue weibliche Bekanntschaft dem Sebastian nach einigem Beschnuppern in sein Schlafgemach, sollte sie nicht erwarten, dass er gleich vollständig den Tiger aus dem Tank lässt. Bisweilen kommt es sogar beim ersten Geschlechtsakt zu ziemlichen Nullnummern, weil er zu aufgeregt ist und sich sein kleiner Feuerwehrmann nicht zu voller oder dauerhafter Pracht entfaltet. Der Sebastian gehört sexuell eindeutig in die Kategorie »Entwicklungstyp«. Hat er erst das nötige Vertrauen zu seiner Intimpartnerin gefasst, geht er mitunter weite Wege mit ihr, ohne sich aber zu extremer Unzucht hinreißen zu lassen.

PARTNERSCHAFT: FIND A GIRL, SETTLE DOWN

Was die Zweisamkeit betrifft, hegt der Sebastian ganz klassische Vorstellungen: Heiraten, Hausbauen, Baumpflanzen, Kinderkriegen. Und als treuen Gefährten einen Hund. Über andere Formen des Zusammenlebens denkt er gar nicht erst groß nach, so selbstverständlich erscheint ihm sein partnerschaftlicher way of life. Zudem hat für ihn der Akt der Eheschließung starken symbolischen Charakter. Das Versprechen der Trauformel, sich gegenseitig die Liebe und Treue zu halten bis zur »Scheidung« durch den Tod, stellt für ihn keinesfalls nur ein Lippenbekenntnis dar. Wenn er den Bund der Ehe eingeht, so setzt er viel daran, ihn auch aufrechtzuerhalten.

Als Familienmensch in Reinkultur stehen beim Sebastian gemeinsame Unternehmungen mit Frau und Kindern absolut im Vordergrund, an denen aber durchaus auch andere Elternpaare partizipieren können. Zur Festung wird das Heim jedenfalls kaum je umfungiert, im Gegenteil stehen die Türen meist einladend weit offen für jedweden Besuch. Den Namensträgern ist sehr wohl bewusst, dass eine Beziehung ohne frischen Wind von außen auf Dauer gewöhnlich verkümmert.

Für seinen Nachwuchs spielt der Sebastian oft den »Privatlehrer«, indem er ihm die Welt erklärt und die verschiedensten Fertigkeiten beibringt. Selbst in Rückzugsphasen bleibt er für sie noch einigermaßen erreichbar. Mit der »Unverletzlichkeit« seines »Schneckenhauses« nimmt er es im Gegensatz zu den meisten seiner Geschlechtsgenossen nicht sklavisch genau.

Eine Kröte, die die Göttergattin des Sebastian schlucken muss, ist seine Überempfindlichkeit. Bisweilen bringt ihn schon der Hauch einer Kritik kurzfristig völlig aus dem Konzept. Verletzungen trägt er jedoch fast nie lange nach.

Trennung: Der Mann aus La Mancha

Der Sebastian kämpft in Don-Quijote-Manier häufig auch dann noch gegen das Ende der Beziehung an, wenn schon längst nichts mehr zu retten ist. Kommt es dann zum Unausweichlichen und seine Frau verlässt das sinkende Schiff, verleugnet er zunächst hartnäckig den Tatbestand, indem er seinem Umfeld erzählt, es handele sich nur um eine Krise, die aber schon bald ausgestanden sei. Irgendwann aber muss er einsehen, dass es die andere Seite ernst meint und es kein Zurück mehr für sie gibt. Mit dieser bitteren Erkenntnis geht oft ein psychischer Zusammenbruch bei ihm einher. Zum Glück ist der Sebastian nicht von dem typischen Männlichkeitswahn befallen, schon alles alleine zu schaffen, sondern holt sich professionelle Hilfe.

Musts:

* Tägliche Streicheleinheiten, Kerzenlicht, Hobbyraum

No-Gos:

* Ego-Trips, Nikotinküsse, Konsumsucht

IDEALE NAMENSPARTNERINNEN:

Ein musikalisches Duett vermag der Sebastian mit der Sophie, der Caroline und der Eva zu bilden. Viel Verständnis für seine Startschwierigkeiten im Bett bringen die Anita, die Antje sowie die »Kat-Frauen« (Katharina / Kathrin / Katja) auf, weil auch sie intim eher Entwicklungstypen sind. Die klassischen Beziehungsvorstellungen des Sebastian teilen neben der Anette die Sabrina und die Astrid. Ein Leben als kinderlose Junggesellinnen ist für sie kaum vorstellbar. Harmonie, so weit das Auge reicht, garantiert die Laura.

Simon

Der Name Simon stammt aus dem Hebräischen und bedeutet übersetzt »der Verstehende«. Tatsächlich verfügen die Namensträger
über eine gute Auffassungsgabe und sind pfiffige Kerlchen.
In der Schule geben sie zwar nicht den Klassenclown, stehen aber bei
jedem Streich mit an vorderster Front. Nicht selten verfügen sie über
ein komisches Talent, das sie bisweilen sogar zum »Berufsbespaßer«
prädestiniert wie den »Herrn« der Comedystreet, Simon Gosejo-
hann. Mit der kessen Lippe wird aber häufig eine tiefe innere Unsicherheit überspielt. Diese schwache Seite des Simon kennen jedoch
nur ganz wenige Eingeweihte aus seinem näheren Umfeld. Wer ihn
bei seinem öffentlichen »Wirken« erlebt, würde nie vermuten, dass
er wegen seiner Neurosen ein Kandidat für die Couch sein könnte.
Typisch für ihn sind vor allem leicht zwanghafte Züge oder chaotische Tendenzen. Seine defekten Anteile machen ihn aber noch sympathischer, als er ohnehin schon ist, weil sie auch wieder Grund zum
Schmunzeln geben und ihn nur allzu menschlich erscheinen lassen.
Eine weitere prägende Charaktereigenschaft des Simon ist sein Ehrgeiz, den man hinter seiner lockeren Art überhaupt nicht vermutet.
Selbst wenn er – wie so oft – hobbymäßig einen Mannschaftssport
betreibt, ist es ihm wichtig, zu gewinnen. Allerdings spielt er dafür
nur ungerne foul. Fairplay stellt eine der Maximen in seinem Leben
dar.
Überhaupt ist der Simon eher ein sanfter Mensch, der Gewalt ablehnt. Lieber putzt er im Freiwilligendienst alten Leuten den Hintern ab, als dass er bei der Bundeswehr auf Pappkameraden schießt.
Parteipolitisch tendiert er meist zur Sozialdemokratie, seltener zu
den »Grünen«.

Optik und Outfit: Deine blauen Augen ...

Der Simon ist entweder Pat oder Patachon, also klein und gedrungen oder groß und schlaksig. Seine glatten Schnittlauchhaare sind bevorzugt mittelblond. Der Gesichtsausdruck wirkt ein wenig naiv, was aber eher Teil seiner clownesken Rolle ist. Trotz der bisher genannten, wenig schmeichelhaften Attribute gehört der Simon durchaus zu den attraktiveren Vertretern der Männlichkeit, nicht zuletzt wegen seiner charismatischen Gesamterscheinung, die stark von seinen lachenden, meist blauen Augen geprägt ist.

Den Kleiderschrank der Namensträger dominieren Sakkos, Bundfaltenhosen und Hemden. In der Freizeit werden aber auch gerne Sweatshirts mit Jeans kombiniert. »Beschmuckt« ist der Simon allenfalls mit einem breiten Silberring, während er Tattoos in Bausch und Bogen ablehnt.

Verführung und Sex: Wildes Schlafzimmer

Der Simon jagt fast immer auf freier Wildbahn oder nutzt Medien zur Kontaktanbahnung, bei denen er gleich auf persönliche Tuchfühlung gehen kann wie Speed-Dating oder Running Dinner. Im »Infight« liegt auch eindeutig seine Stärke. Beim Kneipenflirt nähert er sich dem Objekt seiner Begierde scheinbar absichtslos und verwickelt es in einen Small Talk. Bevor das Opfer überhaupt checkt, dass es hier um mehr geht als um Kommunikation über Belanglosigkeiten, hat es der Simon schon mit seinem Humor und Charme um den Finger gewickelt. Nicht selten folgt es ihm noch am gleichen Abend in sein Schlafzimmer. Dort geht es alles andere als beschaulich zu, denn in der Horizontalen wird der sonst eher sanftmütige Simon zum wilden Tier. Das Liebesspiel kann sich bei ihm über Stunden hinziehen, verfügt er doch über genügend Standfestigkeit und hat seinen Körper auch so gut unter Kontrolle, dass er nicht gleich abspritzt, wenn er nur die nackte Zehenspitze einer Frau sieht.

Auch in puncto Variantenreichtum entführt der Simon seine Herzdame ins Abenteuerland der Lust. Rein, raus, runter wird es mit ihm kaum je geben, höchstens beim Quickie auf dem Küchentisch, wenn jederzeit die Kinder den Ort des Geschehens stürmen könnten. Abgesehen von der Verantwortung gegenüber den lieben Kleinen, haben die Namensträger aber keinerlei Probleme damit, wenn sie dritte Personen in flagranti beim intimen Beglückungsprogramm erwischen. Ganz im Gegenteil, scheinen sie es manchmal förmlich darauf anzulegen, weil es ihnen ähnlich einem Exhibitionisten Lust bereitet, ihre Mitmenschen zu schocken.

Auf diesen Effekt muss der Simon zwar im Swinger-Club weitgehend verzichten, doch reizt ihn hier das Prinzip des Partnertauschs.

Partnerschaft: Versetzung gefährdet

Da der Simon sich nur selten hundertprozentig auf die Zweisamkeit einlässt, sozusagen liebestechnisch mit angezogener Handbremse fährt, sind Konflikte mit seiner Lebensgefährtin vorprogrammiert. Das mangelhafte Einlassen hängt bei ihm weniger mit Bindungsängsten zusammen, sondern liegt darin begründet, dass er seine Energie auf andere Bereiche seines Lebens fokussiert. So legt er etwa seinen Ehrgeiz in den Sport oder strebt beruflich nach den Sternen. Als aufgeklärtem Vertreter des starken Geschlechts ist dem Simon aber schon bewusst, dass sich eine moderne Frau weder mit einem Nebeneinanderher noch mit der Rolle einer reinen Bedürfnisstillerin ihres Göttergatten zufriedengibt. Deshalb versucht er, seine Sparflamme gerade noch so hoch zu halten, dass seine Bilanz im Tagebuch der Liebe positiv ausfällt, was natürlich eine gefährliche Gratwanderung bedeutet, die nicht immer gelingt.

Arbeiten im und um das Haus herum verrichtet der Simon ziemlich lustlos. Ebenso wenig ist er ein begnadeter Handwerker wie ein Meisterkoch. Viel lieber als seine Hände setzt er seinen Kopf ein. Mit seinen Kindern spielt er Fußball oder besucht Freizeitparks, aber er baut ihnen keine »wettbewerbsfähigen« Seifenkisten.

Die Kommunikation mit dem Simon ist von seiner Seite aus von einer gewissen Flapsigkeit geprägt. In guten Phasen kann sich seine Frau über die Sprüche, die er vom Stapel lässt, köstlich amüsieren, in schlechten regt sie sich maßlos darüber auf und beschimpft ihn als oberflächlich.

Ein partnerschaftliches Sahnehäubchen des Simon stellt fraglos seine Toleranz dar. Niemals würde er versuchen, seine Herzdame massiv in ihrer Handlungsfreiheit einzuschränken, was er im Gegenzug aber auch von ihr erwartet. In dieser Hinsicht gilt für ihn das Prinzip »Gleiches Recht für alle«.

Trennung: Never look back

Fährt die Beziehung gegen die Wand, kommt dem Simon zugute, dass er nie wirklich Vollgas gegeben hat, und er kommt mit kleineren Blessuren davon. Meist hält er schon nach wenigen Wochen, allenfalls Monaten Ausschau nach Ersatz für seine Ex. Lässt er sich ausnahmsweise länger Zeit, so liegt das gewöhnlich nicht an noch offenen Trennungswunden, sondern an der Unlust, schon wieder Energie für die Pirsch nach Miss Perfect zu investieren.

Da der Simon meist schon wieder zu neuen Ufern aufgebrochen ist, nervt es ihn, »zurückzublicken«, um die Scheidungsfolgesachen zu klären. Meist ist es hier seine Verflossene, die die Hebel in Bewegung setzt.

Die Beziehung zum Nachwuchs wird nun häufig intensiver, weil er sie an den Besuchswochenenden nicht mehr einfach nach ein bis zwei Stunden »abgeben« kann.

Pflegetipps:

Musts:

* Sportschau, gemeinsames Lachen, Saunanachmittage

No-Gos:

* Moralintrunkenheit, Eifersucht, Kultur-Trips

Ideale Namenspartnerinnen:

Seine Partnertauschfantasien am ehesten ausleben kann der Simon mit der Denise, der Michaela und der Juliane. Aber auch sonst kennt dieses Dreigestirn intim nur wenige Tabus. Die Helena wird ihm nach einem ausgedehnten Geschlechtsakt das Essen ans Bett bringen, weil sie es liebt, ihren Prinzen zu verwöhnen. An der Vanessa reizt ihn die Verruchtheit.

Viel Spaß im Alltag garantieren dem Simon die humorvollen Yvonnes, Tinas und Lenas. Mit Letzteren lässt sich zudem ebenso wie mit den Tanjas trefflich sporteln oder zumindest der ausgiebigen Bewegung frönen.

Sven

Basics: Yes, we can

Der Sven stellt eine ausgesprochen kraftvolle und lebenstüchtige Persönlichkeit dar. Von schwereren gesundheitlichen Problemen, besonders psychischer Natur, bleibt er meist zeitlebens verschont. In der Statistik krankheitsbedingter beruflicher Fehltage steht er oft an letzter Stelle, was auch damit zusammenhängt, dass er seinen Job liebt. Besonders Friemel- und Tüftelarbeiten, denen er sich akribisch widmen kann, sieht er regelmäßige als interessante Herausforderungen an. Wenn es einen Nobelpreis für komplexe Problemlösungen gäbe, so gebührte er fraglos einem Sven. Von der Sparte her landen die Namensträger häufig im Elektronikbereich, im Handwerk oder in der technischen Entwicklung. Einen weiten Bogen machen sie dagegen um Professionen, die allzu viel »graue Theorie« beinhalten, wie geisteswissenschaftliche Dozententätigkeiten.

Im zwischenmenschlichen Umgang zeigt sich der Sven geradlinig und forsch. Bei ihm weiß die andere Seite stets, woran sie ist, sowohl im positiven als auch im negativen Sinne. In Konfliktsituationen kämpft er mit offenem Visier; die Wahrscheinlichkeit, von ihm hinterrücks gemeuchelt zu werden, geht gegen null. Keinen Zugang findet er zu Zeitgenossen, die in irgendeiner Form den Boden der Tatsachen verlassen haben. Esoterischen Gurus oder Geistheilern etwa steht er gewöhnlich skeptisch bis ablehnend gegenüber, insbesondere wenn größere Geldbeträge als Honorar ins Spiel kommen.

Freizeitmäßig ist der Sven für vieles zu begeistern, außer für Sport. Daher gehen auch nur selten Cracks aus seinen Reihen hervor, wie der frühere Skispringer Sven Hannawald und der Boxer Sven Ottke. Kulturell frönt er eher der leichten Muse, als sich schwerverdauliche Kost einzuverleiben.

Optik und Outfit: About a boy

Der Name Sven bedeutet im Altnordischen »Junge«, aber jungenhaft wirken seine Träger zumindest von ihrem Äußeren her nun wahrlich nicht. Meist vermitteln sie dagegen aufgrund ihres markanten Gesichtes und entschlossenen Blickes den Eindruck eines Haudegens. Auch figürlich gehen sie kaum je in die knabenhafte, sondern eher schon in die bullige Richtung, wie der Biathlet i.R. Sven Fischer, der mit seinen stattlichen 1,85 m ziemlich genau das Mittel des Höhenwachstums markiert. Die Haare der Namensträger sind ziemlich fein, bleiben ihnen dafür aber gewöhnlich bis ins hohe Alter erhalten. Auf stylische Klamotten legen besonders die Handwerker unter den Svens kein besonderes Augenmerk. Am liebsten würden sie ohnehin den ganzen Tag in ihrem bequemen Blaumann herumlaufen, während die Garderobe der »Schreibtischtäter« zumindest die Bezeichnung »ordentlich« verdient.

Verführung und Sex: Vorsicht, Falle

In seiner Jugend zeigt der Sven ähnlich wie der Christoph meist noch kein sonderliches Interesse am anderen Geschlecht. Anstatt erste intime Erfahrungen zu sammeln, verdient er sich nach der Schule lieber ein kleines Zubrot, indem er Zeitungen austrägt, auf dem Bau jobbt oder Autos repariert. Disco-Besuche mit seinen Kumpels meidet er weitgehend, weil ihm dafür, dass er dort meist eh nur dumm rumsteht, sein sauer verdientes Geld zu schade ist. Wenn er dann alle Schaltjahre einmal in die Paarungsoffensive geht, wirkt er – natürlich fehlt ihm die Übung – ziemlich hölzern und ungeschickt. Mit Komplimenten geht er so sparsam um, als würde jedes von ihnen 100 Euro kosten. Zudem trifft er damit auch kaum je den Geschmack seines Flirtkontakts. Um die weibliche Bedürfnislage zu erspüren, fehlt ihm häufig die notwendige Empathie.

Seine spätere Herzdame lernt der Sven nicht selten bei der Ausübung seiner Arbeit kennen. Womöglich deckt er ihr das Hausdach und stürzt dabei geradewegs in ihr Bett ab. Da er in dem Ruf steht, hilfsbereit zu sein, wird er bisweilen auch von einer Kollegin zu sich nach Hause gelockt, unter dem Vorwand, sie bräuchte seinen Rat bei einem handwerklichen Problem. Fortsetzung folgt ...

Die Kreativität, die der Sven bei seinen Tüfteleien an den Tag legt, endet leider meist vor der Schlafzimmertür. Zwar verfügt er über eine ausgezeichnete Potenz, aber die Bandbreite seines intimen Repertoires hält sich doch sehr in Grenzen. Andererseits ist er im Bett und um das Bett herum zu allen Schandtaten bereit, sofern seine Partnerin die Regie übernimmt. Ihre horizontale Dominanz findet er antörnend, solange sie nicht glaubt, ihn körperlich züchtigen zu müssen, denn mit SM-Praktiken hat er nur wenig am Hut.

Partnerschaft: Coming home for christmas

In den ersten Jahren seiner Ehe ist der Sven ständig aushäusig, weil er neben seinem Hauptberuf noch diversen Nebentätigkeiten nachgeht, mit denen er das Geld für ein Haus zusammenzubekommen versucht. Um das auszuhalten, muss seine Partnerin entweder sehr selbständig oder sehr tolerant sein. Glücklicherweise gehört der Sven aber kaum je zu der Spezies Mann, die sich nach der Arbeit »schmerzgeplagt« aufs Canapé fallen und sich anschließend von vorne bis hinten bedienen lässt. Den sterbenden Schwan zu spielen geht ihm völlig gegen den Strich, würde das doch an seinem Nimbus der Unkaputtbarkeit kratzen. Im Gegenteil, legt er in den trauten vier Wänden meist noch überaus viel Aktivität an den Tag. Das Motto »Der Schuster hat die schlechtesten Schuhe« greift bei ihm regelmäßig ins Leere, hält er doch als Handwerker nicht nur das Nest anderer Leute in Ordnung, sondern auch das eigene. Die klassischen

Hausarbeiten überlässt er indes aus einem gewissen Machismo heraus gerne seiner besseren Hälfte.

Spätestens sobald sich Nachwuchs einstellt, reduziert der Sven seine Feierabendjobs auf ein Minimum, teilweise von selbst, teilweise erst nachdem ihm seine Göttergattin klargemacht hat, dass ihr der Status einer quasi alleinerziehenden Mutter missfällt. Wie auch immer, brauchen die Namensträger ein wenig, bis sie die Kinder als »Ersatzdroge« für ihren Workaholismus annehmen, was aber letztlich fast immer gelingt, so dass sie zu Mustervätern mutieren. Ihre überschüssigen Energien können sie nun beim Kicken oder Werkeln mit dem Nachwuchs loswerden.

Das partnerschaftliche Verhalten des Sven ist von Wertschätzung und Respekt, inklusive Treue geprägt. Oft trägt er seine Frau förmlich auf Händen.

Trennung: Wascht ihr nur eure Autos

Nach dem Ende der Zweisamkeit stürzt sich der Sven wieder vermehrt in die Arbeit. Damit schlägt er zwei Fliegen mit einer Klappe: Erstens lenkt er sich von seinem Schmerz ab und zweitens verdient er zusätzliches Geld, um besser über die Runden zu kommen. Weil er nach außen hin das Prinzip »Business as usual« praktiziert, wissen in seinem privaten sozialen Umfeld oft nur seine engsten Vertrauten überhaupt, dass er und seine Frau getrennte Wege gehen, während er es im Job für ein Gebot der Professionalität hält, die Angelegenheit geheim zu halten.

Bei der Teilung von Geld und Gut im Rahmen der Scheidungsfolgesachen sollte seine Ex äußerst sensibel vorgehen, fühlt sich der Sven doch schnell benachteiligt. Strebt sie wie er eine faire Lösung an, steht jedoch einem einvernehmlichen rechtlichen Ende der Ehe nichts im Wege.

Pflegetipps:

Musts:
* Wind um die Nase, Bratkartoffeln mit Speck, Kernseife

No-Gos:
* Mimöschen, Daily-Soap-Junkies, Strandurlaub

Ideale Namenspartnerinnen:

Die charakterliche Klarheit teilt der Sven mit dem Trio Laura / Martina / Sophie, während ihm die Jeanette sowie die Helena beruflich den Rücken freihalten. Seine anfänglich häufige Abwesenheit von zu Hause stellt für die selbständigen Sonjas und Danielas kein größeres Problem dar. Ziemlich heftig auf die kernige Art und Power der Namensträger fährt die Sarah ab, weil sie auf »harte Jungs« steht. Im Schlafzimmer den »Willen zur Macht« zeigen sowohl die Vanessa als auch die Meike, allerdings stößt der Sven hier mitunter schnell an seine Grenzen.

Thorsten

Basics: Die Säulen der Erde

Nicht zuletzt aufgrund seiner hervorragenden Optik zeigt sich der Thorsten stark narzisstisch veranlagt. Das geht bisweilen so weit, dass er glaubt, die Welt würde ohne ihn aufhören sich zu drehen. So konnte etwa der Fußballer Thorsten Frings nach der EM 2008 nur schwer verstehen, dass er für die Nationalmannschaft entbehrlich geworden war, und zettelte eine kleine Palastrevolution gegen den Bundestrainer an. Zu Aufmüpfigkeit neigt der Thorsten aber im Allgemeinen kaum je. Viel lieber versucht er sich, ohne großartig anzuecken, durchs Leben zu schlängeln. Hat er etwas verbockt, übernimmt er nur selten aus freien Stücken die Verantwortung dafür, sondern versucht sich herauszureden oder die Schuld auf andere zu schieben. Die Politik meiden die Thorstens gewöhnlich, weil es ihnen buchstäblich schwerfällt, Partei zu ergreifen. Meist wollen sie es auch gar nicht, um nach allen Seiten hin offenzubleiben und sich damit keine Chancen zu verbauen.

Auf die charakterliche Habenseite des Thorsten können fraglos seine Kontaktfreude, Spontaneität und Flexibilität verbucht werden, während die Hilfsbereitschaft, die er an den Tag legt, nicht immer ganz frei von Berechnung ist. All die genannten Stärken kann er neben seiner Eloquenz trefflich in seinen bevorzugten Berufen als Versicherungsagent oder Investmentberater einsetzen. Doch ist seitens der Kunden ein gewisses Maß an Vorsicht geboten, denn manch ein Thorsten mutiert durch den Lockruf des Geldes zum ausgemachten Windhund. Das »Führe mich nicht in Versuchung« brauchen die »Techniker« unter den Namensträgern im Job zum Glück nicht zu beten.

Freizeittechnisch macht der Thorsten gerne Party, unternimmt (Vergnügungs-)Reisen und sportelt möglichst »schmerzarm«.

Optik und Outfit: Die goldene Ananas

Der Thorsten sieht oft so blendend aus, dass er bei Model-Wettbewerben regelmäßig unter die Top Ten kommt. Wenn es nicht bis aufs Treppchen reicht, dann höchstens deshalb, weil ihm im Gegensatz zur Konkurrenz ein paar Zentimeter Körpergröße fehlen. Nur selten überschreitet er nämlich die 1,80 m merklich, womit er für einen männlichen »Helden des Laufstegs« schon absolut an der unteren Grenze liegt. Vom Konstitutionstyp her sind die Namensträger meist Athletiker, was sie durch moderates Krafttraining noch pointieren. Einziger kleiner Makel: Der fast immer braune Haarschopf räumt spätestens ab dem vierten Lebensjahrzehnt zugunsten tiefer Geheimratsecken den Platz.

Aufgrund ihrer extremen Körperpflege und distinguierten Garderobe geraten selbst die Hetero-Thorstens gelegentlich zu Unrecht in »Verdacht«, der anderen Fakultät anzugehören.

Verführung und Sex:
Von Windhunden und armen Hunden

Auf die holde Weiblichkeit geht der Thorsten meist relativ unbefangen zu, weil er – anders als viele seiner Geschlechtsgenossen – in seinem Kopf kaum je Horrorszenarien über den Flirt-Super-GAU entwirft. Braucht er auch nicht, sind ihm doch brüske Abfuhren ziemlich fremd. Seine glänzende Optik und Ausstrahlung öffnen ihm zumindest immer die Tür für einen netten Plausch. Aufgrund seiner »Vorschlusslorbeeren« kann der Thorsten beim verbalen »Infight« im Prinzip nur noch verlieren, indem er völligen Gesprächsmüll absondert. Und selbst das würde die andere Seite, völlig geblendet von seiner Schönheit, anfangs vermutlich überhaupt nicht bewusst wahrnehmen. Solche »Spekulationen« sind aber ohnehin Makulatur, da der Thorsten als erfahrener Flirter genau weiß, was

Frauen gerne hören möchten und was die jeweilige Situation kommunikativ von ihm verlangt. Will sagen, er hält Small Talk, wenn die Zeichen auf Small Talk stehen, und geht rechtzeitig auf verbalen Kuschelkurs über, wenn die Zeit für verbalen Kuschelkurs anbricht. Ein gesundes Misstrauen ist aber wieder geboten: Sowenig, wie Mensch jedem Thorsten bedenkenlos Geld anvertrauen sollte, sowenig sollte Frau jedem Thorsten bedenkenlos ihren Körper »anvertrauen«, denn auch intim erweisen sich die Namensträger mitunter als Windhunde. Bei den bindungswilligen und -fähigen Vertretern, fraglos die größere Fraktion, fährt der Zug dagegen interessanterweise in eine ganz andere Richtung, neigen sie doch häufig zu sexueller Hörigkeit. Regelmäßig geraten sie an eine Partnerin, die sich darin gefällt, sie im Schlafzimmer bis zur totalen Entwürdigung zu demütigen. Das Spektrum reicht hier vom Betteln um Geschlechtsverkehr bis hin zur Nötigung, ihr beim »genussvollen« Gangbang mit anderen Männern zuzuschauen.

Partnerschaft: Drinnen nur Männchen

So wie der Thorsten irrtümlich glaubt, beim Suchen und Finden der Liebe das Heft des Handelns in der Hand zu halten, während sich faktisch bekanntermaßen die Frau den Mann aussucht, so gibt er sich auch in der Zweisamkeit der Täuschung hin, er sei der Chef im Ring. Seine bessere Hälfte ist natürlich meist klug genug, ihm seine Illusion zu lassen, indem sie ihn in der Öffentlichkeit anhimmelt und zu Hause heimlich das Regiment führt. Da der Thorsten sich besonders von weiblichem Circengesang leicht manipulieren lässt, fällt es ihr nicht schwer, ihre Wünsche und Ideen in seine Wünsche und Ideen umzuwandeln. Mitunter verfährt sie dabei derart geschickt, dass irgendwann wirklich die unumstößliche Überzeugung in ihm wächst, alles sei ursprünglich auf seinem Mist gewachsen. Da der Thorsten kaum je den Typus verheirateter Junggeselle verkörpert, sondern gerne etwas mit seiner Herzdame unternimmt, wird das Leben an seiner Seite nur selten »einsam«. Allerdings ist er nicht der Mann für den gehobenen Kulturgenuss. Schon ein anspruchsvoller Kinofilm langweilt ihn meist zu Tode, ganz zu schweigen von Museums-, Theater- oder Opernbesuchen. Lieber tanzt er in der Disco ab oder macht auf Volksfesten die Nacht zum Tag. Eine wirkliche geistig-spirituelle Weiterentwicklung wird die Beziehung derart natürlich nie erfahren.

Eigenen Nachwuchs braucht der Thorsten nicht unbedingt zur Erfüllung seines Lebensglücks. Ihm würden auch allemal seine Neffen und Nichten reichen, um seinen Bedarf an Kindern zu stillen. Allerdings ist genau das einer der Punkte, an dem sich die manipulative Kraft seiner Göttergattin Bahn bricht.

Trennung: Für gelegentliche Treffs

Nach dem Ende der Zweisamkeit verhält sich der Thorsten ausgesprochen inkonsequent, was aber weniger mit Wollen als mit Können zu tun hat. Regelmäßig ist es die sexuelle Abhängigkeit von seiner Ex, die ihn daran hindert, von ihr zu lassen. Wann immer sie ihn als Notnagel oder besser gesagt zum »Notnageln« braucht, steht er Gewehr bei Fuß. Danach wird er aber regelmäßig wieder auf Standby gestellt. Eine verbindliche Beziehung über das Bett hinaus kommt meist nicht mehr zustande, da die Verflossene inzwischen lose Intimkontakte zu verschiedenen Männern pflegt, die sie keinesfalls mehr aufgeben möchte.

Zu verteilen gibt es im Rahmen der Scheidungsfolgesachen oft höchstens noch die Schulden, weil das Paar während der Ehe kräftig über seine Verhältnisse gelebt hat.

Pflegetipps:

Musts:

* Gazellenbeine, Hund im Haus, Katerfrühstück

No-Gos:

* Trampeltiere, Schuften wie ein Ochse, Ungeziefer

Ideale Namenspartnerinnen:

Partytime ist für den Thorsten an der Seite der lebenslustigen Nicoles, Julianes und Yvonnes angesagt. Zu Butter wird er unter der »sanften« Führung des Quartetts Silke/Nadine/Daniela/Angela, das ihn geschickt zu lenken weiß, während die Simone sowie die Miriam ähnlich wie er nicht gerade nach einer Großfamilie lechzen. Sowohl mit den Lauras als auch den Sophies zeigt sich der Thorsten gerne in der Öffentlichkeit, weil sie seinen hohen optischen Ansprüchen genügen. Allerdings genügt er nicht immer ihren hohen geistigen Ansprüchen.

Tim / Timo / Thimo

Basics: Man of honor

»Höflich und bescheiden sein kostet nichts und bringt viel ein« könnte das Lebensmotto des Tim lauten. Er stellt nämlich sein Licht lieber unter den Scheffel, wie der Fernsehkoch Tim Mälzer, als großartig mit seinen Fähigkeiten aufzutrumpfen. Zudem ist er ein Mann von »Sitte, Anstand und Ehre«. Wenn beispielsweise im Bus eine ältere Dame keinen Platz mehr findet, springt der Tim unverzüglich auf, um ihr seinen anzubieten. In der Betrugsstatistik dürfte der Name kaum je auftauchen, würde seinen Trägern doch im Traum nicht einfallen, andere Leute unrechtmäßig um ihr Hab und Gut zu bringen. Haben sie auch überhaupt nicht nötig, weil sie »Schaffer« sind. Schon in Kindertagen tragen sie Zeitungen aus oder räumen bei den Nachbarn Schnee, um sich ihr Taschengeld selbst zu verdienen. Wenn sie das Erwachsenenalter erreichen, haben sie häufig schon genügend Geld für das erste kleine Auto auf dem Konto.

Tims können zwar in der Schule nicht mit »Bestnoten« brillieren, aber andererseits sitzt ihnen auch fast nie das Schreckgespenst des Sitzenbleibens im Nacken. Sorgen werden sie ihren Eltern, egal in welcher Hinsicht, jedenfalls kaum je bereiten. Für Laster, deren Anfang ja bekanntermaßen im Müßiggang liegt, ist ihr Leben zu ausgefüllt. Beruflich tragen sie nicht selten große Verantwortung als (selbständige) Handwerksmeister, Flugzeugpiloten oder EDV-Leiter und haben meist einen langen Arbeitstag, während sie im privaten Bereich den vielfältigsten Interessen nachgehen.

Dabei liegt der Schwerpunkt aber neben dem sportlichen meist im technischen Bereich. So bauen sie zum Beispiel gerne Oldtimer wieder auf. Als Abenteurer, wie ihr literarisches Namensvorbild Tim aus dem Duo Tim und Struppi, tun sie sich hingegen äußerst selten hervor.

Optik und Outfit: Heartbreaker

Der Anblick des Tim lässt Frauenherzen höherschlagen, ist er doch meist groß gewachsen, ferner mit einem hübschen, maskulinen Antlitz sowie einem vollen, dunkelhaarigen Schopf ausgestattet, der sich nicht selten lockt oder zumindest wellt. Als Sahnehäubchen gesellt sich regelmäßig noch eine sportlich-athletische Figur hinzu. Wenn sie gut drauf sind, wirken die Tims fast schon wie Sunnyboys. Vom Aussehen her könnte der Schauspieler Tim Bergmann – übrigens 1,91 m lang – als Prototyp für sie herhalten.

Auf Körperpflege und eine ordentliche Garderobe legen die Namensträger viel Wert, ohne dabei je in den Ruch besonderer Eitelkeit zu gelangen. Gewöhnlich zeichnen sich die Lieblingsklamotten durch einen schlichten Chic aus. Auf Schmuck und andere Accessoires verzichtet der unprätentiöse Tim, abgesehen von seinem Ehering, fast völlig.

Verführung und Sex: Der Widerspenstigen Speisung

Der Tim erobert das Herz seiner Göttergattin in spe nicht selten über den Magen, indem er sie entweder selbst aufwendig bekocht oder zu einem leckeren Essen ins Restaurant einlädt. Meist genießt nämlich die gehobene Küche geradezu Kultstatus in seinem Leben. Eine Frau, die diese Vorliebe nicht teilt, wird vermutlich an seiner Seite kaum bestehen können. Eine weitere Möglichkeit für die Namensträger, die Prinzessin auf ihr Schloss zu bekommen, besteht darin, sie wie im Märchen aus einer Notlage zu befreien. Das kann ein massiver finanzieller Engpass sein oder auch ein Ex-Partner, der sie bedroht. Auf Kandidatinnen in schwieriger Situation trifft der Tim natürlich gehäuft in Selbsthilfegruppen für trennungsgeschädigte Singles oder in professionell angeleiteten Gesprächszirkeln. Aber auch der Arbeitsplatz oder Freundeskreis erweist sich als ergiebiges Jagdrevier, weil hier von weiblicher Seite immer wieder Hilfegesuche an ihn herangetragen werden.

Die Genussfreude des Tim macht keineswegs vor der Schlafzimmertür halt. Nur wenige Männer können den Orgasmus so intensiv genießen und zelebrieren die fleischliche Liebe so ausgiebig wie er. Aber auch nur wenige Männer sind so diskret wie er, denn niemals würde er sich in der Öffentlichkeit mit seinen horizontalen Großtaten brüsten. Der Tim bellt nicht, dafür beißt er. »Beißen« klingt nach Aggressivität, und tatsächlich ist seine Intimität gleichermaßen von zügelloser Wildheit geprägt wie von verschmuster Kuscheligkeit. Aber gerade dieses Pendeln zwischen den Extrempolen intimer Lustbarkeiten versetzt seine geschlechtlichen Gespielinnen regelmäßig in Verzückung und bedeutet ein ungeheures Faszinosum für sie.

Partnerschaft: Das Schweigen im Hause

Was seine Mithilfe im Haushalt betrifft, ist der Tim sozusagen ein Endemit, das heißt, sein Wirkungskreis bleibt mehr oder weniger auf die Küche beschränkt. Dafür regiert er am Herd uneingeschränkt und überlässt ihn seiner Frau nur bei eigener Abwesenheit von zu Hause. Abgesehen vom Kochen, obliegen den Namensträgern meist die handwerklichen Tätigkeiten, bei denen sie sich als außerordentlich geschickt erweisen.

Seine Sprösslinge fördert der Tim überwiegend motorisch, indem er zunächst mit ihnen bastelt und sie später in die verschiedensten Sportarten einweist. Bei der Aufzucht des Nachwuchses lässt er aber mehr oder weniger seiner besseren Hälfte den Vortritt. Insgesamt schwört das Paar auf das Indianerprinzip, bei dem jeder der Partner die Aufgaben übernimmt, die ihm am meisten liegen.

Ein klares Manko des Tim in der Zweisamkeit stellt sein mitunter defizitäres Kommunikationsverhalten dar. An manchen Tagen muss ihm die Angetraute förmlich jedes Wort aus der Nase ziehen, und über Gefühle redet er fast nie. Das macht das Leben an seiner Seite gewiss nicht ganz einfach, obwohl er ein herzensguter Mensch ist. Oftmals nimmt er sogar professionelle Hilfe in Anspruch, um offener zu werden, aber zu einem vor Worten sprudelnden Wasserfall wird er dadurch kaum je, sondern allenfalls zu einem ruhig dahinplätschernden Rinnsal.

Sympathiepunkte vermag der Tim hingegen wieder durch seine bedingungslose Loyalität zu erwerben. Niemals würde er seine Herzdame verlassen, wenn sie etwa durch Arbeitslosigkeit oder Krankheit in schwieriges Fahrwasser gerät. Im Gegenteil, gerade in der Not wächst er über sich hinaus, und der anderen Seite wird bewusst, was sie an ihm hat.

TRENNUNG: HEADLESS

Verlässt den Tim seine Göttergattin wegen eines anderen Mannes, reagiert er für seine Verhältnisse anfangs oft ziemlich irrational. So sucht er etwa seinen Nachfolger auf, um ihn dazu zu bewegen, von seiner Verflossenen abzulassen, was sich natürlich fast immer als völlig sinnlos erweist. Eher zieht er dadurch noch ihren Zorn auf sich, wenn sie von seinem Rückeroberungsversuch erfährt. Schaltet sich beim Tim nach der Phase der Verleugnung der Verstand wieder ein, schämt er sich nicht selten bodenlos für die Aktionen, die er in seinem emotionalen Ausnahmezustand gestartet hatte.

Die Scheidungsfolgesachen lassen sich gewöhnlich konstruktiv mit den Namensträgern lösen, solange ihre Noch-Frau nicht versucht, sie finanziell an den Abgrund zu drängen. Obwohl für den Tim materieller Wohlstand kaum je die erste Geige spielt, möchte er am Ende der Ehe nicht plötzlich mit leeren Händen dastehen.

Pflegetipps:

Musts:

* Weibliche Rundungen, Werkzeugkiste, trautes Heim

No-Gos:

* Humorlosigkeit, Intimgeruch, mehr Schein als Sein

Ideale Namenspartnerinnen:

Ähnlich wertebewusst wie der Tim sind die Laura, die Nathalie und die Anita. Das genannte Frauentrio bringt zudem ein Höchstmaß an Verständnis für seine gelegentliche Wortkargheit auf, vor allem weil es darin keinen Affront gegen sich sieht. Sowohl das animalische als auch das kuschelige Element der Namensträger im Bett wissen die Jeanette sowie die Lisa zu schätzen, während es für die Anja fast schon eine Conditio sine qua non darstellt. Einen gemeinsamen Schwur auf das Indianerprinzip kann der Tim mit dem Quartett Silke/Angela/Eva/Christiane ablegen.

Tobias

Basics: Tobi im Zauberland

Über Superkräfte wie Tobias (»Tobey«) Maguire als Spiderman verfügt der Tobias nicht, aber fraglos kann er eine ganze Reihe von außergewöhnlichen Talenten aufweisen. So ist er häufig ein begnadeter Musiker, Fotograf oder Architekt, um nur einige zu nennen, und im Unterschied zum Johannes nutzt er seine Begabungen auch für den Erfolg. Sein beruflicher Aufstieg verläuft eher wie ein langer ruhiger Fluss, nur selten kometenhaft. Regelmäßig erreicht er seinen Karrierehöhepunkt erst im sechsten, teilweise sogar siebten Lebensjahrzehnt, weil er sich zwischenzeitlich auch intensiv anderen Aufgaben, etwa der Aufzucht seiner Kinder, widmet. An seinem Arbeitsplatz zeigt sich der Tobias trotz seines fraglosen Ehrgeizes nicht sonderlich konkurrenz-, sondern vielmehr teamorientiert, was ihn zu einem beliebten Kollegen macht. Ellbogendenken ist ihm meist völlig fremd.

Sportlich erreichen die Namensträger nur selten den Olymp, weil ihnen gewöhnlich die körperlichen Voraussetzungen dafür fehlen, wobei das Hauptdefizit im Kraftbereich liegt.

Bären von Männern, wie der Rocksänger und frühere DSDS-Gewinner Tobias Regner, sind sie nämlich kaum je.

In seiner Freizeit daddelt der Tobias gerne, bevorzugt Logik- und Wissensspiele. Mit Glücksspiel hat er indes wenig am Hut, weil ihm sein Geld dafür zu schade ist. Ansonsten lebt er nach Büroschluss seine Kreativität aus, indem er zaubern lernt, seine selbstgeschossenen Fotos mit humorigen Texten versieht beziehungsweise zu einer Collage verarbeitet oder als Bühnenbildner für eine Laientheatergruppe fungiert.

Aufgrund seines »grünen Gewissens« engagiert sich der Tobias nicht selten für Greenpeace, Robin Wood und Co., wo er mitunter sogar leitende Funktionen übernimmt.

Optik und Outfit: Big boy

Die Garderobe des Tobias ist modern, aber keinesfalls extravagant. In der Freizeit trägt er gerne Bluejeans, kombiniert mit T-Shirt und legerem Sakko. Zur Körperverzierung nutzt er höchstens einen breiten Silberring oder ein dezentes Kettchen, während er an »TOPs« (Tattoos, Ohrringe, Piercings) nur wenig Gefallen findet. Optisch wirkt der Tobias häufig wie ein großer Junge. Regelmäßig wird er um einiges jünger geschätzt, als es die Zahlen in seinem Ausweis verraten. Dazu kommt noch, dass er meist recht feingliedrig ist. Eine gute Bodenhaftung verleihen ihm nicht selten ausgeprägte Plattfüße, die den unteren Abschluss eines durchschnittlich knapp 1,80 m langen Körpers bilden. Ihren überwiegend dunkelblonden oder mittelbraunen, jedoch fast nie roten Haarschopf behalten die Namensträger ohne nennenswerte Verluste bis ins hohe Alter.

Verführung und Sex: Sehen, hören, riechen, tasten

Abgesehen davon, dass er ein süßes Kerlchen ist, reüssiert der Tobias bei der holden Weiblichkeit durch sein sonniges Gemüt und seinen trockenen Humor, mit dem er an guten Tagen ganze Säle zum Lachen bringt. Im Flirtgespräch spart er auch nicht an Komplimenten, so dass er besonders geschundene Frauenseelen im Sturm erobert. Ein Manko der weniger geschmeidigen Namensvertreter besteht allerdings bisweilen darin, dass es ihnen nur schwer gelingt, von der Ebene des Small Talks auf eine intimere hinüberzugleiten.

Bei der medialen Pirsch nach Miss Perfect legt der Tobias großen Wert auf Unmittelbarkeit, das heißt, er möchte die Herzdame in spe gleich sinnlich erleben können. Daher schließt er sich gerne reisenden Einspännern an, absolviert den kulinarischen Staffellauf des Running Dinner oder wiegt sich im sanften Reigen mit solitären Leidensgenossinnen anlässlich eines Single-Tanzkurses. Oft aber kommt er erst gar nicht in den Genuss der Angebote, die die »Entsingelungs-Industrie« bereitstellt, weil er seine spätere Ehefrau schon in der Lehre oder an der Uni kennenlernt.

Auf dem Feld der Erotik sorgt der Tobias oft für eine romantische Einstimmung, indem er seiner Partnerin etwa eine sinnliche Massage, untermalt von Entspannungsmusik, zuteilwerden lässt oder ihr bei Kerzenlicht und einem guten Glas Wein selbstverfasste Liebesgedichte vorliest. Seinem Einfallsreichtum sind in dieser Hinsicht fast keine Grenzen gesetzt. Grenzen kennt er auch kaum, wenn es nach dem Entree zum eigentlichen Akt kommt. Einzig vor dem Ausleben von sadomasochistischen Gewaltphantasien oder beschmutzender Praktiken verschließt er sich beharrlich, während er häufigen Stellungswechsel liebt. Besonders gerne lässt er sich abgewandt rittlings beglücken, weil ihn der Anblick eines Frauenhinterns aufgeilt.

PARTNERSCHAFT: MR. RIGHT

Jeder Mensch lernt im Laufe seines Lebens durchschnittlich zwei bis drei Vertreter/innen des anderen Geschlechts kennen, mit denen eine Langzeitpartnerschaft möglich ist. Der Tobias erfüllt diese Statistik ziemlich genau. Nach seiner Jugendliebe, die meist auseinandergeht, weil sich das Paar auseinanderentwickelt, trifft er mit Anfang, Mitte 20 seine spätere Angetraute, von der er gewöhnlich erst durch den Tod geschieden wird. Bleibt er zurück, geht er eventuell noch eine Spätbeziehung ein.

Da der Tobias in seinem Elternhaus zur Selbständigkeit erzogen wird und das Nest auch recht früh verlässt, um in einer fremden

Stadt zu studieren oder eine Ausbildung zu machen, entwickelt er sich zum perfekten Hausmann. Wenn er in den heiligen Stand der Ehe tritt, kann er häufig mindestens so flott bügeln und ebenso gut kochen wie seine Frau. Am Herd entwickelt er oft sogar Meisterqualitäten, so dass die Küche zu seiner Domäne wird. Dort zaubert er seiner Herzdame öfter mal ein Überraschungsmenü und beileibe nicht nur an Festtagen. Überhaupt liebt es der Tobias, mit »kleinen« Gesten seine Freude über das Glück auszudrücken, welches er in der Zweisamkeit empfindet.

Kinder stellen für die Namensträger das Salz der Erde dar. Besonders als Lehrer oder Pfarrer setzen sie häufig einen ganzen Stall voller Sprösslinge in die Welt, aber auch der »Rest« ist fruchtbar und mehrt sich eifrig. Seinem Nachwuchs bereitet der Tobias viel Freude, indem er Kasperletheater für ihn spielt, mit ihm werkelt und ihm auf ausgiebigen Exkursionen die Welt erklärt. Ein relativ hoher Prozentsatz steigt auch aus dem Berufsleben aus, um die Elternzeit in Anspruch zu nehmen.

Trennung: Together we are strong

Wird der Tobias verlassen, reagiert er aus gekränkter Eitelkeit überraschend bockig und verschließt sich zunächst jedwedem konstruktiven Trennungsgespräch. Meist steckt dahinter auch eine Art Selbstschutz, dergestalt, dass er seinen Schmerz nicht durch Konfrontation mit der Verursacherin seiner Pein noch zusätzlich aufwühlen möchte.

In der ersten Zeit nach dem Ende der Zweisamkeit fungieren die Namensträger ihr soziales Umfeld kurzerhand zur Telefonseelsorge um. Nächtelang klagen sie Freunden fernmündlich ihr Herzeleid, bis sie den guten Rat ihres Hausarztes befolgen, sich einer Gesprächsgruppe für Singles anzuschließen. Dort haben sie nicht mehr das Gefühl, das fünfte Rad am Wagen unter lauten Paaren zu sein, und stoßen auf mehr Verständnis für ihre Situation. Oft lernen sie in dem Kreis auch eine neue Lebensgefährtin kennen.

Pflegetipps:

Musts:
* Streichelhände, Abenteuerreisen, Kabarett und Comedy

No-Gos:
* Plumpheit, Provinzialität, exotische Haustiere

Ideale Namenspartnerinnen:

Die verbindliche Beziehungsvorstellung und den unbedingten Kinderwunsch des Tobias teilen die Martina, die Astrid und die Johanna. Alle drei Frauen liegen auch intellektuell auf einer Augenhöhe mit ihm, so dass gute Voraussetzungen für eine fruchtbare Kommunikation bestehen. Auf die Kreativität der Namensträger sowohl im Alltag als auch im Schlafzimmer fährt das Duo Lisa/Laura voll ab, während er an der Seite der engagierten Franziska trefflich gegen Massentierhaltung und Co. demonstrieren kann. Die Herrschaft über den Herd überlassen dem Tobias nur allzu gerne die Nathalies, Alexandras und Meikes.

DANKSAGUNG

Kaum in Worte ausdrücken lässt sich der Dank an meine Frau Timea für die unzähligen Stunden, die sie an Korrekturlesen in das Projekt investiert hat. Vielen Dank ihr auch für all die Liebe, die Aufmunterungen an schlechten Tagen, die Anregungen und das Verständnis, dass ich während des Schreibens oft nicht erreichbar war. Dem Himmel danke ich für seine Eingebungen und die späte Gnade unserer wundervollen Kinder Sophie-Anne und Johann-Philipp.

Unendlich dankbar bin ich meinen Eltern Anna und Alfons für das liebevolle Elternhaus und die unglaubliche Lebensleistung, acht Kindern trotz sehr beschränkter finanzieller Mittel eine gute Ausbildung ermöglicht zu haben. Meinen Geschwistern Georg, Annemarie, Ernst, Hans, Elisabeth, Gabriele, Katharina nebst Familien herzlichen Dank für all die Geduld, Förderung und Liebe, die sie mir, dem nervigen Nesthäkchen, zuteilwerden ließen und noch immer lassen. Tiefe Dankbarkeit empfinde ich gegenüber meinen wundervollen ungarischen Schwiegereltern Edit und László sowie den Schwägern Zoltán und Zsolt, die meine literarische Tätigkeit stets wohlwollend begleiteten und mit aller Kraft unterstützten.

Meinen Freunden und allen anderen lieben Menschen in meinem Umfeld danke ich dafür, dass sie mir auch in der »unendlichen Unabkömmlichkeit des Schreibens« treu geblieben sind. Ganz herzlicher Dank gilt den Literaturagenten Dirk Meynecke, Ulrich Grasberger und Bettina Huber, die mir die Tür zu meinem Verlag, Droemer Knaur, durch großen Einsatz, Begeisterungsfähigkeit und Kompetenz geöffnet haben beziehungsweise offen halten. Im Verlag danke ich besonders der Programmleiterin Sachbuch, Stefanie Hess, für den Humor, mit der sie meine Projekte begleitet, ihre Offenheit gegenüber meinen »verrückten« Ideen sowie ihre Inspiriertheit.

Barbara Plückhan möchte ich explizit für ihre unermüdliche Pressearbeit danken und all den übrigen Droemerern für die Unterstützung in ihrem jeweiligen Bereich.

Zum Schluss ein dickes Dankeschön an all die Menschen, die freiwillig oder unfreiwillig Modell standen für die Beschreibung der Namen und ohne die weder der »Udo« noch der »Axel« möglich gewesen wären. All den Udos sei ausdrücklich gedankt, dass sie mich am Leben gelassen haben.

Clemens Beöthy, im Februar 2012